EL OTRO SENDERO

EL OTRO SENDERO

La Revolución Informal

Hernando de Soto

en colaboración con

Enrique Ghersi, Mario Ghibellini y

el Instituto Libertad y Democracia (ILD)

Prólogo de

Mario Vargas Llosa

EDITORIAL OVEJA NEGRA

Primera edición peruana: noviembre, 1986
Segunda edición peruana: diciembre, 1986
Tercera edición peruana: enero, 1987
Primera edición colombiana: febrero, 1987

La edición de este libro fue posible gracias a la colaboración del periodista colombiano Yamid Amat.

Carátula: Fernando de Szyzslo
Diagramación: C. González R.

ISBN 958-06-0228-X

Impreso y encuadernado por
Editorial Printer Colombiana Ltda.

Impreso en Colombia
Printed in Colombia

A los trabajadores y empresarios competitivos del Perú, formales e informales, que con su esfuerzo están trazando el otro sendero.

Y, claro, a mis amigos izquierdistas peruanos, cuyos ideales comparto, con la esperanza de que coincidamos también en los medios para alcanzarlos.

Nota del Autor

Este libro recoge, en muchos casos, los resultados de investigaciones, cálculos y estimaciones económicas realizados directamente por el ILD.

Hemos preferido no incluir en este volumen los fundamentos técnicos y estadísticos de esos estudios: hubiera alterado el propósito de esta obra y, quizá, hubiera también perjudicado a aquellos lectores no necesariamente atraídos por esas disciplinas.

Por ello, hemos reservado el detalle de la metodología y la minuciosidad de los cálculos económicos a otros volúmenes:

* *Compendio Técnico y Estadístico de "El Otro Sendero".*
* *Estimación de la Magnitud de la Actividad Económica Informal en el Perú.*

Confío también en que muchos lectores encontrarán útil e ilustrativa la

* *Selección de Informes y Artículos Periodísticos*

porque presenta, en forma breve y didáctica, algunos de los descubrimientos realizados por el ILD en sus investigaciones.

Estos tres trabajos pueden obtenerse, por separado o conjuntamente, dirigiéndose a:

Instituto Libertad y Democracia (ILD)
Casilla Postal 18 - 1420 Lima
Telf: 47-0916 — 44-3509

Indice

SEGUNDA PARTE

Prólogo

A VECES, los economistas cuentan mejores historias que los novelistas. La que refiere Hernando de Soto en *El Otro Sendero* es una de ésas. Una historia que, aunque basada en datos y experiencias de la realidad peruana, alumbra con una luz nueva un aspecto de los países del tercer mundo al que tenaces estereotipos y prejuicios ideológicos mantienen generalmente soterrado.

Las buenas historias de la literatura no suelen venir con su moraleja bajo el brazo; ellas nos aleccionan, a menudo, indirectamente, y de una manera que su autor no pudo prever ni acaso aprobaría. La historia de este libro, en cambio, contiene una enseñanza explícita, que hunde sus raíces en la actualidad y se proyecta al futuro. A diferencia de otros ensayos económicos y sociales sobre América Latina, cuya abstracción o charlatanismo los aleja de toda realidad específica, *El Otro Sendero* se mueve siempre en lo concreto y, a partir de un fenómeno hasta ahora mal estudiado y peor comprendido —la economía informal—, propone un camino de solución para los problemas de los países subdesarrollados que está en total entredicho con el que han tomado la mayoría de los gobiernos y las elites políticas, progresistas o conservadoras, de esos países, pero que —es la tesis central del libro— es el que han elegido, por intuición y por necesidad, los sectores sociales desfavorecidos.

El Otro Sendero es un exhaustivo estudio de la economía informal —llamada, en otras partes, economía negra, escondida o marginal— en el Perú y en este sentido constituye algo notable por la amplitud de sus hallazgos y revelaciones. Pero, en verdad, el libro es mucho más que eso. Luego de describir la magnitud y complejidad que han alcanzado las actividades económicas que se llevan a cabo fuera o en contra de la ley en el Perú, Hernando de Soto —con el que han colaborado decenas de investigadores y encuestadores del Instituto Libertad y Democracia, fundado por él en Lima hace seis años— ofrece una novedosa y polémica interpretación de las causas de la miseria y de la injusticia social así como de la incapacidad productiva de los países del tercer mundo. Ella, a la vez que enfoca desde una perspectiva distinta la problemática del subdesarrollo, desbarata muchos mitos que suelen pasar por verdades científicas respecto de los países pobres.

I

LA ECONOMIA INFORMAL

Cuando se habla de economía *informal* se piensa inmediatamente en un problema. Esos empresarios y vendedores clandestinos cuyas industrias y negocios no están registrados, no pagan impuestos y no se rigen por las leyes, reglamentos y pactos vigentes, ¿no son, acaso, competidores desleales de las empresas y tiendas que operan en la legalidad, pagando puntualmente sus impuestos? ¿Al evadir sus obligaciones tributarias no privan al Estado de recursos necesarios para atender a las necesidades sociales y realizar urgentes obras de infraestructura?

Hernando de Soto sostiene que esa manera de encarar el asunto es totalmente errónea. Porque en países como el Perú el problema no es la economía informal sino el Estado. Aquélla es, más bien, una respuesta popular espontánea y creativa ante la incapacidad estatal para satisfacer las aspiraciones más elementales de los pobres. No deja de ser una paradoja que este libro, escrito por un defensor de la libertad económica, constituya una requisitoria contra la ineptitud y la naturaleza discriminatoria del Estado en el tercer mundo que en su severidad y contundencia no tiene acaso parangón y, por ejemplo, reduce a meros desplantes retóricos buena parte de las críticas radicales o marxistas publicadas en nuestros días sobre la condición del mundo subdesarrollado.

Cuando la legalidad es un privilegio al que sólo se accede mediante el poder económico y político, a las clases populares no les queda otra alternativa que la ilegalidad. Este es el origen del nacimiento de la economía informal, que Hernando de Soto documenta con pruebas incontrovertibles. Para conocer de manera práctica el "costo de la legalidad" en el Perú, el Instituto Libertad y Democracia montó un ficticio taller de confecciones y tramitó, oficina tras oficina, su reconocimiento jurídico. Había decidido no pagar ningún soborno salvo en aquellas instancias en que, de no hacerlo, el trámite quedaría definitivamente interrumpido. De diez ocasiones en que los funcionarios se lo solicitaron, en dos se vio obligado a gratificarlos bajo mano. Registrar debidamente el supuesto taller demoró 289 días de gestiones que exigieron una dedicación casi exclusiva de los investigadores del Instituto empeñados en la simulación y una suma de 1,231 dólares (computando los gastos realizados y lo dejado de ganar en ese tiempo) que significaba 32 veces el sueldo mínimo vital. La conclusión del experimento: "legalizar" una pequeña industria, en estas condiciones, está fuera de las posibilidades de un hombre de recursos modestos, como comenzaron siéndolo todos los "informales" del Perú.

Si tener un taller legalizado es algo tan costoso para un pobre, disponer de una vivienda propia oleada y sacramentada por la ley es algo todavía mucho más difícil. El Instituto de Hernando de Soto comprobó que si un grupo de familias humildes solicita al Estado la adjudicación de un terreno eriazo para urbanizarlo y construir, deben tramitar asfixiantemente durante seis años y once meses por ministerios y municipalidades y desembolsar, por persona, una suma aproximada de 2,156 dólares (equivalente a 56 veces el sueldo mínimo vital a la fecha). Incluso el obtener autorización legal para abrir una mínima tienda o dispendio callejero alcanza contornos kafkianos: 43 días de trámites y un costo de 590.56 dólares (15 veces el sueldo mínimo vital).

Las estadísticas que acompañan al estudio de Hernando de Soto tienen con frecuencia, como las tres que he citado, carácter demoledor. Y ellas proveen a sus análisis y opiniones de una poderosa lógica. La imagen del país que delínea esa armazón de datos es trágica y absurda. Trágica porque en esa sociedad el sistema legal parece concebido para favorecer exclusivamente a los favorecidos y castigar, manteniéndolos en una permanente condición de fuera de la ley, a los que no lo son. Y absurdo porque un sistema de esta índole se condena a sí mismo al subdesarrollo, es decir no sólo a no progresar sino a hundirse cada día más en la ineficiencia y la corrupción.

Pero, aunque *El Otro Sendero* es implacable en su descripción de las fuentes y el alcance de la injusticia en un país del tercer mundo, no nos deja desmoralizados y escépticos sobre el remedio de ese estado de cosas. Porque la economía informal —sociedad paralela y, en muchos sentidos, más auténtica, trabajadora y creativa que la que usurpa el título de país legal— aparece en sus páginas como una puerta de salida del subdesarrollo que han comenzado ya a franquear resueltamente muchas de sus víctimas, en un proceso que está revolucionando desde su raíz la economía de la Nación, sin que, curiosamente, parezcan advertirlo la gran mayoría de quienes escriben y teorizan sobre el atraso y las iniquidades sociales del tercer mundo.

Cuando los pobres que bajaban a las ciudades, expulsados de sus tierras por la sequía, las inundaciones, la sobrepoblación y la declinación de la agricultura, encontraron que el sistema legal imperante les cerraba el ingreso a él, hicieron lo único que les quedaba a fin de sobrevivir: inventarse fuentes de trabajo y ponerse a trabajar al margen de la ley. Carecían de capital y de formación técnica; no podían aspirar a obtener créditos ni a operar bajo la protección de un seguro, ni de la policía, ni de los jueces, y sabían que su negocio estaría siempre amenazado por toda clase de riesgos. Sólo contaban con su voluntad de sobrevivir, de mejorar, con su imaginación y sus brazos. A juzgar por los cuatro campos investigados por el Instituto Libertad y Democracia —el comercio, la industria, la vivienda y el transporte— no lo han hecho nada mal. En todo caso, han demostrado ser abrumadoramente más productivos en sus empresas que el Estado. Las estadísticas de *El Otro Sendero* son sorprendentes. Sólo en Lima, el comercio informal da trabajo a unas 439,000 personas. De los 331 mercados que hay en la ciudad, 274 han sido construidos por los informales (el 83%). En cuanto al transporte, no es exagerado afirmar que los habitantes de Lima pueden movilizarse gracias a ellos, pues, según las averiguaciones del Instituto, el 95% del transporte público de Lima está en sus manos. Los informales tienen invertidos en vehículos y la infraestructura correspondiente más de 1,000 millones de dólares. Y en lo que se refiere a la vivienda, las cifras son igualmente impresionantes. La mitad de la población de Lima habita en casas construidas por los informales. Entre 1960 y 1984 el Estado edificó viviendas populares por valor de 173.6 millones de dólares. En el mismo período, los informales se las arreglaron para construir viviendas por la fabulosa suma de 8, 319.8 millones de dólares (47 veces más que el Estado).

Estos números son locuaces respecto a la pujanza de los productores a los que la restrictiva legalidad empujó hacia la economía informal. Pero lo son, también, respecto a la verdadera naturaleza de esa entidad que, en los países del tercer mundo, se llama Estado y es casi siempre una caricatura de tal cosa. En este dominio, Hernando de Soto ofrece algunas evidencias desmistificadoras.

II

SUBDESARROLLO Y MERCANTILISMO

Uno de los mitos más extendidos sobre América Latina es que su atraso es consecuencia de la equivocada filosofía de liberalismo económico que adoptaron, en sus Constituciones, casi todas las repúblicas al independizarse de España y Portugal. Esa apertura de sus economías a las fuerzas del mercado las habría hecho presas fáciles de la voracidad imperialista y originado las abismales desigualdades internas entre pobres y ricos. Nuestras sociedades se habrían vuelto dependientes e injustas por haber elegido el principio económico del *laissez faire*.

Hernando de Soto sale al frente de esa falacia y prueba que ella no resiste una investigación seria de nuestra historia económica. Su tesis, según la cual el Perú jamás tuvo una economía de mercado y que sólo ahora, gracias a la informalidad, aquélla comienza a abrirse paso —aunque de una manera salvaje y limitada— es aplicable a todos los países latinoamericanos y probablemente a casi todo el tercer mundo.

La libertad económica fue un principio estampado en las Constituciones que no tuvo más vigencia real que la otra —la libertad política—, a la que rindieron siempre pleitesía verbal todos nuestros gobernantes, y, sobre todo, los más despóticos. El régimen que en verdad imperó y sigue imperando en nuestras economías, bajo el ropaje falaz de "economía social de mercado", de Soto lo define como *mercantilista*.

El término se presta a cierta confusión, por la variedad de definiciones de esa palabra que encarna, a la vez, una etapa histórica, una escuela económica y una actitud moral. La acepción en que aparece en *El Otro Sendero* es la de un Estado burocratizado y reglamentarista que antepone el principio de la redistribución al de la producción de la riqueza, entendiendo por "redistribución" la concesión de privilegios y monopolios a pequeñas elites privadas que dependen de él y de las que también es dependiente. El Estado no fue, en nuestros países, expresión de la colectividad. Se confundió con el gobierno de turno y éste, liberal o conservador, democrático o tiránico, actuó generalmente en el orden económico de acuerdo al rígido patrón mercantilista. Es decir, legislando y reglamentando a favor de pequeños grupos de presión —las "coaliciones redistributivas" las llama de Soto— y en contra de los intereses de las grandes mayorías a las que este sistema marginaba o permitía apenas disfrutar migajas de la legalidad. El nombre de los individuos y las empresas privilegiadas solía cambiar con las mudanzas gubernamentales, pero el sistema se mantenía y confirmaba de gobierno a gobierno, concediendo siempre a una pequeña minoría no sólo la riqueza sino también el derecho a la riqueza.

La libertad económica sólo existió en el papel antes de que, por fuerza de las circunstancias, los pobres de nuestros países empezaran a ponerla en práctica, abrumados por la discriminación de que eran víctimas. El sistema, en este caso, no quiere decir solamente ese híbrido anómalo —los Estados-gobierno—, sino, también, a menudo, los empresarios legales. *El Otro Sendero* no ahorra críticas a esa clase empresarial que, en vez de propiciar un sistema equitativo y promotor, en el que las leyes garantizaran la libre competencia e incentivaran la creatividad, se acomodó al sistema mercantilista y dedicó sus mejores esfuerzos a obtener el favor oficial de un monopolio, y aun hoy —cuando la confortable casa en que ha vivido se le está cayendo encima— sigue entendiendo la actividad industrial como una sinecura o una renta en vez de un esfuerzo encaminado a la creación de la riqueza. Un sistema de este cariz no sólo es inmoral. Es sobre todo corruptor e ineficiente. En él, el éxito no depende de la inventiva y el esfuerzo sino de la aptitud para granjearse las simpatías de presidentes, ministros y demás funcionarios públicos (lo que, a menudo, significa simplemente la aptitud para corromperlos). En los capítulos sobre "el costo de la legalidad", Hernando de Soto revela que para la mayor parte de las empresas formales el desembolso más importante, por los recursos y el tiempo que demandan, son los trámites burocráticos. Ello implica, claro, que la vida económica está viciada de raíz. En vez de propiciar la producción de nuevas riquezas, el sistema, confinado a un círculo de beneficiados, es disuasorio de cualquier esfuerzo encaminado a tal fin y se orienta más bien a la redistribución de una riqueza que va siendo cada vez más escasa. En semejante contexto, las que proliferan son las actividades no productivas, puramente parasitarias, y prueba de ello es esa elefantiásica burocracia estatal que, para justificar su existencia, establece, por ejemplo, que para inscribir un modesto taller un ciudadano tenga que lidiar durante diez meses con once reparticiones ministeriales y municipales y recurrir, por lo menos en dos ocasiones, para no quedarse empantanado, al soborno. No es de extrañar que, operando dentro de estas coordenadas, las empresas del tercer mundo se queden rezagadas en su desarrollo tecnológico y tengan dificultades para competir en los mercados internacionales.

Al mismo tiempo que un sistema mercantilista condena a una sociedad a la impotencia económica, aherrojándola con una camisa de fuerza que le impide prosperar, establece unas condiciones de vida, unas relaciones entre los individuos y entre éstos y el Estado, que inevitablemente merman o anulan las posibilidades de que en ella funcione la democracia política. El "mercantilismo" tal como lo describe Hernando de Soto se apoya en un método de producción de leyes y normas legales que hace escarnio de las más elementales prácticas democráticas.

III

LA TELARAÑA LEGAL

Se dice que el número de leyes, dispositivos con fuerza legal —decretos, resoluciones ministeriales, reglamentos, etc.— supera en el Perú el medio millón. Es un cálculo aproximado porque, en verdad, no hay manera de conocer la cifra exacta: se trata de un dédalo jurídico en el que el investigador más cauteloso fatalmente se extravía. Esta cancerosa proliferación legalística parece la afloración subconsciente de la anomalía ética que está en la raíz de la manera como se genera el Derecho en el país (en función de intereses particulares en vez del interés general). Una consecuencia lógica de semejante abundancia es que cada disposición legal tenga, o poco menos, otra que la enmiende, atenúe o reniegue. Lo que, en otras palabras, significa que quien está inmerso en semejante piélago de contradicciones jurídicas vive transgrediendo la ley, o —algo acaso más desmoralizador— que, en una estructura de este semblante, cualquier abuso o transgresión puede encontrar un vericueto legal que lo redima y justifique.

¿Quién o quiénes producen estas leyes y dispositivos con fuerza de ley? El estudio de Hernando de Soto muestra que sólo un porcentaje ínfimo —el 1%— de normas legales proceden de la institución creada para darlas —el Parlamento— y que la inmensa mayoría de ellas —el 99%— son dictadas por el Poder Ejecutivo. Es decir, por los ministerios y reparticiones públicas, donde los funcionarios pueden concebirlas, redactarlas y hacerlas promulgar sin interferencias, debate, crítica y, a veces, sin siquiera el conocimiento de los interesados. Los proyectos de ley que se presentan en el Parlamento son públicamente discutidos y existe siempre la posibilidad de que los medios de comunicación informen sobre ellos y sus beneficiarios o víctimas hagan conocer su opinión al respecto e influyan de algún modo en la elaboración final de la ley. Pero nada de esto sucede con la mayoría de las disposiciones legales que, en teoría al menos, regulan las actividades de los ciudadanos. Ellas se cocinan en la sombra de las colmenas burocráticas de los ministerios (o en los estudios privados de ciertos abogados), de acuerdo a la fuerza persuasiva de las "coaliciones redistributivas" cuyos intereses van a servir. Y son promulgadas a tal ritmo que ya no sólo el ciudadano común, sino incluso el especialista o el afectado por la norma novísima, no están en condiciones de conocer, cotejar con el contexto jurídico vigente y acomodar el propio quehacer en consecuencia.

Cuando un país del tercer mundo recupera o establece la democracia, ello significa que ha celebrado elecciones más o menos genuinas, que hay en él libertad de prensa y que la vida política se ha diversificado y transcurre sin cortapisas. Pero detrás de esta fachada y, particularmente en la organización de su vida legal y económica, las prácticas democráticas brillan por su ausencia y lo que impera es, en verdad, un sistema discriminador y elitista que manejan en su provecho minorías casi siempre insignificantes.

La "informalidad" es una réplica de las mayorías contra ese sistema que las ha hecho tradicionalmente víctimas de una suerte de *apartheid* económico y legal. En ese sistema, las leyes parecían pensadas para cerrarles el acceso a cosas tan elementales como tener un trabajo y disponer de un techo. ¿Iban a renunciar a estas aspiraciones básicas de supervivencia en nombre de una legalidad en muchos sentidos irreal e injusta? Renunciaron, más bien, a la legalidad. Y salieron a las calles a vender lo que podían, montaron sus talleres de fortuna y armaron sus viviendas en los cerros y arenales. Como no había trabajo, lo inventaron, aprendiendo sobre la marcha lo mucho que no sabían, y, haciendo del defecto virtud, administraron con sabiduría su ignorancia. En el campo político actuaron con un criterio pragmático infalible, volviendo las espaldas sin el menor escrúpulo al ídolo caído y volcándose oportunamente hacia la estrella ascendente. Fueron odriístas con Odría y pradistas con Prado, belaundistas con Belaunde y velasquistas con Velasco. Ahora, son —simultáneamente— marxistas con Barrantes y apristas con Alan García.

Pero lo que son, en verdad, profundamente, por debajo de esas transitorias adhesiones tácticas, el libro de Hernando de Soto lo muestra admirablemente. Es decir, hombres y mujeres que a fuerza de voluntad y de trabajo a veces sobrehumanos, sin la menor ayuda por parte del país legal y más bien con su hostilidad declarada, han sabido crear más fuentes de trabajo y más riqueza en los campos en que pudieron obrar que el todopoderoso Estado, mostrando a menudo más audacia, empeño, imaginación y compromiso profundo con el país que sus competidores formales. Gracias a ellos no hay en Lima más ladrones y vagabundos de los que infestan sus calles; gracias a ellos no hay más desocupados y hambrientos de los muchos que tenemos. Si el problema social del Perú es enorme, sin ellos sería infinitamente peor.

Pero, lo que más debemos agradecerles es que nos hayan mostrado una manera práctica y efectiva de luchar contra el infortunio totalmente opuesta a la que, con una perseverancia en el error que es uno de los más notables enigmas de nuestro tiempo, suelen recetar para el tercer mundo sus ideólogos y doctrinarios. La opción de los "informales" —la de los pobres— no es el refuerzo y magnificación del Estado sino su radical recorte y disminución. No es el colectivismo planificado y regimentado sino devolver al individuo, a la iniciativa y a la empresa privadas, la responsabilidad de dirigir la batalla contra el atraso y la pobreza. ¿Quién lo hubiera dicho? Esos humildes desamparados de las barriadas, esos enjambres de ambulantes, para quien escucha el mensaje profundo de sus actos concretos, no hablan de aquello que predican en su nombre tantos ideólogos tercermundistas —la revolución, la estatización, el socialismo— sino de democracia genuina y auténtica libertad.

Esta es la tesis que Hernando de Soto defiende en *El Otro Sendero*, con argumentos sólidos. La opción de la libertad no fue jamás aplicada seriamente en nuestros países ni en todas sus implicaciones. Sólo ahora, de la manera menos previsible, por acción espontánea de los pobres en su lucha por sobrevivir, ella comienza a ganar terreno, imponiéndose como una opción más sensata y eficiente que las aplicadas secularmente por los conservadores y los progresistas para vencer el subdesarrollo. Estos, pese a sus aparentes diferencias ideológicas, coincidieron siempre en reforzar un Estado y sus prácticas intervencionistas que son el caldo de cultivo de ese sistema de corrupción, incompetencia y favoritismo que se repite, como una pesadilla, a lo ancho de todo el tercer mundo.

IV

LA ALTERNATIVA DE LA LIBERTAD

Que en *El Otro Sendero* la alternativa de la libertad aparezca como la elección resuelta de los pobres en contra de las elites, no dejará de sorprender a muchos. Porque uno de los tópicos más arraigados sobre América Latina en los últimos años es que las ideas económicas liberales son el atributo más característico de las dictaduras militares. ¿Acaso no las pusieron en práctica los "Chicago boys" con Pinochet en Chile y Martínez de Hoz en Argentina con los resultados catastróficos que conocemos? ¿Esas políticas liberales no hicieron más ricos a los ricos y más pobres a los pobres en ambos países y no precipitaron a éstos en una crisis sin precedentes en su historia de la que aún no se recuperan?

La libertad es una sola y ella es obviamente incompatible con regímenes autoritarios o totalitarios. Las medidas de liberalismo económico que ellos puedan tomar serán siempre relativas y estarán —como ocurrió en Chile y Argentina— lastradas por la falta de la complementaria libertad política, que es la que permite la evaluación, perfeccionamiento o rectificación de toda medida que, al implementarse, da resultados distintos a los deseados. La libertad económica es la contrapartida de la libertad política y sólo cuando ellas se funden en una unidad, como el anverso y el reverso de una moneda, son operativas y genuinas. Ninguna dictadura puede ser realmente "liberal" en materia económica, porque el principio básico de esta filosofía es que no es al poder político sino a los ciudadanos independientes y soberanos a quienes corresponde tomar las iniciativas —los esfuerzos y los sacrificios— encaminadas a decidir el tipo de sociedad en la que van a vivir. La función del poder político es garantizar unas reglas de juego tales que aquellas iniciativas puedan ser tomadas de manera equitativa y libre. Y ello requiere un consenso mayoritario sobre estos principios, anterior a su materialización, que sólo el sistema democrático puede dar.

También dentro del liberalismo existen tendencias extremas y actitudes dogmáticas. Son las de aquellos que no están dispuestos a rectificar sus ideas cuando éstas no aprueban el examen decisivo para cualquier programa político: el de la realidad. Es natural que en un país del tercer mundo con las desigualdades económicas, la falta de integración cultural y los problemas sociales del Perú, el Estado tenga una función redistribuidora que cumplir, ya que sólo cuando aquellos abismos se hayan reducido a proporciones razonables se podrá hablar de reglas de juego verdaderamente imparciales e idénticas para todos. Con los desequilibrios actuales entre pobres y ricos, serranos y costeños, urbanos y rurales, quechuahablantes e hispanohablantes, las medidas mejor concebidas y más puras tienden invenciblemente, en la práctica, a favorecer a pocos y perjudicar a muchos.

Lo fundamental es que este Estado recuerde siempre que, antes de redistribuir la riqueza, hay que producirla. Y que, para conseguirlo, es indispensable que la acción estatal sea lo menos obstructora de la acción de los ciudadanos, ya que éstos saben mejor que nadie lo que quieren y lo que les conviene. Devolver a la iniciativa y el empeño de los ciudadanos aquellas tareas que ha venido usurpándoles o trabando, y limitarse a operar en aquellos dominios específicos, necesarios a la Nación, o en los que la empresa privada no está en condiciones de hacerlo, no significa que el Estado se debilitará hasta la consunción. Un Estado grande no es sinónimo de fuerte, sino, en la mayoría de los casos, de lo opuesto. Esos inmensos entes que en nuestros países drenan las energías productivas de la sociedad para alimentar su estéril existencia, son, en verdad, colosos con pies de arcilla. Su propio gigantismo los vuelve torpes e ineptos y su ineficiencia e inmoralidad los priva de todo respeto y autoridad, sin los cuales ninguna institución u organismo puede funcionar cabalmente.

El Otro Sendero no idealiza la informalidad. Por el contrario, luego de mostrarnos sus logros, nos describe las limitaciones que vivir al margen de la ley impone a las empresas informales, impidiéndoles crecer y planear el futuro, especializarse o protegerse (contra riesgos como el robo o el siniestro) y lo vulnerables que son a cualquier crisis. Nos ilustra, también, sobre el apetito de legalidad que delatan muchas acciones de los informales, como, por ejemplo, la ansiedad del ambulante por cambiar la calle por un puesto fijo en el mercado, y la multiplicación de obras de saneamiento y ornato callejero por el vecindario apenas consigue títulos de propiedad para sus viviendas. Pero, aunque no embellezca ni sobrevalúe la economía informal, este estudio nos deja entrever, en la fecundidad y animación desplegadas por los informales, lo que cabría esperar si toda esa energía productiva pudiera desplegarse libremente, en una auténtica economía de mercado, no transgrediendo la ley ni acosada por el Estado-gobierno, sino amparada por aquélla y promovida por éste.

El Otro Sendero defiende un proyecto social que supone una transformación de la sociedad no menos profunda que la que quisieran los sectores ideológicos más radicales. Porque significa cortar de raíz con una antiquísima tradición que, por inercia, egoísmo o ceguera de las elites políticas, ha ido consustanciándose con las instituciones y los usos y costumbres del país oficial. Pero la revolución que este estudio analiza no tiene nada de utópico. Está en marcha, hecha realidad por un ejército de víctimas del sistema imperante, que, al rebelarse contra éste en nombre del derecho al trabajo y a la vida, descubrieron los beneficios de la libertad.

Mario Vargas Llosa

Londres, agosto de 1986.

Prefacio

Los métodos y la investigación que constituyen esta obra nacieron de mis dudas respecto de por lo menos tres hipótesis bastante aceptadas sobre la realidad peruana.

La primera hipótesis es que la informalidad —los pueblos jóvenes, la pequeña industria y, en general, muchas actividades desarrolladas ilegalmente por los peruanos— sólo representa pobreza y marginalidad.

La segunda sostiene que la cultura peruana, que anima al llamado "Perú profundo", es incompatible con el espíritu empresarial y los sistemas económicos de los países más adelantados del mundo.

La tercera es que las cosas malas que suceden en América Latina no son mayormente culpa nuestra, sino casi siempre el resultado de alguna imposición externa.

Es decir, cuestioné desde un principio los planteamientos de aquellas escuelas que enseñan que, entre nosotros, los pobres son tan pobres, las desigualdades de ingreso tan grandes, la explotación extranjera tan perversa y la herencia que hemos recibido tan distinta de aquélla de los países avanzados, que los mecanismos e instituciones que han permitido el desarrollo en otras partes del mundo no pueden funcionar en nuestro medio.

Tenía la convicción de que ninguna investigación seria podía conducirse abrumada por estos prejuicios, que nadie había podido acreditar cabalmente, y que, antes bien, reflejaban menosprecio e incomprensión hacia el potencial de los peruanos.

No comencé esta tarea buscando ángeles y diablos para así convenientemente atribuirles las buenas cosas a los primeros y achacarles las malas cosas a los segundos. Toda sociedad, como toda persona, tiene elementos malos y buenos. Lo interesante era más bien indagar si los incentivos de nuestra sociedad alentaban los unos en perjuicio de los otros.

Por eso mi propósito debía ser el de obtener una visión de la informalidad en el Perú basada en la realidad y en la experiencia misma de quienes realizan actividades informales. Eso derivó mi atención hacia ciertos tipos de información y ciertos métodos de obtener y analizar esos datos. Igualmente, le dio relieve a la importancia que iban a tener mis informantes, asesores y colaboradores. Con estas consideraciones, la investigación se desarrolló como un proceso continuo de análisis, comprobación de hipótesis y nuevos análisis —descritos con mayor detalle en el Compendio Técnico, que es el primero de los tres apéndices de este libro— hasta que, por un refinamiento gradual, se llegó a las observaciones y conclusiones descritas en este libro.

Ahora bien, esta tarea jamás se hubiera emprendido si no fuera por Mario Vargas Llosa: él sugirió la idea de que esto tomara la forma de un libro, me desafió a ejecutarlo y alentó continuamente sus progresos. El es definitivamente el culpable de todo.

Desde 1979, cuando inicié contactos personales frecuentes con empresarios y trabajadores informales, hasta 1982, cuando comencé a preparar el libro, utilicé mi tiempo libre para hacer entrevistas y observaciones *in situ*. A medida que recogía más información y se cuajaba en mi mente el significado del fenómeno, me di cuenta de que un buen estudio tenía que desarrollarse en equipo. No solamente porque el tema era demasiado vasto para una sola persona, sino porque, sobre todo, se requería el concurso de profesionales de diversa formación para poder investigar y analizar adecuadamente la realidad percibida. Era necesario un esfuerzo interdisciplinario que aprovechara la técnica de encuestas de los antropólogos; el análisis, las teorías y el razonamiento de abogados y economistas; los sistemas para desarrollar investigaciones interdependientes que dominan los ingenieros de proyectos; y la capacidad de los escritores para decir las cosas de manera que todos puedan entenderlas.

Mi contribución fue la del empresario: fijé mis objetivos, identifiqué mis limitaciones, conseguí los recursos con los cuales podía alcanzarlos y suplirlas, respectivamente. Primero organicé dos simposios con cuyas utilidades financié los primeros estudios y la elaboración de propuestas para las fundaciones. Luego, una vez obtenida la financiación, hice lo que siempre he considerado como mi punto fuerte: recluté el magnífico equipo que hoy día constituye el Instituto Libertad y Democracia (ILD) y contacté a excelentes asesores. Todos ellos son los verdaderos autores de este trabajo.

El ingeniero Manuel Mayorga La Torre es, para mí, la figura más importante en la ejecución de esta tarea. Como gerente general del ILD, y con su preparación como director de proyectos, organizó e hizo rendir a todos los equipos; en especial se responsabilizó en conseguir datos, procesarlos en computadoras y elaborarlos para su consideración analítica. Además se encargó de manejar todas las operaciones del Instituto y, con ello, me dio el tiempo necesario para dedicarme al libro cada vez con mayor frecuencia, sobre todo desde 1985. A veces le creo cuando me dice que no hay gran diferencia entre realizar el proyecto de una central eléctrica y dirigir las actividades del ILD.

Luis Morales Bayro ha conducido la mayoría de investigaciones económicas y, en especial, los estudios de análisis costo-beneficio sobre los cuales descansa lo escrito en esta obra. Su vigor, su imaginación y su habilidad al frente de nuestro departamento económico han sido contribuciones invalorables para el libro y el sustento técnico de los apéndices. En este mismo campo deben incluirse los aportes especiales de Jorge Fernández Baca, Keta Ruiz, Fernando Chávez y César Burga, destacados profesionales de la ciencia económica.

En la elaboración del libro como tal, mi más cercano colaborador ha sido Enrique Ghersi Silva, un brillante abogado de 25 años que comenzó a trabajar conmigo hace más de cuatro. Enrique es un admirable autodidacta en la lógica del razonamiento económico. Todas mis ideas han sido discutidas con él antes de ser escritas. Es mi crítico más feroz e insolente. Además, tiene una visión de las cosas, una cultura y una capacidad de investigación y diagnóstico tan especial y enriquecedora que este libro no sería lo mismo sin su contribución. El Perú, estoy seguro, habrá de conocerlo mejor y confirmará sus méritos.

Mi segundo colaborador en el libro es Mario Ghibellini, otro joven de 26 años. El es un literato, ganador de varios premios de literatura y guionista de programas televisivos de éxito. Como tal, no sólo es un artista, sino un hombre ideal para trabajar en equipo, flexible y con un dominio único para que lo escrito se entienda con el mínimo de palabras y de jerga técnica posible. No hay frase que él no haya revisado, reestructurado, aprobado o escrito.

Nelly Arakaki organizó como nadie nuestro trabajo, y se encargó con eficiencia y pacientemente de mecanografiar las sucesivas versiones y de archivar cientos de documentos. Yo creo que es la mejor secretaria del mundo.

El ingeniero Daniel Herencia y su equipo se encargaron del proceso de computación, asegurándose de la exactitud de las cifras y los métodos de cálculo. María Murillo, Mariano Cornejo, Alberto Bustamante y sus colegas y asesores elaboraron muchos de los conceptos utilizados en las partes de vivienda y en la "Agenda para el cambio". Iván Alonso continuó y desarrolló la investigación sobre ambulantes y descubrió los mercados informales de Lima. Orlando Eyzaguirre y su grupo de encuestadores realizaron sondeos y recogieron valiosos datos en asentamientos informales.

Todos los trabajos del ILD, incluyendo este libro, han sido revisados y corregidos por Roberto Mac Lean Ugarteche, Renato Vázquez Costa, Alberto Bustamante y Franco Giuffra. Tengo el saludable hábito de consultar con ellos mis iniciativas porque saben orientarlas y ponderarlas. Franco ha editado conmigo la última versión del libro y, como articulista principal del ILD, se encargó de su corrección en imprenta.

Decenas de personas que no integran el ILD también contribuyeron con sus valiosos conocimientos. No habría lugar para nombrarlos a todos, ni a nuestros centenares de informantes; muchos de ellos, en razón de sus vinculaciones con la informalidad o la autoridad estatal, apreciarían no ser mencionados. Sin embargo, puede y debe destacarse los aportes especiales de Carlos Ferrero, Ruben Cáceres Zapata, José Yi Li, Ricardo Talavera Campos, Lucrecia Maisch Von Humboldt, Alfredo Cossi Bunsen, Víctor Carrasco, Tomás Unger, Carlos Aramburú, Folke Kafka, Luis Pásara, Reynaldo Susano, Fernando Iwasaki, Víctor Montero, Jaime Robles, Luis Oliveros, Angel Rivera Marca, Jesús Elías, Eduardo de Rivero, Juan Carlos Tafur, Elio Távara y Raúl Saco.

También han contribuido, absolviendo consultas o escribiendo memorándum sobre temas puntuales, varios profesionales extranjeros. En especial me gustaría nombrar a Douglass Uzzell, antropólogo del "Social Science Consortium", quien me enseñó lo poco que conozco de antropología e inició nuestros trabajos de campo, y a Warren Schwartz, de "Georgetown University", quien más ha contribuido a instruirnos a todos en la disciplina de "Law and Economics". En ese mismo campo han colaborado también Robert Litan, del "Brookings Institution", y Saul Levmore, de "Virginia University", así como Paul Rubin, de "City University of New York". En lo que se refiere a la estimación de la magnitud de la economía informal y al impacto del Derecho sobre ella, nuestro principal asesor fue Michael Block, de "Arizona University". En la determinación de los costos de la informalidad fue particularmente útil el trabajo realizado por Steven Salop, de "Georgetown University", y Peter Reuter, de "The Rand Corporation".

Douglass C. North, de "Washington University" en St. Louis, Joe Reid y Gordon Tullock, de "George Mason University", y Francisco Cabrillo, de la "Universidad Complutense de Madrid", respondieron cuestionarios que nos ayudaron a conocer mejor la historia del mercantilismo.

Hago extensivos mi reconocimiento y gratitud a todos mis colegas, asesores e informantes. Sin ellos esta obra no hubiera sido posible, pero debo aclarar que sólo yo soy responsable de lo escrito. A pesar del valiosísimo apoyo técnico que me brindaron, no puedo involucrarlos como autores de una obra que contiene, en buena cuenta, un mensaje político personal.

No creo que sea presuntuoso hacer una recomendación a mis lectores: si bien este libro será controversial, porque propone la superación del *status quo* —y el *status quo* le conviene a mucha gente—, no deseo que se piense que es innecesariamente agresivo. En primer lugar, porque su objetivo explícito es sustituir la opción de los cambios azarosos por una alternativa pacífica y deliberada. Tampoco es un libro contra los funcionarios públicos, porque nunca he pretendido soslayar los esfuerzos de muchos de ellos por mejorar honesta y honradamente la situación del país. Finalmente, porque no pretendo llamar mercantilista a otros empresarios: en una sociedad mercantilista, todos los que hacemos empresa —y yo mismo me incluyo— estamos obligados, en algún grado u otro, a comportarnos "mercantilistamente". Nuestra crítica, se verá muy claro, no se dirige a las personas sino al sistema.

¿Cuál es la finalidad de esta obra? ¿Por qué hice este libro? Una sola respuesta dio sentido a este trabajo en los últimos años: porque quiero una sociedad libre y próspera, donde la inteligencia y la energía de la gente estén empleadas en hacer cosas productivas y en lograr cambios políticos beneficiosos; y porque me niego a aceptar una sociedad donde los esfuerzos se pierden en obtener privilegios de la ley y donde la arbitrariedad del sistema estatal castiga ferozmente nuestras esperanzas. Son estos obstáculos los que nos cierran el paso en el camino hacia la liberación.

PRIMERA PARTE

Capítulo I
Introducción

En el período que media entre la Segunda Guerra Mundial y nuestros días, el Perú ha experimentado el cambio más profundo de su historia republicana.

Ese cambio no se ha producido como un hecho único ni deliberado, sino como la sucesión de millones de actos que iban transmutando paulatinamente un orden que parecía inconmovible.

La ciudad peruana ha dejado de ser el pequeño lugar familiar que todos conocían para transformarse en una populosa metrópoli impersonal, de barrios nuevos y desconocidos.

En los últimos cuarenta años, la migración indígena ha hecho que la población urbana se quintuplique y que necesariamente la ciudad se reorganice. Han aparecido, así, nuevas actividades que poco a poco vienen reemplazando a las tradicionales. Viviendas modestas apiñadas en torno a la ciudad, una multitud de talleres instalados en éstas, ejércitos de ambulantes vendiendo en las calles e incontables líneas de microbuses surcándolas parecen haber brotado de la nada, ensanchando y densificando el espacio urbano. Todos los días, humos y olores diversos de las frituras que se cocinan en las calles nos llegan mezclados con tonaditas andinas que no se sabe de dónde provienen. Una legión de "maestritos" arriba incesantemente con sus herramientas bajo el brazo y provoca un incremento considerable de las actividades que pueden desarrollarse en la ciudad. Adaptaciones criollas ingeniosas han beneficiado la producción o prestación de bienes o servicios indispensables, llegando a transformar radicalmente ciertas áreas de la manufactura, la distribución minorista, la construcción y el transporte. El desierto y los cerros que rodean las ciudades han dejado de ser un paisaje pasivo para incorporarse a ellas. El estilo europeísta que las caracterizó ha dado paso a una personalidad cobriza y tumultuosa.

Pero al mismo tiempo la ciudad ha individualizado a sus habitantes. Ha comenzado a predominar el esfuerzo personal sobre el colectivo. Han surgido nuevos empresarios que, a diferencia de los tradicionales, son de origen popular. Ha aumentado la movilidad vertical de las personas. Se han alterado los patrones de consumo y los gustos selectos y suntuarios de la vieja sociedad urbana han sido desplazados por otros más extendidos. En materia de espectáculos, por ejemplo, se ha reemplazado a lo largo de los años la ópera, el teatro y la zarzuela por el cine, el futbol, los festivales folklóricos y, finalmente, la televisión. En general, lo mismo ha sucedido con aquellos consumos que la concentración demográfica ha puesto al alcance de todos, tales como la cerveza, el arroz y la sal de mesa. Otros de consumo más selecto como los vinos y las carnes han decaído proporcionalmente a lo largo de estas décadas.

También en el aspecto religioso el Perú ha experimentado cambios significativos. El catolicismo, identificado con el orden tradicional, ha perdido terreno frente a nuevas confesiones como las protestantes, carismáticas y, más recientemente, expresiones vernaculares y sincréticas como la "Asociación Evangélica de la Misión Israelita del Nuevo Pacto Universal". "Santitas" y "beatitas" de origen popular y no reconocidas por la Iglesia, como la Melchorita o Sarita Colonia, están desplazando en la devoción local a Santa Rosa de Lima y otros santos tradicionales.

Todo ello constituye una nueva identidad cultural que reclama verse retratada socialmente. El surgimiento de la música "chicha", que tiende a reemplazar al folklore andino y a la música criolla, y el triunfo de determinadas formas de comunicación, programas radiales o telenovelas, que se refieren o reflejan partes definidas de esta nueva identidad, ejemplifican claramente el cambio producido. Las páginas sociales y los espacios televisivos dedicados a mostrar la forma de vida de las clases altas han ido gradualmente desapareciendo. Priman ahora las crónicas policiales y los programas de diversión popular que los nostálgicos califican de "huachafos".

Paralelamente la gente ha comenzado a invertir más en su preparación. Se ha incrementado notablemente la participación popular en la educación secundaria y superior, y han proliferado todo género de academias e institutos que brindan formación barata y práctica en las más diversas materias y que funcionan en lo que fueron antes las mansiones de la aristocracia.

Las clases altas han descubierto que, de un tiempo a esta parte, en restaurantes, playas, aviones, directorios y hasta en Palacio de Gobierno tienen que codearse con gente de origen popular. Por ello, en muchos casos han optado por recluirse en su cada vez más reducido mundo y consolarse con la añoranza de un tiempo que terminó. Existe gente que se atrinchera en exclusivos barrios residenciales, frecuenta clubes que no parecen haber sido tocados por el tiempo, transita en la medida de lo posible por avenidas arboladas y mantiene costumbres que la llevan a una segregación social y racial *de facto*.

Han surgido al mismo tiempo nuevas organizaciones que intentan recomponer o establecer a otro nivel algunos de los valores y afectos que se estaban perdiendo. Los clubes departamentales, parroquiales y deportivos, los comités vecinales, las asociaciones de ambulantes y aun los comités de transportistas han procurado obtener el bienestar de sus afiliados a lo largo de los años. En la ciudad, "la familia ampliada" ha venido a convertirse en una red de relaciones comerciales o productivas: actividades económicas desarrolladas entre "primos" y "tíos" son ahora cosa corriente.

Estas organizaciones han empezado también a adquirir un papel preponderante frente al Estado, a medida que las actividades económicas a las que se encuentran ligadas han crecido. De esa manera, la provisión de infraestructura básica —calles, agua, desagüe y electricidad—, la construcción de mercados, la prestación del servicio de transporte y aun la administración de justicia y el mantenimiento del orden público, en mayor o menor medida, han dejado de ser exclusivamente atendidos por el Estado para serlo también por estas nuevas organizaciones.

Al retroceso del Estado ha venido aparejado el retroceso de la sociedad tradicional. Conforme ha ido aumentado el papel de las nuevas organizaciones, los gremios han perdido poder y la población sindicalizada privada ha decrecido persistentemente a tal extremo que hoy en día constituye sólo el 4.8% de la población económicamente activa.

Lo preocupante es que el espacio abandonado por el Estado en su repliegue ha sido ocupado sólo en parte por esas nuevas organizaciones. Al parecer, el restante ha sido ganado por la violencia. Asaltos, secuestros, violaciones y descuartizamientos han coincidido con una creciente agresividad en el tránsito y una falta de seguridad en las calles. Las fuerzas policiales se han visto progresivamente rebasadas, e incluso algunos de sus miembros se han convertido en protagonistas de escándalos y en avezados delincuentes. El hacinamiento humano y la promiscuidad en las cárceles provocan constantemente episodios sangrientos y engendran una criminalidad mayor que se esparce por la ciudad cuando los delincuentes se fugan, inclusive en complicidad con sus custodios. La violencia resultante ha obligado a las personas a defenderse como pueden: todo tipo de armas, incluyendo ametralladoras y escopetas de repetición, "guachimanes" de uniformes variados y hasta inexpresivos guardaespaldas son ahora de uso corriente. Así, cada día nos vamos pareciendo más a lo que las películas cinematográficas han resumido en la ofensiva caricatura de una república bananera.

La gente poco a poco se ha ido acostumbrando a vivir fuera de la ley. Aun el robo, la usurpación o la toma de fábricas se dan como cosa de todos los días, sin que incomoden mayormente la conciencia de las personas. Inclusive algunos delincuentes se han convertido en figuras públicas, como resultado de la constante apología de que han sido objeto.

De esa forma, una completa alteración de los medios y los fines ha trastocado la vida social, a tal punto que hay actos que formalmente son delitos, pero que la conciencia colectiva ya no reprueba. Un ejemplo particularmente ilustrativo es el del contrabando. Desde la señora aristocrática hasta el hombre más humilde adquieren artículos de esa procedencia. Nadie tiene ya escrúpulos frente a él; por el contrario, les parece una especie de desafío a la viveza personal o una revancha que se toma contra el Estado.

Esta progresiva incorporación de la violencia y el delito a la vida cotidiana ha ido aparejada de una multiplicación de la miseria. En términos generales, el ingreso real promedio de los peruanos ha decaído persistentemente desde hace diez años y ahora tiene el mismo nivel de hace veinte años. Cataratas de basura se acumulan por todas partes. Legiones de pordioseros, lavacarros y "pájaros fruteros" se avalanzan día y noche sobre los transeúntes pidiendo una propina. Enfermos mentales desnudos pululan por calles que apestan a orina. Niños, madres solteras y tullidos reclaman en cada esquina una limosna.

Al mismo tiempo ha comenzado a crecer la preocupación de la sociedad civil por la cosa pública. La inflación, la devaluación y la deuda externa, entre otros temas, han dejado de ser misterios propios de ciertas elites para convertirse en puntos de debate en los que todo el mundo tiene algo que decir. El gobierno se ve obligado a justificarse ante la opinión pública, y la aceptación o rechazo de ésta se ha convertido, a su vez, en un valor político susceptible de afectar su estabilidad.

Así, han surgido actitudes definidas frente al Estado. La burocracia ha perdido prestigio social. La ciudadanía se ha resignado a la necesidad de corromper a los funcionarios para obtener el reconocimiento de sus pretensiones. El centralismo, tradicional en nuestra sociedad, ha resultado claramente incapaz de responder a las múltiples necesidades de un país en transformación. La ineficiencia de los tribunales ha ocasionado una creciente desazón y pérdida de confianza en los mecanismos establecidos para hacer respetar el Derecho. Se ha alimentado de esta manera un creciente descontento contra el *status quo* que, al coincidir con el progresivo incremento de las nuevas actividades, ha provocado una paulatina pérdida de vigencia social del Estado.

En este contexto, más peruanos han aprendido a negociar con el Estado la concesión de todo género de privilegios que les permitan sobrellevar las dificultades. Se ha acentuado, así, la politización de nuestra sociedad. Pequeños grupos de interés luchan entre sí, causan quiebras, involucran funcionarios públicos. Los gobiernos subastan privilegios y destruyen la seguridad del Derecho. Se da y se quita a través de la ley mucho más de lo que la moral permite. Muchos medios de información dependen de la banca o ayuda estatales y por lo tanto se someten al poder renunciando a su capacidad de denuncia e inclusive a describir las cosas con objetividad, de tal modo que hay que recurrir a más de un medio de información para poder conocer realmente los hechos.

Todo esto ha estimulado un cambio abrupto de actitud frente a la sociedad. Ha surgido el terrorismo como una alternativa violenta frente al estado de cosas, pero ha surgido paralelamente una nueva actitud frente a lo peruano. Algo así como si los grupos intelectuales del país buscaran refugiarse en un supuesto candor idílico del hombre andino, que no estaría corrupto por esta decadencia. El propio movimiento terrorista plantea hacer "la guerra popular del campo a la ciudad", como si de lo profundo del Perú hubiera que traer la fuerza regeneradora que ayude a explicar todos estos cambios.

Las cosas han cambiado en el Perú. Si bien es cierto que en algunos lugares del país se sigue viviendo como hace siglos, el nuevo ritmo de la historia se marca ahora en las ciudades y es allí, más que en el campo, donde hay que buscar el significado o la respuesta a los cambios acontecidos. El presente ha terminado por imponerse. Nada será como antes; el pasado no regresará.

1.0 LAS MIGRACIONES

Todos estos cambios empezaron cuando la gente que vivía en comunidades autosuficientes en el agro comenzó a trasladarse hacia las ciudades, alterando por completo la larga tendencia histórica que la había mantenido aislada. Como ya hemos visto, en el período que media entre 1940 y 1981 la población urbana casi se quintuplica (de 2.4 millones pasa a 11.6), en tanto que la rural apenas aumenta en un tercio (de 4.7 a 6.2 millones). Así, mientras que en 1940 la rural constituía el 65% de la población total y la urbana el 35%, en 1981 estos porcentajes se invierten. Esto significa, sencillamente, que en 1940 dos de cada tres peruanos vivían en el campo y que, en cambio, en 1981 dos de cada tres viven en las ciudades.

Si se toma en consideración, adicionalmente, que en 1700 la población rural era el 85% del total y la urbana únicamente el 15% y que hacia 1876 la población campesina seguía siendo el 80% frente al 20% que estaba en las ciudades, resaltará aún más la radicalidad del cambio ocurrido en los últimos 40 años. Se ha invertido el histórico predominio rural de la población en favor de los centros poblados, se ha modificado sustancialmente las condiciones del *ha-*

bitat de los peruanos y se ha pasado de una civilización agrícola a una civilización urbana.

Esta urbanización coincidió con el rápido incremento de la población en todo el país. Hasta ese momento, el crecimiento demográfico había sido más bien lento. A pesar de sus inexactitudes, los censos nacionales de los dos siglos pasados revelan para esa centuria una tasa anual media de crecimiento del 0.6%. En este siglo, sin embargo, entre 1940 y 1981 la población total crece más de dos veces y media, pasando de 7 millones a prácticamente 18.

En el caso de Lima este incremento es sustancialmente mayor. La capital ha crecido 7.6 veces en el período al que hacemos referencia. De esta manera, de albergar al 8.6% de la población del país, ha pasado a albergar al 26%. Por cierto, también en las demás ciudades de la república aumentó la población llegando a alcanzar, en la última década, una tasa de crecimiento mayor que la de Lima.

En términos generales, el proceso de urbanización peruano se desencadenó con las grandes migraciones del campo a la ciudad que, si bien comenzaron un poco antes, están registradas por las estadísticas nacionales desde 1940. Así, en el caso de Lima, entre ese año y 1981 los migrantes han aumentado 6.3 veces, de 300,000 a 1'900,000.

Sin embargo, el aporte de la migración al crecimiento de la capital es superior al número de los migrantes mismos, porque sus mujeres tienen una fecundidad mayor que las nativas y sus hijos tienen en Lima una tasa de mortalidad menor que en el campo.

Ello puede ilustrarse con un ejemplo. En 1981 Lima sólo habría tenido 1'445,000 personas, en lugar de los 4'000,000 que fueron censadas, si desde 1940 no hubiera habido migraciones. Dicho de otra manera, en 1981 las dos terceras partes de la población limeña eran migrantes o hijos de migrantes, mientras que la tercera parte restante era propiamente nativa. Queda, pues, en evidencia que la migración es un factor imprescindible para explicar los cambios ocurridos.

No obstante, resta explicar por qué ocurrieron esas migraciones. Como en la mayor parte de fenómenos sociales, existen muchas causas concurrentes.

La más visible es la construcción de carreteras. Después de la Guerra del Pacífico empezó en el país un proceso de reordenamiento total que, entre otras cosas, involucró la tarea de interconectarlo por carretera, frente a la construcción de ferrocarriles y al cabotaje, que habían sido hasta entonces los modelos tradicionales.

A comienzos de siglo la longitud total de las carreteras no excedía los 4,000 kilómetros. En 1981, en cambio, era de alrededor de

60,000. En el entretanto, la Ley de Conscripción Vial, aprobada en 1920, y los planes viales nacionales, entre otras políticas, habían transformado caminos inconexos rehechos sobre antiguos trazos incaicos y coloniales en una red definida de carreteras, la cual se convirtió en la base material indispensable para que la migración masiva tomara lugar, y despertó además un creciente anhelo de los campesinos por la ciudad.

El posterior desarrollo de otros medios de comunicación ha sido un aliciente adicional para el incremento de las migraciones. Al dar a conocer a miles de kilómetros de distancia las posibilidades, características y comodidades de la vida urbana, la radio, en especial, suscitó reacciones entusiastas de todo género, sobre todo en lo que se refiere a las expectativas de lograr un consumo y un ingreso más elevados. Era como ofrecer la civilización a todo aquel que tuviera la entereza de tomarla.

De otro lado, opiniones académicas bastante difundidas coinciden en destacar la importancia de la crisis que afectó al agro entre 1940 y 1945 como otro factor decisivo para la migración. El esfuerzo de modernización y la poca seguridad de la venta del azúcar y el algodón, como consecuencia de la Segunda Guerra Mundial, provocaron el despido masivo de los peones en las haciendas tradicionales de la sierra y en las grandes explotaciones agroindustriales de la costa. De esta forma, se liberó repentinamente un abultado contingente de personas que estaban dispuestas a migrar en busca de nuevos horizontes.

Otra manera de enfocar la importancia de la crisis agrícola como factor de expulsión de migrantes es el problema de los derechos de propiedad en el campo(1). A las tradicionales dificultades en el acceso a la propiedad agrícola se vino a sumar en los años 50 el inicio de lo que sería un largo, contínuo e inestable proceso de reforma agraria que, entre otras consecuencias, las agudizó. Muchas personas que no encontraban la posibilidad de tener propiedad o trabajar en el campo prefirieron migrar hacia las urbes para tratar de conseguir la propiedad que les era negada y satisfacer, de este modo, algunas de sus aspiraciones materiales.

La menor mortalidad infantil en Lima ha sido también un poderoso incentivo para dejar el campo. A lo largo de las décadas la mortalidad fue siempre menor en la capital que en el resto del país. Mientras que en 1940 fallecían 181 de cada mil niños en el te-

1) A lo largo del presente libro utilizamos el concepto "derechos de propiedad" en un sentido económico más amplio que el que usualmente se le otorga en el Derecho peruano. Así, los entenderemos como aquellos derechos, personales o reales, que reconozcan a sus titulares la enajenabilidad y exclusividad sobre los mismos. Para una mayor explicación ver Capítulo V Subcapítulo 2.2.1.

rritorio nacional, en Lima morían 160. Conforme fueron aumentando los servicios médicos, esta diferencia tendió a hacerse más profunda, de manera que en 1981 morían 98 de cada mil niños en todo el país y 44 en Lima, incrementándose a través del tiempo el aliciente para migrar.

Las posibilidades de una mejor remuneración han sido asimismo un estímulo importante. Una persona que abandonaba el campo para emplearse como obrero semi-calificado en Lima obtenía, en 1970, un ingreso mediano mensual equivalente a tres veces el que lograba anteriormente. Más significativo aún era el caso de los que se ocuparon como empleados y lograron ganar un equivalente a 4 veces; y el de los profesionales o técnicos, que podían ganar un equivalente a 6 veces. Estas remuneraciones más altas han compensado los riesgos relativos del desempleo. Así, un migrante promedio desempleado por un año puede recuperar en dos meses y medio de trabajo en la ciudad su ingreso personal perdido en el campo. Uno que ha estado desempleado dos años, lo hará en poco más de cuatro meses, y así sucesivamente.

Por último, y quizás sea lo más importante, el propio crecimiento de la administración pública y la posibilidad de acceder a niveles educativos más altos han sido también importantes alicientes para venir a la ciudad.

En el primer caso, la efectiva centralización del poder redistributivo, la sensación de cercanía con las decisiones políticas, la ubicación en las ciudades de la mayor parte de la oficinas competentes para absolver consultas, contestar peticiones o expedir permisos, y la posibilidad de encontrar en ella una fuente de trabajo convirtieron a la creciente administración pública en un atractivo para dejar el agro.

En el segundo caso, el hecho de que hasta fecha reciente estuviesen en Lima el 45% de los egresados de secundaria, el 49% de los matriculados en centros de educación ocupacional, el 46% de matriculados en escuelas e institutos superiores y el 62% y 55% de los postulantes e ingresantes a la universidad, respectivamente, ha sido en una perspectiva histórica un poderoso incentivo para migrar; especialmente porque, para campesinos que sólo tienen su capital humano, representa la posibilidad de una valiosa y reproductiva inversión.

Todos estos factores concurrentes sugieren que la migración no es un acto irracional hecho por puro gusto o instinto gregario, sino un producto de la valoración racional de posibilidades hecha por los campesinos. Sea cual fuere el grado de precisión alcanzado en sus evaluaciones, lo evidente es que adoptaron esas decisiones convencidos de que estarían favorecidos por comparación con lo que hasta ese momento había sido su mundo y su aspiración.

2.0 LA RECEPCION HOSTIL

Sin embargo, al llegar a las ciudades los migrantes encontraron un mundo hostil. Se dieron cuenta de que, si bien la sociedad formal tenía una visión bucólica del "Perú profundo" y le reconocía el derecho a la felicidad, nadie quería que ese "Perú profundo" bajase a las ciudades. Los programas de asistencia y desarrollo para tales áreas estaban dirigidos a que los campesinos progresaran ahí donde se encontraban; es decir, lejos de las ciudades. Se esperaba que la civilización llegase al campo, no que los campesinos vinieran a buscarla.

La hostilidad llegó a extremos. En los años 30 se prohibió la construcción de departamentos baratos en Lima. Testigos de la época afirman que el Presidente Manuel Prado tomó alguna consideración, a principios de los años 40, a una curiosa iniciativa para "mejorar la raza", consistente en estimular la migración de escandinavos hacia las ciudades del país. En la legislatura correspondiente a 1946, el Senador por Junín Manuel Faura presentó un proyecto de ley para prohibir el ingreso de los provincianos, especialmente los de la sierra, a Lima. En la legislatura subsiguiente, el Diputado Salomón Sánchez Burga formuló un pedido con Acuerdo de Cámara para crear un pasaporte de ingreso como obligación de los provincianos que quisiesen entrar a la capital. Todos estos proyectos fracasaron o fueron desestimados, pero indican que ya desde entonces existía una clara voluntad de negarles el acceso a la ciudad.

No era extraño, por lo demás, que estos políticos reaccionaran así. Desde sus orígenes la ciudad en el Perú había sido un centro administrativo y religioso que representó la ambición de ordenar un territorio salvaje y agreste. La ciudad surgió como una representación del cosmos dentro del caos. De ahí que sus habitantes, herederos de la antigua tradición andino-española, no hayan podido sentir más que horror frente a la migración campesina, porque el caos estaba invadiendo, por fin, su cosmos.

Por añadidura, cada persona que migra a la capital es, de alguna manera, un competidor potencial de quienes ya la habitan. Si reconocemos que existe una natural tendencia a tratar de evitar la competencia, resulta también explicable el recelo que suscitó la migración.

Ello no obstante, la mayor hostilidad que encontraron los migrantes fue la institucionalidad legal vigente. Hasta ese momento el sistema se había habituado a absorber o ignorar a reducidos grupos de migrantes, operación perfectamente posible porque el pequeño grupo involucrado difícilmente podría hacer tambalear al *status quo*. Al crecer el número de migrantes, sin embargo, el sistema no pudo continuar dentro de tal inercia. Llegados éstos a la ciudad, se percataron de que no les era posible incorporarse a las actividades sociales y económicas establecidas legalmente y les era sumamente difícil acceder formalmente a la vivienda, la educación y, sobre todo, a la empresa y al trabajo.

Sucedía, sencillamente, que las instituciones legales habían sido creadas a través del tiempo para satisfacer las necesidades y apoyar las prerrogativas de ciertos grupos dominantes de las urbes y para aislar geográficamente a los campesinos en el ámbito rural. Gracias a esto, no se hacía patente la discriminación legal. Empero, establecidos los campesinos en la ciudad, la ley comenzó a ser desafiada y a perder vigencia social.

Los migrantes descubrieron que eran numerosos, que el sistema no estaba dispuesto a admitirlos, que las barreras se multiplicaban, que había que arrancar cada derecho a un renuente *status quo*, que estaban al margen de las facilidades y beneficios de la ley, y que la única garantía para su libertad y prosperidad estaba, finalmente, en sus propias manos. Descubrieron, en suma, que tenían que competir; pero, no sólo contra personas sino también contra el sistema.

3.0 DE MIGRANTES A INFORMALES

Fue de esta manera que, para subsistir, los migrantes se convirtieron en informales. Para vivir, comerciar, manufacturar, transportar y hasta consumir, los nuevos habitantes de la ciudad tuvieron que recurrir al expediente de hacerlo ilegalmente. Pero no a través de una ilegalidad con fines antisociales, como en el caso del narcotráfico, el robo o el secuestro, sino utilizando medios ilegales para satisfacer objetivos esencialmente legales, como construir una casa, prestar un servicio o desarrollar una industria. Como veremos más adelante, existe una importante probabilidad de que, desde un punto de vista económico, en estas actividades la gente directamente involucrada así como la sociedad en general estén mejor si la ley nominalmente aplicable es violada que si es cumplida. En tal sentido, podríamos decir que la informalidad se produce cuando el Derecho impone reglas que exceden el marco normativo socialmente aceptado, no ampara las expectativas, elecciones y preferencias de quien no puede cumplir tales reglas y el Estado no tiene la capacidad coercitiva suficiente.

La noción de informalidad que utilizamos en el presente libro es, pues, una categoría creada en base a la observación empírica del fenómeno. No son informales los individuos, sino sus hechos y actividades. La informalidad no es tampoco un sector preciso ni estático de la sociedad, sino una zona de penumbra que tiene una larga frontera con el mundo legal y donde los individuos se refugian cuando los costos de cumplir las leyes exceden a sus beneficios. Sólo en contados casos la informalidad implica no cumplir con todas las leyes; en la mayoría, se desobedecen disposiciones legales precisas de una manera que describiremos más adelante. También son informales aquellas actividades para las cuales el Estado ha creado un sistema legal de excepción a través del cual un informal puede seguir desarrollando sus actividades, aunque sin acceder necesariamente a un *status* legal equivalente al de aquéllos que gozan de la protección y los beneficios de todo el sistema legal peruano.

Este es un libro sobre esos migrantes que han devenido informales a lo largo de los últimos 40 años y que intenta mostrar por qué hemos llegado a convertirnos en un país en el cual el 48% de la población económicamente activa y el 61.2% de las horas-hombre son dedicadas a realizar actividades informales que contribuyen con el 38.9% del PBI registrado en las Cuentas Nacionales. Es un libro que trata de explicar las razones y las perspectivas del cambio que está ocurriendo en el Perú en base al análisis de la vanguardia de ese cambio; es decir, de los informales. Intenta explicar también por qué nuestras instituciones legales no han sido capaces de adaptarse a tal cambio, por lo que la actividad económica informal, no obstante una productividad media equivalente a sólo un tercio de la formal, seguirá creciendo y llegará a generar en el año 2000 un 61.3% del PBI registrado en las Cuentas Nacionales. Indica también cómo las nuevas instituciones que han desarrollado los informales constituyen una alternativa coherente sobre la cual pueden sentarse las bases de un orden distinto que abarque a todos los peruanos. Es también, por cierto, un libro que aporta soluciones.

La primera parte del libro, constituida por éste y los tres próximos capítulos, muestra el mundo que fuimos descubriendo al visitar y alternar con los informales y sus interlocutores formales, durante los últimos seis años. Describe, a partir de tales observaciones y de los testimonios de otros investigadores, cómo en tres sectores específicos —la vivienda, el transporte y el comercio, donde el ILD ha podido completar sus investigaciones— los informales han ganado espacio y se están adueñando de la mayor parte del mercado, apropiándose de terrenos para vivir y producir, instalándose en las calles como ambulantes para trabajar o invadiendo las vías principales de la ciudad para prestar el servicio de transporte. En todos estos casos han desobedecido abiertamente las disposiciones legales vigentes y han desafiado a las instituciones, hasta el punto de crear un forado por el cual el resto de la sociedad está desertando también de la formalidad. A medida que los informales han avanzado, el Estado peruano se ha ido replegando, considerando cada concesión como temporal, "hasta salir de la crisis", cuando en realidad no es otra cosa que adoptar de mala gana una estrategia de retirada permanente. Retirada que, paso a paso, socava su vigencia social.

La primera parte es, pues, un testimonio de cómo el "Perú profundo" ha comenzado una larga y sostenida batalla por integrarse a la vida formal, tan gradual que sus efectos recién comienzan a vislumbrarse. Se trata, al parecer, de la rebelión más importante contra el *status quo* que se haya producido en la historia del Perú republicano.

Los capítulos iniciales ilustran el desarrollo de este proceso en el caso concreto de Lima. El primero muestra cómo a través de invasiones o adquisiciones ilegales de terrenos se han formado barrios que constituyen el 42.6% de las viviendas de Lima y albergan al 47% de su población. Y revela que esas viviendas, edificadas con el sacrificio de los pobladores a través de los años, tienen un valor de 8,319.8 millones de dólares. Valor que, a su vez, representa parte del inmenso potencial generador de riqueza que tienen los informales.

El segundo describe la manera en que los 91,455 ambulantes de Lima dominan la distribución minorista de los artículos de consumo popular en la capital. Refiere cómo mantienen a poco más de 314,000 personas, entre familiares y dependientes, y cómo otros 39,000 ambulantes han podido edificar o adquirir, para salir de las calles y pese a las múltiples restricciones existentes, 274 mercados informales por un valor de 40.9 millones de dólares.

El tercero narra el modo en que, a través de la invasión de rutas, los informales han logrado dominar el 93% del parque en el servicio de transporte urbano, el 74% de su capacidad y el 80% de sus asientos. Revela, asimismo, cómo estos informales han diseñado espontáneamente las rutas de transporte que hoy comunican a Lima.

La primera parte del libro contiene también otras noticias. Describe cómo los informales no se han entregado a la anarquía y más bien han desarrollado sus propios derecho e instituciones -a los que llamaremos "normatividad extralegal"- para ir supliendo al Derecho oficial allí donde éste no funcionaba. Esto develará ante nosotros un ordenamiento espontáneo y alternativo al formal que nos servirá posteriormente para contraponer el Derecho que realmente funciona en la práctica con aquél que está contenido en las disposiciones estatales. Relata, además, la gesta protagonizada por los informales en las últimas décadas, sus enfrentamientos o alianzas con el Estado, su relación con los políticos, su integración al paisaje de nuestra ciudad.

Finalmente, en estos capítulos se analiza cómo la invasión ha sido convertida por los informales en un medio alternativo para expresar el valor de las cosas y cómo detrás de sus decisiones aparentemente triviales existe un raciocinio bastante complejo. En suma, se trata de explicitar cuál es la lógica de funcionamiento implícita en la informalidad.

La segunda parte del libro consiste en un ejercicio analítico que muestra cómo los diferentes costos que existen en nuestra sociedad son resultado de la manera como se concibe y se produce el Derecho, como si la riqueza fuera un *stock* fijo a ser redistribuido por el Estado en favor de distintos grupos demandantes de privilegios, y cómo esa manera de gobernar sugiere un paralelo histórico significativo con el mercantilismo, que fue el sistema en el que estuvieron encuadradas las políticas económicas y sociales europeas entre los siglos XV y XIX.

Las páginas más arduas de esta parte están dedicadas a identificar, medir y clasificar los costos existentes. Describen los que hay que asumir para poder gozar de la protección del Derecho, y cómo éstos afectan el acceso o la permanencia en las diferentes actividades económicas. Describen también los costos y pérdidas para el país que resultan de no tener la protección de ese Derecho.

Como resultado, quedará en evidencia la importancia que tienen las instituciones legales para explicar la miseria, la violencia, las nuevas manifestaciones culturales, la informalidad y el retroceso del Estado; en suma, para explicar el cambio que ha venido experimentando nuestra sociedad.

Por su parte, los capítulos sobre la tradición redistributiva y el mercantilismo nos permitirán presentar una tesis fundamental del libro. A saber, que fue precisamente el mercantilismo -y no el feudalismo ni la economía de mercado- el sistema económico y social que ha regido nuestro país desde la llegada de los españoles. Desde esta perspectiva, el surgimiento de una informalidad creciente y vigorosa representa una suerte de insurrección contra el mercantilismo y está provocando su decadencia definitiva.

Por último, el capítulo final del libro llega a algunas conclusiones sobre el futuro del Perú y las posibles salidas que se le ofrecen en la actual situación de crisis.

En verdad será fácil juzgar la exactitud de lo expuesto en las páginas sucesivas, porque todo ocurrió mientras lo estábamos observando. Nada de lo que este libro afirma requiere de complejas experimentaciones de laboratorio para comprobarse; basta abrir la ventana de la casa o salir a la calle.

No obstante, falta distancia en el tiempo para juzgar completamente lo sucedido, de manera que no se puede llamar a éste un libro científico de historia. Es, en realidad, un libro político que se basa en evidencias y que, seguramente, necesitará ser reescrito dentro de algunos años. Mas no por ello deja de ser una obra que ambiciona orientar y que busca, especialmente, mostrar que, entre tanta aparente calamidad, existe una esperanza. Una esperanza que se cifra en la creatividad y vigor de los peruanos, que no encuentran todavía un adecuado marco legal e institucional para desarrollarse.

Capítulo II
La Vivienda Informal

En las últimas cuatro décadas el espacio urbano de Lima ha crecido 1,200%. Este solo hecho es impresionante, pero lo es más si consideramos que ese enorme crecimiento ha sido fundamentalmente informal. En efecto, las personas han adquirido, habilitado y/o edificado sus vecindarios al margen o en contra de las disposiciones estatales, constituyendo asentamientos informales(1).

Con el transcurso del tiempo estos asentamientos pueden gozar eventualmente de un régimen legal de excepción, que puede considerarse como una respuesta improvisada de las autoridades frente al problema, de tal manera que, si bien pueden recibir títulos de propiedad sobre el terreno -que no comprenden el reconocimiento de la propiedad de las edificaciones-, se les imponen además una serie de limitaciones en el ejercicio de sus atributos por un período de tiempo. Algunos asentamientos pueden haber nacido inclusive por decisión política del gobierno, pero su desarrollo posterior no ha sido mayormente distinto que el del resto, excepto porque tal vez no han resultado los mas prósperos.

En los asentamientos informales las habilitaciones se producen precisamente a la inversa de lo que prescribe el urbanismo tradicional. Los informales ocupan primero el lote, después construyen, luego habilitan y sólo al final obtienen la propiedad del terreno; exactamente a la inversa de lo que sucede en el mundo formal. Es por eso que estos asentamientos evolucionan de una manera distinta que la ciudad tradicional y dan la impresión de hallarse en edificación permanente.

Hechas estas precisiones, hay que señalar que del total de viviendas de Lima a 1982, el 42.6% pertenece a los asentamientos informales, el 49.2% a los barrios formales y el 8.2% restante a áreas tugurizadas ubicadas dentro de estos barrios. Esto quiere decir que en la capital por cada diez viviendas formales, existen nueve informales. Hay distritos como Comas, Independencia, San Juan de Miraflores y Villa María del Triunfo que son casi totalmente informa-

1) Entendemos por "asentamientos informales" todas las áreas pobladas que en el Perú se conocen como barriadas, barrios marginales, áreas similares, urbanizaciones populares de interés social (UPIS), áreas de recepción, albergues, pueblos jóvenes, asentamientos humanos marginales, asentamientos humanos municipales, asociaciones y cooperativas.

les, y otros, como Carabayllo, El Agustino, San Juan de Lurigancho y San Martín de Porres, que lo son mayoritariamente.

En lo que respecta a la población, del total existente en la capital a 1982, el 47% se ubicaba en los asentamientos informales, el 45.7% habitaba en los barrios formales y el 7.3% restante vivía en las áreas tugurizadas.

Hoy en día los dueños de Lima ya no son solamente las familias tradicionales que viven en cómodas residencias de trabajado estilo arquitectónico, sino también los migrantes y sus descendientes, que han tomado por asalto una ciudad que les negaba el acceso y han debido forzar el sistema legal para edificar sus viviendas y desarrollar sus barrios espontáneamente.

De la misma manera, estos nuevos limeños han creado a través de los años una riqueza cuantiosa, dando mayor valor a la tierra e invirtiendo en la edificación de sus propias viviendas, desmintiendo un prejuicio bastante difundido -incluso entre los sectores supuestamente más progresistas-que presenta a los peruanos de origen humilde como individuos incapaces de procurarse satisfacciones materiales y a quienes el Estado debe aprovisionar, guiar y controlar.

Así, a junio de 1984 el valor de una vivienda informal promedio era de 22,038 dólares; y el valor total de los inmuebles ubicados en los asentamientos informales de Lima ascendía a 8,319.8 millones de dólares -es decir, a una cifra equivalente al 69% de la deuda externa total a largo plazo del Perú a ese mismo año- de acuerdo con la tasación realizada por los investigadores del ILD, casa por casa y a precios de reposición.

Una manera de apreciar la importancia de esta inversión es compararla con el esfuerzo estatal, ya que en el mismo período en que se realizó -aproximadamente entre el 60 y el 84- el Estado también construyó viviendas para pobladores con características socioeconómicas similares a las de los informales. Ocurre, sin embargo, que la inversión estatal realizada para este efecto sólo llegó a la suma de 173.6 millones de dólares; es decir, a nada más que el 2.1% de la inversión informal. Aun el total de la inversión pública en vivienda hasta 1984, incluyendo la destinada a la clase media -unos 862.2 millones de dólares-, equivale sólo al 10.4% de la inversión informal.

Ahora bien, para que los informales hayan logrado edificar al margen de la ley vecindarios que albergan a alrededor del 47% de la población de Lima y al 42.6% de sus viviendas, y que valen 8,319.8 millones de dólares, previamente ha tenido que desmoronarse la formalidad y fortalecerse la informalidad hasta ser capaz de crear un sistema alternativo de urbanización.

En las páginas que siguen trataremos de explicar este proceso. Empezaremos por describir cómo se produce la adquisición informal de propiedad, para establecer la normatividad extralegal y la lógica de funcionamiento implícita en ella. Luego pasaremos a exponer la evolución histórica de los asentamientos informales y la onstante derrota de la formalidad, que paulatinamente ha ido perdiendo espacio, y finalmente, describiremos cómo la informalidad ha logrado establecer, al cabo de los años, un nuevo sistema de derechos de propiedad sobre la tierra.

1.0 LA ADQUISICION INFORMAL DE PROPIEDAD

En el transcurso de sus investigaciones, el ILD no encontró ninguna prueba que justifique el prejuicio que presenta como anárquica y desordenada la vida en los asentamientos informales. Antes bien, encontró un conjunto de normas extralegales capaces de regular en alguna medida las relaciones sociales, compensar la falta de protección legal y conseguir progresivamente estabilidad y seguridad para los derechos adquiridos.

Estas reglas son lo que el ILD ha denominado "normatividad extralegal". Compuesta básicamente por costumbres de origen informal y por algunas reglas propias del Derecho oficial en la medida en que son útiles a los informales, la normatividad extralegal está llamada a gobernar la vida en los asentamientos informales a falta o deficiencia de la ley. Viene a ser, en consecuencia, el Derecho que generan los informales para normar y ordenar su vida y sus transacciones, y en esa medida tiene vigencia social.

Hemos identificado por lo menos dos maneras de acceder informalmente a la propiedad inmobiliaria para fines de vivienda. La primera es la invasión y la segunda es la compraventa ilegal de terrenos agrícolas a través de asociaciones y cooperativas. En ambas se percibe el funcionamiento de algunos elementos de la normatividad extralegal.

1.1 La Invasión

La ocupación ilegal de terrenos estatales o privados se da fundamentalmente de dos maneras, que hemos denominado "invasión paulatina" e "invasión violenta".

La primera se produce gradualmente sobre asentamientos ya existentes. Por lo general se trata de rancherías anexas a fundos o haciendas, o a campamentos mineros. En cualquier caso, lo que sucede es que el propietario del terreno tiene una relación particular con los ocupantes (generalmente son sus propios empleados o arrendatarios), razón por la cual en un principio no tiene interés en desalojarlos. Por añadidura, suele reconocerle muy escaso valor al terreno, disminuyendo así la importancia del mismo en su patrimonio y los esfuerzos que está dispuesto a dedicar para conservarlo.

Sucede que a lo largo del tiempo nuevos grupos de personas que no tienen ya relación alguna con el propietario se van incorporando al asentamiento, ya sea porque tienen parientes ahí, adquieren un terreno, lo alquilan o sencillamente porque lo invaden. De esta manera, van ocupando gradualmente el terreno adyacente a partir del asentamiento original, hasta convertirse en los poseedores efectivos de toda el área. Los asentamientos formados por invasión paulatina no alcanzan un perfil definitivo hasta después de un largo proceso.

Para ser exitosas, estas ocupaciones requieren, sin embargo, una masa crítica mínima que proporcione a los pobladores cierta capacidad de presión y negociación para disuadir al propietario de intentar recuperar el terreno. Tienen, por lo demás, una racionalidad interna muy similar a la que veremos en el siguiente caso.

En lo que respecta al segundo tipo de invasión, en cambio, no existe vinculación previa entre los pobladores y el propietario del terreno. Esto es precisamente lo que determina que deba ser violenta e intempestiva; lo cual, por supuesto, no quiere decir que no sea el fruto de una compleja y detallada planificación.

De acuerdo con las observaciones del ILD, el proceso de la invasión violenta se inicia con la reunión de un grupo de personas identificadas por pertenecer a una misma vecindad, familia o paisanía, con el interés común de procurarse vivienda, que en una o varias asambleas de carácter reservado planean la invasión. A menudo existe también una intervención decidida de invasores profesionales, generalmente sindicalistas, políticos o simplemente empresarios, que ponen al servicio de los interesados su experiencia en la organización de invasiones a cambio de determinados réditos políticos o económicos.

Establecido el núcleo original, en las asambleas preparatorias se discute qué lugar presentaría las condiciones necesarias para poder establecerse. No sólo se evalúa la idoneidad del sitio, sino también la facilidad con que podrían invadirlo. De hecho, las invasiones se producen sobre terrenos públicos y privados con diferente intensidad, lo que revela que los invasores escogen entre éstos y aquéllos en función de la expectativa de éxito que cada uno ofrece. Se calcula que a lo largo de la historia, el 90% de las invasiones violentas han ocurrido en terrenos estatales, con énfasis especial en aquéllos que eran eriazos o se encontraban desocupados. Esto significa que es más sencillo invadir al Estado que a los particulares, porque, como no se está afectando a nadie en especial, existen menos estímulos para reaccionar. Adicionalmente, el gobierno tiene siempre en consideración motivaciones políticas que lo pueden hacer sensible frente a un hecho que, si bien es una usurpación de propiedad, puede presentarse como un acto espontáneo de justicia redistributiva.

Elegido el terreno, el núcleo original trata de hacer ver a los interesados que están mejor formando parte de una invasión, que actuando individualmente. Comienzan a reunir así la masa crítica indispensable para lograr un tamaño óptimo de invasión que permita disminuir las posibilidades de represión policial y evitar la "reinvasión" del asentamiento por nuevos individuos que traten de ocupar las áreas libres.

Luego, contratando los servicios de ingenieros o estudiantes de ingeniería, se traza un plano, se reparten los lotes del asentamiento y se reservan las áreas que en un futuro ocuparán los edificios públicos (escuelas, centros de salud o municipios) así como los lugares de recreación (parques o canchas deportivas). De la misma manera se empadrona a los futuros invasores, se aprueba el aporte que harán para los gastos comunes, y se crean y determinan responsabilidades para la negociación con la autoridad, el control del orden público en el asentamiento y la organización de la resistencia contra cualquier intento de desalojo a través de piquetes de pobladores. En algunos casos, se contrata abogados y se presenta una solicitud formal de adjudicación del terreno en la repartición competente para poder exhibir ante las autoridades que traten de desalojarlos una copia de la misma con el comprobante de que se encuentra "en trámite". De este modo los dirigentes pueden argumentar que no están despojando al Estado de su patrimonio, sino que han solicitado la adjudicación del terreno legalmente y se han visto forzados a ocuparlo a fin de evitar que otros potenciales -y, en muchos casos, inexistentes- invasores lo ocupen ilegalmente.

Terminados estos actos preparatorios, se realiza la invasión. Esta se produce de noche o hacia la madrugada en una fecha preestablecida que generalmente coincide con alguna efeméride cívica, para reducir así las posibilidades de una reacción rápida de las fuerzas del orden. Los invasores, sin importar si son 100 ó 40,000, llegan al lugar convenido en camiones o microbuses alquilados, trayendo consigo palos, esteras y todo lo necesario para levantar su primera vivienda. Entran al terreno y despliegan una multitud de banderas peruanas, tratando de indicar que no se está cometiendo un delito, sino un acto patriótico reivindicatorio y de "justicia social". Inmediatamente después, la gente de los piquetes se encarga de demarcar el asentamiento con tiza en polvo, de acuerdo con el plano previamente elaborado. Por su parte, las mujeres y los niños limpian el desmonte y, en cuestión de horas, los lotes se encuentran distribuidos y las esteras colocadas sobre cada uno de ellos en forma de "iglú".

Al mismo tiempo se organiza la "olla común", de la que comerán los invasores en esos primeros días y una suerte de guardería donde un grupo de madres de familia se encarga de cuidar a todos los niños pequeños de la invasión, a fin de dejar a sus padres libres para realizar sus propias tareas.

Dependiendo de lo que se haya decidido o del tamaño del asentamiento, los dirigentes pueden dedicarse también a recibir e instalar a las personas que vengan a adherirse a la invasión y ayudar a afianzar la masa crítica reunida.

En muchos casos, se negocia simultáneamente con el comité de microbuseros más cercano para que extienda *de facto* su ruta hasta llegar al nuevo asentamiento, asegurando así la facilidad de transporte de los invasores. Además, producida la toma del terreno, no tardan en aparecer los ambulantes, que se encargan de aprovisionar a los pobladores de alimentos y demás vituallas, y los vendedores de materiales de construcción, con todo lo necesario para edificar las primeras viviendas.

Todo esto coincide también con los diferentes aprestos de los invasores para evitar la represión y guardar el orden interno. Así, se conforman unos piquetes de defensa que están listos para repeler cualquier intento de desalojo con piedras, palos y otros objetos contundentes, así como para castigar drásticamente la comisión de cualquier delito.

Otro modo de evitar la represión o de disminuir su efectividad consiste en bautizar el asentamiento con el nombre del Presidente en ejercicio, su cónyuge o alguna otra figura política de nota, procurando comprometerla para que intervenga en su favor, tal como ocurrió en los asentamientos María Delgado de Odría, Clorinda Málaga de Prado, Pedro Beltrán, Juan Velasco Alvarado, Víctor Raúl Haya de la Torre, Villa Violeta o Pilar Nores de García, entre otros.

Por último, si es que la policía quiere amedrentar a los invasores, se pone a las mujeres y a los niños por delante, a fin de sensibilizar a las autoridades y hacerle sentir a la tropa que el enfrentamiento es abusivo.

1.1.1 El "Contrato de Invasión"

Al margen de la anécdota, es evidente que la invasión tiene una rigurosa lógica de funcionamiento. Nunca es casual, sino deliberada. Por consiguiente, implica la existencia de negociaciones entre los futuros invasores, que son resultado de haber identificado diferentes intereses comunes a iniciativa de un grupo original, generalmente más diñamico que los demás.

Si las invasiones son deliberadas e implican negociaciones para llegar a ellas, suponen también la existencia de un acuerdo previo entre los invasores. Es en ese sentido que podemos hablar de un "contrato de invasión" como la fuente de la normatividad extralegal en los asentamientos informales y el origen de la organización de los vecinos.

Los diferentes acuerdos necesarios para hacer una invasión vienen a ser las cláusulas de ese contrato. Tales cláusulas pueden ser agrupadas en dos: las que se refieren a la creación, demarcación y repartición del asentamiento mismo, y las que crean, determinan funciones y asignan responsabilidades a la organización informal encargada de ejecutar los términos del contrato.

Las cláusulas que se refieren al asentamiento mismo son, entonces, los acuerdos que determinan los planos, reparten los terrenos y consignan el empadronamiento inicial de los invasores. Por su parte, las cláusulas que se refieren a la organización informal son los acuerdos que establecen los mecanismos para elegir a la dirigencia, le encargan la negociación con las autoridades o eventualmente con los invadidos, le asignan presupuestos y estipendios, le encomiendan la actualización de los padrones, le confían el cuidado del orden público, la administración de justicia y aun la movilización de la resistencia.

Estos contratos no son privativos de las invasiones violentas; existen también en las paulatinas, en la medida en que los ocupantes iniciales deciden permanecer en el terreno, y establecen entre sí su sistema de relaciones y la manera de permitir la incorporación de nuevos habitantes al asentamiento. Ello no obstante, se conocen experiencias en las que el núcleo originario pretendió limitar estas adhesiones, provocando inclusive otros "contratos de invasión" antagónicos al suyo. Son casos típicos Mirones Bajo, Reynoso y San José de Tres Compuertas, formados paulatinamente antes de 1961 a iniciativa de la Federación de Trabajadores Areneros, que reclamó para sus afiliados terrenos públicos ganados al cauce del río Rímac, a raíz de su canalización en los años 40. En estos casos ocurrió una singular disputa entre las diferentes organizaciones que buscaron conseguir el favor oficial para sus asociados y excluir específicamente a los del otro grupo, pero al demandar bienes públicos de cuyo consumo nadie podía quedar excluido, como agua, desagüe, luz o aun reconocimiento, terminaron beneficiándose mutuamente.

Normalmente, sin embargo, ese enfrentamiento no ocurre, porque predomina el carácter abierto del "contrato de invasión", que es la clave para conseguir una masa crítica, afirmar la necesidad social por encima de la ley y evitar que el propietario pueda reaccionar eficazmente.

Por consiguiente, podríamos decir que el "contrato de invasión" se perfecciona por el libre consentimiento de los interesados, no necesariamente consta en documento escrito y se encuentra abierto a la inclusión de nuevas partes.

1.1.2 El Derecho Expectaticio de Propiedad

La ejecución del "contrato de invasión" trae como consecuencia inmediata la instauración de un derecho sobre el terreno, que carece de equivalente específico en el mundo legal y al que hemos denominado "derecho expectaticio de propiedad". La idea de instaurar un derecho real por iniciativa privada y en contravención de las normas establecidas puede seguramente parecer un refinamiento erudito; sin embargo, el ILD ha podido comprobar que éste es el derecho predominante en Lima y que cada vez lo es más, ya que por cada 100 casas que se construyeron en la capital en 1985, 69 estaban regidas por la normatividad extralegal y sólo 31 por el sistema jurídico formal.

Sin embargo, el derecho expectaticio de propiedad no proporciona a sus titulares todos los beneficios que consagra el sistema jurídico formal. Tiene un carácter temporal, en espera de que alguna vez el gobierno confiera a los informales la propiedad definitiva o de que, con el transcurso del tiempo, las organizaciones populares puedan defenderlo tan efectivamente como el Estado. Por consiguiente, se va perfeccionando de manera progresiva. En un principio el derecho expectaticio se sustenta únicamente en la presencia de los invasores sobre el terreno, después también en los empadronamientos que empiezan a realizar ellos mismos para acreditar su posesión y disminuir, por ende, la necesidad de una constante presencia física. Posteriormente, el derecho expectaticio se va sustentando además en la propia actividad de las autoridades. Así, cada uno de los 159 pasos administrativos que deben seguir los pobladores para legalizar el asentamiento, recibir la titulación de los lotes e incorporar el vecindario a la ciudad, y que en su conjunto tardan un promedio de veinte años, acarrea una mayor seguridad y estabilidad para lo derechos adquiridos. No obstante, esta mayor seguridad no significa una integración cabal al sistema jurídico formal, sino un reconocimiento por vía de excepción que es visto subjetivamente por los pobladores como decisivo para incrementar su inversión. De esta forma, en el momento en que queda claro que el Estado no erradicará el asentamiento, los invasores comienzan a edificar con material noble. Estas edificaciones, a su vez, se convierten en un nuevo y poderoso sustento para el derecho expectaticio, por cuanto en el Perú es políticamente inaceptable demoler viviendas de material noble, a tal punto que puede considerárseles el primer título de propiedad sobre el terreno. El resultado de este proceso es un nivel de inversión en las viviendas que está en función del grado de seguridad legal que el Estado le confiera a los asentamientos. Así, a mayor seguridad, mayor inversión y a menor seguridad, menor inversión.

Para ilustrar este resultado, el ILD escogió los asentamientos informales Mariscal Castilla y Daniel Alcides Carrión, creados en el mismo período de tiempo, habitados por personas de iguales características socioeconómicas y contiguos geográficamente. La única diferencia entre ellos residía en la seguridad legal: mientras que el primero obtuvo la calificación de permanente, el segundo fue calificado como erradicable. De esta manera, el ILD encontró que el valor de una vivienda típica en el asentamiento con seguridad legal era equivalente a 41 veces el de una vivienda en el otro asentamiento. Aun incluyendo el valor del terreno y no sólo el de la construcción, la vivienda en el asentamiento con seguridad legal tiene un valor equivalente a 12 veces el de aquélla que no la tiene.

Posteriormente, utilizando una muestra mayor de 37 asentamientos, que cubrían todo el espectro de posibilidades y áreas de Lima, los investigadores del ILD determinaron que el valor promedio de las edificaciones con títulos de propiedad equivale a 9 veces el de aquéllas que no los tienen.

Los ejemplos anteriores revelan que si bien el derecho expectaticio de propiedad crea la seguridad y estabilidad suficientes para poseer el terreno y edificar una casa, no proporciona los estímulos necesarios para invertir en ella fuertes cantidades de dinero. De hecho la gente está por lo menos 9 veces más dispuesta a invertir cuando tiene algún grado de protección del sistema jurídico formal.

De la misma manera, la imperfección de este derecho se expresa en que no proporciona a los invasores los mismos atributos sobre los inmuebles que la propiedad tradicional. Así, mientras no existen títulos definitivos, la venta del terreno y el alquiler de los inmuebles resultantes de invasiones están legalmente prohibidos. Por eso, si bien los pobladores pueden usar, disfrutar, reivindicar y disponer de los terrenos, siempre tienen que hacerlo dentro de una relativa vulnerabilidad que los obliga a tomar una serie de costosas medidas precautorias. Esto es especialmente dramático en el caso de la capacidad de disposición.

Para vender, por ejemplo, los informales recurren a la argucia de declarar que están traspasando las edificaciones, pero no el terreno, ocultando así la verdadera compraventa de la propiedad entera, pues la tierra es legalmente ajena mientras que la propiedad de las construcciones no está cuestionada. No obstante, como no existen todavía derechos definitivos y la normatividad extralegal es un sistema que sólo ampara a quienes la han contratado, se requiere que el traspaso cuente con la aceptación de los vecinos, especialmente en las etapas iniciales del asentamiento. En otras palabras, esto significa que el comprador debe manifestar ante la asamblea de vecinos su voluntad de adherirse al "contrato de invasión" y a sus acuerdos complementarios. En etapas posteriores, cuando el asentamiento tiene ya una seguridad legal mayor, la venta informal se realiza mediante el solo acuerdo entre las partes, tal como ocurre en la sociedad formal, obviándose el requisito de concurrir a la asamblea. En todo caso, sin embargo, se recurre al expediente adicional de inscribir la venta del terreno en el rudimentario registro inmobiliario que, como veremos, mantienen las organizaciones informales.

Eventualmente, cuando las autoridades otorgan derechos de propiedad definitivos a los pobladores, se basan en la información contenida en este registro, de modo que la normatividad extralegal logra satisfacer, a la postre, la expectativa de propiedad generada.

El caso del alquiler no es menos engorroso. Como el inquilino tiene que ocupar efectivamente la vivienda, los informales temen que las autoridades lo vayan a reconocer como el propietario definitivo del terreno. Por lo que con frecuencia prefieren disfrazar el contrato de alquiler bajo la figura de hospedaje, debiendo permanecer el propietario de alguna manera en la edificación junto con el propio inquilino.

Estos dos ejemplos ilustran el hecho de que, a pesar del ingenio con que la normatividad extralegal protege a los pobladores de los asentamientos, existe una serie de costos que ellos deben asumir como resultado de haber accedido a la propiedad informalmente. Estos costos suponen contratar la invasión y ejecutarla físicamente, asumir el riesgo de la represión gubernamental o privada, así como el de la reubicación, soportar un largo período de ocupación insegura y vivir sin disfrutar de servicios básicos ni de obras de infraestructura; deben inmovilizar o desperdiciar buena parte de sus recursos al estar presentes físicamente en los terrenos para asegurar sus derechos; y, finalmente, adquirir una propiedad sobre la que únicamente pueden ejercer atributos disminuidos.

Todo esto indica que, contrariamente a lo que podría creerse, los invasores pagan un precio muy alto por el terreno que ocupan; sólo que, como no tienen dinero, lo pagan con su propio capital humano. Esto revela, asimismo, que nos encontramos frente a una sociedad costosa que no sólo obliga a asumir múltiples cargas para gozar de la formalidad, sino también en el caso de preferir la informalidad.

1.1.3 Las Organizaciones Informales

Las organizaciones informales son los órganos que los pobladores mismos eligen y designan para llevar a cabo la ejecución del "contrato de invasión". A lo largo de la historia, estas organizaciones han recibido diferentes denominaciones oficiales: asociaciones urbanizadoras(2), asociaciones de pobladores(3), organizaciones vecinales(4), juntas de vecinos y comités comunales(5) y organizaciones de pobladores(6). Pero independientemente de esta diversidad de designaciones, lo cierto es que en todos los asentamientos informales han existido siempre organizaciones de naturaleza democrática, con un organigrama básico y nítido compuesto por una dirigencia central como ente ejecutivo y una asamblea general como ente deliberativo. Esto contrasta notablemente con lo sucedido con la sociedad formal que, en el mismo lapso, ha visto persistentemente concentrar -en los gabinetes de los gobiernos *de facto*- las facultades legislativas y las ejecutivas. Inclusive los gobiernos locales, en épocas de dictadura, no tenían ni el origen ni el funcionamiento democráticos de las organizaciones informales.

Por cierto, las organizaciones que resultan del "contrato de invasión" no son las únicas que existen en los asentamientos informales. Hay muchas otras que se ocupan de satisfacer los más diversos intereses de los pobladores y que son muy parecidas a las que existen en la sociedad formal. Así, hay clubes de madres, asociaciones de padres de familia, patronatos escolares, clubes deportivos y centros parroquiales, entre otras.

De acuerdo con las investigaciones del ILD, el propósito fundamental de las organizaciones informales que surgen del "contrato de invasión" consiste en proteger y acrecentar el valor de la propiedad a la que han accedido. Para este efecto desempeñan un conjunto de funciones consistentes en negociar con las autoridades, defender el orden público, tratar de proveer servicios, registrar las propiedades existentes en el asentamiento y administrar justicia por su cuenta.

Como primera función, las organizaciones informales se ven en la necesidad de negociar con las autoridades, porque si bien la normatividad extralegal les permite poseer, edificar y aun explotar los predios con finalidades económicas, concede sólo derechos expectaticios imperfectos, en una relativa posición de vulnerabilidad.

---

2) D.S. 26 Junio 1956.
3) Ley 13517.
4) Directiva 01-70-PND.
5) Decreto Legislativo 051.
6) Ordenanza 192.

Resulta entonces imprescindible para los pobladores reforzarlos a través de tratativas con el gobierno.

Las negociaciones resultantes abarcan diferentes problemas, como el reconocimiento de los derechos adquiridos, la provisión de servicios básicos y obras de infraestructura y las demás contingencias que pueden resultar de las imperfecciones de lo que ha nacido ilegalmente. Por su propio carácter deben realizarse en el ámbito de la política y la burocracia, y exigen cultivar contactos, recabar información e invertir tiempo. Debido a ello, estas organizaciones tratan de contar con una dirigencia competente y con los contactos políticos o burocráticos suficientes como para poder conseguir apoyo. Esto es así a tal extremo que los pobladores no tienen ningún reparo en reemplazar a una directiva por otra, sin interesar mayormente su confesión ideológica, si es que pierde acceso a las autoridades. De ahí que haya existido a través de los años una flexibilidad pragmática para desplazar dirigencias y alternar simpatías políticas, según la necesidad de obtener beneficios en favor de los pobladores.

En lo referente a la defensa del orden público, las organizaciones actúan contra los delincuentes comunes en dos momentos definidos. En primer lugar, durante la invasión misma, a través de los piquetes de autodefensa, vigilancia, seguridad y recepción de nuevos invasores; y en segundo lugar, ya establecido el asentamiento, a través de los vecinos mismos o de comisiones especialmente designadas para el efecto. En cualquier caso, de ocurrir un asalto, se utilizan pitos, luces o lamparines para dar la voz de alarma, a la que responden los vecinos acudiendo a capturar al delincuente, armados de palos, lampas, picos y otros objetos.

Por otra parte, como las organizaciones informales buscan mejorar el nivel de vida de sus socios y acrecentar el valor de sus propiedades, tratan también de proveer servicios públicos para los asentamientos. Para el efecto, asignan responsabilidades entre los pobladores, formando comisiones que se encargan de tareas específicas, como conseguir agua y desagüe, electricidad, pistas y aceras. Estas organizan sus presupuestos tomando en consideración los ingresos por cotizaciones de los pobladores y los egresos por concepto de estipendios a los dirigentes, realizaciones de obras, costo por trámites y fondo para sobornar a funcionarios públicos, entre otros. Una vez elaborados, estos presupuestos son sometidos a la aprobación de la asamblea.

En muchos casos sucede que la ejecución misma de las obras es reservada para ser llevada a cabo por los pobladores mismos, como forma de reducir los costos. En otros casos, dependiendo de la habilidad negociadora de los dirigentes o de la permeabilidad de las autoridades, se logra que el Estado o alguna institución privada realice las obras, en forma gratuita o cubriendo los gastos. En muchos casos se contrata a empresas formales para que las lleven a cabo.

Otra función que desempeñan las organizaciones informales es la de conservar un registro de la propiedad predial existente en el asentamiento, donde consta quiénes son los propietarios de los lotes. Comúnmente este registro se mantiene en cuadernos o en los mismos libros de actas que consignan los debates de las asambleas. Con el propósito de tener al día la relación de lotes y propietarios, se realizan empadronamientos permanentes durante el tiempo que precede al eventual reconocimiento legal. Cada nuevo empadronamiento busca ajustar el registro informal a la realidad posesoria. Por ello, todos son transitorios y, en caso de discrepancia, ceden generalmente ante la presencia física en el lote.

Como es la única fuente de información, los títulos de propiedad que eventualmente confiere el Estado después de un largo proceso administrativo suelen basarse en este registro. De ahí que, como se vio al momento de examinar las transferencias de propiedad, exista la tendencia a inscribir la operación en el registro informal para recibir el apoyo comunal frente a las autoridades. Esto hace que, a diferencia de lo que ocurre en el resto de la sociedad urbana, una mayoría de los terrenos en los asentamientos informales esté registrada. Por cierto, no en los registros estatales, sino en los informales. Por consiguiente, si en algún momento el Estado decidiera establecer un sistema de registro obligatorio para la transferencia de propiedad, en los asentamientos informales estarían sentadas en buena parte las bases fundamentales para llevarlo a efecto antes que en la ciudad tradicional.

Finalmente, las organizaciones informales se encargan de administrar justicia por su propia mano, y lo hacen, básicamente, en dos competencias: predial y penal.

La competencia predial responde, en gran medida, al vacío dejado por la falta de intervención oficial. En efecto, a lo largo de los años, la administración de justicia formal, agobiada por sus múltiples problemas, ha tendido a desentenderse de los problemas individuales que se suscitan sobre terrenos de los asentamientos informales. De este modo, una serie de disposiciones han sustraído del Poder Judicial el conocimiento de estos conflictos, pasándoles la responsabilidad a las autoridades administrativas(7). Sin embargo, éstas también han sido rebasadas por la iniciativa de los pobladores, viéndose obligadas a formalizar las decisiones adoptadas por las propias organizaciones informales o a intervenir en etapas

---

7) Ley 13517, Ley 14205, Ley 15016, D.L. 16762, D.L. 14476 y D.S. 19 del 10 de febrero de 1962.

muy avanzadas de los conflictos. Inclusive se conocen casos en los que los conflictos sin resolver han tenido que llevarse informalmente a jueces de paz para que actúen como componedores, en lugar de someterse a las autoridades gubernamentales competentes. Lo importante de esto es que los jueces de paz, en vez de aplicar las disposiciones legales, se basan más bien en la normatividad extralegal para resolverlos, puesto que es la que tiene vigencia social y es, en muchos casos, la única aplicable en ausencia de todo Derecho formal.

Todo esto ha estimulado el desarrollo de la justicia informal en materia predial. Así, la dirigencia y la asamblea general funcionan como primera y segunda instancia, respectivamente, y resuelven casos sobre mejor derecho, incumplimiento de contratos de venta o alquiler, linderos e inclusive disputas familiares en torno a la propiedad del terreno. Sin embargo, la falta de coercibilidad disminuye su eficacia. Una prueba de ello es que, según cálculos del ILD, el 13% de los lotes reconocidos en asentamientos informales está en litigio.

Como las organizaciones informales tienen que defender el orden público, necesariamente desarrollan un conjunto de criterios prácticos para administrar justicia también en la competencia penal. Por ejemplo, en caso de delito se permite la comparecencia de acusados y agraviados, la defensa es personal, se actúan algunas pruebas (entre las que se otorga gran valor al testimonio de los vecinos), y resuelve el caso un jurado compuesto por cabezas de familia. Esto contrasta con el sistema judicial peruano que excluye a los jurados y opta por la administración de justicia profesional, siguiendo un antiguo prejuicio que considera que el pueblo peruano no tiene suficiente educación cívica ni responsabilidad para decidir acerca de la culpabilidad o inocencia de un acusado.

Del mismo modo, se aplica una serie de penas según la naturaleza de los actos cometidos. A los delincuentes comunes se les castiga con apaleamiento, desnudez, enterramiento o expulsión del asentamiento. Para hacer efectiva ésta última, los propios socios proceden a despojarlo del lote. Si hay resistencia y fracasa la expulsión, se estila permitir la instalación de un nuevo socio en las áreas libres del lote, de manera que tarde o temprano el repudiado pierde o ve disminuido su derecho expectaticio de propiedad.

El homicidio suele resolverse entregando al culpable a la policía, a menos que la naturaleza del crimen provoque un "linchamiento". Hasta donde hemos podido determinar, un delito que muchas veces es castigado con la muerte es la violación de niños. Los violadores, llamados "monstruos" en el habla popular, suelen ser "linchados" si caen en manos de los pobladores. Cuando la policía descubre el cadáver no recibe mayores respuestas de los vecinos y, generalmente, se limita a llevarlo a la morgue, en un singular reconocimiento tácito de la justicia informal. Sin embargo, todos estos criterios son consuetudinarios, de suerte que no hay reglamentos penales escritos en los asentamientos informales(8).

1.2 La Compraventa Ilegal

La segunda manera de acceder informalmente a la propiedad para vivienda es la compraventa ilegal de terrenos agrícolas a través de asociaciones y cooperativas.

A raíz de la aplicación de la Reforma Agraria en la década del 70, el gobierno dispuso que los predios rústicos fueran expropiados para ser distribuidos entre los campesinos. Esto paradójicamente abarató los terrenos agrícolas, porque la amenaza de expropiación redujo su valor e indujo a muchos propietarios a vender, incrementándose inmensamente la oferta.

Paralelamente, la economía informal había mejorado de manera sustancial el ingreso de gruesos sectores de la población, potencialmente interesados a partir de entonces en comprar (como microbuseros, ambulantes e industriales clandestinos) y no ya en invadir terrenos. Así, surgió esta segunda modalidad de adquisición informal, en la que los pobladores se coludieron con los propietarios de los terrenos agrícolas de los alrededores de Lima para organizar la transferencia de esos terrenos por debajo de la mesa y dar lugar a nuevos asentamientos informales.

Para el efecto, recurrieron a diferentes subterfugios. El primero consistió en organizar asociaciones y cooperativas para agrupar a los compradores interesados en entidades de carácter legal que no despertasen ninguna sospecha, tuvieran la protección del Estado como vehículos formales para acceder a la vivienda y que, en el caso concreto de las cooperativas, gozaran del suficiente prestigio social como para hacer políticamente inviable una represión violenta. Otro subterfugio al que recurrieron propietarios e informales consistió en simular invasiones. Una vez cerrada la operación, los miembros de las asociaciones y las cooperativas ingresaban en el terreno como si lo estuvieran invadiendo y los dueños se abstenían de toda resistencia, de forma que a ojos de las autoridades no se estaba produciendo otra cosa que una nueva invasión violenta.

De ese modo, los propietarios particulares burlaron la afectación de la Reforma Agraria, transfiriendo a las asociaciones o a las cooperativas sus predios por un precio mayor que el de la expropiación, pero menor al que habrían logrado si el mercado funcio-

8) Ello no obstante, en 1975 SINAMOS trató de poner uno en vigencia en Villa El Salvador. El experimento no tuvo mayor fortuna, porque respondía más al criterio de los funcionarios públicos que al de los pobladores.

nara normalmente. A su vez, esas organizaciones adquirieron magníficos terrenos a precios reducidos, se ahorraron algunos de los costos de la invasión y accedieron a derechos de propiedad un poco más seguros. Por su parte, al gobierno militar no le era políticamente conveniente reprimir a las cooperativas que él mismo había enaltecido como vehículos para el cambio social.

Por añadidura, en 1976 el Estado se ató las manos. Ese año la ley le impuso la prohibición de expropiar terrenos agrícolas con fines de habilitación urbana(9). Por consiguiente, los propietarios tenían un plazo de gracia perfectamente seguro para negociar sus predios y los informales tenían tiempo suficiente como para organizarse, ya que en el entretanto no corrían el riesgo de ser expropiados.

Como si esto fuera poco, ese mismo año el Estado reformó el Reglamento Nacional de Construcciones, permitiendo por primera vez realizar habilitaciones progresivas con requisitos mucho más sencillos que los tradicionales, de modo tal que para el desarrollo de los vecindarios y la edificación de las viviendas las asociaciones y cooperativas podían actuar legalmente sin despertar sospechas respecto a la ilegalidad de los terrenos.

De esta manera, comenzó a producirse la venta y urbanización de terrenos agrícolas más grande de la historia contemporánea de Lima. Estas operaciones han continuado inclusive después de aplicada la Reforma Agraria. Empobrecidos por la política de control de precios, importaciones subsidiadas y la falta de adecuados derechos de propiedad en el agro, entre otras razones, los propios beneficiarios de la Reforma Agraria han continuado vendiendo sus terrenos -pese a la prohibición establecida por la Ley de Reforma Agraria- a las asociaciones y cooperativas, tal como antaño lo hicieron los terratenientes.

Esta segunda modalidad de acceso informal a la propiedad para vivienda no es, pues, menos compleja que la invasión. Requiere de los futuros pobladores la previa constitución de una asociación -que puede ser "provivienda" o "de vivienda"- o de una cooperativa, la identificación de un terreno agrícola susceptible de albergar al nuevo asentamiento, la formalización de contactos con los propietarios de los terrenos, la reunión de la masa crítica necesaria y del dinero suficiente, e inclusive la simulación de una invasión violenta.

De acuerdo con un trabajo de campo realizado por los investigadores del ILD, a 1985 existían 269 organizaciones dedicadas a celebrar este tipo de compraventas: 105 asociaciones provivienda, 88 asociaciones de vivienda y 76 cooperativas. Según los mismos cál-

---

9) D.L. 21419.

culos, estas organizaciones habrían incorporado a la ciudad alrededor de 3,400 hectáreas de tierra agrícola a través de este nuevo proceso informal. Esto hace alrededor de 34 millones de metros cuadrados, cifra que equivale aproximadamente a la mitad del área que existe en los pueblos jóvenes propiamente dichos.

El ILD ha podido determinar también que, cuando menos, el 60% de los asentamientos nacidos de asociaciones y cooperativas son posteriores a la Reforma Agraria y que de mantener su ritmo de crecimiento podrían convertirse en el modelo predominante de urbanización informal de la capital.

En la práctica existen pocas diferencias entre estos nuevos asentamientos informales y los que resultan de las invasiones. Tan es así, que muchas veces las propias autoridades estatales aceptan reconocer como "pueblos jóvenes" o "asentamientos humanos marginales" a núcleos que son, en realidad, asociaciones o cooperativas.

Lo cierto es que la diferencia entre ellos está dada por problemas de índole legal no distinguibles a simple vista. Las asociaciones y cooperativas son personas jurídicas con una existencia efectiva anterior a la compraventa del terreno e inclusive a la invasión simulada. Sin embargo, el régimen legal es diferente para cada una de ellas. Su organización interna, estatutos y requisitos de constitución son distintos. Por añadidura, la asociación provivienda y la cooperativa gozan de beneficios tributarios y, por ende, están sujetas al control de diferentes oficinas administrativas, mientras que las asociaciones de vivienda, por no gozar de beneficio alguno, no están sujetas a ningún tipo de control.

En conclusión, lo que ha sucedido es que un cambio radical en las normas que regulaban la propiedad y tenencia de los terrenos agrícolas, aunado a otras modificaciones legales, han creado una demanda de medios alternativos para dedicar la tierra a fines urbanos. Esto dio lugar a una colusión de asociaciones y cooperativas con los propietarios de los terrenos, fueran terratenientes o beneficiarios de la Reforma Agraria, de la cual ha resultado una segunda manera de acceder informalmente a la propiedad para vivienda. Así, se ha cumplido con la doble función de asignar la tierra a usos valiosos prohibidos por la ley y evitar la expropiación.

1.2.1 Los Corredores Informales de Inmuebles

En los casos de compraventa ilegal de terrenos agrícolas suele existir una mayor mediación profesional que en la invasión. El grupo original que organiza la asociación o la cooperativa está constituido a menudo por empresarios capaces de concentrar la información necesaria para celebrar este tipo de transacción que, por su naturaleza, es de difícil acceso. Estos empresarios comúnmente llamados "especuladores", son, indudablemente, corredores informales de terrenos.

Lo primero que hacen estos corredores informales es tratar de adecuar la oferta a la demanda. Para eso tienen que conformar previamente una asociación "provivienda" o "de vivienda", o una cooperativa. Acto seguido, deben identificar los terrenos susceptibles de alojar al asentamiento. Se trata de un proceso complejo, donde la información es escasa y, por ende, cara, donde los costos de transacción son naturalmente elevados y resulta indispensable contar con conocimientos antes de estar en posibilidad de formular una propuesta y presentarla a la consideración de las personas que poblarán el asentamiento.

Asimismo, entre sus mútiples funciones empresariales, los corredores informales deben negociar con los propietarios de los terrenos agrícolas. Esta negociación es especialmente delicada en la medida en que no sólo tienen que ponerse de acuerdo sobre el lote y el precio, sino también sobre la manera en que encubrirán la transacción y eventualmente utilizarán la invasión del terreno como escudo frente a las autoridades. De ahí la necesidad en muchos casos de tratar también con las autoridades antes de emprender la operación.

Seguidamente, los corredores informales necesitan reunir la masa crítica indispensable para organizar la transacción, tal como ocurre en la invasión violenta. La manera más difundida de hacerlo consiste en intentar descubrir y resaltar los intereses comunes de los potenciales participantes. Para el efecto, los corredores deben evaluar, en primer lugar, si los participantes estarán dispuestos a mantener su ocupación en la etapa inicial, en la que puede haber actos de violencia, o por lo menos a vivir bajo un techo rudimentario durante algún tiempo; en segundo lugar, si estarán dispuestos a comprometerse a largo plazo a mejorar su propiedad y contribuir a la construcción de la infraestructura necesaria; y, en tercer lugar, si ellos constituyen un grupo homogéneo que pueda cooperar pacíficamente entre sí.

Simultáneamente se trazan los planos del asentamiento, con la debida asistencia técnica, se estudian las posibilidades de obtener servicios como agua, desagüe, electricidad y transporte lo más rápidamente posible, e inclusive se ofrecen a los asociados o cooperativistas planos preelaborados de viviendas o la posibilidad de que un profesional especialmente contratado se los diseñe.

Concertada la cantidad de gente indispensable y establecidos los aportes, los corredores reúnen el dinero para adquirir el terreno, cierran la transacción con los propietarios y proceden a organizar la ocupación del predio en el plazo pactado.

Como al momento de realizar ese tipo de transacción los propietarios están legalmente impedidos de enajenar sus predios y las asociaciones o cooperativas impedidas de convertirlos en urbanos, la operación corre el riesgo de ser rechazada por las autoridades. De ahí que, para evitarlo, los corredores informales tengan que organizar adicionalmente una invasión. Así, el día convenido con los propietarios se ocupa el terreno con banderas peruanas, esteras y demás implementos, como si se tratara de una invasión violenta.

Como se ve, son muchos los servicios que prestan los corredores informales. Sin embargo, ninguno de ellos es gratuito. Antes bien, para hacerse pago, toman parte de las cuotas de los socios y/o cierto número de lotes, que venderán cuando el asentamiento esté desarrollado y su valor consecuentemente se haya incrementado. Por esta razón, las autoridades suelen tener hacia ellos una predisposición negativa que las ha llevado en repetidas oportunidades a perseguirlos implacablemente.

Nada de ello resta peso, sin embargo, al trabajo que estos corredores informales deben realizar ni a la racionalidad de sus decisiones. Una compraventa ilegal de terrenos agrícolas tendría costos insufragables individualmente, de ahí la necesidad para los futuros pobladores de que los organicen empresarialmente en asociaciones y cooperativas, y faciliten la operación lo más eficazmente posible.

2.0 EVOLUCION HISTORICA

A lo largo de los años, el proceso de desarrollo de los asentamientos informales se ha expresado en un continuo avance de la informalidad a través de una sucesión de actos intempestivos, movimientos de masas, intrigas políticas e intercambio de favores. Por consiguiente, para describir este desarrollo con mayor claridad hemos organizado nuestra narración en 10 diferentes hitos históricos, cada uno de los cuales relata cómo la formalidad ha ido concediendo progresivamente el espacio necesario para el crecimiento de la vivienda informal.

2.1 La Informalidad Inicial

El primer espacio para el avance de la informalidad lo ofrecieron los formales mismos en las décadas iniciales de este siglo, al no respetar las leyes para urbanizar y buscar arreglos en los que reemplazaban estas normas generales por prerrogativas de clase, coimas y otras componendas.

Por ese entonces, empresas formalmente establecidas empezaron a desarrollar barrios residenciales sobre los terrenos de antiguas haciendas o pueblos, dirigidos básicamente a satisfacer las necesidades de vivienda de las clases altas y medias. Así se fueron edificando Lince en 1921, Jesús María en 1923, Magdalena Vieja en 1924 y San Isidro en 1926.

La característica común de todos esos vecindarios es que al urbanizarlos, los empresarios formales, terratenientes y contratistas incumplieron una serie de disposiciones legales: no recabaron licencias, dejaron inconclusas las obras de habilitación, no proveyeron servicios e inclusive se ampararon en contratos de dudosa legalidad. Es decir, urbanizaron informalmente los barrios tradicionales de la ciudad.

Posteriormente, antes de que empezara la marea migratoria, las mismas empresas formales se dedicaron a desarrollar vecindarios dirigidos a las clases populares. Para hacerlo, continuaron dentro de la tendencia que anteriormente habían utilizado para desarrollar los barrios residenciales; es decir, construir al margen o en contravención de las normas estatales vigentes. Comenzaron a surgir, de esa manera, las nuevas urbanizaciones de Chorrillos en 1926, Manzanilla y Chacra Colorada en 1928 y el Rímac -en la zona de Las Cabezas- en 1929, entre otras. Esto quiere decir que ya los barrios populares organizados por los propios formales se desarrollaban tan informalmente como luego lo harían Comas, Ciudad de Dios, Villa María del Triunfo o Las Flores.

Un autor de la época, Carlos Alberto Izaguirre, describe cómo se produjo ese proceso: "(...) ninguno de los contratos celebrados transfiere el dominio, ni siquiera la posesión civil. Facultan sí al comprador a efectuar sobre el lote las obras que tenga por convenientes. Basta esta cláusula para que luego broten de la tierra millares de casas, algunas sin sujeción a las más elementales condiciones de una vivienda higiénica, junto a terrenos pantanosos, cerca a cursos de agua obscura que arrastra los detritus de las zonas antiguas, sin servicio de agua y desagüe, huérfanos de veredas y pavimentos. La calle suele estar ocupada por montones de piedra. Cada esquina y espacio sin cercar, se han convertido en letrinas públicas. En medio de estas condiciones el "tenedor" del lote, ya que no es, contractualmente, un poseedor, fabrica sus adobes, los compra si no le ha sido posible prepararlos, y poco a poco, con el auxilio de su mujer y de sus hijos, al atardecer de cada día, después de haber dejado el trabajo de la fábrica o de otro centro de labor, levanta su casa huyendo del régimen de arriendo"(10).

Si no supiéramos que Izaguirre se está refiriendo a cómo empezaron a desarrollarse Chorrillos, Chacra Colorada o ciertas partes del Rímac, creeríamos que estaba describiendo los inicios de los

10) Izaguirre, Carlos Alberto: "La Legislación y la Compraventa de Lotes de Urbanizaciones". Lima. 1943. Pp. 307-308.

asentamientos informales que hoy conocemos. Es evidente, pues, que a través de los años la informalidad ha sido siempre una alternativa para adquirir terrenos, habilitarlos y edificar viviendas sobre ellos.

Ello no fue óbice para que simultáneamente las autoridades trataran de involucrarse en el proceso. En 1915, la Municipalidad Provincial aprobó una ordenanza que obligaba a recabar licencia previa para urbanizar y prohibía vender lotes en urbanizaciones donde no se hubieran ejecutado obras de infraestructura básica(11). Siete años después, ante la aparente incapacidad para hacer cumplir esta disposición, el Presidente Augusto B. Leguía expidió un decreto que reiteraba la obligatoriedad de ejecutar las obras antes de vender los terrenos(12). Dos años más tarde, en 1924, el mismo mandatario promulgó el primer Reglamento de Urbanizaciones de nuestra historia, en el que intentaba sistematizar la reglamentación urbana existente y darle vigencia efectiva. Sin embargo, en 1928 el Congreso tuvo que intervenir, aprobando dos leyes que recalcaban la obligación de ejecutar obras antes de vender y ordenaban la intervención del Estado, respectivamente(13).

Al fracaso de la ordenanza de 1915, siguió el del decreto del 22, el del reglamento del 24 y finalmente el de las leyes del 28. En cada caso, la mayor participación de las autoridades -municipales, primero, ejecutivas, después, y legislativas, por último- revela la creciente preocupación estatal por el problema, pero también la incapacidad de las medidas adoptadas para enfrentarlo.

Ello terminó por exasperar al gobierno, que, en setiembre de 1931, declaró áreas rústicas -y por consiguiente no urbanizadas- todas las zonas en que no se hubiera cumplido con ejecutar las obras de habilitación urbana dispuestas por la ley, fueran de clase alta, media o baja(14). En otras palabras, se declaró zonas rústicas a San Isidro, Jesús María, Chacra Colorada y Manzanilla, entre otras, e inexistentes las casas y edificios levantados sobre ellas. Por cierto, semejante declaración no produjo mayores consecuencias.

Lo que había sucedido era que ya desde entonces era posible negociar la aplicabilidad de las normas estatales, de modo tal que su ejecución podía resultar totalmente contradictoria con el texto de cada una de sus disposiciones. Así, los empresarios formales que tenían influencia política, recursos económicos suficientes o mejor posición social, negociaron la urbanización de los barrios residenciales para las clases alta y media con las autoridades encargadas

---

11) 21 de junio de 1915.

12) 6 de octubre de 1922.

13) Leyes 6159 y 6186.

14) Decreto Supremo del 30 de setiembre de 1931.

de controlarlos y, animados por las pingües ganancias que obtuvieron, decidieron hacer lo mismo para desarrollar los barrios populares y venderlos posteriormente. No importaba mayormente lo que la ley o el reglamento dijesen, sino lo que resultaba del acuerdo entre los funcionarios y los empresarios formales interesados en desarrollar los vecindarios. El acuerdo se convertía, a fin de cuentas, en la nueva ley entre las partes.

No es exagerado sostener, entonces, que la aplicación del Derecho podía ser ignorada por los pocos que tenían influencia política, recursos económicos suficientes o mejor posición social.

Tal parece que por entonces este estilo de vida no incomodaba mayormente a los habitantes de Lima, pues aún se trataba de una ciudad relativamente pequeña con sólo medio millón de habitantes, donde el incumplimiento de la ley no podía advertirse como un problema capaz de transformar profundamente los cimientos de la sociedad. Sin embargo, los habitantes de la ciudad tradicional no sabían que la manera de negociar la producción y aplicación del Derecho que habían descubierto, iba a ser utilizada masivamente por los informales para "agudizar las contradicciones del sistema", a medida que los movimientos migratorios fueran trayendo a los peruanos del campo a la ciudad.

2.2 *Reconocimiento por Reubicación*

El segundo avance lo permitió el reconocimiento implícito que hizo el Estado del derecho expectaticio de propiedad, al asumir la responsabilidad de reubicar algunos asentamientos informales.

Una vez llegados a Lima, los migrantes se aprovecharon de que la ley era negociable y de una larga tradición de incumplimiento para organizar sus primeros asentamientos(15), sólo que esta vez dentro de un movimiento explosivo hacia el crecimiento de la ciudad que haría trizas la aparente normalidad de los últimos siglos.

---

15) Los diversos investigadores no están de acuerdo en señalar cuándo apareció el primero de ellos. Según un estudio del Fondo de Salud y Bienestar Social de 1959, el más antiguo data de 1910. Un estudio posterior de José Matos Mar reconoce la primera formación en 1924. Uno más reciente del Programa Multisectorial de Obras de Infraestructura Básica en Pueblos Jóvenes con Aporte Comunal y Apoyo Alimentario (PIBA) sostiene, en cambio, que el primer asentamiento informal se creó en 1906. Otros señalan, finalmente, que el más viejo de nuestra historia republicana es la ciudad de Sullana, reconocido por ley del Congreso a raíz de una invasión a la Hacienda Zuyana en 1839. Tratar de esclarecer estas divergencias es, sin embargo, sólo de interés académico, porque la población que vivía en los asentamientos antes de las grandes migraciones era muy reducida.

En las décadas que van de finales de los años 20 a finales de los años 50, transcurre la época de las invasiones paulatinas(16). Por donde hubiera una ranchería, un tambo, o un antiguo campamento minero, empezaron a multiplicarse las personas y las viviendas como por generación espontánea. Los cerros cercanos al centro de Lima, las antiguas huertas, los bordes de las acequias y aun los basurales fueron poblándose progresivamente.

Ya desde 1920 y a lo largo de toda esa década la ciudad había estado llenándose de gente y, sin embargo, nada se había hecho por facilitar el acceso a la propiedad inmobiliaria. Semejante rigidez no pudo contener la emergencia de los asentamientos informales y el Estado tuvo que enfrentarse a la necesidad de reconocer a las invasiones paulatinas como formas de adquirir propiedad. Este reconocimiento se produjo por primera vez de manera indirecta, a través de la reubicación sobre terrenos de propiedad fiscal de los pobladores de un asentamiento afectado por desastres naturales.

En efecto, a partir de 1915 en las riberas del río Rímac, aproximadamente a la altura de la Plaza de Acho, había empezado a formarse un asentamiento conocido como Cantagallo. Hacia 1932, una crecida del río arrasó cierta parte de él y damnificó a un número considerable de pobladores.

Esta situación planteó un severo problema de conciencia al gobierno que hasta el momento simple y llanamente había ignorado a los asentamientos informales, escudado en el hecho de que no eran muy numerosos ni poblados. Puesto en la disyuntiva, el gobierno del comandante Sánchez Cerro, que trataba a toda costa de ser permeable al reclamo popular para marcar diferencias con el derrocado gobierno de Augusto B. Leguía y competir con el aprismo naciente, aceptó reubicar temporalmente a los damnificados en una zona cercana al Cerro San Cristóbal. Esta zona fue bautizada como Leticia, en honor al conflicto por esa ciudad amazónica suscitado en esa época con Colombia.

Los primeros ocupantes de Leticia se ubicaron en la falda de la colina, los siguientes subieron un poco más y los siguientes más y más, hasta copar el área. Así, existió una combinación de asentamiento creado por reubicación e invasión paulatina.

La decisión adoptada por el régimen sanchecerrista resultó fundamental porque fue la primera vez que el Estado les reconoció a los habitantes de los asentamientos informales derechos adquiridos, susceptibles de cautela y aun de reposición con cargo al patrimonio estatal.

---

16) Un estudio de 1960 del Fondo Nacional de Salud y Bienestar Social llamado "Barriadas de Lima Metropolitana", señala que 130 de las 157 barriadas existentes a esa fecha se formaron paulatinamente y sólo 24 por ocupación violenta.

Tal parece que en este período tampoco existieron organizaciones de pobladores como las conoceríamos más adelante. Dado que la reubicación era un acto oficial, existía una relativa seguridad en la tenencia de la tierra que hacía que los pobladores no necesitasen una organización de promoción y defensa. Además, como por entonces no había mayor esperanza de conseguir la instalación de servicios urbanos, los pobladores no tenían estímulos para organizarse.

Sin embargo, después del episodio de Leticia aparecía claro para los sectores populares que, frente a los tugurios, existía ya una alternativa informal de urbanización. Todo esto hizo que en 1940 los asentamientos informales tuvieran ya una pequeña presencia en la ciudad. Por cada 100 viviendas existentes a ese año, 4 eran informales y 96 eran formales.

2.3 Reconocimiento Político de los Invasores

El tercer avance fue consecuencia de la competencia política entre distintos sectores que intentaron granjearse las simpatías y el apoyo de los pobladores de los asentamientos informales, a cambio de un cierto reconocimiento de sus asentamientos, o al menos de la promesa de no reprimirlos drásticamente. Primero el APRA (Alianza Popular Revolucionaria Americana) y después el general Manuel A. Odría, y finalmente en los años 50 el político y periodista Pedro G. Beltrán convirtieron a los asentamientos informales y a sus habitantes en actores cada vez más importantes de la sociedad urbana. Desde entonces, ningún gobierno ni partido político ha podido prescindir de ellos.

A partir de 1940 las invasiones se incrementaron progresivamente, pese a que los asentamientos no se encontraban aún masivamente poblados. Este proceso se aceleró considerablemente después del terremoto de ese mismo año, que agregó a la necesidad natural de mayores viviendas el apremio resultante de la destrucción de buena parte de la ciudad tradicional.

Fue así que, a pesar de no ser numéricamente importante, el problema de la vivienda informal comenzó a causar un creciente interés entre los políticos, especialmente debido a que se estaba formando una visible masa descontenta con el estado de cosas y con expectativas reivindicativas. Esto estimuló a algunos políticos que comenzaron a competir entre ellos por atraer a los pobladores de los asentamientos, ofreciéndoles todo género de beneficios; pero también preocupó a otros, porque daba la sensación de que esa masa era potencialmente revolucionaria. Así, repentinamente estos grupos, que en apariencia no tenían más que su audacia para establecerse en las afueras de la ciudad, empezaron a representar una amenaza y al mismo tiempo una oportunidad para los representantes de la sociedad formal: la amenaza de desobediencia civil y posible insurrección; la oportunidad de respaldo electoral y apoyo político.

Por su parte, los pobladores fueron haciéndose conscientes de los intereses comunes que los identificaban y de la posibilidad de satisfacerlos administrando sagazmente su caudal electoral o el apoyo político que representaban. El efecto de este proceso fue que los políticos les ofrecieron el reconocimiento que el Derecho estatal les negaba, si no para darles estabilidad a sus posesiones, sí para convertirlos en interlocutores políticos válidos. Las bases del entendimiento eran claras: de un lado, los pobladores necesitaban contrarrestar la represión y mejorar su posición de negociación con las autoridades; de otro, los políticos necesitaban acrecentar su capacidad de convocatoria, ya fuera para ganar electores o para conseguir adeptos para sus aventuras revolucionarias.

La apertura del mercado político les abría a los informales la posibilidad de negociar con las autoridades no sólo la no intervención de la policía o el reconocimiento de sus asentamientos, sino también la provisión de servicios, de asistencia y aun la consagración de sus derechos sobre la tierra.

No obstante, este intercambio favoreció generalmente a los pobladores, pues nunca se sintieron comprometidos a seguir incondicionalmente a los políticos que los patrocinaban, mientras éstos debían, en cambio, prestar sus servicios por adelantado para recibir algunas muestras de respaldo. En términos generales, los pobladores siempre han entendido la adhesión política como un instrumento más al servicio de su causa. Por esa razón, los políticos, a pesar de que en determinado momento parecen gozar de la simpatía de los pobladores, no han podido movilizarlos en su favor por períodos de tiempo muy prolongados. El mayor o menor respaldo ha estado siempre en función de lo que podían ofrecer en el momento.

Este comportamiento se ha reflejado también en la elección y permanencia en el cargo de los dirigentes de los asentamientos informales. Por regla general, se ha respaldado a los dirigentes que tienen alguna forma de acceso al poder o pueden tenerla dentro de un plazo razonable. Cuando los pobladores advierten que el dirigente pierde ese acceso o esa posibilidad, proceden a removerlo inmediatamente del cargo.

La primera ola significativa de invasiones organizadas políticamente ocurrió a raíz de la elección a la Presidencia de la República de José Luis Bustamante y Rivero, en 1945. Se estima que empezó, inclusive, un año antes de la toma oficial de mando. Ya por entonces, de cada 100 casas que se construían en Lima, 15 eran informales y 85 eran formales.

El APRA, que había apoyado con su gran caudal electoral a Bustamante, era un declarado enemigo del orden existente. Originariamente de inspiración marxista, este partido había desarrollado una organización corporativa que aspiraba representar los intereses de los grupos urbanos emergentes, dentro de un movimiento hacia una alianza de clases en el Perú. Consiguientemente simpatizaba casi por instinto con los asentamientos informales y veía en sus pobladores una base de apoyo potencial para sus ambiciones políticas y proyectos revolucionarios. Es así que, a iniciativa de sus células sindicalistas, participó en la organización de algunas de las invasiones violentas que comenzaron a producirse por entonces. Siguiendo el ejemplo aprista, otros grupos de izquierda comenzaron a involucrarse también en el fenómeno y pronto el interés por representar políticamente a los pobladores le dio a la invasión un cariz de justicia reivindicativa.

Así, durante el gobierno constitucional del Presidente Bustamante, estas intervenciones políticas consiguieron un éxito singular. De las invasiones promovidas bajo su amparo, ninguna fue efectivamente evacuada por la policía, a pesar de que en el mismo período se produjo el mayor número de intentos de desalojo que se haya registrado hasta la década del 70. La mediación de políticos en la organización de las invasiones logró minimizar, así, los efectos de los desalojos policiales y maximizar, por el contrario, los de la iniciativa popular.

De esta manera, creció la presencia de la informalidad. En 1948, año en que el Presidente Bustamante fue depuesto por el general Manuel A. Odría, por cada 100 viviendas construidas en Lima, 19 eran informales y 81 eran formales.

El general Odría se autoproclamó Presidente y se apresuró a disputarle al APRA y a la izquierda marxista el espacio político dentro de los asentamientos informales. Por haber sido Ministro de Gobierno, en el año previo al golpe, Odría tenía un conocimiento cercano del problema y así desarrolló una estrategia en la que combinaba sus grandes esfuerzos por conseguir la simpatía de los pobladores, con su deseo de complacer a los grupos de presión interesados en conservar el *status quo*.

Por entonces, la ocupación paulatina de terrenos era el modelo todavía predominante, aunque las invasiones violentas comenzaban ya a cobrar fuerza, dando origen a los asentamientos más poblados y numerosos. El principal de ellos fue San Martín de Porres, originalmente llamado "Distrito Obrero-Industrial 27 de Octubre", en honor a la fecha en que el General Odría dio su golpe de Estado.

En sus vínculos y trato con el pueblo, el régimen odriísta ofrecía a la sociedad formal la aparente lealtad de los asentamientos informales, porque el gobierno estaba en posición de dar asistencia concreta ayudando en la adquisición de la tierra y la provisión de servicios, y haciendo que disminuyera la inquietud política al abrir la vía para que los pobres levantaran sus propias viviendas sin mayores gastos para el fisco. Así, a cambio de cada ayuda o asistencia, Odría iba consiguiendo el apoyo político o, por lo menos, la neutralidad de los pragmáticos pobladores de los asentamientos.

Por otro lado, la política odriísta benefició también a los propietarios de bienes raíces en la ciudad tradicional y a los terratenientes en el campo. En el primer caso, al apoyar la formación de asentamientos informales, promovió a la población hacia la periferia, de manera tal que o bien se desocuparon algunos tugurios en el centro de la ciudad que posteriormente fueron demolidos para dar lugar a nuevos edificios o centros comerciales, o bien se incrementó el valor de los terrenos privados cercanos a los asentamientos. En el segundo caso, porque con su actitud el gobierno alentó implícitamente las migraciones del campo a la ciudad, con el objeto de mantener las estructuras tradicionales del agro. Algunos especialistas han presentado el desarrollo urbano de este período como una estrategia gubernamental deliberada para atenuar los conflictos rurales trasladando hacia Lima a las personas más decididas y emprendedoras(17).

Asimismo, el régimen odriísta tranquilizó a los propietarios privados que temían ser invadidos estimulando con su benevolencia la toma de terrenos eriazos del Estado y no los de propiedad particular. Además, incrementó la construcción de viviendas para los sectores más humildes -las llamadas "unidades vecinales" ideadas durante el régimen de Bustamante-, con el propósito de aminorar la presión social.

La política odriísta fue vista favorablemente por los pobladores, porque la benevolencia del dictador les permitía al fin y al cabo incrementar sus posibilidades de tener acceso a la vivienda. Así, lograron afianzar consistentemente sus derechos expectaticios de propiedad. De acuerdo con David Collier, durante el régimen odriísta sólo el 15% de las ocupaciones corrió riesgo de resistencia por parte de la policía y sólo el 10% fue efectivamente desalojado(18). Esto quiere decir que 9 de cada 10 invasiones tenían aseguradas sus posibilidades de éxito.

---

17) Cf. Collier, David: "Barriadas y Elites de Odría a Velasco". Instituto de Estudios Peruanos. Lima. 1976. Pg. 76.

18) Collier, David: Ob. Cit. Pg. 62.

Según el mismo Collier, existen evidencias de la colusión o connivencia relativa entre el odriísmo y los líderes de las invasiones durante este período. Lógicamente, esos contactos no se produjeron con el Presidente mismo, sino con representantes o dirigentes de su agrupación política.

En realidad, la realización de este tipo de negociaciones significaba para los informales que el mercado político ya no sólo los consideraba una base de acción atractiva, como había antes ocurrido con el APRA y la izquierda marxista, sino que ellos mismos eran capaces de darle a una dictadura como la de Odría la "legitimidad" que necesitaba.

Cabe señalar, sin embargo, que el régimen odriísta nunca confió absolutamente en la simpatía de los informales, probablemente recordando que ya antes los pobladores habían manifestado su respaldo al APRA, abandonándola luego, apenas perdió poder e influencia. Es por eso que asumió una actitud paternalista y nunca ofreció dar títulos de los lotes ocupados, manteniéndolos así en una relación de dependencia respecto del Estado y forzándolos a una lealtad aparentemente más duradera.

No obstante, sus opositores no le dejaron el monopolio de ese espacio político. Ya desde 1954, cuando 28 de cada 100 viviendas construidas en Lima eran informales, Beltrán fomentó y publicitó a través de sus diarios "La Prensa" y "Ultima Hora" la invasión a Ciudad de Dios, presumiblemente con la intención de incomodar al régimen odriísta, disputarle algo de su apoyo popular y resaltar la crisis que la llegada de los migrantes estaba provocando en la ciudad. Este empeño suyo hizo que en los propios talleres de "La Prensa" los trabajadores planearan esa invasión, concertando el apoyo político de los amigos de Beltrán y el respaldo periodístico de los hombres de prensa que laboraban con ellos.

Cuatro años después, durante la segunda administración de Manuel Prado y específicamente desde que fue nombrado Presidente del Consejo de Ministros, Beltrán siguió en su esfuerzo por facilitar vivienda popular, esta vez a través de la creación de ciudades satélites, como Ventanilla, como alternativa para el futuro urbano del país.

Sin embargo, era ya un poco tarde para intentar cambiar las cosas. En 1961, año en que Beltrán dejó el Premierato, los informales habían levantado 41 de cada 100 viviendas y los formales las 59 restantes.

2.4 *Reconocimiento Legislativo*

El cuarto avance se dio cuando la sociedad le otorgó a la vivienda informal un primer reconocimiento legislativo, aceptando la existencia de los asentamientos pero intentando someterlos a un régimen de excepción.

La activa participación de los políticos y el paralelo crecimiento de los asentamientos tenían que resolverse de alguna manera, pues cada vez se hacía más evidente que la utilización de las invasiones violentas como instrumentos de presión ocasionaba un enorme desperdicio de recursos para la sociedad. La manera de hacerlo fue a través del reconocimiento legal de los asentamientos existentes que se produjo con la promulgación de la Ley 13517, en febrero de 1961.

De esta forma, los asentamientos que habían sido relativamente insignificantes 16 años antes, empezaron a ser objeto de un arduo debate en las salas del Congreso, con la participación de todos los partidos políticos.

En lo esencial, la Ley 13517 pretendía hacer borrón y cuenta nueva: reconoció los asentamientos existentes al tiempo de su promulgación, les dio a sus habitantes la posibilidad de formalizar sus posesiones y estableció la política gubernamental futura respecto del desarrollo urbano. No obstante, le impuso características muy singulares a cada una de estas concesiones.

Si bien la ley declaraba de interés nacional la remodelación, saneamiento y legalización de los asentamientos informales existentes hasta el 20 de setiembre de 1960(19), trataba de imponer a los que ya habían invadido todo el rigor de la formalidad, forzándolos a adecuar sus asentamientos a un *standard* estatal obligatorio.

Por consiguiente, no trataba de solucionar el problema de las invasiones o del acceso a la vivienda, sino que se limitaba a imponer las condiciones que los pobladores existentes debían cumplir para ser legalmente reconocidos. La Ley 13517 debe entenderse como el precio establecido por la sociedad formal para aceptar eventualmente a los informales dentro de algún tipo de legalidad.

Del mismo modo, si bien la ley dio acceso a la propiedad formal, lo hizo bajo un régimen de excepción abiertamente discriminatorio. Con el pretexto de proteger a los pobladores de la acción de los especuladores, estableció que la propiedad a la que tenían derecho era inenajenable y que no podían venderla, alquilarla ni subdividirla durante el tiempo que tomara el proceso de titulación y aun 5 años después de haber recibido la titulación definitiva. Como el ILD ha calculado que los informales tienen que esperar 20 años antes de recibir el título, en la práctica esta limitación se extiende por lo menos un cuarto de siglo. De esta manera, pese a que iban a recibir títulos, los informales se convertirían en propietarios disminuidos; es decir, prohibidos de participar en el mercado inmobilia-

19) Por "remodelación" la ley entiende adaptar la planta del asentamiento a los criterios urbanos oficiales; por "saneamiento", la remoción del desmonte, eliminación de basura e instalación de agua y desagüe; y por "legalización", el reconocimiento del nuevo barrio, después de que los dos procesos anteriores estuvieran completos, y la repartición de títulos de propiedad a los tenedores de los lotes.

rio y, por lo tanto, incapaces de competir en igualdad de condiciones con la sociedad formal.

En ese mismo sentido, la ley reconoció la existencia de organizaciones informales en los asentamientos, pero no las puso en pie de igualdad con las demás organizaciones que existían en la sociedad formal, sino que prefirió restarles autonomía encasillándolas en un modelo obligatorio de afiliación llamado "asociación de pobladores" y exigiéndoles que recabaran autorización administrativa antes de funcionar. Para ello se obligó a todas las organizaciones constituidas antes de 1961 a adoptar este nuevo modelo y se les impidió a los informales elegir otras formas de organización, estableciendo la prohibición de pertenecer a más de una asociación y anunciando que al momento de asignar legalmente los lotes se preferiría a las personas afiliadas a ellas.

De esta forma empezó la historia de un "*apartheid* legal" que habría de caracterizar a la mayoría de disposiciones y actitudes gubernamentales referentes a los asentamientos a partir de entonces.

Finalmente, al establecer la política gubernamental futura, la Ley 13517 prohibió la realización de futuras invasiones, privando a los asentamientos que se formaran posteriormente de la posibilidad de recibir reconocimiento oficial, y dispuso que el Estado tomase la iniciativa, creando para el efecto las Urbanizaciones Populares de Interés Social (UPIS), llamadas a ser los reemplazantes planificados de los asentamientos informales. Sin embargo, ninguna de estas dos disposiciones fue exitosa.

La prohibición de formar nuevos asentamientos pretendía separar a los viejos informales de los nuevos, en el entendido de que el reconocimiento y los beneficios conferidos a los asentamientos existentes se convertirían en un poderoso incentivo para multiplicar el número de invasiones. No obstante, se incurrió en la ingenua suposición de creer que una ley podría detener la emergencia social, cuando en realidad para los informales significaba que las autoridades estaban dispuestas, a la larga, a reconocer hechos consumados y conferir vigencia a la informalidad.

Las campañas electorales de 1962 y 1963 estimularon los primeros problemas. Los diferentes partidos políticos prometieron hacer una reforma agraria, lo que provocó una ola de invasiones campesinas en las áreas rurales. Pronto esto tuvo un efecto similar en la ciudad, donde los informales ya habían aprendido a interpretar las condiciones políticas favorables. Como la Ley 13517 en resumidas cuentas se había limitado a bajar los costos de acceder a la propiedad informalmente pero había mantenido incólumes los costos de acceder formalmente, continuaron las invasiones, e inclusive muchos arrendatarios del interior de la ciudad—anticipando que los tugurios podrían ser clasificados como barrios marginales— empezaron a causar desórdenes.

Al parecer, los militares, que se habían hecho brevemente del poder (1962-63), interpretaron esta atmósfera de aparente desobediencia civil como una seria radicalización de las masas urbanas. Tal vez haya sido debido a esa sensación que durante este breve interinato fueran desalojados el 47% de las invasiones producidas.

La llegada de Fernando Belaunde al poder (1963-68) dentro de un movimiento dirigido hacia un aparente progresismo del Estado, despertó múltiples expectativas. En realidad, el nuevo régimen se convirtió en el gran ejecutor de la Ley 13517, con énfasis especial en conjurar el problema de los asentamientos futuros a través de un agresivo programa de construcción de UPIS, puesto que ya era evidente que la prohibición de realizar nuevas invasiones no bastaba para conjurar el problema.

Sin embargo, las UPIS no tuvieron el éxito esperado, porque a lo largo de la historia no llegarían a albergar más del 16% del total de viviendas existentes en los asentamientos informales y porque sus características físicas nunca llegarían a satisfacer plenamente las necesidades de los nuevos limeños: por ejemplo, proporcionaban viviendas con un promedio de 18 m^2 por persona, mientras que los demás asentamientos ofrecían 25 m^2.

La consecuencia más importante del reconocimiento legal no fue el haber producido una nueva manera de ordenar las cosas, sino quizás el haber constituido un estímulo y una esperanza adicionales para que los informales encontrasen vivienda segura en las ciudades.

Cuando un golpe militar depuso al Presidente Belaunde en 1968, los informales dominaban ya el crecimiento de Lima. De cada 100 casas construidas ese año, 57 eran informales y únicamente 43 eran formales.

2.5 *Enfrentamiento con el Gobierno*

El quinto avance consistió en la victoria política que obtuvieron los informales luego de su primer enfrentamiento masivo con el Estado.

Al comenzar el llamado "Gobierno Revolucionario de la Fuerza Armada" que encabezó en su Primera Fase (1968-75) el general Juan Velasco Alvarado, el descontento era generalizado. Demasiadas expectativas habían quedado insatisfechas en el gobierno anterior: los informales ya establecidos que habían esperado una masiva asistencia gubernamental comprobaron que ésta era exigua y los todavía no establecidos habían tenido que seguir recurriendo a las invasiones, con su inevitable costo de sacrificios y violencia; los propietarios formales que temían la usurpación de sus terrenos, habían advertido que las invasiones no podían ser detenidas con una ley; los políticos y los funcionarios públicos habían experimentado directamente la insuficiencia de sus esfuerzos; y los intelectuales habían impuesto, finalmente, la tesis de que el problema residía en la falta de "reformas estructurales" que no alcanzaban a definir.

Sea como fuere, el hecho es que los militares decidieron tomar al toro por las astas. Aliados con un grupo de intelectuales socialistas, lo primero que hicieron fue involucrarse en la organización misma de los asentamientos como ningún otro gobierno lo había hecho hasta entonces. Pretendieron imponerles a los informales un nuevo modelo *standard*, como condición para recibir asistencia estatal(20). Con este modelo, llamado "organización vecinal", lo que en realidad se estaba haciendo era establecer un mecanismo para controlar a los pobladores mediante la intervención directa del Estado, con la aparente intención de proporcionarles ayuda técnica.

Sin embargo, resultaba imposible encasillar a los pobladores en un esquema rígido porque su sociedad era ya mucho más compleja y dinámica de lo que los funcionarios gubernamentales se imaginaban. Para comenzar, los informales construían a mayor velocidad que el resto de la sociedad civil. La mayor parte de la gente trataba de construir un segundo piso en sus propias casas para alquilarlo, aunque fuera ilegal. Las casas en los asentamientos más antiguos se vendían a pesar de la prohibición existente. La gente se organizaba para construir pistas y aceras, así como para proveerse de servicios. Inclusive comenzó a notarse la aparición de comercio, manufactura y transporte informales por toda la ciudad. Era, pues, un mal momento para intentar encasillar la incipiente economía de mercado que se estaba generando, a pesar de las múltiples distorsiones impuestas por el sistema legal imperante. Esta voluntad del gobierno produjo un punto de tensión que presagiaba nuevos enfrentamientos.

Como la política de las UPIS había fracasado en su intento de encabezar la urbanización futura de la capital, las invasiones habían continuado. Sin embargo, el gobierno militar no estaba dispuesto a permitir que este flujo continuara, toda vez que se creían capaces de imponer verticalmente un nuevo orden al proceso.

Fue así que entre 1968 y 1970 las fuerzas policiales desalojaron el 79% de las nuevas invasiones. Este período de severa represión terminó súbitamente en 1971, cuando una invasión violenta derrotó física y políticamente al gobierno, provocó una crisis ministerial y determinó la adopción de una nueva política estatal.

Como muchos recordarán, el 29 de abril 1971 comenzó una gran invasión en Pamplona, localidad aledaña al Colegio de la Inmacu-

20) Directivas 01-70 PND y 03-70 PND de mayo y agosto de 1970.

lada de propiedad de la Compañía de Jesús -congregación a la que pertenecía también el Obispo Auxiliar y luego "Obispo de los Pueblos Jóvenes", Luis Bambarén Gastelumendi- que se extendería sobre terrenos públicos y privados cercanos. Se estima que esta invasión, que contaba con la participación de varias decenas de miles de individuos, fue la más grande de la historia reciente. A su lado, las invasiones de Ciudad de Dios y Comas lucían como modestas mudanzas.

El gobierno militar reaccionó drásticamente ordenando una intervención policial de desalojo que dejó como saldo un dirigente muerto y gran cantidad de heridos. Los pobladores, por su parte, lograron capturar a un comandante de la policía, amenazando con victimarlo si se seguía intentando proceder con el desalojo. Por primera vez se llegaba a un enfrentamiento de esa naturaleza. Los incidentes cubrieron las páginas de todos los periódicos y revistas, y fueron considerados como una abrupta manifestación de desobediencia civil, particularmente grave para un régimen dictatorial que decía representar al binomio "pueblo y Fuerza Armada" y estar abocado a la creación de un orden revolucionario en el país.

El Ministro del Interior, general Armando Artola Azcárate —célebre durante la lucha antisubversiva que el ejército llevó a cabo contra guerrillas comunistas en 1965— reaccionó duramente, argumentando que se estaba manipulando a gente inocente para propósitos sediciosos. Cometió el error, sin embargo, de enfrentarse de paso con Bambarén, quien estuvo presente en el lugar de los hechos durante los días más críticos de la invasión y llegó a celebrar inclusive una misa al aire libre por el alma del dirigente Salvador Saldívar, muerto durante la refriega.

Esa actitud fue considerada como una provocación por el Ministro, quien de inmediato ordenó la detención del Obispo y lo hizo encerrar. La Iglesia Católica protestó airadamente y Artola contraatacó organizando una manifestación de "verdaderos pobladores" en respaldo de la posición gubernamental. Mientras tanto la invasión de Pamplona había ido consolidándose, no sólo desde un punto de vista físico sino también moral, debido a la muerte de Saldívar y la intervención de la Iglesia. Como resultado de todo esto y por el temor a un nuevo levantamiento, el 13 de mayo de 1971 Bambarén fue puesto en libertad y cuatro días más tarde Artola tuvo que renunciar.

Al parecer, la invasión estuvo muy bien planeada, pues coincidió con una reunión de la junta de gobernadores del Banco Interamericano de Desarrollo (BID) que se realizaba en Lima. Esta institución había aportado anteriormente recursos para diferentes proyectos de vivienda en el país. El incidente fue una llamada de atención internacional y sirvió de verdadera caja de resonancia para los invasores.

De la misma manera, los invasores supieron interesar muy bien a los medios de información todavía independientes, los que se encargaron de resaltar la contradicción que existía entre la justicia social que el "Gobierno Revolucionario" pretendía buscar y la drástica represión que se había descargado sobre los invasores de Pamplona.

Por primera vez los pobladores de un asentamiento informal traían por tierra a un Ministro del Interior, que en este caso gozaba de un poder considerable y una reputación de "hombre fuerte". Como corolario se llegó a un compromiso mediante el cual los invasores aceptaron trasladarse a un sitio elegido y habilitado de alguna manera por el gobierno, donde se formó el asentamiento llamado Villa El Salvador o Villa Salvador, dícese que originalmente en honor a Salvador Saldívar.

La invasión de Pamplona tuvo diversos efectos en la actitud del gobierno militar frente a la formación de nuevos asentamientos. A pesar de estar vigente la prohibición de nuevas invasiones contenida en la Ley 13517, la política de reubicación de los invasores sobre tierras gubernamentales reservadas para tal propósito fue nuevamente emprendida, aunque ya no bajo la forma de UPIS sino de lotes con servicios.

Así, las autoridades desarrollaron una actitud aparentemente contradictoria frente al problema. De un lado, seguían proscritas las invasiones, pero de otro, como se trataba de un "Gobierno Revolucionario", cuando se producía una invasión había que atender al hecho de que la gente deseaba un lote para levantar su vivienda; por lo tanto, había que reubicarla en otros emplazamientos. De esta manera se cumplía con el doble propósito de servir a la justicia y de evitar los problemas urbanos derivados de los asentamientos informales. Al parecer, esto reforzó la realización de nuevas invasiones, puesto que se tenía la seguridad de que en cualquier caso el gobierno militar estaba comprometido a reubicar a los pobladores en alguno de los llamados "bolsones" de recepción establecidos.

Sin embargo, los sucesos de Pamplona despertaron también la preocupación del gobierno militar por tener el control politico de los asentamientos. La experiencia que por entonces se producía con la guerrilla urbana en Argentina y Uruguay estimulaba aún más esta preocupación dado que, hasta donde se sabe, los altos mandos militares temían que se produjera una radicalización política del pueblo.

Por añadidura, esto coincidía con el interés de la dictadura por disputar al APRA y a la izquierda la influencia y hegemonía en el medio, pues era consciente de que la búsqueda de "legitimidad" y el incremento del poder de convocatoria son los elementos políticos más preciados por cualquier régimen que pretenda ser revolucionario.

Así, dispuesto a evitar que las cosas se le volvieran a ir de las manos, como en el caso de Pamplona, el gobierno militar decidió pasar a la ofensiva. Para el efecto, creó el Sistema Nacional de Apoyo a la Movilización Social (SINAMOS) (21), destinado a concentrar bajo su mando todas las relaciones del Estado con los asentamientos.

La idea original consistió en utilizar a SINAMOS para movilizar, organizar y controlar a los pobladores, tratando de convertir los asentamientos en poblaciones modelo donde no sólo se repartieran terrenos, sino también se lograran generar actividades económicas comunitarias para todos los habitantes. De esta forma, se escogió como experiencia piloto a Villa El Salvador, probablemente por el impacto político que significaba pasar a la ofensiva en el mismo lugar en el que los invasores habían traído abajo al Ministro del Interior, y se creó ahí la Comunidad Urbana Autogestionaria (CUAVES).

La CUAVES representó la doble ambición de generar asentamientos humanos modelo y controlar políticamente a la población, de ahí que su estructura consistiera en una compleja red de afiliaciones encabezadas por un secretariado que atendería desde problemas de orden público o litigios, hasta la educación, provisión de servicios, asistencia sanitaria y la producción y comercialización de bienes. A su vez, SINAMOS centralizaría finalmente las decisiones.

A la larga, todo este empeño fracasó. Tanto SINAMOS como la CUAVES fueron perdiendo gradualmente influencia, en lo fundamental porque los pobladores fueron controlables por el Estado sólo en la medida en que no se afectaba su actividad económica y social, y se les proporcionaba beneficios tangibles como los servicios básicos, y porque las organizaciones espontáneas eran mucho más eficaces para satisfacer los intereses de los pobladores que el sistema fuertemente burocratizado y centralista que se había propuesto.

Si bien SINAMOS sobrevivió al régimen velasquista, entre 1976 y 1977 fue nada más que un tramitador de asuntos jurídicos de los asentamientos informales, hasta que en julio de 1978 fue disuelto definitivamente. Por su parte la CUAVES jamás tuvo la vigencia que esperaron sus propulsores. Perdió vigencia cuando Villa El Salvador fue elevada a categoría de "distrito" por el gobierno, en 1983.

---

21) Decretos Leyes 18896 y 19352.

En sentido estricto, los informales derrotaron al "Gobierno Revolucionario" en todo el frente de batalla. A pesar del esfuerzo desplegado por instaurar un nuevo orden revolucionario dentro del cual pudieran darse los cambios necesarios, cuando Velasco fue derrocado por la propia Fuerza Armada en 1975, 62 de cada 100 casas construidas ese año en Lima eran informales y sólo 38 eran formales.

2.6 *Surgimiento de Asociaciones y Cooperativas*

El sexto avance ocurrió cuando los informales aprovecharon el proceso de Reforma Agraria iniciado por Velasco para convertir ilegalmente terrenos agrícolas en urbanos, creando así un segundo espacio para el desarrollo de la vivienda informal.

Si bien desde 1950 el Estado había tratado de planificar el desarrollo de la ciudad frente a la migración incontenible, fue sólo a partir de la aplicación de la Reforma Agraria del gobierno militar, a principios de los años 70, que hubo una preocupación oficial por determinar exactamente los límites de las ciudades, fuera de los cuales los terrenos cultivados existentes estarían sujetos a redistribución. Como la ciudad tenía que seguir creciendo, los planificadores establecieron áreas de expansión urbana que abarcaban parte de esos terrenos cultivados y que, en tal virtud, ya no estarían afectos por la Reforma Agraria.

Ello despertó el masivo interés de los terratenientes por conseguir que sus predios fueran incorporados en tales áreas de expansión. Para el efecto no escatimaron esfuerzos, desplegando al máximo sus influencias políticas o utilizando sobornos.

El resultado fue que en muy poco tiempo se habían establecido vastas áreas de expansión que tenían, en la práctica, regímenes de excepción frente a la Reforma Agraria. Esto hizo que el gobierno militar comenzara a sospechar y dispusiera que los propietarios urbanizaran sus terrenos en un plazo perentorio de 5 años. Por ende, sabiendo que en este período de tiempo no era posible conseguir financiación, clientela y construcción formales suficientes, los propietarios debieron tratar con las asociaciones y cooperativas en los términos descritos cuando hablamos acerca de las modalidades de acceso informal a la propiedad para vivienda.

La existencia de asociaciones y cooperativas, por lo demás, no era reciente, pero la diferencia consistía en que los que utilizaron estas modalidades de organización para formarse antes de la década del 70 se ubicaron en zonas urbanas afectadas de alguna manera por la tugurización, como Santoyo, Huerta Perdida, Pedregal o Ancieta, mientras que a partir de entonces los asentamientos que las utilizaron comenzaron a ubicarse de manera preferente sobre terrenos agrícolas(22).

Por consiguiente, durante el gobierno de Velasco, además de la invasión, este tipo de compraventa vino a convertirse en un segundo instrumento a disposición de los informales para derrotar al Estado.

2.7 *Reconocimiento Urbano*

El sétimo avance ocurrió cuando las autoridades se vieron obligadas a reconocer que los asentamientos de origen informal podían convertirse en barrios formales no sujetos a ningún régimen de excepción, si cumplían con el proceso de legalización prescrito.

Ya en su Segunda Fase (1975-1980), el gobierno militar había sido rebasado por los cuatro costados, al ser impotente para reprimir o controlar las invasiones e incapaz de advertir que las asociaciones y cooperativas habían comenzado a adquirir ilegalmente terrenos agrícolas como resultado de la propia Reforma Agraria. El crecimiento informal de la ciudad se presentaba, entonces, como irreductible.

En este marco se produjo, en 1979, la aprobación del D.L. 22612, que marcaría un hito definitivo en el reconocimiento de la nueva propiedad popular, al establecer que a partir del momento en que los asentamientos terminaran el proceso de legalización establecido por la Ley 13517, pasarían a ser barrios ordinarios de la ciudad, susceptibles, por consiguiente, de convertirse en distritos. De este modo, bajo el pretexto de subsanar un error administrativo de la ley de 1961 que no establecía cuál era el *status* final de los asentamientos, los militares les reconocieron la misma categoría urbana que los vecindarios tradicionales de la ciudad.

Esta declaración no sólo significó una mayor seguridad y estabilidad para los derechos expectaticios adquiridos, sino que representó la aceptación de que los asentamientos informales son, a fin de cuentas, otra manera de hacer barrios en la ciudad. El peso de la evidencia había convencido por fin a las autoridades de que, a diferencia de lo que pensaban los legisladores del 61, no estaban frente a una aberración urbana pasajera susceptible de corrección a través de un procedimiento administrativo, sino que se enfrenta-

22) Ese es el caso de las cooperativas Daniel A. Carrión, San Pedro y el Valle, en San Juan de Lurigancho; San Miguel, San Carlos, Pachacútec, 27 de Abril, Jardín Azul, DEMSA, Santa Clara, entre otras, en Ate-Vitarte; y Tayacaja, los Chancas, Andahuaylas, los Huancas, entre otras, en El Agustino. Esa es también la situación de las asociaciones provivienda Las Flores y Campoy, en San Juan de Lurigancho; y de Fuerzas Policiales, San Roque, San Martín y 11 de Octubre, en Ate-Vitarte.

ban a una forma distinta de urbanizar que era, al fin y al cabo, expresión del anhelo popular de tener propiedad privada.

Está aceptación marcó el término del intento del gobierno central por involucrarse en el funcionamiento interno de los asentamientos, a tal punto que al redactarse la nueva Constitución de la República en ese mismo año, los constituyentes transfirieron la responsabilidad a las municipalidades. También, para 1979, el desarrollo de la informalidad había hecho que por cada 100 casas construidas ese año en la capital, 65 fueran informales y sólo 35 formales.

2.8 Reconocimiento de la Propiedad Privada y de las Organizaciones

El octavo avance se produce cuando las autoridades incrementan la repartición de títulos de propiedad y reconocen a las organizaciones informales como voceros legítimos de los asentamientos informales.

Habiéndoles cedido el gobierno central la posta, a los municipios no les quedó otra alternativa que adecuar su acción a los deseos de sus electores; es decir, repartirles los títulos de propiedad que demandaban. Comenzó así una marcha acelerada hacia la propiedad privada que habría de terminar perfeccionando los derechos expectaticios adquiridos.

A lo largo de la historia, la atención prestada a esta tarea había sido dispar. En conjunto, en unos 20 años de trabajo —de 1961 a 1980— sólo se ha titulado válidamente alrededor del 25% del total de lotes. En los primeros diez años de vigencia de la Ley 13517 se repartieron aproximadamente 8,000 títulos de propiedad. Durante los años 71 y 72 SINAMOS entregó aceleradamente más de 7,000 títulos nuevos. No obstante, este ritmo declinó rápidamente, al punto de que entre 1979-80 solamente se repartieron unos 1,000 títulos.

Tal parece que SINAMOS descuidó la labor técnica indispensable para titular —planos, remodelación, etc.—, de modo que cuando el trabajo anterior se terminó, ya no pudo seguir titulando. Por añadidura SINAMOS tenía más interés en la propiedad comunal que en la privada, tal como lo prueba uno de sus textos confidenciales: "El proceso de legalización en los términos antes descritos produce ciertos efectos negativos en la población marginal por que (*sic*) actúa generalmente como elemento de desintegración familiar y comunal, destruyendo radicalmente el alto grado de cohesión social alcanzado por estos grupos en las etapas previas de la invasión a través de sus organizaciones espontáneas. Tal proceso constituye, además, el origen de serios conflictos entre los habitantes, prueba de esto es el alto grado de problemas litigiosos existentes en los barrios legalizados"(23).

El advenimiento del régimen democrático alteró considerablemente esta percepción y resaltó cuán equivocadas habían estado las autoridades. Las evidencias demostraron que lo que la gente deseaba era una propiedad privada y que su interés por modelos socializados de comunidad era más bien retórico. Elegido el gobierno municipal en 1980, esta aspiración tuvo por fin una expresión política. Dado que el Concejo tenía interés por conservar su popularidad y tentar la reelección, reconoció que los votantes residentes en asentamientos informales eran particularmente sensibles al problema de sus terrenos, de manera que, en lugar de tratar de imponer verticalmente una comunidad ideal, prefirió repartir títulos de propiedad.

Así, utilizando criterios más permisivos, durante la gestión del Alcalde Eduardo Orrego (1981-1983), la Municipalidad de Lima fue capaz de entregar más de 22,000 títulos, el número *record* de la historia.

Al triunfar la izquierda mayoritariamente marxista, encabezada por Alfonso Barrantes, en las elecciones ediles de 1983, la Municipalidad trata de continuar repartiendo títulos, reconociendo el interés popular por conseguir la propiedad privada de sus terrenos. De acuerdo con cálculos del ILD, a julio de 1986 la administración municipal marxista había entregado válidamente menos de 11,000 títulos adicionales.

Por añadidura, el Municipio reconoció que la autonomía en la organización de los asentamientos era otra expectativa postergada. Para satisfacerla dictó la Ordenanza 192 que creó la llamada "organización de pobladores".

En esta oportunidad, las autoridades ediles no establecieron un modelo único para organizar los asentamientos sino que reconocieron el derecho a la libre asociación sin autorización previa, aceptando bajo el *status* legal a cualquiera de las formas asociativas previstas jurídicamente e inclusive a las agrupaciones de hecho.

Lo destacable de la ordenanza es que reafirma el reconocimiento de organizaciones de pobladores nacidas para ejecutar invasiones y actos contrarios a la ley.

2.9 *Hacia un Estado Mimético*

El noveno avance consistió en que, ante la evidente inoperancia del sistema legal, el Estado tuvo que recurrir a la normatividad

23) Anteproyecto del Plan Bienal 1973-1974. X Región de SINAMOS. Oct. 1972. Texto mimeografiado de circulación restringida.

extralegal, y en concreto a la invasión, para llevar a cabo un proyecto de vivienda.

El 15 de julio de 1984, 7,000 familias invadieron 640 hectáreas a la altura del Km. 18 de la Carretera Central en la quebrada de Huaycán. Esta invasión fue acordada, planeada, organizada y ejecutada por la propia Municipalidad de Lima. Además, gran parte de los invasores eran servidores públicos o pertenecían a entidades difícilmente sospechosas de ser informales. De acuerdo con las versiones recogidas por el ILD, los primeros invasores de Huaycán estaban agrupados en 11 organizaciones reconocidas previamente por la Municipalidad(24). Entre ellas, dos pertenecían a sus propios trabajadores y a los del Concejo Distrital de Ate-Vitarte, una reunía a los trabajadores del Instituto Nacional de Cultura, que reclamaba el terreno como zona arqueológica, y una última agrupaba a los trabajadores del Colegio de Arquitectos. De una u otra manera, los futuros pobladores tenían una relación especial con las autoridades o una cercanía con los problemas de la vivienda, lo que los convertía en un grupo de interés claramente movilizable por el Estado.

Fue la demora en los trámites de adjudicación de los terrenos, que debían pasar del dominio del Ministerio de Vivienda al del Concejo, lo que exasperó a las propias autoridades ediles y las convenció de dar luz verde a la invasión. En verdad, el propio Alcalde Alfonso Barrantes, preocupado por el interminable procedimiento burocrático, consultó el asunto dos meses antes con el entonces Ministro de Vivienda, Javier Velarde Aspíllaga, y éste, según propia confesión, tuvo que admitir que, ante la imposibilidad de acelerar el trámite administrativo, invadir Huaycán era la única solución viable.

El hecho de que un Alcalde y un Ministro, con todo el poder político de sus cargos, no hayan podido enfrentar los procedimientos establecidos y hayan tenido que recurrir al expediente de la invasión, puso en evidencia que la normatividad legal era incapaz de facilitar vivienda a las clases populares, a tal punto que en esa oportunidad a las autoridades no les quedó otro remedio que mimetizarse de informales y adoptar sus técnicas y sistemas. Sin embargo, el resultado no fue el mismo: los funcionarios públicos

---

24) Asociación Andrés Avelino Cáceres; Asociación José Carlos Mariátegui; Cooperativa de Vivienda del Instituto Nacional de Cultura; Cooperativa de Vivienda de los Trabajadores de la Municipalidad de Lima; Asociación Provivienda del Concejo Distrital de Ate-Vitarte; Asociación Provivienda del Colegio Teresa Gonzáles de Fanning; Cooperativa de Vivienda del Colegio de Arquitectos del Perú; Asociación 18 de Enero; Asociación Paraíso de Huaycán; Sector de Educación Costal y la Asociación Las Malvinas.

a diferencia de los informales, no son conocedores del funcionamiento de la normatividad extralegal que rige la invasión.

En efecto, ocho días después de producida la toma del terreno, 4,000 personas provenientes del asentamiento humano "Horacio Zeballos" y dirigidas por Jaime Zubieta Calderón intentaron ingresar a Huaycán y, tras un violento enfrentamiento con los invasores originarios, fueron rechazados.

Durante los meses de agosto y setiembre estos enfrentamientos continuaron intermitentemente, siempre con la victoria de los pobladores que contaban con el respaldo del Municipio. El 6 de octubre se produjo otra batalla campal entre 8,000 pobladores, esta vez con bombas molotov, escopetas caseras y petardos. Los heridos y contusos se contaron por decenas, y se necesitó la intervención de la Guardia Civil para controlar los desmanes.

Los choques se reanudaron hacia fines de octubre. El 27 en la madrugada, frustrados por las constantes derrotas, los pobladores de "Horacio Zeballos", en número aproximado de 3,000 entre hombres, mujeres y niños, iniciaron esta vez la invasión de unos terrenos de propiedad privada aledaños al sector derecho de Huaycán. Crearon así un nuevo asentamiento que podría beneficiarse de las distintas obras y servicios que el Municipio proporcionara a Huaycán.

Durante noviembre y diciembre, los actos de violencia continuaron; pero, curiosamente, cuando la tormenta parecía haberse calmado, Jaime Zubieta —Presidente de "Horacio Zeballos" y líder de los nuevos invasores— cayó misteriosamente asesinado(25).

Toda esa secuela de violencia fue el resultado de que la Municipalidad no tomara en cuenta la existencia de la normatividad extralegal. Cuando los informales planean una invasión actúan consensualmente, hacen sondeos de sus intereses comunes, reúnen la masa crítica suficiente para copar casi por completo el área y establecen un sistema para permitir la incorporación de las personas que posteriormente pretenden afincarse en el asentamiento, con atención especial a los vecinos del lugar. De esa manera, la invasión tiene una lógica de funcionamiento de la que depende su capacidad de coordinar esfuerzos, diseñar un asentamiento, distribuir los lotes, organizar la autodefensa, administrar justicia, negociar con las autoridades y progresar.

Lamentablemente, al reemplazar la voluntad y espontánea colaboración de los pobladores por un orden ideal que pretendía establecer cómo debía ser el asentamiento, la Municipalidad le quitó

25) De acuerdo con declaraciones del Alcalde de Ate-Vitarte, Franklin Acosta, publicadas en mayo de 1985 en "El Nacional", ese Concejo Distrital había presentado una denuncia por homicidio en agravio de Zubieta ante el Ministerio Público.

toda su eficacia a la invasión y tergiversó la lógica inherente al proceso: la invasión no fue acordada sino aprobada; a falta de un sondeo bien hecho, la gente se dedicó a pelear en lugar de cooperar entre sí; y se favoreció sólo a las organizaciones reconocidas por el Municipio, cerrándose la posibilidad de incluir a nuevas partes interesadas en vivir en el asentamiento.

Lo más destacable de la invasión de Huaycán es que la informalidad no sólo venció a la formalidad, sino que incluso la contagió, probando ser una alternativa más viable.

2.10 Persecución Frustrada de Asociaciones y Cooperativas

El décimo avance está expresado en el reconocimiento legislativo otorgado a la compraventa ilegal de terrenos como segunda vía de acceso informal a la propiedad para vivienda.

A partir de 1975 la actividad de las asociaciones y cooperativas había sido floreciente. La venta de terrenos agrícolas ilegalmente convertidos en urbanos había dado lugar a centenares de vecindarios nuevos y a miles de casas edificadas sobre ellos. Sólo en los primeros meses de 1985, 45 asociaciones y cooperativas habían logrado vender alrededor de 600,000 metros cuadrados. Para el efecto, se hicieron públicas y recurrieron a una profusa propaganda en los medios de información con el propósito de conseguir el mayor número de afiliados posible. De este modo, la marea informal traspuso el valle del Rímac para llegar a los de Lurín, por el sur, y Chillón, por el norte.

En semejantes condiciones la actividad de asociaciones y cooperativas no podía seguir pasando inadvertida por las autoridades. En medio de una cobertura periodística de considerable envergadura, denunciaron el hecho y procedieron a sancionarlas por urbanizar sin licencia terrenos agrícolas, imponiéndoles cuantiosas multas, demoliendo las casetas de ventas e, inclusive, iniciando acciones penales contra los corredores informales.

Sin embargo, cuando las autoridades trataron de sancionar a las asociaciones y cooperativas, descubrieron que con ello no eliminaban las viviendas que por millares se habían venido construyendo sobre los terrenos que eran materia de infracción. Dado que la demolición de esas casas y la erradicación de sus habitantes ponía en peligro su popularidad y era física, social y políticamente imposible, no les quedó más alternativa que reingresar, a menos de un año de iniciada su campaña, al ancho camino de las convalidaciones. Vencida ya, la Municipalidad dispuso hacer un empadronamiento de los pobladores para "regularizar su situación".

Esta derrota tuvo una casi inmediata expresión legislativa. El 12 de enero de 1985 se publica la Ley 24071 que establece que las cooperativas de vivienda con programas en ejecución deberán entregar títulos de propiedad en 60 días a sus afiliados. Con esto el Congreso, si bien se dirige únicamente a las cooperativas, tal vez por esa suerte de inmunidad de la que gozan en el ámbito político peruano, dio un primer reconocimiento implícito a la compraventa ilegal de terrenos como manera de acceder a la propiedad inmobiliaria. Por consiguiente, consagró un avance informal definitivo.

Actualmente la informalidad sigue creciendo. El fracaso frente a las asociaciones y cooperativas y el ejemplo dado por el gobierno municipal, que también trató de hacer las cosas fuera de la ley, debilitaron aún más el sistema legal, fortaleciendo las modalidades informales de acceder a la propiedad. Así, durante 1985 se multiplicó la toma de terrenos. Según propia declaración del Ministro del Interior, Abel Salinas, ante el Congreso de la República, hasta octubre de ese año se habían producido 282 nuevas invasiones.

Para fines de 1985, por cada 100 casas levantadas ese año en Lima, los informales eran propietarios de 69 y los formales sólo de 31.

3.0 LA LARGA MARCHA HACIA LA PROPIEDAD PRIVADA

Todo este proceso de desarrollo de la ciudad ha puesto en evidencia que la gente es capaz de forzar un sistema que no la acoge, no para caer en la anarquía, sino para tratar de forjar uno distinto que respete un mínimo de derechos indispensables.

En el caso de la vivienda informal esos derechos son los de propiedad. Por consiguiente, la historia de los asentamientos informales es la historia de la lucha de los informales por acceder a la propiedad privada inmobiliaria y también la de la constante derrota de la normatividad legal existente.

En el primer caso, la lucha de los sectores populares por acceder a la propiedad privada se refleja con claridad en los nombres que a través de los años han ido recibiendo los asentamientos. Esa nomenclatura revela, además, el paulatino reconocimiento de mayor *status* urbano que se les ha ido otorgando: "barriada", que fue la primera denominación oficial que recibieron, "pueblos jóvenes", "asentamientos humanos marginales" y "asentamientos humanos municipales".

En el segundo caso, la derrota del Estado se expresa en la permanente sucesión de reparticiones públicas encargadas oficialmente de tratar con los asentamientos: desde 1957 hasta 1985, once oficinas diferentes han tenido esa responsabilidad; a un promedio de 2 años y medio de administración por cada una.

Así, se han sucedido la Oficina Nacional de Barriadas del Ministerio de Gobierno y Policía en 1957, la Oficina de Asistencia Técnica en ese mismo año, el Instituto Nacional de Vivienda en 1960, la Corporación Nacional de Vivienda el año siguiente, la Junta Nacional de Vivienda en 1963, ONDEPJOV y el Ministerio de Vivienda en 1969, SINAMOS en 1971, la Dirección de Promoción Urbana y la Dirección de Asentamientos No Regulados en 1978 y la Dirección Ejecutiva de Asentamientos Humanos Marginales de la Municipalidad Provincial desde 1981. De esta manera, la informalidad, que empezó siendo un problema de policía en 1957, derrotó a través de los años a los técnicos y políticos del gobierno central hasta ser derivada a las municipalidades.

Asimismo, la normatividad extralegal prevaleciente y las organizaciones informales han tenido como cometidos principales garantizar y perfeccionar la propiedad privada adquirida y no imponer un sistema colectivista. Esto no significa, por cierto, que en los asentamientos no exista una considerable y extendida actividad comunal; pero ésta responde a la necesidad de compensar la falta de servicios estatales y, en todo caso, está generalmente dirigida a beneficiar a la propiedad privada.

En efecto, en el período que va de 1961 a 1981, las casas independientes en Lima se han multiplicado en un 375%, mientras que el número de casas de vecindad se ha reducido en un 34%. Esto significa que la gente ha salido del agro o de tugurios generalmente alquilados en barrios formales para dirigirse a los asentamientos informales y vivir en casas propias, buscando sentar así las bases materiales indispensables para participar en la incipiente economía de mercado que están generando las clases populares del Perú.

De este modo, en aquellos distritos de Lima donde hay una proporción considerable de asentamientos informales, existe un mayor porcentaje de viviendas de propiedad de sus habitantes que en los barrios formales. Por ejemplo, mientras que en Villa María del Triunfo —un barrio informal— el número de viviendas propias está por encima del 99%, en Breña —donde casi no hay viviendas informales— las viviendas propias son sólo el 28% del total. Ello revela, por consiguiente, que el desarrollo de la informalidad ha permitido que el porcentaje de pobladores de ingresos bajos con vivienda propia sea superior al de pobladores con ingresos medios y vivienda propia.

El desarrollo de los asentamientos informales ha evitado también que Lima se convierta en un inmenso tugurio. El ILD ha calculado que de no ser por ellos, Breña, el Cercado y Barranco tendrían hoy una población 91%, 85% y 81% mayor que la actual, respectivamente. Por su parte, el Rímac tendría un 45% más de habitantes; Magdalena del Mar 48%; Lince 58% y Surquillo 59%. Asimismo La Victoria estaría un 32% más tugurizada; Miraflores 25% y Pueblo Libre 17%.

Esa tugurización habría tenido como efecto adicional que los 8,319.8 millones de dólares generados por los asentamientos informales jamás hubieran podido realizarse. En su lugar, los tugurios adicionales sólo valdrían 460 millones de dólares; es decir, sólo un 5.5% de lo efectivamente generado por los informales.

Los asentamientos informales pueden ser considerados, así, como una alternativa muy superior a los tugurios. Han generado un sistema de derechos privados y extralegales de propiedad, desarrollados en un medio en el cual no existen mecanismos legales eficientes que permitan expresar el valor que las personas de origen humilde le reconocen a la tierra.

Ocurre, sin embargo, que el sistema informal no es perfecto ni deseable. El rango de posibilidades que aparentemente consideran los informales al momento de decidir es limitado y conlleva un enorme derroche de recursos, resultante de los costosos procedimientos de invasión o compraventa informal y de las inseguridades propias de la ilegalidad. Asimismo, las propiedades a las que acceden se encuentran disminuidas por una especie de "*apartheid* legal" que se resiste a conferirles la totalidad de sus atributos. Además, el sistema no es estable ya que a la postre no protege a los informales mismos cuando otros tratan de invadirlos. De esta forma la falta de un sistema legal de derechos de propiedad eficientes perjudica tanto a los formales como a los informales.

Como veremos en los capítulos siguientes, éstas son características comunes a toda la informalidad y revelan que vivimos en una sociedad costosa en la que las facilidades que provee el Derecho no están al alcance de todos los peruanos.

El hecho fundamental es que los migrantes del campo a la ciudad, convertidos ya en informales, han realizado a través del tiempo una larga marcha hacia la propiedad privada, avasallando a su paso al Estado y a la sociedad formal. Así, setenta años después y a pesar de todos los dispositivos legales promulgados desde 1915, en Lima se sigue urbanizando informalmente; pero ya no en San Isidro, Chacra Colorada, u Orrantia, sino a las orillas de los ríos, en los antiguos fundos, en los confines de la ciudad popular.

Capítulo III
El Comercio Informal

A medida que la ciudad fue llenándose de gente y su espacio urbano se fue informalizando, otras actividades económicas comenzaron a sufrir una evolución equivalente. Una de ellas fue el comercio, que empezó a ser realizado masivamente al margen y hasta en contra de las normas estatales nominalmente encargadas de regularlo. Surgió, así, el comercio informal que, en lo esencial, se desarrolla en las calles —bajo la denominación común de comercio ambulatorio— y en mercados construidos específicamente para salir de las mismas.

En el caso del comercio ambulatorio, la gente comenzó a invadir la vía pública, cuyo uso es de todos, para realizar sobre ella actos de disposición y utilizarla para su operación comercial sin tener licencias, dar facturas ni pagar impuestos, aunque en algunos casos ha estado favorecida por un régimen de excepción legal que, contra el pago de un derecho llamado "sisa", le hizo gozar de la tolerancia municipal.

En el caso de los mercados, en cambio, algunos ambulantes que ya se habían instalado en las calles, ante la inseguridad que suponía mantenerse en ellas, empezaron a edificar sus propios centros de abastos con prescindencia de las disposiciones legales sobre terrenos invadidos o sobre lotes legalmente saneados. Otros contrataron a empresarios formales para el efecto, o se convirtieron en clientes suyos, pero en cualquiera de estas dos eventualidades los mercados fueron levantados sin cumplir las regulaciones estatales.

En lo que se refiere al comercio ambulatorio propiamente dicho, el ILD descubrió al empezar sus estudios que nadie tenía una idea muy clara del número de vendedores involucrado. De un lado, existía un censo realizado por el Instituto Nacional de Estadística (INE) en 1976, que arrojaba una cifra de 58,284 ambulantes en los 29 distritos principales de la capital. Sin embargo, proyectar esos resultados casi una década después resultaba muy poco preciso. De otro lado, era una opinión corriente que existían entre doscientos y trescientos mil ambulantes, cifra que las autoridades elevaban —incluido el propio Alcalde Alfonso Barrantes— hasta cuatrocientos o quinientos mil.

Tantas opiniones discordantes persuadieron al ILD de la necesidad de constituir sus propias estadísticas. En enero de 1985 el ILD realizó un nuevo censo de ambulantes en la misma área trabajada por el INE en el 76, encontrando que sólo existían 84,327 ambulantes en la ciudad. Un año después, en enero de 1986, se volvió a repetir el ejercicio, hallando esta vez 91,455 vendedores ambulantes. De esta manera, mientras que entre 1976 y 1985 la tasa media anual de crecimiento fue de 4.6%, en el último año esa tasa se disparó al 8.5%.

Asimismo, el censo determinó que los ambulantes se encuentran principalmente en los barrios populares. Los 15 distritos considerados generalmente como de bajos ingresos albergan al 80% del total de ambulantes de la ciudad. Las mayores concentraciones se localizan en los distritos de Lima, con 21%, y San Martín de Porres y La Victoria, ambos con 11.5%. Las menores están en San Borja con 0.5%, y en San Isidro y La Molina con 0.1%, respectivamente.

El censo determinó también que los 91,455 ambulantes ocupan nada más que 79,020 puestos de venta en la vía pública. Esto significa que, si bien por lo general trabajan individualmente, existen ambulantes que lo hacen asociada o dependientemente, en un régimen también informal de relaciones.

Del mismo modo, el censo estableció que la actividad ambulatoria está claramente especializada. Del total de puestos existentes, el 59.5% se dedica a la venta de comestibles, el 17.5% a artículos de uso personal, el 13.7% a servicios y el 9.3% restante a artículos para el hogar y la oficina.

Finalmente, el censo reveló que el 90% de los ambulantes se encuentra dentro de los límites de edad que convencionalmente se conocen como Población Económicamente Activa (PEA) y que el 54% del total está constituido por mujeres.

Todos estos datos permitieron determinar que, como en el caso de los asentamientos informales, el aporte del comercio ambulatorio a la economía del país es considerable. De acuerdo con las estimaciones del ILD, unas 294,000 personas dependen directamente de él, entre empleados y familiares cuyo mantenimiento corre por cuenta de quienes se dedican a la actividad. Además, otras 20,000 personas dependen indirectamente, como trabajadores ocupados por los proveedores del comercio ambulatorio. Esto significa que por cada cuatro ambulantes que existen en las calles de la ciudad se genera un puesto de trabajo más entre sus proveedores. En total unas 314,000 personas dependen del comercio ambulatorio.

De otro lado, de acuerdo con un muestreo realizado en base al censo de 1985, el volumen de ventas brutas es cuantioso: 6.2 millones de dólares por semana, unos 322.2 millones de dólares al año. Por consiguiente, el valor de las ventas brutas mensuales por puesto fluctúa entre un máximo de 431 dólares, para uno de comestibles, y un mínimo de 155 dólares, para uno de servicios.

Estas ventas brutas le reportan a los ambulantes un ingreso considerable. Por cada 100 dólares de ventas, obtienen 18.30 de ganancia. Sin embargo, los ingresos netos varían de acuerdo con el giro: desde 74 dólares mensuales, en el caso de la venta de accesorios personales, hasta 48, en el caso de los servicios. Esto hace que los ingresos netos *per cápita* derivados de la actividad equivalgan a 58 dólares mensuales y sean, por lo tanto, 38% mayores que la remuneración mínima legal vigente a la fecha de la muestra.

El caso de los mercados informales tampoco era claro para el ILD cuando empezó sus investigaciones. Simple y llanamente eran desconocidos por las estadísticas oficiales y por los trabajos realizados hasta entonces por los especialistas en la materia, de manera que no existían puntos de referencia para derivar un estimado. No obstante, los ambulantes entrevistados insistían en la existencia e importancia de sus "proyectos" y ponían como ejemplo los "muchos" mercados levantados por sus colegas a través de los años. Esto obligó al ILD a determinar efectivamente cuántos eran esos centros de abastos y cuál era su peso relativo dentro del comercio informal.

Para el efecto, se recurrió a un exhaustivo trabajo de campo paralelo al censo de 1985, en el cual los investigadores descubrieron que existían en la capital 274 mercados informales frente a 57 construidos por el Estado. Si consideramos únicamente estos dos totales, ello significa que el 83% de los mercados pertenece a la informalidad(1).

Como en el caso de los ambulantes censados, el número de mercados informales es mayor en los asentamientos informales que en los residenciales. En los 9 distritos con mayor índice de informalidad en lo que a vivienda se refiere se ubica el 59% de los mercados; proporción que se eleva al 64% si se toma el número de puestos existentes dentro de los mercados.

A continuación, los investigadores del ILD llevaron a cabo una tasación de tales establecimientos, estimándose que el valor actual de esos mercados asciende a 40.9 millones de dólares, financiados principalmente con el aporte de los propios ambulantes, ansiosos por salir de las calles.

Posteriormente se realizó un trabajo más detallado con cada uno de los centros de abastos, pero sólo se pudo obtener datos de 239 de ellos. Así se logró determinar que en estos mercados trabajan 38,897 personas en 29,693 puestos.

---

1) Existe además en la capital un número indeterminado de centros comerciales edificados formalmente por el sector privado que alberga a un número también indeterminado de ex-ambulantes.

Ello significa que los ex-ambulantes que están fuera de la calle también mantienen a un número considerable de gente. El ILD estima que 125,000 personas dependen directamente de este segundo tipo de comerciantes informales.

Semejantes evidencias sirvieron también para determinar la importancia social del comercio informal, dado que unas 439,000 personas dependen de la actividad, sea ambulatoria o dentro de mercados.

Ahora bien, el hecho de que el comercio informal sea considerable, de que los ambulantes y sus mercados se ubiquen en casi todos los distritos de Lima, satisfagan especialmente las necesidades de distribución de alimentos entre los más pobres, proporcionen sustento y trabajo a un número considerable de personas e inclusive les hagan ganar un promedio 38% mayor que la remuneración mínima legal, significa que previamente tiene que haberse desmoronado la formalidad y fortalecido la informalidad hasta generar un sistema de relaciones comerciales capaz de soportar todo este desarrollo posterior.

Las páginas siguientes tratarán de esclarecer cómo se produjo tal proceso. Se examinará en primer lugar las distintas modalidades de comercio informal y los fenómenos a los que ha dado origen, tratando de establecer la normatividad extralegal prevaleciente y su lógica de funcionamiento. En segundo lugar, se explicará cómo se produjo la evolución histórica de la actividad con el propósito de poner en evidencia el paulatino avance de la informalidad. Y, en tercer lugar, se planteará una reflexión en torno a cómo el comercio ambulatorio es un largo camino hacia la empresa y la propiedad privadas, expresado en la aspiración de los comerciantes por levantar sus propios mercados.

1.0 MODALIDADES DE COMERCIO INFORMAL

Si bien este tipo de comercio tiene dos modalidades claramente definidas -el comercio ambulatorio y los mercados informales-, no se trata de compartimentos estancos, sino de distintas etapas de un mismo fenómeno, porque la persona que empieza de ambulante no lo hace con la idea de quedarse en las calles para siempre, sino con el propósito de trasladarse algún día hacia mercados fuera de la vía pública, para desarrollar el comercio en condiciones más favorables. Los comerciantes que hoy en día ocupan los mercados alguna vez estuvieron en la calle.

1.1 El Comercio Ambulatorio

Tradicionalmente el comercio ambulatorio ha sido considerado como la actividad informal por antonomasia. Sin embargo, no es más que una de las distintas manifestaciones del problema, que consiste en el desarrollo de actividades comerciales en la calle, al margen de las disposiciones legales.

El término "comercio ambulatorio" evoca dos actividades definidas: la del comerciante que deambula por la ciudad ofreciendo productos o servicios sin un lugar fijo donde establecerse, y la del comerciante que expende mercadería o presta servicios desde un puesto fijo en la vía pública.

Esta distinción no es reciente, pues ya en tiempos de la Colonia se les llamaba a los primeros "regatones", por su función minorista y su habilidad para negociar contratos y a los segundos "mercaderes de cajón", por sus emplazamientos de madera en la vía pública. En consecuencia, el término "comercio ambulatorio" resulta equívoco, dado que no todos los "ambulantes" deambulan; sin embargo, se trata de la denominación más difundida.

En ese sentido, podemos hablar de dos clases de comercio ambulatorio. La primera es la itinerante; la segunda, la que se ubica en un lugar fijo dentro de la vía pública. Por lo general son etapas dentro del comercio ambulatorio que los comerciantes van superando a lo largo del tiempo para poder trabajar con mayor seguridad.

1.1.1 Itinerante

Esta primera clase de comercio ambulatorio es la que desarrollan los que compran pequeñas cantidades de baratijas, golosinas o víveres no perecibles y deambulan por las calles tratando de venderlos entre las personas que encuentran a su paso. Carecen, pues, de una ubicación fija y operan a una escala bastante reducida. Sus rentas dependen enteramente de la habilidad con que se desplacen en busca de clientes, ya que éstos difícilmente irán a encontrarlos. A este nivel itinerante los ambulantes no están organizados, puesto que actúan individualmente y no tienen ubicación alguna que defender.

Este tipo de ambulante no posee mayor capital físico ni recibe mayormente crédito, de manera que tiene que asumir su propia financiación y trabajar por lo general al contado.

Al comenzar a laborar, este ambulante no sólo está prestando un servicio, sino también invirtiendo en su capital humano. Mientras deambula por las calles buscando clientes, observa qué productos se venden. Ve a otros ambulantes, aparentemente más prósperos, trabajando en carretillas en la misma ubicación cada día. Diversos proveedores le ofrecen productos a diferentes precios y condiciones. Aprende de amigos y familiares más experimentados e intercambia experiencias con otros que recién empiezan. De este modo, descubre que las calles son la escuela donde se aprende qué bienes son necesarios y qué valor tiene esa necesidad.

A medida que pasa el tiempo y va adquiriendo mayor conocimiento, el ambulante empieza a delinear también un itinerario para su movimiento diario en busca de clientes. Simultáneamente va reemplazando sus manos, o la pequeña caja que utilizaba para transportar sus productos, por una carretilla que le permite deambular más cómodamente, es más eficaz como medio de almacenamiento e incrementa la escala de sus operaciones.

La reiteración de un circuito de ventas hace que el ambulante empiece a identificarse con sus clientes y con otros vendedores que operan cerca suyo. Esta progresiva identificación genera una reputación que le permitirá no sólo ganar la confianza de sus clientes, sino también el crédito de sus proveedores.

A estas alturas un nuevo proceso va ocurriendo: como el ejercicio recurrente del comercio en las calles le permite reconocer ciertos lugares comercialmente más atractivos que otros, a partir de entonces el ambulante acaricia el anhelo de dejar de deambular para establecerse en un lugar fijo. Comprende las ventajas de estar ubicado en un espacio determinado, donde los clientes lo puedan encontrar, donde pueda almacenar y mostrar el mayor surtido posible de mercadería y, a la larga, ganar una reputación. Aspira a la estabilidad.

1.1.2 Lugar Fijo en la Vía Pública

Esta segunda clase de comercio ambulatorio supone que el comerciante previamente ha dejado de deambular, ha identificado un lugar y se ha instalado en él para desarrollar su actividad. Implica, por consiguiente, una invasión de las calles.

Como en el caso de los asentamientos informales, el ILD ha determinado que los ambulantes no invaden arbitraria ni casualmente, sino luego de un complejo cálculo económico.

Lo primero que hace un ambulante que trata de invadir un lugar fijo de la vía pública es valorizar la ubicación. Para el efecto, tiene que apreciar el número de clientes potenciales que lo podrían favorecer ahí diariamente, con el objeto de determinar la oportunidad de explotar la ubicación económicamente. De esta manera, la valoración que realiza el ambulante refleja las preferencias de los clientes potenciales para comprar más en ese lugar que en cualquier otro.

Ello le permite determinar, además, la magnitud en que el ingreso neto esperado excederá al salario que se haya asignado a sí mismo o a su ayudante, o la utilidad que haya acordado con su socio. Así, los ingresos resultantes reflejarán el precio que los clientes estarán dispuestos a pagar para adquirir mercaderías en la ubicación que él ha estado estudiando.

El ambulante evalúa también otros valores, como la resistencia que le puedan oponer los ambulantes que ya están en el emplazamiento, o los vecinos que puedan resultar perjudicados por el desarrollo de la actividad y las autoridades. En la primera eventualidad generalmente se hacen contactos previos que, cuando se percibe un grado particularmente alto de resistencia de los ambulantes ya instalados, pueden determinar que el ambulante invasor prefiera dirigirse hacia otra ubicación. En la segunda, el ILD no ha descubierto que se hagan mayores contactos, pues como se trata de invadir bienes públicos como calzadas o aceras sobre los que no hay intereses definidos, la posibilidad de reacción es más bien remota.

De la misma manera, el ambulante evalúa si es posible llegar a un arreglo para complementarse con otras personas que también desarrollan su actividad en las calles, especialmente con los transportistas, debido a que éstos producen grandes concentraciones de gente alrededor de las intersecciones de sus rutas, así como en sus paraderos iniciales o terminales. Los ambulantes ofrecen a los transportistas atender a sus pasajeros mientras esperan, e inclusive proporcionarles a ellos mismos otros servicios como la preparación de sus alimentos. Una vez producida la invasión y desarrollado el emplazamiento, estos contactos pueden convertirse inclusive en una férrea alianza de intereses para enfrentar a los vecinos afectados y a las autoridades, como de hecho ha sucedido en más de una oportunidad.

La Invasión de las Calles

Al invadir, el ambulante por lo general actúa individualmente. Además, no lo hace en un sólo momento, sino de a pocos, como tratando de confirmar sus propios cálculos y la posibilidad de que ocurran consecuencias imprevistas.

Por consiguiente, aquí no se da el contrato de invasión que el ILD encontró en la formación de asentamientos informales. Los ambulantes vecinos celebran, más bien, contratos de sociedad una vez invadida el área para crear organizaciones informales de autodefensa o promover la construcción de mercados a fin de salir de las calles. Así, aunque se le siga llamando "ambulante", el comerciante informal ha obtenido ya un lugar fijo en la vía pública. Su establecimiento —generalmente una carretilla— tiene ruedas, pero ya no deambula para vender. Esas ruedas sólo le sirven para trasladar sus mercaderías a un lugar seguro cuando finaliza su jornada.

Cuando el ambulante individual ocupa una ubicación permanente, inevitablemente se rodea de otros ambulantes. Si el sitio es nuevo, del éxito que tenga el ambulante original dependerá que otros lo imiten instalándose a su alrededor o en las cercanías. En caso contrario, si el sitio está ya ocupado por otros, su incorporación vendrá a consolidar la de los demás. Pero en ambas eventualidades se está formando la masa crítica indispensable para definir el emplazamiento. Juntos pueden reconocer que la seguridad, limpieza, calidad y variedad de los productos disponibles y la congestión de clientes afectan al flujo de compradores y que, en su conjunto, comparten un interés por maximizar ese flujo. De este modo, los ambulantes van desarrollando diferentes tipos de emplazamiento en la vía pública, que los investigadores del ILD han clasificado en "cinturones" y "paraditas".

Los cinturones se producen cuando los ambulantes se instalan en torno a mercados. Casos típicos son los formados alrededor del Mercado Central o del Mercado Cooperativo de Ciudad de Dios, los dos principales de la ciudad. En ellos se observa una tendencia a la supletoriedad de los ambulantes respecto de los mercados, tanto en materia de productos como en precios. Así, los giros que no son atendidos por el núcleo, son abastecidos por el cinturón. De la misma manera, cuando el control de precios ocasiona una escasez de productos en el núcleo, éstos se ofrecen en el cinturón a mayor precio, permitiendo que el suministro se mantenga. Inclusive en cinturones como el del Mercado Central la competencia informal ha desplazado a los compradores hacia afuera, a tal punto que muchos comerciantes sólo utilizan sus puestos como depósitos de productos y prefieren hacer sus transacciones en la vía pública. Esto ha producido una tendencia generalizada a informalizar las ventas, de manera que resulta difícil distinguir si es el mercado o el cinturón el verdadero núcleo principal.

El segundo tipo de emplazamiento son las "paraditas", concentraciones de ambulantes que, a diferencia de lo que sucede con los cinturones, constituyen por sí mismas el núcleo de la actividad comercial. En el censo de 1986, el ILD descubrió que existen 829 en toda la ciudad. Las "paraditas" adquieren un volumen y una complejidad que las convierten en centros de atracción autosuficientes, que abarcan las más distintas formas de comercio de bienes y servicios. Pueden ubicarse en la Lima tradicional, como el caso de Tacora o la avenida Aviación, o en los asentamientos informales. En este último caso, cubren todas las demandas básicas, ya que se trata por lo general de zonas desprovistas de otros centros de abastos.

Los Derechos Especiales de Dominio

Al observar el comportamiento de los ambulantes ubicados en lugares fijos en la vía pública y especialmente desde que empiezan a desarrollar emplazamientos, el ILD se percató de que, al igual que en los asentamientos informales, existía aquí una normatividad extralegal que se encargaba de ordenar y regular las actividades informales. Esto nos permitió reconocer que hay una relación particular entre el ambulante y el sitio que ocupa, toda vez que siempre es el mismo y puede ejecutar sobre él una serie de atributos. Sin embargo, esa relación no implica un derecho equivalente en el ordenamiento legal, porque recae sobre un pedazo de la calle que es de uso público. Por consiguiente, se trata de una relación informal que hemos bautizado como "derecho especial de dominio".

Su importancia reside en que, desde el punto de vista del ambulante y su clientela, permite el aprovechamiento económico de las vías públicas que, en circunstancias normales, sólo servirían para el tránsito, ornato o seguridad de la población. Del mismo modo, ayuda a incrementar la escala de la operación comercial y permite que los ambulantes puedan especializarse, puesto que el mayor espacio inherente a la ubicación fija es más eficaz como medio de almacenamiento de existencias. Adicionalmente, el solo hecho de estacionarse supone la voluntad de querer ser identificado y, por lo tanto, es una señal de seriedad. De esa manera, el desarrollo de un derecho sobre la misma ubicación hace que el ambulante pueda forjarse una reputación comercial entre compradores y proveedores mucho más fácilmente que si siguiera deambulando. A partir de ese momento, su reputación creciente también le permite conseguir crédito, mayormente informal, en base al cual está en posibilidad de mejorar un poco más las economías de su operación comercial(2).

Sin embargo, el derecho especial de dominio no es perfecto, debido a su carácter eminentemente transitorio y a su extralegalidad. Por ende, no se compara con la propiedad formal y es, inclusive, más endeble que el propio derecho expectaticio de propiedad existente en los asentamientos informales, sencillamente porque no puede crear la misma expectativa sobre bienes que, como aceras y calzadas, son de uso público.

En consecuencia, siempre pende sobre los ambulantes la amenaza de desalojo, especialmente cuando hay problemas de congestión de tráfico o presiones crecientes de los vecinos. En términos prácticos, esto imposibilita una inversión a largo plazo que mejore el lugar. Así, los ambulantes callejeros tienen que vender desde una carretilla y no desde un puesto edificado con material noble y

---

2) Aunque se trata de un criterio extralegal, la ubicación fija de los ambulantes es también aceptada por muchos comerciantes formalmente establecidos en sus transacciones con ellos.

dotado de suministro de agua, electricidad, refrigeración, almacén, espacio para exhibición o alguna de las otras características que facilitaría la oferta de un volumen regular de mercadería. La instalación de mejoras tales como baños, áreas de estacionamiento o jardines, resulta impracticable.

La imperfección del derecho especial de dominio también se refleja en la manera en que los ambulantes pueden usar exclusivamente y enajenar sus puestos en la vía pública. En lo que se refiere al primer atributo, el uso exclusivo del puesto está en función de un largo proceso en el que la repetida ubicación en el mismo sitio determina que ella devenga en permanente. De la misma manera, a medida que los ambulantes establecidos se multiplican, el uso exclusivo se refuerza, debido a que los lazos de vecindad e identidad entre ellos empiezan a garantizarlo efectivamente. En cualquier caso, el uso exclusivo hay que ganarlo permaneciendo en el lugar.

En algunos casos, este uso está limitado por un sistema espontáneo de turnos que organiza el aprovechamiento de cada puesto por diferentes personas según transcurre la jornada de trabajo. Así, no es extraño ver desfilar temprano por la mañana al vendedor de desayunos, que hacia las 9 ó 10 deja paso al juguero, que al mediodía cede el lugar al que vende almuerzos, que después de las 4 de la tarde da el sitio al emolientero, que más tarde lo desocupa para que pueda instalarse el chifa ambulante, que se queda hasta el fin del día.

La importancia económica de estos turnos reside en que permiten que el emplazamiento de ambulantes se comporte como un gran almacén comercial, maximizando las economías de diversificación de los vendedores que lo ocupan. En efecto, los ambulantes individualmente ofrecen una reducida gama de bienes y servicios; y es por eso que se reúnen en emplazamientos; así, lo que uno no oferte, lo ofertará el otro. Sin embargo, cuando este sistema no es satisfactorio, y para tratar de mejorarlo, los ambulantes establecen turnos, que intentan adaptar el emplazamiento a los diferentes consumos que existen durante el día y permiten aprovechar las 24 horas el valor comercial de la ubicación.

Por otro lado, en lo que se refiere a la enajenabilidad de los puestos, este segundo atributo está también limitado por la imperfección de los derechos especiales de dominio. El problema principal consiste en la falta de seguridades derivadas de vender un pedazo de vía pública a otro ambulante. La calle, en sentido estricto, le pertenece a la comunidad que nunca la va a ceder, de manera que la transacción versa, en realidad, sobre el derecho a explotarla económicamente. Por consiguiente, para asegurar esta operación no basta un documento escrito, sino que es indispensable que el interesado obtenga el reconocimiento de los demás ambulantes que ocupan el emplazamiento. De esta manera, el ILD ha podido comprobar que es usual que el vendedor del puesto presente al comprador a los otros ambulantes como su pariente, amigo o paisano.

La aparición de las organizaciones de ambulantes contribuye a consolidar ese proceso, pues desde entonces el reconocimiento que los ambulantes se dan entre sí es reemplazado por la pertenencia a la organización, y el paso del tiempo, por el pago de las cotizaciones y el acatamiento de sus acuerdos.

Todas estas acciones constituyen la normatividad extralegal que les permite a los ambulantes suplir la falta de derechos de propiedad legalmente reconocidos. Para comprobar el valor comercial de estos derechos sobre la vía pública, el ILD tomó en enero de 1985 una pequeña muestra entre diferentes emplazamientos ambulatorios significativos. De acuerdo con ella, el precio promedio del metro cuadrado de derecho especial de dominio sobre la vía pública es de 164 dólares. Así, un puesto promedio de 4.3 m2 se vende a un precio promedio de 705 dólares. Inclusive, los investigadores del ILD encontraron que, en los alrededores de la Plaza Dos de Mayo, algunos puestos de 3 m2 se vendían hasta en mil dólares.

El solo hecho de que un puesto en la calle tenga un precio es una evidencia de que el ambulante original anticipó correctamente que sus clientes valorarían el lugar por la conveniencia que presentaba para sus compras. De manera que cuando un ambulante lo adquiere, si bien no es ya el primero en valorizarlo, recibe a través del precio pagado la información necesaria acerca del valor que los clientes le reconocen al puesto.

Lo fundamental de todo esto es que tales operaciones sólo pueden realizarse en base a la normatividad extralegal desarrollada por los propios ambulantes. Sin embargo, también es claro que esa normatividad, que se contrapone abiertamente al Derecho formal, no es suficiente para darle a la actividad toda la seguridad que necesita. De ahí que los ambulantes traten de conseguir alguna forma de reconocimiento adicional de las autoridades que garantice aún más sus derechos especiales de dominio. La más importante de ellas ha sido el pago de un impuesto denominado "sisa"(3) a las autoridades municipales. En 1985, con la excepción de los distritos de El Cercado, La Molina y San Isidro, todos los demás cobraban este impuesto, en el entendido de que no confería derecho alguno sobre las pistas y aceras ocupadas sino tan sólo una licencia para

---

3) La sisa o "assise" es un tipo de impuesto de origen francés que gravaba los géneros de consumo en la Edad Media. Su referencia legal más antigua en la era republicana se encuentra en la Ley Orgánica de Municipalidades de 1892, pero nadie sabe cómo de ser un impuesto sobre el ganado vacuno, lanar y caprino pasó a cobrarse a los ambulantes por ocupación de la vía pública con fines comerciales.

ejercer el comercio sobre ellas y dentro de la jurisdicción municipal. No obstante, lo que sucede es todo lo contrario, ya que ahí donde se cobra sisa, se otorga a los ambulantes un elemento valiosísimo de seguridad y estabilidad para sus derechos especiales de dominio. Por ello se interesan tanto por pagarla y exhiben los recibos de abono en el entendido de que se trata de un reconocimiento de sus derechos, lo cual es curiosamente aceptado por los vecinos y aun por las autoridades.

También las autoridades se interesan ávidamente en la sisa porque los ambulantes pagan más por el metro cuadrado ocupado que los comerciantes formalmente establecidos.

En febrero de 1985, por ejemplo, las tarifas de la sisa oscilaban entre 10 céntimos y 2 intis diarios, siendo en su mayoría 50 céntimos. En el caso concreto de San Juan de Miraflores, distrito conformado totalmente por asentamientos informales, los ambulantes pagaban como promedio anual entre 46.80 y 15.60 intis por metro cuadrado. En ese mismo año, las tiendas formalmente establecidas en el distrito sólo pagaban anualmente 7.86 intis por similar concepto, de manera que los ambulantes resultaban pagando, en realidad, entre 98% y 495% más por metro cuadrado que los comerciantes formales.

El ingreso por concepto de sisa no es, pues, nada despreciable para las municipalidades y constituye, como el ILD calcula, una de sus principales rentas. En 1984, en términos agregados, era 70% mayor que la recaudación por concepto de Licencia Municipal de Funcionamiento cobrada entre los comerciantes formales y equivalía inclusive al 29% del monto recaudado por el Impuesto al Valor del Patrimonio Predial cobrado no sólo entre comerciantes, sino también entre industriales, financistas y propietarios formales en general.

La sisa es, así, el medio predilecto para consolidar derechos especiales de dominio porque beneficia por igual a ambulantes y municipios. Los primeros la pagan porque de esa manera obtienen estabilidad y seguridad en alguna medida; los segundos la cobran porque reciben un ingreso por metro cuadrado mayor que el que obtendrían si esos mismos ambulantes estuvieran formalmente establecidos.

Estas evidencias sugieren una reflexión adicional. La sisa no sólo tiene importancia en cuanto mecanismo para afiatar derechos especiales de dominio, sino que podría contribuir a explicar por qué los municipios distritales, empobrecidos por la concentración de los impuestos en manos del gobierno central, han tenido que ceder frente al avance informal.

Las Organizaciones de Autodefensa

A medida que los ambulantes comienzan a advertir que han ido constituyendo emplazamientos económicamente valiosos, crecen sus estímulos para organizarse a fin de tratar de preservarlos, puesto que sus derechos especiales de dominio no les proporcionan ya la seguridad suficiente.

De esta manera surgen organizaciones de autodefensa, básicamente democráticas y constituidas con el objetivo principal de proteger la ocupación territorial de nuevas invasiones, de la resistencia de los vecinos perjudicados y de la represión de las autoridades. Llegado el momento, están dispuestas a oponerse hasta por la fuerza a cualquier agresión, pero han desarrollado la capacidad de anticiparse a los enfrentamientos negociando políticamente.

Inclusive pueden llegar a utilizar a la Guardia Civil o a la Policía Municipal para defender sus emplazamientos de nuevas invasiones. Se considera que el primero en utilizar estos medios para defender los derechos especiales de dominio fue Luis Paredes Pinillos, dirigente de la Plaza Dos de Mayo y uno de los más importantes líderes de los ambulantes. Anecdóticamente, se refiere que cuando Paredes utilizó por primera vez este recurso, resultó él mismo afectado: al proceder la policía a desalojar a los ambulantes invasores, un error en el sistema de señales convenido hizo que los guardias desalojaran y golpearan a Paredes. De ahí que sus compañeros decidieran bautizarlo con el sobrenombre de "Guillotín", porque, como el inventor de la guillotina, sufrió las consecuencias de su propia iniciativa.

Asimismo, el hecho de que el emplazamiento sea ya económicamente valioso obliga a que estas organizaciones traten de cuidar el orden y adopten medidas para mejorar la limpieza, aumentando su reputación de lugar digno de confianza respecto de la calidad de los bienes y servicios que oferta. Esto en algunos casos los lleva a desarrollar ciertas formas de solución de conflictos entre los comerciantes informales e inclusive a organizar o supervigilar el sistema de turnos que permite una mayor diversificación del emplazamiento.

Con el correr del tiempo han venido a sumarse a las tradicionales funciones de autodefensa de estas organizaciones otras tareas, a medida que las autoridades estatales han ido prestando una mayor atención al problema e, inclusive, manifestando su disposición a dialogar o aun a cooptar a los dirigentes. Así, han tratado de movilizar a los ambulantes para demostrar que tienen respaldo político, han organizado jornadas de limpieza masiva en concordancia con los deseos de los alcaldes, han participado en ferias populares y hasta se han integrado a movimientos o partidos políticos.

Sin embargo, estas organizaciones de autodefensa, inclusive en los casos de mayor sofisticación, tienen poca cohesión interna. El ILD ha podido observar que la mayor o menor participación activa de los ambulantes en ellas es directamente proporcional al riesgo que corran sus derechos especiales de dominio, de manera que responden preferentemente a los beneficios que de modo individual pueden conseguir, antes que a los beneficios supuestamente colectivos que los dirigentes les ofrecen.

De ahí que, por regla general, los ambulantes individualmente tratados prefieran desconocer a sus organizaciones cuando ello les permite obtener alguna ventaja. Del mismo modo, su lealtad hacia los dirigentes parece ser bastante pragmática. Como su preocupación principal es conseguir una mayor seguridad para sus derechos especiales de dominio, los ambulantes seleccionan a sus dirigentes teniendo en consideración sus contactos políticos y burocráticos. Así, apenas los pierden, y sube al poder una nueva autoridad, no tienen ningún reparo en reemplazarlos por otros que sean capaces de proporcionarles la seguridad que necesitan.

En lo esencial, estas organizaciones se constituyen a dos niveles. El primero es el sindical o asociativo y el segundo, el federativo.

En el primer nivel la organización es de pequeña escala. Reúne por lo general a los ambulantes de una cuadra o, a lo sumo, a los de una vecindad, y da lugar a entidades fundamentalmente democráticas que adoptan la denominación de asociaciones o sindicatos(4). Así, las decisiones se toman en asambleas y un cuerpo ejecutivo especialmente elegido para ese efecto se encarga de ponerlas en práctica.

Sin embargo, como su objetivo es la defensa del territorio y la definición de los derechos especiales de dominio, no tienen una vida institucional constante y su vigencia es más bien intermitente. Dado que las agresiones —provengan éstas del Estado, comerciantes formales u otros ambulantes—ocurren en lugares específicos, sólo los ambulantes afincados en ellos tienen estímulos para organizarse. En ese sentido puede decirse que no existe organización sin función que desempeñar.

Al igual que el derecho especial de dominio, estas organizaciones tienen también limitaciones. La principal es la falta de coerción, que impide que lo dirigentes puedan obligar a los ambulan-

4) El uso del término "sindicato" por los informales, a pesar de que sus gremios reúnen más bien a pequeños empresarios, responde al hecho de que las organizaciones de empresarios formales tradicionalmente los han combatido, mientras que los partidos de izquierda han acogido sus demandas y las han convertido en banderas de lucha. Como resultado de esto, se ha producido una "proletarización" de la nomenclatura de sus organizaciones y la afiliación de sus dirigentes a esos partidos.

tes rebeldes a cumplir con las cotizaciones para construir instalaciones sanitarias, almacenes u otras facilidades. Esta imposibilidad les hace difícil mejorar las condiciones de sus emplazamientos y reducir los efectos nocivos que ocasionan sobre terceras personas. Además, cuando los ambulantes han manifestado su interés por salir de las calles hacia sus propios mercados, esta falta de coerción les impide a las organizaciones recaudar los fondos necesarios entre los comerciantes que incumplen con sus aportes.

En lo que respecta al nivel federativo, la organización abarca, por lo general, más de un vecindario y tiene, por lo tanto, una escala de funcionamiento mayor que el nivel sindical o asociativo, aunque en ningún caso es numéricamente cuantiosa. Esto le resta fuerza y la hace responder, como las del nivel sindical o asociativo, básicamente a las agresiones o invitaciones de las autoridades estatales, antes que tener una vida institucional permanente y propia. De ahí que, a pesar de las ambiciones de algunos dirigentes, no logren intervenir en las actividades comerciales de sus afiliados y tengan que limitarse, en lo fundamental, a vincular las organizaciones del nivel vecinal o de cuadra, a fin de coordinar las diferentes reacciones defensivas de los ambulantes frente a estímulos externos. Para el efecto, identifican problemas comunes, resisten a la autoridad y negocian con ella.

Históricamente son dos las organizaciones que han alcanzado importancia en la capital: la Federación de Vendedores Ambulantes del Mercado Central y Calles Adyacentes (FEVACEL) y la Federación de Vendedores Ambulantes de Lima y Callao (FEDEVAL). Ambas representan dos tendencias claramente definidas. La primera es gremialista y políticamente independiente; la segunda, a nivel dirigencial, tiene una filiación marxista. Ambas han desempeñado un papel de importancia en la evolución histórica del comercio informal.

1.2 Los Mercados Informales

La segunda modalidad de comercio informal es la que se desarrolla desde mercados construidos informalmente por o para ambulantes que desean abandonar las calles.

En lo fundamental, los ambulantes tratan de dejar la vía pública porque ésta les impone una serie de limitaciones. En la calle, los derechos especiales de dominio, a pesar de todo, no ofrecen seguridad suficiente para estimular una inversión a largo plazo que mejore la función minorista de los ambulantes porque en esos lugares no es posible suscitar expectativas racionales de propiedad.

Asimismo, los ambulantes tienen una productividad muy baja, debido a que la diversificación de bienes y servicios ofrecidos por cada uno es extremadamente reducida.

Los ambulantes están limitados, pues, por todos los inconvenientes que se desprenden de su carácter informal. Rara vez dan crédito y no brindan reparaciones ni garantías. Tampoco tienen instalaciones especiales para probar los productos ni están en condiciones de proporcionar una información espècializada a sus clientes. Todo esto los excluye de comerciar productos sofisticados, en los cuales los servicios conexos sean importantes para el cliente. Además, enfrentan problemas derivados de la falta de almacenes acondicionados y sistemas de seguridad.

Todas estas limitaciones hacen que los ambulantes tengan un estímulo muy fuerte para salir de las calles y reemplazar la carretilla por el mercado, en busca de derechos de propiedad más seguros que los especiales de dominio.

1.2.1 Mercados y Campos Feriales

Como adelantamos, el ILD comprobó que en la capital existen 274 mercados informales. De ellos, el 63% ha sido edificado por los ambulantes mismos a través de sus organizaciones y el 28% por empresas formalmente establecidas por encargo de los informales o para ser vendidos a ellos; sobre el 9% restante no se tiene información. En general, se trata básicamente de establecimientos fuera de la vía pública, edificados con material noble, debidamente equipados con cámaras frigoríficas, almacenes, puestos individuales y servicios higiénicos.

De acuerdo con la información recabada, la mayor concentración de esos mercados se encuentra en San Juan de Lurigancho, con el 17.2% del total. Lima, Comas y San Martín de Porres siguen en el orden de importancia con 11.3%, 9.2% y 8.4%, respectivamente. Al final de la tabla van Magdalena del Mar, Miraflores y San Borja con sólo uno y San Isidro, Jesús María y La Molina, que no tienen ninguno.

Esa proporción se mantiene si se examina el número de puestos. Así, los distritos que ocupan los cuatro primeros lugares son San Juan de Lurigancho con el 16.3%, Comas con el 11.9%, San Juan de Miraflores con el 8.8% y San Martín de Porres con el 8.5% del total.

Todo ello acredita que los mercados informales se encuentran básicamente al servicio de las clases menos acomodadas, toda vez que más de la mitad de los mercados existentes -152 exactamente- se hallan en asentamientos informales.

No obstante, a través del gobierno central o los municipios, el Estado ha tratado también de terciar en este proceso, aunque infructuosamente. Frente a los 274 mercados informales, sólo ha podido edificar 57. Lo cual significa que el Estado únicamente ha podido construir un mercado por cada cinco que han edificado los informales. Si tomamos sólo los últimos 20 años (1965-85), la proporción es todavía más abrumadora: por cada mercado construido por el Estado, se levantaron 12 mercados informales.

Desde el punto de vista de las clases más necesitadas, los mercados informales se encuentran mejor distribuidos que los del Estado: 36% en la Lima "formal", 28% en el Cono Norte(5), 20% en el Cono Este(6) y 16% en el Cono Sur(7), mientras que el 86% de los mercados estatales están en la Lima "formal", el 9% en el Cono Norte, sólo el 5% en el Cono Este y ninguno en el Cono Sur.

En vista de las limitaciones del Estado para construir mercados, desde 1981 los municipios han comenzado a habilitar campos feriales como otra manera de reubicar a los ambulantes fuera de la vía pública. De esta forma, han habilitado los campos feriales de "Polvos Azules", "Amazonas", "Miguel Grau", "Virgen de Lourdes", "Plaza Gastañeta", "Polvos Rosados", "Naranjal" y "Las Malvinas".

En este caso, sin embargo, no se trata de construcciones debidamente equipadas, sino de precarios "mercadillos" construidos con madera y estera sobre la misma calle. Además, a diferencia de lo que sucede en lo mercados, en estos campos feriales el Estado ha tratado de inmiscuirse directamente en la actividad empresarial de los comerciantes, a través de una serie de restricciones en el uso y traspaso de los puestos. No obstante lo cual estas operaciones han continuado realizándose a espaldas de las autoridades.

En realidad, la importancia de los campos feriales es pequeña dentro de la totalidad del comercio informal, a pesar del interés político que han tenido las autoridades al auspiciarlos. Frente a los 38,897 ex-ambulantes ubicados en mercados informales, estos campos alojan solamente a 7,150 ambulantes.

Si tomamos en consideración el valor de los mercados informales respecto de la inversión efectuada en los campos feriales, la comparación favorece a los mercados: frente a los 40.9 millones de dólares en infraestructura de los mercados informales, los municipios han invertido en los campos feriales solamente 85 mil dólares. Aun si consideramos el aporte de los ambulantes en el mejoramiento de sus puestos dentro de los campos feriales, que asciende a 405,000 dólares, la diferencia es abismal.

1.2.2 Organizaciones de Promoción

Al desarrollo del comercio informal fuera de la vía pública corresponde el de otras formas de organización de los propios ambu-

5) Conjunto de asentamientos informales constituido por los distritos de San Martín de Porres, Independencia, Comas, Carabayllo y Puente Piedra.

6) Conjunto de asentamientos informales constituido por los distritos de San Juan de Lurigancho y Ate.

7) Conjunto de asentamientos informales constituido por los distritos de San Juan de Miraflores, Villa María del Triunfo y Villa El Salvador.

lantes, dirigidas ya no tanto a la defensa de sus derechos como a la promoción de sus intereses.

Para el efecto, se reúnen varias organizaciones de cuadra o vecindario y conforman asociaciones o cooperativas cuyo objetivo es recabar fondos suficientes y proceder a la construcción de mercados. En tal sentido, tienen un carácter financiero y de gestión claramente definido que no existe cuando la preocupación principal reside en defenderse de las autoridades o negociar con ellas. Además, en estos casos la vida institucional es más constante que en las organizaciones de defensa, se mantiene el marco fundamentalmente democrático y se agrupa a un número mayor de afiliados.

Las organizaciones de promoción sólo tienen por cometido promover la edificación del mercado y no tienen injerencia en la actividad propiamente comercial de cada uno de sus afiliados. Como en el caso de los asentamientos informales, el uso de la cooperativa con estos propósitos es el más difundido, puesto que desde los años 60 y especialmente durante el Gobierno Revolucionario de la Fuerza Armada (1968-1980) el Estado y los políticos en general le han dado un tratamiento especial que los informales han aprovechado para ocultarse y protegerse de las autoridades, desarrollando dentro de los mercados su actividad comercial informalmente.

Ahora bien, en su cometido de edificar mercados, las organizaciones de promoción han tenido que enfrentar numerosas dificultades. Primeramente, por el tipo de derechos de propiedad adquiridos. Si el mercado se iba a ubicar en un predio dentro del casco tradicional, no ha existido mayor problema, puesto que el terreno se adquiría legalmente saneado. Sin embargo, si el terreno estaba ubicado dentro de un asentamiento informal, entonces los ambulantes han obtenido tan sólo un derecho expectaticio de propiedad, equivalente al que disfrutan los demás vecinos en estas áreas. El solo hecho de que los ambulantes hayan edificado la mayor parte de los mercados precisamente en los asentamientos informales, significa que han tenido que agregar a sus propios problemas los costos de adquirir informalmente la propiedad.

La dificultad para obtener el crédito necesario para edificar ha sido también otro problema. La incertidumbre de la titulación resta valor al terreno como garantía para el préstamo necesario. Adicionalmente, la rigidez y la falta de acceso a los mercados de capitales aumentan aún más estos costos. Esto ha obligado a los ambulantes a construir sólo en la medida en que las aportaciones de los socios lo permiten, no habiendo sido pocos los casos en que las obras se paralizan completamente por falta de financiación.

Además, han tenido dificultades en su propia organización. Por tratarse de una actividad privada e informal, carente por tanto de capacidad de coacción, han tenido problemas para hacer que los ambulantes colaboren efectivamente. Los aportes no se han cumplido con puntualidad y ha existido una dilación considerable en la toma de decisiones. Estas dificultades han sido todavía más graves entre los ambulantes agrupados en cooperativas, porque, al no estar las diferencias de los aportes reflejadas en la gestión y administración de las mismas, los socios han perdido interés en contribuir más, ya que no se les reconoce la propiedad sobre el excedente. Esto ha provocado numerosos conflictos con dirigencias enjuiciadas, tomas de locales, tumultos y otros actos de fuerza que se han sucedido continuamente.

Otro problema que enfrentan las organizaciones de promoción es el cumplimiento de los requisitos legales para la construcción de mercados que, como veremos en el capítulo sobre "Los Costos y la Importacia del Derecho", es el obstáculo fundamental para que los ambulantes puedan acceder al comercio formalmente establecido.

Adicionalmente, estas organizaciones han tenido que invertir una ingente cantidad de recursos para tratar de defender al nuevo mercado frente a las subsecuentes invasiones de otros ambulantes que no participaron en la operación.

Todas estas dificultades han representado costos enormes para los ambulantes decididos a salir de las calles. Un estudio empírico realizado por el ILD en base a la historia de cinco de esos mercados(8) revela que, como resultado de tales costos, los ambulantes han tenido que esperar un promedio de 17 años antes de poder ocuparlos efectivamente.

2.0 EVOLUCION HISTORICA

La evolución histórica del comercio informal, al igual que la de la vivienda, está llena de vaivenes, movimientos de masas, juegos de intereses, conflictos y hasta enfrentamientos violentos.

En el presente subcapítulo organizaremos nuevamente la narración en trece diferentes hitos históricos, cada uno de los cuales describirá el progresivo avance de los informales sobre la sociedad formal o el correlativo retroceso de ésta.

2.1 Reconocimiento Costumbrista

El primer espacio para el avance de la informalidad en el comercio lo concedieron los formales mismos al conferirle a la actividad ambulatoria un reconocimiento costumbrista como parte de la identidad cultural de la ciudad a través de los siglos.

---

8) Libertad, en San Miguel; Colonial, en el Cercado; Miguel Grau, en Independencia; APECOLIC, en Comas; y Ciudad de Dios, en San Juan de Miraflores.

El comercio informal tiene en nuestro país una larga historia. La ciudad andina, la colonial y luego la metrópoli republicana han visto deambular o estacionarse en sus calles a una pléyade de estos comerciantes. Desde las órdenes del Inca Túpac Yupanqui -que según el cronista Miguel Cabello de Valboa, mandó "pregonar por todo su ymperio que el que quisiese ser mercader pudiese libremente andar por toda la tierra sin que persona alguna les fuesse molesto so graves penas..."(9)- hasta la primera prohibición colonial contra los ambulantes dictada en 1594 por el Virrey García Hurtado de Mendoza, Marqués de Cañete, y las relaciones de viajeros del siglo pasado, nuestra historia está repleta de evidencias de un comercio desarrollado al margen de la ley y paralelamente al crecimiento de la ciudad.

En un principio los ambulantes fueron los propios españoles y criollos empobrecidos, generalmente soldados de escaso botín o marineros sin fortuna. Su condición racial los hizo, por consiguiente, objeto de una tolerancia especial por parte de las autoridades virreynales, fuertemente dominadas por el espíritu de casta. Posteriormente aprovecharon del espacio abierto por esa tolerancia otros grupos raciales, como mestizos, negros y mulatos, y en el siglo XVII vinieron a sumarse los indios.

Esta situación definió una actitud de las autoridades coloniales frente a los ambulantes que oscilaba entre la permisión y la represión, y que ha continuado a lo largo de los siglos. La permisión adoptó básicamente la forma de cobro de sisa por ocupación de la vía pública que, con pocas interrupciones, ha venido haciéndose efectivo desde 1553, en que una Cédula del Rey de España reconoció a la ciudad de Lima las rentas sobre el comercio ambulatorio. Esta actitud permisiva alcanzó su máximo esplendor durante la colonia, cuando en 1778 el Visitador Areche reconoció a los ambulantes como uno de los gremios de Lima, junto con los cargadores, tenderos y corredores(10).

La represión, por su parte, fue también frecuente. Durante la colonia, los ambulantes fueron expulsados o prohibidos por lo menos en 1557, 1560, 1580, 1594, 1603, 1614, 1617, 1620, 1622, 1630, 1639, 1670, 1671, 1673, 1690, 1770, 1796, 1798, 1800 y 1804. Lo mismo sucedió durante la república. En 1850 el Presidente Ramón Castilla ordenó que los ambulantes desalojaran la Plaza de Armas, si era necesa-

9) Cabello de Valboa, Miguel: "Miscelánea Antártica". Universidad Nacional Mayor de San Marcos. Instituto de Etnología. Lima. 1951. Pg. 349.

10) Archivo General de Indias: Junta del 7 de diciembre de 1778 y Archivo General de la Nación Cabildo-Gremios Nº 3. En Iwasaki, Fernando: "Ambulantes y Comercio Colonial. Iniciativas Mercantiles en el Virreynato Peruano". Jahrbuch für Geschichte von Staat: Wirtschaft und Geseltschaft Lateinamerikas Nº 24. Köln. República Federal de Alemania.

rio por acción de la fuerza. Durante la Guerra con Chile, las fuerzas de ocupación de Lima dirigidas por Patricio Lynch se desesperaron tratando de controlarlos mediante multas y drásticas sanciones. Posteriormente, a partir de 1884, la Municipalidad multiplicó las ordenanzas en su contra.

No obstante, durante esa primera centuria de vida republicana los ambulantes fueron ganando también un reconocimiento como personajes de la ciudad. Pintores de la época como Pancho Fierro, escritores como Ricardo Palma o Manuel Asencio Segura y aun fotógrafos como Eugene Courret, los convirtieron en motivos de sus creaciones. Inclusive, Manuel Atanasio Fuentes llegó a escribir que uno de ellos -"Ña Aguedita"- era "más celebre por sus frescos y mazamorras que el inventor del telégrafo eléctrico"(11).

La vieja sociedad limeña aceptaba el comercio informal como una manifestación costumbrista, parte de su identidad cultural, sin preocuparse mayormente de que en un futuro pudiera constituir una amenaza para el comercio formal y transfigurar el rostro de la ciudad, pues en ese momento los ambulantes eran poco numerosos.

Como en el caso de los asentamientos informales, esta aceptación permitió que la gente que llegaba a la ciudad con los movimientos migratorios pudiera identificar al comercio ambulatorio como uno de los resquicios del sistema por donde podía empezar a filtrarse.

2.2 Reconocimiento por Reglamentación Municipal

El segundo avance informal ocurrió cuando los ambulantes lograron sumar al reconocimiento costumbrista el de las municipalidades, implícito en la aprobación de reglamentos detallados sobre su actividad.

Hasta ese momento las disposiciones legales habían sido más bien puntuales y no pretendían regular la manera misma como tenía que realizarse la actividad. Sin embargo, el 14 de setiembre de 1915 se promulgó una ordenanza que puede ser considerada como el primer reglamento propiamente dicho sobre el particular, porque además de establecer la necesidad de pagar una licencia y de empadronarse, intentaba inmiscuirse en el desarrollo mismo de la actividad, prohibiendo el expendio de comidas, diseñando carretillas y estructuras portantes y estableciendo un control sanitario.

No obstante, la ordenanza no reconocía a los ambulantes derecho alguno sobre la vía pública. Al definir lo que el Concejo entendía por vendedor ambulante, estableció que era aquél que transi-

11) Fuentes, Manuel Atanasio: "Lima, Apuntes Históricos, Descriptivos y de Costumbres". Lima. 1925. Pg. 140. En Iwasaki, Fernando: Ob. Cit.

taba por las calles sin que sus paradas duraran más del tiempo necesario para efectuar una venta. Lo que quiere decir que ya por entonces había cierta tendencia a afincarse en la vía pública y desarrollar sobre ella derechos especiales de dominio.

En realidad, el resultado de la ordenanza fue precisamente el inverso al que esperaban las autoridades, puesto que la sola promulgación de un reglamento que trataba de normar la actividad de los ambulantes, implicaba que las autoridades les reconocían un espacio dentro de la normatividad legal. Por ende, el número de ambulantes aumentó, y también su decisión de dejar de deambular para ganar derechos especiales de dominio sobre la vía pública. Esto hizo que, en enero de 1916, el Concejo aprobara una nueva ordenanza que no hacía nada más que reiterar casi textualmente lo dispuesto el año anterior y establecer las sanciones pecuniarias para los infractores.

2.3 Bases para los Derechos Especiales de Dominio

En el tercer avance los ambulantes lograron desarrollar gradualmente y con mucha renuencia por parte del Estado derechos especiales de dominio, luego de un proceso de casi tres décadas. A medida que su número fue creciendo y su actividad fue haciéndose más compleja, comenzó a ser inevitable que los ambulantes desarrollaran un persistente ánimo de permanencia sobre diferentes emplazamientos en la vía pública.

Por su parte, el Estado no tuvo siempre la misma actitud frente a tal desarrollo. Además de que las disposiciones del 15 y el 16 establecían que los vendedores debían, precisamente, deambular sin detenerse más que para realizar una venta, las autoridades utilizaban el cobro de sisa para controlar el estacionamiento de los ambulantes y eventualmente evitar que se afincaran elevando desmesuradamente su tarifa(12).

No obstante, este sistema sólo podía mantenerse frente a un número limitado y estable de ambulantes. De ahí que, apenas éstos se multiplicaron, el gobierno central tratara de intervenir limitando su crecimiento y decidiera suspender el cobro de sisa con el propósito de evitar que los ambulantes ganasen derechos sobre la vía pública(13). Sin embargo, tal decisión privó al Municipio de una

---

12) En la primera década del siglo se cobraba a los ambulantes que deambularan 50 centavos diarios por concepto de sisa y a los que se instalaran en la vía pública construyendo quioscos, la enorme suma de 5 soles diarios por cada metro cuadrado ocupado. En Iwasaki, Fernando: Ibídem.

13) Resolución Legislativa 556 del Congreso Regional del Centro, R.S. del 5 de febrero de 1927 y D.S. del 17 de julio de 1936.

renta valiosa, a tal punto que decidió seguir cobrándola, pero ilegalmente(14).

Con ello la Comuna reforzó la acción de los ambulantes que comenzaron a concentrarse en diferentes zonas de la ciudad, caracterizadas a partir de entonces por su integración comercial, obligando a que a la postre el propio gobierno central cediera(15). De esta manera, entre marchas y contramarchas, el Estado terminó aceptando siempre el cobro de sisa por ocupación de la vía pública. Tiempo después, inclusive, existió un proyecto de Ley de Municipalidades que no prosperó, presentado en 1946 por la célula parlamentaria aprista en el Senado, y que pretendía establecer que la sisa cobrada a los ambulantes fuera una renta municipal permanente(16). Fue sólo el 11 de diciembre de 1947 que esta decisión tomó cuerpo, al aprobar el Concejo una nueva ordenanza que permitía que los ambulantes se estacionaran transitoriamente en lugares que no afectaran la circulación o compitieran con comerciantes formales dedicados al mismo giro.

2.4 Competencia con el Comercio Formal

El cuarto avance lo constituye el paso del comercio ambulatorio de carácter costumbrista, dedicado básicamente a expender comida criolla y refrescos o bebidas calientes, al de productos y servicios que compitieran abiertamente con los establecimientos formalmente constituidos.

Durante la primera década del siglo, la Municipalidad se había enfrentado básicamente con vendedores de alimentos preparados, estableciendo infructuosamente prohibiciones y penas en su contra o, posteriormente, intentando regularlos. Sin embargo, los ambulantes empezaron a encadenarse económicamente con otras actividades que se realizaban en la ciudad. Fue de esta manera que cada vez más ambulantes dejaron de ser los buhoneros de antaño para convertirse en distribuidores minoristas de contrabandistas o industriales formales e informales. Así, a la chichera, el aguatero y la verdulera, vinieron a sumarse el vendedor de ropa, el de perfumes y cosméticos y aun el gasfitero ambulante.

El incremento de la competencia del comercio ambulatorio motivó la creciente preocupación de los empresarios formales, quienes movilizaron al Estado en su contra.

Fue así que el gobierno de Augusto B. Leguía dispuso que los ambulantes estaban obligados a inscribirse en la matrícula de pa-

14) Ordenanza del 29 de setiembre de 1936.

15) R.S. del 15 de noviembre de 1944.

16) Firmaban la propuesta, Manuel Seoane, Alcides Spelucín, Ramiro Prialé y Edmundo Haya de la Torre, entre otros. Art. 139, Inc. 6, numeral 11.

tente o contribución industrial, a declarar su capital de trabajo y domicilio, exhibir pruebas documentales como pólizas de despacho o facturas para comprobar la procedencia de sus mercaderías, y hasta a presentar inventarios actualizados de sus existencias(17).

La prueba de que ninguna de estas disposiciones pudo evitar que la actividad informal continuase compitiendo con el comercio formal es que, 9 años después de tal disposición, el gobierno terminó proscribiendo toda forma de comercio ambulatorio que no consistiera en la venta de comestibles y baratijas(18). La iniciativa no tuvo ningún éxito y los ambulantes siguieron comerciando con productos o prestando servicios con un mayor valor agregado que les permitiesen incrementar sus ingresos.

2.5 *Surgimiento de los Primeros Mercados Informales*

La construcción de los primeros mercados informales en la capital representó un retroceso definitivo de la autoridad edil en su pretensión de enfrentar el problema de los ambulantes que todavía permanecían en las calles.

El reconocimiento ganado para sus derechos especiales de dominio les permitió a los ambulantes incrementar su volumen de ventas, conseguir créditos de sus proveedores, organizarse y ahorrar con miras a salir de la vía pública hacia mercados especialmente construidos. Así, en 1950 se construyeron los 2 primeros que representaron, en realidad, una pequeña minoría, ya que por cada mercado informal existían entonces 8 mercados estatales.

Paralelamente, el Estado continuó perdiendo autoridad en las calles a tal punto que se vió obligado a publicar avisos en los diarios de mayor circulación haciendo "recordar" a los ambulantes la existencia de disposiciones que regulaban su actividad.

Pero el desacato continuó y para revertir esta tendencia fue necesario descartar la actitud asumida desde 1936 y retornar a una política regulatoria del problema en su conjunto. Así, el 24 de noviembre de 1959 el Concejo encabezado por el Alcalde Héctor García Ribeyro aprobó una nueva ordenanza que habría de tener por lo menos una vigencia formal hasta 1981.

En principio esta ordenanza pareció hacer retroceder el terreno ganado por los ambulantes, puesto que consideraba como tales a los que utilizando medios livianos de transporte, comerciaran por los lugares permitidos de la ciudad, sin poder estacionarse en la calle más del tiempo necesario para efectuar sus ventas. No obstante, esta sensación era ilusoria ya que, si bien en el 36 la prohibición de estacionarse se suspendía "para realizar una venta" y en el

---

17) R.S. del 5 de febrero de 1927.
18) D.S. del 17 de julio de 1936.

47 se hablaba de estacionamiento transitorio, esta nueva ordenanza utilizaba la expresión "para efectuar sus ventas", que podía interpretarse como un permiso para ocupar la vía pública durante la jornada completa.

En lo fundamental, esta disposición consagró el avance de los ambulantes, permitiéndoles incrementar el volumen de lo transportado en la carreta y, por lo tanto, la escala de sus operaciones comerciales y vender no sólo comestibles y baratijas, sino también juguetes, perfumes, artículos de tocador, pasamanería así como herramientas y artículos de ferretería.

Sin embargo, trató también de defender a los formales de la competencia de los ambulantes. Para el efecto, recurrió a tres medidas concretas. La primera, impedir que los informales pudieran comerciar productos con mayor valor agregado. La segunda, limitar el capital de los ambulantes a un máximo de 2,000 soles, como manera de restringir su crecimiento. La tercera, autorizar a los propios formales dedicados al giro de la venta de fantasía y la impresión de tarjetas, a ubicar sus vitrinas y estanterías en la vía pública, con lo que en otras palabras estaba autorizando a los formales a informalizarse para que compitieran en igualdad de condiciones.

Ninguna de esas medidas pudo contener el avance de los ambulantes. En 1962, el Alcalde García Ribeyro se vio en la necesidad de declarar que el comercio ambulatorio estaba fuera de su alcance porque era "un problema agrario de dimensión nacional" que había obligado a los desocupados del campo a desarrollar esa actividad en la ciudad. Mientras tanto, los ambulantes no cejaban en su empeño por salir de las calles, pues ya en ese mismo año por cada 3 mercados estatales que existían en Lima, los informales habían construido otros 2.

2.6 Construir para Erradicar

El sexto hito corresponde a una vigorosa intervención municipal dirigida a enfrentar los efectos y no las causas del comercio informal, y que produjo a la postre la tergiversación definitiva de los estímulos existentes: facilitó la construcción de mercados informales, pero también dio lugar a la politización creciente de un grupo de ambulantes.

La nueva administración municipal encabezada por Luis Bedoya Reyes, que ganó las elecciones de 1963, se planteó el problema en términos prácticos, sin tratar de regular vanamente la actividad ambulatoria en sí misma: los ambulantes estaban en las calles, distribuían una variedad considerable de productos a nivel minorista y no había con qué reemplazarlos sin dejar desabastecida a la ciudad. Sin embargo, tampoco era deseable que se quedaran en la vía pública porque causaban una serie de perjuicios a la circulación, la higiene y el ornato; constituían, además, una competencia desleal para los comerciantes formalmente establecidos. Por consiguiente, había que construir mercados para erradicar a los ambulantes de la vía pública e instalarlos allí.

De primera intención, la propia Comuna se comprometió en el proyecto y puso en marcha la edificación del Mercado de San Ildefonso con el propósito de utilizarlo para reubicar ahí a buena parte de los ambulantes que se encontraban en las calles. El proyecto contemplaba además un crecimiento futuro del mercado para, a través de construcciones progresivas, ir alojando a los nuevos ambulantes.

El Municipio no pretendió ser el único que se dedicara a edificar mercados. Por el contrario, de acuerdo con el propio gobierno central, exoneró de impuestos y aun del pago de licencias a todos aquéllos que quisieran hacerlo, estableciendo inclusive un régimen de mayor aliento para las organizaciones de ambulantes que duró algunos años(19). Esta fue la primera vez que las autoridades, tal vez inadvertidamente, dieron pasos que facilitaban el tránsito de precarios derechos especiales de dominio a derechos de propiedad formalmente establecidos. De ahí que entre 1964 y 1970 -cuando Bedoya terminó su mandato- los informales hayan construido 4 mercados por cada 1 que edificó el Estado.

Terminado San Ildefonso, el Concejo ejecutó su plan. De esta forma, el 20 de setiembre de 1964 se expidió un Decreto de Alcaldía que ordenaba la erradicación de los vendedores ambulantes de la avenida Abancay, por entonces uno de los más importantes cinturones, argumentando en sus propios considerandos que se trataba de "devolver a la ciudad de Lima la prestancia y decoro que correspondía a su condición de ciudad capital de la República", aunque admitiendo igualmente "(...) la justa necesidad de gentes humildes que buscan ocupación a través de estos sistemas de comercio eventual (...)".

De hecho, la aplicación del Decreto de Alcaldía no fue pacífica. Se produjeron algunos enfrentamientos entre los ambulantes y los policías municipales apoyados por la Guardia Civil. Durante esas refriegas, los ambulantes optaban por refugiarse en locales destinados a playas de estacionamiento o en negocios que funcionaban amparados con licencias para depósitos de carretillas, haciendo con ello inefectiva la labor municipal. Esto obligó al Concejo a prohibir a las playas de estacionamiento admitir las carretillas, triciclos y demás implementos de los vendedores ambulantes.

19) D.S. 028 del 5 de setiembre de 1964 y Decreto de Alcaldía del 20 de setiembre de 1964.

Las acciones de fuerza tuvieron además el singular efecto de estimular la organización de los ambulantes para su autodefensa. Ya desde 1963 se habían dado los pasos iniciales en ese sentido con la conformación del "Sindicato de Pequeños Comerciantes y de Vendedores Ambulantes", el primero que se organizaba en la ciudad, en las zonas de Sebastián Barranca, Pisagua y 3 de febrero. Posteriormente apareció la "Federación de Vendedores Ambulantes del Mercado Central y Calles Adyacentes" (FEVACEL), primera gran organización conformada para proteger a los ambulantes que habían aparecido alrededor del Mercado Central como consecuencia del incendio de 1964. A pesar de su nombre, se trataba de una organización de autodefensa al servicio de un número limitado de gente.

Esta capacidad de movilización de los ambulantes despertó, a partir de entonces, el interés del mercado político. Era obvio que estos vendedores habían dejado de ser unos personajes marginales y pintorescos en la ciudad. Su presencia y sus intereses los convertían en un grupo definido; es decir, en un potencial actor político de la sociedad.

Sin embargo, este hito representó también el reforzamiento de los ambulantes que estaban empeñados en construir mercados, a tal punto que cuando Bedoya dejó la alcaldía habían pasado a liderar la actividad: en 1970, por cada mercado construido por el Estado había 2 mercados informales.

2.7 *Reconocimiento Político*

El sétimo avance se produjo cuando, para compensar su falta de derechos de propiedad formales, un grupo de ambulantes logró obtener para la actividad un reconocimiento político tan fuerte que convirtió parte del movimiento hacia los mercados en un movimiento para quedarse en las calles.

Para suceder a Bedoya, el gobierno militar encabezado por el general Juan Velasco Alvarado designó en 1970 a Eduardo Dibós Chappuis. En un principio el nuevo Alcalde mantuvo la idea de edificar mercados para reubicar a los ambulantes, pero renunciando a las acciones de fuerza debido al cambio de régimen político operado a partir del golpe de 1968. Fruto de ello fue la construcción de un nuevo mercado en el jirón Ayacucho, calcado del proyecto de San Ildefonso.

Sin embargo, las limitaciones propias del gobierno municipal le impidieron seguir construyendo. Ello puso a Dibós en la necesidad de concebir una nueva política. El contexto general del gobierno militar, sin embargo, no le permitía mayores libertades. Así, el Municipio volvió a declarar que el comercio ambulatorio era un problema estructural, con lo que además de justificar nuevamente una acción limitada, trataba de sintonizar muy bien con los propósitos ideológicos de la dictadura.

En concordancia con esa opinión, en 1971 las autoridades ediles decidieron suspender toda iniciativa, limitándose a disponer que la Guardia Civil y la Policía Municipal mantuvieran la avenida Emancipación y el jirón de la Unión libres de ambulantes. Además, el Municipio de Lima suspendió el cobro de sisa a estos comerciantes en el entendido de que implicaba el reconocimiento tácito del comercio ambulante en su jurisdicción, y eliminó por lo tanto la partida correspondiente de su presupuesto(20). Esta determinación afectó sólo a El Cercado, bajo responsabilidad directa del Concejo Provincial; de modo que en el resto de distritos se siguió cobrando sisa.

Semejante situación obligó a los ambulantes a tratar de encontrar otros modos de conseguir la seguridad necesaria para realizar sus operaciones. Una primera alternativa, bastante original, consistió en establecerse en aquellas partes de la vía pública donde existían parquímetros (desde 1967 había parquímetros en diferentes zonas del centro, entregadas a concesionarios privados, como las firmas TAXIMAC y COMACO) y pagar la tarifa correspondiente durante todo el día. Mientras los ambulantes pagaron sisa, se mantuvieron alejados de ellas por cuanto el impuesto que pagaban eran menor que la tarifa; pero apenas se conoció la decisión municipal, comenzaron a ocupar masivamente los lugares con parquímetros. De esta manera, lograron una relativa seguridad en sus ubicaciones en base a un pago por hora de estacionamiento.

Sin embargo, esto no fue suficiente, pues sólo benefició a un reducido número de comerciantes, especialmente a los que estaban alrededor del Mercado Central. Los demás tuvieron que empezar a negociar políticamente el reconocimiento legal que les hacía falta.

En este empeño descubrieron que el Alcalde Dibós podía ser un aliado natural. En efecto, el principal problema del nuevo Alcalde era que, después de 6 años de elecciones, él era el primero en ser nombrado "a dedo" para el cargo. Necesitaba, por consiguiente, rodearse de una "legitimidad" en el ejercicio de sus atribuciones que sólo podía provenir de una fuerte capacidad de convocatoria popular. En ese contexto, el diálogo con las organizaciones de ambulantes se le presentó como una magnífica oportunidad de lograr sus propósitos.

Dibós convocó a los dirigentes a tener diálogos permanentes en la Comuna, dándoles así una nueva función que desempeñar y

20) Talavera Campos, Ricardo: "Consideraciones Generales en Relación con el Fenómeno Urbano Denominado Comercio Ambulatorio". Meca. 1983. Pg.III-2.

consiguiendo una popularidad que lo acompañó hasta su muerte, a mediados de 1974. Los dirigentes, por su parte, concurrieron masivamente, proporcionándole al propio Alcalde la capacidad de convocatoria que necesitaba, pero logrando al mismo tiempo una presencia política que la autodefensa por sí sola jamás les hubiera concedido; y los ambulantes en general también terminaron ganando, pues consiguieron por esta vía la seguridad transitoria de que no serían despojados de sus derechos especiales de dominio, a pesar de que ya no se les cobraba sisa.

Todo esto repercutió de maneras diferentes. De ahí en adelante, la política de diálogo y cooptación estableció la costumbre de negociar con los ambulantes las disposiciones municipales que los afectaban, antes de ponerlas en práctica. Desde entonces, nunca más han podido ignorarlos completamente.

Del mismo modo, a partir de ese momento se alteraron los incentivos entre los ambulantes. Al darse cuenta de que podían tener influencia en la "legitimidad" de un Alcalde, descubrieron el valor político que tenía su organización en la calle. Esto les dio una seguridad inusitada a la vía pública, al punto de dividir a los ambulantes en dos grupos claramente definidos: los que por sus contactos prefirieron quedarse en la calle confiando en la mediación de dirigentes especialistas en reivindicaciones políticas, y los que, generalmente por falta de vinculaciones políticas o por mayor éxito empresarial, siguieron adelante con el propósito de edificar o trasladarse hacia sus propios mercados.

2.8 Interpretación Sociológica y Creación de las Zonas Francas

El octavo avance de los informales se dio cuando, al verse rebasadas políticamente, las autoridades les confirieron un espacio todavía mayor al reconocer que el comercio ambulatorio era un problema "estructural" que sólo podía ser solucionado a través de un cambio de estructuras, que en la práctica nunca se definió. Este reconocimiento tuvo además una expresión pragmática en la decisión del Municipio de declarar "zonas francas" a las áreas ocupadas por los ambulantes.

A la muerte de Dibós se produce el interinato de Lizardo Alzamora Porras, quien se deja llevar por la inercia de la política establecida por su antecesor. Esta situación perdura hasta que en 1976, ya en la Segunda Fase del "Gobierno Revolucionario de las Fuerzas Armadas" (1975-80), fue designado para el cargo el general en retiro Arturo Cavero Calixto.

El mismo año de su designación, promovió la creación de una comisión multisectorial encargada de estudiar el comercio ambulatorio y proponer alternativas de solución en base a sus conclusiones. Para el efecto interesó al propio Primer Ministro, por entonces el general Jorge Fernández Maldonado, que convocó a representantes del Concejo Provincial, de los ministerios de Alimentación, Industria, Trabajo, Interior, Comercio y del Instituto Nacional de Estadística con tal propósito(21). Estos tomaron como prioridad levantar el primer censo de ambulantes de la ciudad.

El solo hecho de que por primera vez el Estado, a través de algunas de sus reparticiones más importantes, estudiara el problema en su conjunto fue una importante trinchera ganada por los ambulantes, pues era el reconocimiento de una condición "estructural" para su problema, lo que los ponía a salvo de medidas puramente administrativas. Por ello, mientras durara el trabajo de la comisión, el Municipio se comprometió a respetar a los ambulantes en determinadas áreas de la ciudad (Av. Alfonso Ugarte, Av. Grau, Plaza Unión, entre otras), mediante la declaración de tales lugares como "zonas francas"; lo que, a su vez, fue un paso fundamental en el perfeccionamiento de los derechos especiales de dominio. Para consagrar el establecimiento de las "zonas francas" se llegó a firmar, inclusive, un acta de compromiso entre las autoridades ediles y los ambulantes liderados por Víctor Alcántara, quien acababa de fundar la "Asociación Nacional de Vendedores Ambulantes del Perú" y era el líder más conocido del momento. Nunca antes en la historia se había llegado a semejante compromiso.

El trabajo de la comisión multisectorial empezó en un contexto bastante entusiasta. Se esperaba que inaugurara una nueva era en el comercio ambulatorio y abriese el camino hacia su solución definitiva. Se convocó a los dirigentes de los ambulantes y la concurrencia fue masiva. Se planeó con ellos el censo y se recibió todo género de sugerencias. Sin embargo, a medida que los ambulantes fueron percatándose de que la comisión no podía adoptar resoluciones sino sólo presentar propuestas, y que el establecimiento de las "zonas francas" les había dado la seguridad mínima que deseaban, fueron perdiendo progresivamente el interés. Así, de reuniones iniciales con más de 2,000 dirigentes, se pasó a reuniones con 2 ó 3 que finalmente también dejaron de concurrir.

Terminada su labor en marzo de 1977, la comisión entregó un informe escrito. En resumen, ese documento concluía que el comercio ambulatorio era un problema estructural cuya solución sólo podía darse a largo plazo, y que por el momento había que normarlo y controlarlo para reducir sus efectos negativos. Así, propuso un reglamento que reconociera la actividad como canal transitorio de comercio, estableciendo un registro nacional de ambulan-

21) R.M. 0031-76-PM-ONAS.

tes, la obligación de entregar facturas, el pago de sisa, la creación de zonas rígidas, limitaciones en la escala del negocio —principalmente en el monto de las ventas y el equipo— y diferentes sanciones para quienes no acataran estas disposiciones. De la misma manera, sugería crear un fondo para financiar la infraestructura de comercialización, reubicaciones y actividades conexas al comercio ambulatorio, y recomendaba formular un plan nacional de empleo, construir mercados, tomar medidas para limitar el flujo migratorio y promover la organización empresarial de los ambulantes, entre otras cosas.

El Alcalde Cavero hizo suyas estas propuestas, presentándolas al Ministerio de Comercio, que a su vez las puso a consideración del Consejo de Ministros. Este, alegando las difíciles circunstancias políticas del momento, las remitió a las diferentes reparticiones interesadas para que estudiaran las medidas pertinentes, y así el Poder Ejecutivo terminó desentendiéndose casi completamente del problema.

Desde el punto de vista de los ambulantes, todo esto permitió elevar su actividad a la misteriosa categoría de "problema estructural"; con ello obtuvieron algunos beneficios concretos: impedir que las autoridades pudieran reprimirlos con la misma facilidad de antes y procurarse un período de tregua durante el cual lograron una relativa prosperidad. Así, cuando la comisión multisectorial presentó sus conclusiones en 1977, por cada mercado construido por el Estado, 3 habían sido ya levantados por los informales

2.9 *Fortalecimiento de las Organizaciones*

Este hito corresponde a la resistencia de los ambulantes frente a la represión más decidida que se haya producido en su contra, como resultado de la cual sus organizaciones de defensa resultaron fortalecidas y optaron por una radicalización.

Desde abril de 1978, el gobierno municipal encabezado por el general Enrique Falconí Mejía, antiguo jefe de la Casa Militar del Presidente Francisco Morales Bermúdez, abandonó la pasividad y emprendió contra el comercio ambulatorio una de las ofensivas más enérgicas de las que se tenga memoria. Ese cambio de actitud podría explicarse por el hecho de que el nuevo Alcalde trataba de imprimirle un sello personal y castrense a su gestión, aprovechando el disgusto que causaba el desorden en las calles entre ciertos sectores de la opinión pública. Algunos observadores, sin embargo, opinaban que el propósito de Falconí era, más bien, desbaratar las organizaciones de ambulantes con dirigentes de filiación marxista. Sea como fuere, para el efecto coordinó con las fuerzas policiales la realización de un operativo llamado "Sombrilla", destinado a bloquear el perímetro comprendido entre las avenidas Tacna, Nicolás de Piérola, jirón Ayacucho y Malecón Rímac, desalojar del área bloqueada a los vendedores ambulantes e impedir que retornaran en los días sucesivos.

En la fecha indicada, un destacamento policial creó un bolsón cercando todo el perímetro y atrapando a los ambulantes que se encontraban dentro de él. Por su parte, otro destacamento empezó a "limpiar" el bolsón, persiguiendo calle por calle a los comerciantes. Se desató, así, una batalla campal entre ambulantes y policías, con intervención de vehículos rompemanifestaciones (Rochabús), uso de bombas lacrimógenas, y decomiso de carretas y productos.

Desalojada el área, las autoridades ediles ordenaron que se estableciera un cerco policial alrededor de la misma, con el propósito de impedir que los ambulantes la invadieran nuevamente. No obstante, como la policía no podía mantener el cerco durante todo el día, su comando dispuso que se emplazara sólo en las horas de la mañana, durante las cuales se suponía que los ambulantes tratarían de ingresar al área para trabajar. Ocurrió, sin embargo, que éstos decidieron alterar su horario: mientras la policía mantenía el cerco efectivo, los ambulantes se encontraban a prudente distancia; pero apenas ella se retiraba, éstos reinvadían el área. Semejante situación hizo que Falconí decidiera mantener una guardia permanente hasta las siete de la noche, lo que no pudo evitar, por cierto, que los ambulantes volvieran después de esa hora. Esto exasperó a las autoridades, quienes ordenaron que a partir de entonces la guardia se prolongara hasta las nueve.

Todas esas dificultades fueron revelando la ineficacia de la represión para controlar al comercio ambulatorio. Lo que había empezado siendo una decidida operación policial, se fue convirtiendo en un ridículo juego de "ladrones y celadores" que, a la postre, le hizo perder seriedad a la gestión municipal.

Después de algunas semanas comenzó a ser patente que las fuerzas policiales no podían distraer constantemente un contingente tan numeroso de efectivos para mantener el cerco del centro, de modo que la presión policial bajó considerablemente de suerte que los ambulantes pudieron aprovechar también estas condiciones para salir triunfantes de su enfrentamiento con la Municipalidad.

Así, los derechos especiales de dominio en el centro de la capital salieron fortalecidos, porque como consecuencia de todo esto resultaba claro que, en la práctica, una erradicación masiva de los ambulantes sería muy difícil. Inclusive, como respuesta a la represión, éstos desarrollaron buena parte de los giros de venta de alimentos preparados en la noche que caracterizan hoy día importantes emplazamientos como los de la Plaza Dos de Mayo y la Plaza Unión.

En lugar de quebrarse, las organizaciones de ambulantes (principalmente FEVACEL y FEDEVAL) salieron robustecidas, ya que debieron emprender la defensa de sus afiliados a través de todos los medios a su alcance. Pero como la operación afectó mayormente a los ambulantes de la Lima Cuadrada y no a los de alrededor del Mercado Central, la más fortalecida fue la FEDEVAL, de filiación marxista. Así, además de no lograr su propósito, a partir de entonces, las autoridades tuvieron que resignarse a tener que tratar con unas organizaciones no sólo altamente politizadas y capaces de enfrentar a las fuerzas del orden, sino también lideradas por comunistas prestigiados por un supuesto enfrentamiento clasista con los militares.

La gran contradicción de este proceso es que aquí, como en otras áreas de la informalidad, se empujó a los empresarios incipientes a cobijarse bajo la sombra de organizaciones cuyos dirigentes profesan una ideología antiempresarial.

2.10 Lotización de las Calles

El décimo avance se produjo cuando los ambulantes pintaron sobre la vía pública los límites de sus derechos especiales de dominio.

Al asumir la Alcaldía en enero de 1979, Roberto Carrión Pollit trató de recuperar el terreno perdido por su antecesor, cooptando a los informales para hacerlos participar en las responsabilidades del poder.

El resultado fue que todos tuvieron que comprometerse: Carrión ofreció tolerancia y cooptación; las dirigencias, representación; y los ambulantes prometieron orden. Para sorpresa del público, los resultados comenzaron a verse rápidamente. Los emplazamientos de los ambulantes cambiaron de aspecto, empezaron a respetarse los pasajes para las tiendas, se organizaron jornadas de limpieza e inclusive los ambulantes del jirón Andahuaylas, que vendían pescado y eran considerados por los medio de información como los más desaseados de la ciudad, decidieron uniformarse de color ladrillo oscuro y dar, así, una mejor imagen al vecindario.

Ello tuvo un efecto ejemplificador entre los ambulantes ubicados en los alrededores del Mercado Central y de la avenida Abancay, que decidieron poner manos a la obra. Sin embargo, la sensación de confianza resultante del diálogo con la Alcaldía fue tal, que hizo que en estos dos casos los ambulantes no se limitasen al decoro u ornato de los emplazamientos, sino que dieran un paso más hacia la consagración de sus derechos especiales de dominio. Con singular diligencia, los dirigentes de ambos lugares procedieron a pintar las aceras para delimitar los puestos hasta entonces ocupados por cada uno de los afiliados. Esto fue interpretado por los comerciantes formales, representados por la Confederación Nacional de Comerciantes (CONACO) y por los medios de información, como una lotización de las calles realizada en el colmo de la audacia, sin reparar en que no era más que una manifestación pictórica de una realidad existente desde hacía mucho tiempo atrás.

Además, este incidente puso en evidencia cómo los estímulos equivocados pueden alterar el comportamiento de los ambulantes: la politización los hizo lotizar las calles en lugar de lotizar la propiedad privada dentro de los mercados.

2.11 ¿De Ambulantes a Legisladores?

El undécimo avance fue el primer intento de los ambulantes politizados por convertirse ellos mismos en generadores de legislación, al haber comprendido la importancia del Derecho.

Durante la gestión de Piero Pierantoni Cámpora, el último Alcalde designado por el gobierno militar, existía entre los ambulantes la sensación de que, ante la proximidad de las elecciones generales de 1980, no tenía sentido seguir negociando hasta estar frente a las autoridades ediles electas y que lo mejor era tomar la iniciativa y presentar ellos mismos las propuestas de legislación. Así, el 25 de julio, tres días antes de que asumiera la Presidencia de la República Fernando Belaunde, un grupo de ambulantes dio a conocer a la opinión pública que había contratado a un equipo de técnicos para preparar un proyecto de ley sobre el comercio ambulatorio, con el propósito de presentarlo al Congreso.

Con ello los ambulantes no sólo revelaron que comenzaban a comprender la importancia del Derecho para su desarrollo, sino también el nivel que había alcanzado su politización: como la autoridad municipal no estaba en posición de solucionar el problema ni por las buenas ni por las malas, ellos mismos tratarían de señalar a los legisladores la mejor manera de hacerlo.

Aunque entonces la propuesta no llegó a convertirse en norma positiva, la noticia fue considerada por algunos medios de información y parte de la opinión pública como el colmo del atrevimiento de quienes ocupaban las calles contraviniendo la ley.

2.12 La Ilusión del Control Municipal

El duodécimo avance se produjo cuando la Municipalidad comprendió la imposibilidad de erradicar a los ambulantes de toda la ciudad y, para efectos publicitarios, decidió limitar sus esfuerzos a un último reducto.

El advenimiento del régimen democrático terminó con los alcaldes designados y reimplantó las elecciones municipales. En los comicios de noviembre de 1980 resultó triunfante Eduardo Orrego, de los registros del partido de gobierno. Al tomar posesión del cargo, el nuevo Alcalde encontró que los ambulantes habían tomado casi por completo la ciudad. Las calles del centro estaban copadas, especialmente en el jirón de la Unión, alrededores del Mercado Central, Plaza Dos de Mayo y Plaza Unión. En lo distritos la invasión de los ambulantes era todavía mayor. Habían formado cinturones compactos alrededor de los centros de abastos, y las "paraditas" eran las principales abastecedoras de la población, especialmente en los asentamientos informales.

Por si fuera poco, la opinión pública se encontraba descontenta. Los medios de información, recién devueltos a sus propietarios, hacían escarnio de la situación. Los comerciantes formalmente establecidos se quejaban acremente. Los vecinos, por línea general, deseaban ver un gobierno municipal activo contra los ambulantes, que eran considerados una de las más lamentables herencias sociales del gobierno militar.

Todo ello planteaba una coyuntura particularmente difícil, que hizo que el nuevo gobierno municipal no tratara de solucionar el problema, porque estaba derrotado de antemano, y buscara, más bien, lograr objetivos políticos limitados. Fue así que se planteó una estrategia consistente en crear la ilusión de que la batalla por Lima era la batalla por el centro de la ciudad. Con esto, en realidad, se ocultaba una rendición fundamental: Lima Cuadrada —la zona sobre la que el Concejo limitaría su acción— es nada más que el 0.3% del total del área urbana de Lima; en el 99.7% restante, iban a imponer sus condiciones los ambulantes.

A fines de marzo de 1981 la Comuna anunció que los comerciantes saldrían definitivamente de Lima Cuadrada en breve plazo y que serían reubicados en lo nuevos campos feriales de Polvos Azules —detrás de Palacio de Gobierno—y la avenida Argentina, que posteriormente sería cambiado por el de jirón Amazonas.

La estrategia de afectar solamente a los ambulantes ubicados en el centro tradicional, dejando incólumes a los afincados en torno al Mercado Central y aledaños —de lejos la más importante concentración de la ciudad—enfrentaba a la Municipalidad con los ambulantes protegidos por la FEDEVAL.

El 24 de abril se encendió la mecha del conflicto. Una marcha de la FEDEVAL encabezada por los parlamentarios Rolando Breña —maoísta— y Hugo Blanco —trotskista— salió de los alrededores del Mercado Central rumbo a la Plaza de Armas. En el trayecto fue disuelta violentamente por la policía y, posteriormente, ambos parlamentarios denunciaron vejámenes contra su investidura.

Tales enfrentamientos postergaron la decisión definitiva un tiempo, hasta que el 7 de junio apareció sorpresivamente publicado en lo diarios de la capital el Decreto de Alcaldía 110, que desalojaba definitivamente Lima Cuadrada y ordenaba la reinstalación de los ambulantes en los campos feriales.

Ello reinició los enfrentamientos. Hubo asambleas, marchas, manifestaciones de protesta, apedreamiento de vehículos y hasta bombas molotov arrojadas en el campo ferial Amazonas. Sin embargo, ya para agosto de ese mismo año, el Alcalde Orrego había vencido: la mayor parte de ambulantes había sido finalmente reubicada en los campos feriales Polvos Azules y Amazonas, la afluencia del público era, en general, satisfactoria y los ánimos se habían calmado.

Orrego, un alcalde hacendoso y realista, logró su objetivo de erradicar a los ambulantes de algunas vías céntricas, reubicándolos en otros lugares. Sin embargo, ésta, como muchas otras "victorias" municipales sobre el desorden, no era más que ilusionismo: la operación había afectado solamente al 0.3% de la ciudad, el desorden callejero no había sido solucionado, sino concentrado y trasladado de las avenidas comerciales del centro a la vecindad del Palacio de Gobierno, a un campo ferial que por ser obra del propio Concejo goza hasta el día de hoy de una inmunidad tácita que lo ha convertido en el centro de comercialización de contrabando más importante de la capital; y por último, la represión fortaleció de tal manera a Guillermo Nolasco, dirigente marxista de la FEDEVAL, que en las siguientes elecciones municipales fue catapultado al Concejo para asumir el manejo del problema ambulatorio.

2.13 Ambulantes Politizados en el Municipio

El último hito corresponde a la llegada de los ambulantes politizados a los cargos de responsabilidad ejecutiva en el gobierno municipal.

En noviembre de 1983 ganó las elecciones para la Alcaldía de Lima Alfonso Barrantes Lingán, encabezando una coalición de partidos mayoritariamente marxistas, en la cual cooptaba a Nolasco y, por ende, a la FEDEVAL. En un principio, esta nueva administración trató de mantener la política de los campos feriales e inauguró otros nuevos en Plaza Gastañeta y Virgen de Lourdes. Sin embargo, no tuvo que pasar mucho tiempo para que los ambulantes politizados ya en el interior de la Municipalidad trataran de acrecentar su influencia sobre la actividad haciendo caso omiso del carácter empresarial de ésta para intentar convertirla en una organización burocrática y partidaria.

Ello ocurrió, precisamente, en abril de 1985, cuando el Concejo Provincial de Lima promulgó la ordenanza 002, en la que delineó la nueva política edil frente al comercio ambulatorio. En resumen, dispuso que los ambulantes recabaran una licencia para ejercer la actividad, que no preparasen comida en las calles, que entregaran facturas y acreditasen la procedencia de su mercadería, que utilizaran mandiles blancos y uniformasen su equipo de trabajo, que obtuvieran carnet sanitario, que limitasen su capital a 2 unidades impositivas tributarias(22), que no tuvieran ni arrendaran otros negocios, que cumpliesen un horario preestablecido de trabajo y que estuvieran afiliados obligatoriamente a una organización gremial. Asimismo, la ordenanza creaba un Fondo de Asistencia del Ambulante.

En realidad, muy poco de esto era novedoso. Cinco de cada seis de las normas contenidas en la ordenanza ya habían sido ensayadas antes infructuosamente. Se exigió que los ambulantes tuvieran licencia en 1617, 1670, 1936, 1947 y 1959. Se impuso límite al capital en 1947 y 1959. Se prohibió que los ambulantes preparasen comidas en las calles en 1789, 1916, 1936, 1947 y 1959. Se les ordenó usar mandiles blancos en 1915, 1916, 1936, 1947 y 1959. Se intentó estandarizar su equipo de trabajo en 1915, 1916 y 1959. Y se les exigió obtener un carnet sanitario en 1936, 1947 y 1959. Además, la creación del Fondo de Asistencia del Ambulante se inspira, inequívocamente, en una de las conclusiones de la Comisión Multisectorial de 1976. Lo único verdaderamente nuevo fue la obligación de afiliarse a una organización de ambulantes para desempeñar legalmente la actividad y cumplir rigurosamente el horario preestablecido.

Todo esto permitía dilucidar la racionalidad política que subyacía a la ordenanza 002. En lo referente a la naturaleza de las medidas en sí, quedaba claro que la concepción del comercio ambulatorio de los izquierdistas no difería en nada de la que tenían sus predecesores.

La ordenanza tuvo por lo menos dos objetivos muy significativos. En primer lugar, el hecho de que la única novedad se haya referido a la afiliación forzosa de los ambulantes, sugería que la intención era politizar y proletarizar el gremio. En segundo lugar, la obligación de que los ambulantes limitaran su capital, no abriesen ni alquilasen otros negocios, recabaran licencia previa para trabajar y se sometiesen a un serie de requerimientos irreales de estética y ornato sugería que el Municipio tenía, además, la intención de negar la condición empresarial de los ambulantes, porque con todo ello estaba elevando desmesuradamente sus costos e impi-

22) 1 UIT (1985)= 4,500 intis ó 409.8 dólares.

diéndoles acumular ahorro suficiente para salir de las calles e instalarse en mercados.

El ILD hizo notar los efectos negativos de la ordenanza mediante avisos publicados en los periódicos, recibiendo la adhesión de más de un centenar de organizaciones de ambulantes, y apresuró el que la 002 cayera en desuso por ser impracticable. Nada de ello perturbó, empero, a los ambulantes que trataban de salir de las calles por sus propios medios. En 1985, año en que se promulgó la ordenanza, por cada mercado estatal 5 eran informales.

3.0 EL CAMINO HACIA LOS MERCADOS

La historia del comercio informal es la historia de un largo camino -entorpecido por una excesiva politización- hacia los mercados, que representan la aspiración popular por obtener una propiedad privada segura para poder desarrollar sus actividades comerciales en un ambiente propicio.

La búsqueda de ese mismo objetivo por parte de los ambulantes ha contrastado, a su vez, con la inconsistencia de la actitud del Estado. El vaivén entre persecución y cooptación, iniciado en la colonia, ha ido revelando, siglo tras siglo, que las autoridades no comprendían lo que estaba ocurriendo. Desde hace más de 50 años, el gobierno central y el Municipio se transfieren responsabilidades mutuamente, sin lograr una política coherente que les permita actuar por encima de sus intereses políticos particulares. Esto ha tergiversado los estímulos por completo, politizando a un sector de ambulantes y retrasando la marcha de la mayorìa hacia la actividad empresarial formal.

A lo largo de los años hemos visto cómo los ambulantes han librado grandes batallas para dar seguridad legal a su empresa. En resumidas cuentas, la primera de ellas fue por los derechos especiales de dominio, en la cual los informales trataron de obtener su reconocimiento. La segunda batalla fue por los mercados y enfrentó a la mayoría de los ambulantes dispuestos a acumular ahorro suficiente para comenzar a edificarlos con el Estado que, aliado con una minoría de los mismos ambulantes, estaba dispuesto a politizar el sistema para evitar perder influencia ante la masiva conversión de los ambulantes en propietarios particulares. En ambas batallas se repite el enfrentamiento entre el Perú informal que insurge y el *status quo* en cualquiera de sus manifestaciones políticas.

A la postre, desde el punto de vista de los ambulantes, esas dos grandes batallas eran racionales: el derecho de propiedad sirve para aprovechar y preservar los recursos, estimular la creación y garantizar la intangibilidad de la inversión y el ahorro. Permite, así, aprovechar los beneficios de una ubicación fija incluyendo la posibilidad de utilizarla como garantía. En tal sentido, el derecho de propiedad reduce la incertidumbre, da seguridad y es esencial para desarrollar eficazmente cualquier actividad económica. Por eso los comerciantes informales ponen todo su empeño en obtenerlo. Para el efecto, se basan primero en su propia normatividad extralegal que, a pesar de todo su ingenio, es un sistema imperfecto para garantizarlo. De ahí que después se vean en la necesidad de recurrir a la negociación política y hasta al enfrentamiento para tratar de asegurarlo.

Semejante derroche de recursos podría hacer creer, no obstante, que el esfuerzo de los ambulantes por salir de las calles es inútil y que el Estado debe intervenir directamente. De aceptarse este temperamento, el ILD estima que el fisco tendría que hacer una inversión superior a los 108 millones de dólares para erradicar a los 91,455 ambulantes que existen actualmente en la ciudad y trasladarlos hacia mercados más bien modestos. Además se vería en la necesidad de presupuestar un promedio de 5.4 millones de dólares adicionales cada año para continuar alojando en mercados a los nuevos ambulantes que fuesen apareciendo.

Sin embargo, si tomamos en consideración que sólo esta inversión inicial de 108 millones de dólares en Lima equivaldría al 7.6% del total de la inversión pública de 1984 para todo el país, la posibilidad de que el Estado pueda erradicar directa y eficazmente a los ambulantes resulta poco probable. Lo que sí tiene sentido es ver cómo se ayuda, en lugar de obstaculizar, a los ambulantes, en vista de que ellos ya son los más grandes constructores de mercados. De hecho, los 274 mercados construidos por los ambulantes, comparados con los 57 mercados y 8 precarios campos feriales hechos por el Estado, demuestran que, pese a todo, existe ya un abrumador movimiento informal en marcha.

La solución ideal sería retirar obstáculos y convertir los estímulos políticos en facilidades legales para liberar y multiplicar las energías empresariales de los ambulantes, y para que dentro del proceso competitivo en que se encuentran inmersos puedan explotar al máximo sus habilidades y servir más eficazmente a la comunidad.

Capítulo IV

El Transporte Informal

Paralelamente al desarrollo de la vivienda y el comercio informales, se ha producido una evolución equivalente en el transporte masivo de pasajeros en la ciudad. Miles de transportistas informales comenzaron hace más de 50 años a conectar los barrios populares con el resto de la ciudad.

En lo esencial, en esta actividad —que al igual que las otras se desarrolla al margen e inclusive en contra de las disposiciones legales vigentes— se utilizan automóviles sedán, camionetas station wagon, camionetas rurales tipo Kombi o Van , microbuses D-300 y diferentes ómnibus para prestar el servicio.

De acuerdo con los estudios del ILD a 1984, de los 16,228 vehículos dedicados al transporte masivo en ese año, el 91% desarrollaba la actividad informalmente. Si a esto se añade los taxis y los vehículos de alquiler, la presencia de la informalidad es todavía mayor, alcanzando ese mismo año el 95% del total del parque vehicular existente en el servicio de transporte público de Lima.

El transporte formal es, por lo tanto, el 9% restante del transporte masivo. De ese porcentaje, la Empresa Nacional de Transporte Urbano del Perú (ENATRU), de propiedad del Estado, representa el 4%, y las antiguas cooperativas, empresas obreras y Transportes Lima Metropolitana Empresa de Propiedad Social (TLMEPS), el 5% restante.

Asimismo, el ILD estima que el valor de reposición de la flota informal asciende a 620 millones de dólares, a cifras de 1984. Los dirigentes de estos transportistas estiman que existe una inversión adicional en infraestructura —grifos, talleres e instalaciones— que llegaría por lo menos a 400 millones de dólares.

Por añadidura, los informales cumplen una función social muy importante al atender básicamente las necesidades de transporte de los habitantes de los asentamientos informales, habiendo generado para el efecto un corredor entre las avenidas Túpac Amaru, Abancay, Tacna, Alfonso Ugarte, Paseo de la República, Tomás Marsano y Pachacútec que posibilita la comunicación de los Conos Norte, Este y Sur con el resto de la ciudad. De esta manera los transportistas concentran fundamentalmente su servicio en zonas populares, mientras que la empresa estatal y las otras compañías formales sirven mayormente rutas en los barrios tradicionales.

Ahora bien, el hecho de que la informalidad represente una proporción tan considerable del tranporte masivo, significa, como en el caso de los asentamientos informales y el comercio informal, que previamente tiene que haberse generado un complejo sistema de relaciones económicas y legales que haya permitido toda la evolución posterior.

Las páginas sucesivas tratarán de explicar cómo se produjo tal fenómeno, detallando las distintas modalidades de transporte informal que existen, la normatividad extralegal que lo regula, su evolución histórica y, finalmente, los múltiples problemas en los que ha caído como resultado de su relación política con el Estado.

1.0 MODALIDADES DE TRANSPORTE INFORMAL

El uso de distintos vehículos en el transporte masivo informal prefigura la existencia de cuando menos dos modalidades fundamentales de prestar el servicio. La primera es conocida popularmente como “colectivo” y engloba principalmente a los automóviles sedán con capacidad para 5 pasajeros y las camionetas station wagon, debidamente acondicionadas para llevar entre 8 y 9 personas. La segunda modalidad es conocida como “microbús” y engloba a las camionetas rurales tipo Kombi o Van de entre 8 y 11 pasajeros, al microbús D-300 con 16 ó 18 asientos con una capacidad de 43 pasajeros y a los ómnibus D-500, BB-57 y Mercedes Benz, con una capacidad de 71, 77 y 90 pasajeros respectivamente, y a los Scania Vabis, GMC e International para más de 80.

La diferencia entre el transporte en colectivo y el transporte en microbús reside básicamente en el tamaño de los vehículos y, por ende, en la escala de su operación, sin que pueda notarse entre ambos diferencias cualitativas.

Como en el caso de las modalidades del comercio informal, no se trata aquí tampoco de fenómenos independientes ni de compartimentos estancos, sino de etapas que se suceden la una a la otra. Así, históricamente muchos de los transportistas informales que comenzaron en colectivos, con el correr del tiempo pasaron a trabajar en microbuses.

Sin embargo, no todos los colectiveros o microbuseros tienen el mismo grado de informalidad. La diferencia reside en que algunos cuentan con un reconocimiento administrativo *sui generis* recibido bajo la forma de una concesión. A quienes carecen de ese reconocimiento se les llama “piratas”, en alusión a su total ilegalidad. Esto no quiere decir, empero, que los colectiveros o microbuseros con concesión dejen de ser informales; porque el reconocimiento que tienen no les da acceso al régimen previsto por la ley para el transporte urbano ni a niguno de los elementos facilitadores inherentes a la formalidad, tales como la protección del sistema contractual y de la propiedad, la responsabilidad limitada, para obtener, entre otras cosas, seguros y créditos. Este reconocimiento administrativo sólo les crea un estado de excepción con cierta estabilidad y seguridad para el desarrollo de sus operaciones. Este es, en rigor, el criterio que determina el carácter informal de la actividad de los transportistas.

Por consiguiente, al igual que en las demás actividades informales, el transporte en colectivo y el transporte en microbús están gobernados por una normatividad extralegal común que regula, entre otras cosas, sus derechos de propiedad y organización.

La importancia de esta normatividad está expresada en el hecho de que la cumplen 91 de cada 100 vehículos dedicados al transporte masivo en Lima, mientras que sólo 9 vehículos acatan las regulaciones estatales. Por lo tanto, se trata verdaderamente del conjunto de normas que tiene vigencia social.

1.1 La Invasión de Rutas

De la misma manera que el poblador de asentamientos informales invade terrenos y el ambulante ocupa la vía pública, el transportista informal invade rutas.

Sin embargo, a diferencia de lo que ocurre en los dos casos anteriores, la ruta no es un bien físico como el terreno o la calle, sino un bien intangible, a determinar de acuerdo con la circulación y los deseos de viaje de la población. Así, la ruta es una unidad compuesta por diferentes trayectos entre un punto inicial y otro terminal.

Como sucede en el caso de los ambulantes, la invasión de las rutas es generalmente individual y responde a un previo proceso de descubrimiento y elección, que el ILD ha tratado de determinar.

En lo sustancial, ese proceso es un cálculo económico en el cual los transportistas informales tratan, antes que nada, de valorizar las distintas rutas posibles para poder determinar de cuál les comviene apropiarse. Para el efecto, cuando menos tienen que establecer dónde hay demanda potencial, trayectos con oferta insuficiente y nuevos barrios o asentamientos carentes de servicio. Asimismo, tienen que identificar los deseos de viaje de la población y las posibilidades efectivas de circular en tal sentido. De ese modo, la valorización de las rutas refleja no sólo las características técnicas que le son propias, sino también las preferencias de sus usuarios potenciales. Reunidos estos elementos, el transportista informal puede definir la ruta que le conviene y seguir adelante con sus planes de invasión. En el proceso, los informales se habrán ido convirtiendo en empresarios, puesto que al buscar la mejor manera de ganar dinero e identificar y satisfacer la demanda, habrán aprendido a combinar los recursos a su disposición de acuerdo con las circunstancias.

A continuación, el transportista informal tiene que estudiar las probables reacciones de otras personas, ya que la invasión de rutas siempre causa efectos sobre terceros.

En primer lugar, tiene que examinar si la invasión que planea afectará a otros transportistas informales que estén tratando también de apropiarse de esa ruta. En tal caso puede producirse una competencia entre informales para ver quién sirve la ruta, en la que generalmente triunfa aquél que está en condiciones de obtener una mejor rentabilidad, por lo que estará dispuesto a invertir más recursos para tratar de conseguirla.

En segundo lugar, el transportista informal tiene que evaluar la actitud futura de las autoridades, sean policiales o administrativas. En caso de encontrarlas renuentes debe recurrir a la negociación, tratando de demostrar, mediante planillones con firmas recogidas entre usuarios satisfechos, que el servicio se necesita, o echar mano de la corrupción pura y simple, que suele garantizarle además alguna forma de protección frente a la agresión de otros transportistas.

Por último, el informal tiene que determinar la probable reacción de otros ciudadanos, algunos de los cuales estarán interesados en que se mantenga el servicio convirtiéndose en sus potenciales clientes, y otros, en que el servicio no se instale, por el mayor riesgo que les representa el aumento de circulación y congestión en sus vecindarios. Hechas estas evaluaciones, el transportista informal está en condiciones de decidir si invade la ruta elegida.

La invasión no sólo es utilizada para descubrir y apropiarse de rutas originales, sino que los transportistas informales ya instalados siguen invadiendo durante el resto de su operación para ampliar o modificar las rutas que utilizan. En este caso, la invasión no es individual sino grupal, puesto que ya se ha constituido una organización informal llamada "comité", que la aprueba en asamblea luego de una evaluación bastante similar a la descrita. Precisamente, en el transcurso de sus investigaciones entre diversos comités, el ILD logró tomar contacto con uno que estaba en proceso de ampliar su ruta a través de una invasión. Se trataba de un grupo más bien pequeño que operaba una ruta poco remunerativa —heredada del comité de colectivos que lo precedió—, y que buscaba invadir otras rutas para mejorar su rentabilidad.

Ello le permitió al ILD presenciar los diferentes pasos que los transportistas informales iban dando. Primero, evaluaron la posible extensión que tendría la ruta a invadir, teniendo en cuenta la eventualidad de captar un número mayor de pasajeros. A continuación, como se trataba de invadir un trayecto pequeño que no iba a suscitar mayores resistencias de terceros, tomaron contacto con un funcionario menor del Ministerio de Transportes y Comunicaciones al que conocían, le advirtieron acerca de sus intenciones y le pagaron alrededor de 60 dólares para que interpusiera sus buenos oficios a fin de obtener el ulterior reconocimiento oficial. Posteriormente ese mismo funcionario, a nombre de los informales, arregló con la policía el pago de una coima mensual cercana a los 10 dólares, llamada popularmente "bolsa", a fin de evitar molestias.

Cumplidos estos actos preparatorios, los transportistas informales invadieron la ruta escogida, al tiempo que sometían una solicitud de reconocimiento al Ministerio con el objeto de recabar un documento con la constancia de que la petición se encontraba en trámite, y poder exhibirla en caso de necesidad. A partir de entonces intentaron mantener un servicio regular para crear una costumbre favorable entre la población, e inclusive recolectaron firmas para exhibirlas ante las autoridades como prueba de que el servicio tenía mercado y, por lo tanto, satisfacía una necesidad. Al cabo de un año de prestar el servicio, cuando no sólo los pasajeros sino también la policía, los funcionarios y el vecindario en general se habían acostumbrado a su presencia, los informales lograron obtener por excepción el reconocimiento oficial a través de una nueva concesión.

Este proceso no sólo ilustra cómo se produce una invasión cuando un comité establecido decide ampliar su ruta, sino que muestra también cómo lo conseguido en algún momento por invasión, tiende a convertirse en concesión, luego de un largo camino. Por consiguiente, el que muchos transportistas tengan hoy reconocimiento administrativo y aun concesiones de rutas no constituye la base de su derecho, cuya fuente primigenia fue realmente la invasión. El ILD estima que la casi totalidad de las rutas de transporte masivo existentes a la fecha han sido establecidas, ampliadas y modificadas en algún momento de su historia a través de invasiones, siendo algunas de ellas reconocidas después por las autoridades, con la invariable explicación de que se trataba de una excepción temporal.

La invasión, sin embargo, no es un medio deseable. Provoca una pérdida enorme de recursos para finalmente obtener un derecho que de todos modos es inseguro. Además, como el transporte involucra no sólo a quienes lo utilizan, la sociedad en general termina perjudicándose por la corrupción de los funcionarios, el desorden, el riesgo en las calles y la inseguridad resultantes.

1.2 *El Derecho de Apropiación de Ruta*

La realización de una invasión exitosa permite a los informales explotar las rutas antes de que el Estado les confiera reconocimiento alguno. Esta posibilidad supone la existencia de una relación jurídica extralegal, denominada por el ILD "derecho de apropiación de ruta".

La explotación económica del servicio sólo es posible porque este derecho les reconoce a los informales la exclusividad y enajenabilidad de las rutas. En el primer caso, garantizándoles su uso a voluntad, así como el aprovechamiento del ingreso resultante; y, en el segundo, dándoles la potestad de vender el derecho libremente.

Sin embargo, como el derecho de apropiación de ruta se ha originado en una invasión y se sustenta en la normatividad extralegal, no es una institución perfecta. Los transportistas informales tienen que negociar con el Estado su reconocimiento, a través de una concesión.

De este modo, el derecho de apropiación de ruta se somete a un largo proceso de perfeccionamiento, en el transcurso del cual se le va tratando de dar mayor seguridad y estabilidad para aproximarlo al derecho de propiedad formalmente reconocido. De un lado, la exclusividad del derecho de apropiación se va acrecentando, a tal punto que, si bien hay trayectos comunes o cruzados, no hay dos rutas iguales en todo servicio. De otro, la enajenabilidad del mismo va tornándose más segura a través del desarrollo de regímenes más complejos para llevarla a efecto. En lo fundamental, el ILD ha podido identificar dos. El primero establece un sistema libre, por el cual el socio del comité puede enajenar a voluntad su participación en tal derecho, sin necesidad de recabar autorización previa ni estar obligado a ofrecerla a los otros transportistas que operan con él. En estos casos la venta no se diferencia mayormente de la de una acción en una empresa formal, debiendo modificarse los padrones mantenidos por el comité para incorporar al nuevo socio. No obstante, en algunos casos el comprador paga una prima adicional a todo el comité, comúnmente denominada "cuota de ingreso", para compensar las inversiones, aportes, mejoras y fondos comunes constituidos por los demás socios a través de los años y que veremos más adelante.

El segundo sistema es, en cambio, relativamente restringido y, en él, el socio tiene que respetar para la transferencia un orden de preferencia establecido en favor de los transportistas que son miembros del comité. Así, o bien favorece a los choferes y cobradores que no son propietarios, o bien se estipula que sólo el comité puede comprarlo para posteriormente subastarlo entre los interesados.

Esas prácticas, sin embargo, no excluyen otras experiencias. En algunos comités antiguos con rutas que tienen escaso número de pasajeros, existe una restricción absoluta de las transferencias, admitiéndose únicamente el ingreso por herencia. El ILD ha podido encontrar que algunos de estos comités se encuentran ya en la tercera generación.

Por tener el derecho de apropiación de ruta un elevado valor económico para los transportistas, la normatividad extralegal regula, además, lo que ocurre en caso de retiro de los informales. Así, ha creado otro concepto conocido como "derecho de línea", por el cuál el comité le paga al socio que se retira de la actividad un porcentaje equivalente a sus distintas inversiones, mejoras y aportaciones a los fondos comunes.

Generalmente, las autoridades son completamente ajenas a estas transacciones. No obstante, como producen cambios en sus registros oficiales, se limitan a aceptar las comunicaciones que los transportistas mismos les remiten, indicando el cambio de socio o el ingreso de uno nuevo.

1.3 Las Organizaciones de Transportistas Informales

A medida que la ruta invadida y los derechos sobre ella van incrementando su valor, los informales comienzan a tener estímulos para organizarse, negociar y enfrentarse a las instituciones legales.

Todo ello los obliga a constituir organizaciones, básicamente en dos niveles. Uno primero que reúne en comités a los transportistas informales que operan en una misma ruta; y uno segundo que agrupa a los diferentes comités en sindicatos y, después, en federaciones.

1.3.1 El Comité

En el caso del transporte, por lo general, no hay contrato precedente a la invasión. Existe una etapa inicial en la que cada transportista informal, después de haber invadido por iniciativa propia, corre separadamente con el servicio, administra sus horas de trabajo, establece frecuencias y determina tarifas a cobrar. Sin embargo, no puede mantener indefinidamente su independencia y tendrá que organizarse con los transportistas que hacen el mismo recorrido, por cuanto una ruta bien escogida por su amplitud y número de pasajeros aumenta de valor y produce un efecto imitativo que hace que los invasores se multipliquen rápidamente.

Organizarse tiene varias ventajas: primero, explotar la ruta en una forma ordenada permite reducir los costos de operación y darle una regularidad a las frecuencias que mantenga satisfechos a los pasajeros. Segundo, concentra un número suficiente de transportistas para negociar con las autoridades y conservar la ruta descubierta. Tercero, impide el ingreso de nuevos invasores, una vez reunido el número de vehículos requeridos para atender la demanda.

Así pues, siguiendo la iniciativa de los más emprendedores, los invasores comienzan por celebrar asambleas de carácter reservado, donde eligen a sus dirigentes y tratan de llegar a acuerdos para organizar la explotación de la ruta. Levantan un padrón de socios, establecen un mecanismo esencialmente democrático para la elección regular de dirigentes, resuelven crear fondos comunes con cotizaciones obligatorias y deciden constituir un órgano específicamente encargado de cumplir los propósitos de los transportistas, al que denominan "comité". Es en ese sentido que se puede considerar que ese conjunto de acuerdos constituye un "contrato de sociedad informal".

El comité es el órgano institucional conformado luego de la invasión, con el propósito de ejecutar las finalidades del contrato de sociedad informal, que hacen que tenga una doble naturaleza: de un lado, que sea una empresa informal, en cuanto organiza la explotación económica de la ruta; y, de otro, un grupo de interés, en cuanto negocia con las autoridades la seguridad para los derechos extralegales adquiridos.

Esta doble naturaleza determina, además, la especialización de funciones al interior de la directiva del comité. Así, aparte de un secretario general que dirige tanto la empresa informal como el grupo de interés, las secretarías restantes se dedican a diferentes funciones. La administración de la empresa está confiada al secretario de organización, que se ocupa de la administración general; al secretario de economía, encargado a su vez de administrar los recursos comunes; al secretario de técnica o mantenimiento, que es responsable de organizar los talleres de mecánica, el suministro de repuestos y los grifos; al secretario de asistencia social que se encarga de las relaciones industriales; y al de cultura o educación y deportes, que se encarga de organizar bibliotecas y partidos de fulbito.

Por su parte, el grupo de interés está confiado al secretario de defensa, que es el encargado de las negociaciones con las autoridades y de los sobornos; y al secretario de prensa y propaganda que edita circulares y boletines.

En lo relativo a las actividades empresariales del comité, existen tareas bastante complejas. La dirigencia encargada tiene que perfeccionar el trayecto creado por la invasión, mediante el examen contínuo de las condiciones del mercado, el establecimiento de terminales al principio y fin de la ruta en plena vía pública

—contraviniendo explícitas prohibiciones legales al respecto— y la evaluación de las tarifas a cobrar por el servicio. Si se trata de comités que ya han aceptado el control estatal de tarifas a cambio del reconocimiento administrativo, se limitan a evaluar si el tope establecido satisface sus expectativas y a determinar qué privilegios podrían reclamar para compensar lo que dejen de ganar. En cambio, si se trata de comités "piratas" que no acatan el control, proceden a elaborar su propia tarifa basados en el criterio de un sólo precio para el mismo trayecto o de precios diferentes en función de la distancia, en caso de trayectos largos.

Igualmente, la dirigencia empresarial tiene que determinar las frecuencias y el despacho de los vehículos, a fin de distribuir su tiempo de circulación. La asamblea que establece frecuencias aprueba también a los despachadores, que controlan su cumplimiento al principio y al final de la ruta. Por lo tanto, tienen inclusive la facultad de castigar toda infracción que cometan los choferes contra la frecuencia establecida. En lo sustancial, estas infracciones pueden ser de dos tipos: "chantarse", que es cuando el chofer alarga deliberadamente la frecuencia, o "correteo", que es cuando la acorta. En ambos casos, cuando el ILD realizó sus investigaciones, las sanciones eran simbólicas: no pasaban de cincuenta centavos de dólar por infracción.

La dirigencia empresarial también tiene que establecer qué choferes no propietarios —llamados popularmente "palancas"—manejarán los vehículos de los socios cuando éstos descansan y cuál será el régimen de los cobradores en cada vehículo. Por principio, la asamblea da autorización para "palanquear" a choferes que tengan vinculaciones con un socio o sean recomendados por alguno. La forma de remuneración acordada es usualmente un porcentaje de los ingresos netos diarios que produzca el vehículo que manejan, que, si bien varía de comité en comité, asciende en promedio al 25%.

En cambio, la contratación de cada cobrador queda a criterio del transportista, porque se trata de una especie de capataz del servicio, que se ocupa de llenar el vehículo, tratar con los clientes directamente e inclusive controlar a los "palancas" cuando les toca su turno para que no se apropien indebidamente del ingreso generado.

De otra parte, la dirigencia empresarial debe mantener al día el registro de los socios y de los vehículos, principalmente para darle seguridad a las transferencias que se realizan y para proporcionarle a las autoridades la información que necesitan.

Asimismo, el comité, como empresa informal, tiene que tratar de financiar su actividad y la de sus afiliados, porque a pesar de su capacidad económica los transportistas informales son difícilmente aceptados como sujetos de crédito por las entidades financieras tradicionales.

Para el efecto, se recurre a tres modalidades de financiación. La primera podríamos denominarla "caja común", y consiste en periódicas cotizaciones voluntarias de los socios, que van a constituir y engrosar un fondo colectivo depositado en una cuenta mancomunada de alguna institución bancaria y administrado por el secretario de economía. Este fondo es comúnmente utilizado en la adquisición al por mayor de repuestos y aceite, el mejoramiento de la flota y, en general, para cualquier gasto del comité, como la edificación de un local o una fiesta especial.

La segunda modalidad podríamos llamarla "caja común de crédito" porque, siendo muy similar a la anterior, presta además dinero a los transportistas para el mantenimiento de su operación. Para el cómputo de intereses a cobrar en estos casos, el comité no toma como referencia las tasas bancarias fijadas por el Estado, sino las que cobran los agiotistas en el mercado libre informal. Esto obviamente beneficia a los transportistas que depositan sus ahorros en estas "cajas", puesto que les permite ganar intereses mayores que los que conseguirían en una entidad financiera formal. Pero también beneficia a los usuarios de las "cajas", ya que al no ser comúnmente sujetos de crédito formal éstos son los únicos recursos a los que pueden acceder.

La tercera modalidad de financiación está compuesta por las "cooperativas", que también prestan dinero a sus afiliados y que, salvo por el hecho de tener personería jurídica, no se diferencian mayormente de la "caja común de crédito".

Finalmente, el comité como empresa informal trata de constituir un seguro mutual en beneficio de sus afiliados frente a probables siniestros de sus vehículos, en vista de que, por lo general, no tienen acceso a las pólizas de seguros expedidas por compañías formalmente constituidas. Los riesgos cubiertos por estos seguros mutuales se establecen en asamblea. Es usual que no incluyan la responsabilidad ante terceros, sino solamente los daños personales o materiales sufridos por los socios a consecuencia de algún accidente.

No obstante, estos seguros mutuales sólo existen en los comités más sofisticados y prósperos. En los demás, cuando se produce un siniestro que deja sin herramienta de trabajo a un socio, es criterio extralegal permitirle al afectado "palanquear" en los mejores carros del comité hasta que recupere su situación económica.

En lo que se refiere a su carácter de grupo de interés, el comité desempeña funciones no menos complejas. La primera es la negociación con las autoridades. En vista de que son informales, los comités tratan de negociar con las autoridades el reconocimiento de sus derechos de apropiación de ruta y, una vez conseguido, la obtención de otros beneficios accesorios, como la extensión irregular de las rutas y el afincamiento de terminales y de paraderos a lo largo del trayecto.

Esas negociaciones consisten, fundamentalmente, en un juego de concesiones recíprocas. Cuando los intereses de las autoridades son políticos, a veces conceden determinados privilegios a cambio de que los transportistas declaren abiertamente que las apoyan o, en otros casos, que no se plieguen a una huelga convocada en su contra.

Los transportistas suelen utilizar, también, formas de presión que aceleran el resultado de las negociaciones, que por tratarse de informales sin acceso a los mecanismos de petición y carentes de un reconocimiento estatal pleno, buscan mayormente la confrontación. Así, recurren a amenazas, huelgas, marchas, paros, protestas u otros recursos como la recolección de firmas, usada especialmente cuando se quiere conseguir el reconocimiento de una ruta(1).

De este modo, sea por el apoyo político que prestan o por el desorden que ocasionan, los transportistas informales han tratado de preservar sus derechos extralegales, al precio de politizarse ellos mismos e invertir en tal propósito una fracción creciente de sus recursos.

La segunda función que desempeñan los comités como grupos de interés es la corrupción. Por lo general, la utilizan para obtener de la administración pública dos tipos de beneficios: la aceleración de los trámites y el reconocimiento o defensa de sus derechos de apropiación de ruta.

Cuando se busca el reconocimiento o la defensa de los derechos de apropiación de ruta, existen procedimientos de corrupción. Si la iniciativa parte de los funcionarios, un representante de éstos recorre periódicamente los comités como cobrador, a fin de formular la invitación a coimear o, si ya está acordada, recaudar el monto correspondiente y repartirlo entre sus cómplices.

En cambio, si la iniciativa corre por cuenta de los informales, los secretarios de defensa de los comités involucrados recorren las comisarías o reparticiones públicas ofreciendo una "bolsa" a cambio de sus servicios, que pueden ir desde "hacerse el de la vista gorda" frente a una ampliación de ruta hecha por invasión, hasta protegerlos de los "piratas" que tratan de hacerles la competencia invadiendo sus rutas.

---

1) Se recuerda como típico ejemplo el caso del Comité 77M que amplió su ruta a través de una invasión y coordinó con la dirigencia del Pueblo Joven Huáscar la recolección de firmas y hasta una marcha para presionar al Ministerio de Transportes y Comunicaciones.

1.2.3 Sindicatos y Federaciones

Si bien los comités pueden ser medianamente eficaces para lograr que se reconozcan los derechos de apropiación de ruta, tienen enormes dificultades para acceder a las más altas autoridades. Estas dificultades se acentúan muy rápidamente porque, a cambio del reconocimiento administrativo, el Estado suele imponerles a los transportistas una serie de obligaciones, y especialmente el control de tarifas. En ese momento, el interés de los informales no se limita solamente a ganar seguridad y estabilidad para sus derechos, sino que se extiende a tratar de conseguir otros beneficios que les permitan compensar las nuevas obligaciones que les están exigiendo.

Sin embargo, los comités por sí solos no están en posición de poder organizar la satisfacción de esos intereses y movilizar a la cantidad de transportistas y vehículos necesarios para impresionar a las autoridades y a la opinión pública. Para el efecto, necesitan coaligarse en organizaciones de grado superior que les permitan beneficiarse del poder redistributivo del Estado.

Por ello, los comités se reúnen entre sí para formar sindicatos que a su vez se afilian a federaciones, complementando entre ambos la organización política de los transportistas informales.

Así, mientras que los comités se integran con el contrato de sociedad informal, los sindicatos y federaciones son acuerdos políticos posteriores, conformados para formalizar sus derechos y tratar de compensar el control de tarifas y las demás cargas que el Estado impone a cambio del reconocimiento administrativo.

Para el efecto, tienen que negociar explícita o implícitamente un intercambio recíproco de favores, tal como en el caso de los comités, e inclusive recurrir a medidas de presión muy similares, como la recolección de firmas, las amenazas, los paros, las marchas y las huelgas. Del mismo modo, llegado el caso, tienen que coimear a las autoridades.

Así, la falta de medios legales para protegerse individualmente, obliga a los transportistas informales a recurrir a este tipo de organización política. En este proceso las partes que se involucran tienen intereses muy precisos para hacerlo. El caso del control de las tarifas permite ilustrar esto claramente: el gobierno trata de evitar que los pasajes suban para salvaguardar su imagen y mantener su popularidad, si es un régimen democrático; o de obtener "legitimidad" para el ejercicio del poder, si se trata de una dictadura. Las organizaciones, por su parte, esperan incrementar el número de sus afiliados, acrecentar fuerzas y conservar influencia; y los transportistas informales en general quieren obtener privilegios que les permitan compensar el control de las tarifas.

Este conjunto de intereses definidos origina un intercambio mercantilista en el cual se trata de utilizar el poder redistributivo del Estado. A su vez, esto hace que la supervivencia o primacía de los distintos sindicatos y federaciones dependa básicamente de la cantidad o calidad de beneficios que ofrezcan a los comités dispuestos a afiliarse a ellos. Estos, por su parte, sirven pragmáticamente el interés de los transportistas informales y no tienen reparo ideológico alguno en pasar de una organización a otra, según los beneficios que oferten.

De esta manera se ha generado a través de la historia un ambiente francamente competitivo entre las distintas organizaciones, en función de su capacidad para vincularse o negociar con el Estado.

En este campo son dos las instituciones que han pugnado por ser las más representativas del gremio: la Federación de Choferes del Perú (FED) y la Federación de Choferes y Anexos del Perú (ANEXOS). La primera, políticamente independiente, agrupa al mayor número de transportistas, teniendo como base en Lima al Sindicato de Choferes en Microbuses, que reúne, a su vez, al 95% de los comités. La segunda, por su parte, está ligada al Partido Aprista Peruano y no tiene una presencia considerable. Su base en la capital es el Sindicato de Choferes de Taxis, Colectivos y Microbuses del Servicio Público de Lima, que agremia solamente al 5% de los comités. Sin embargo, como veremos más adelante, la influencia de estas dos organizaciones ha variado con los diferentes gobiernos que se han sucedido en el poder.

El resultado de esta competencia ha sido que los transportistas informales en general han logrado un conjunto verdaderamente sorprendente de privilegios a través de los años.

En materia impositiva, los sindicatos y federaciones consiguieron que se les condone la deuda tributaria en 1968 y 1970(2), que se los exonere del impuesto a los timbres, del impuesto a las planillas, de las contribuciones al seguro social y de las contribuciones al SENATI en 1968, 1970 y 1971(3); de los impuestos sobre las adquisiciones de vehículos usados y la alcabala y su adicional en 1968, 1970, 1971, 1978, 1981 y 1983(4); del impuesto al rodaje en 1970 y 1971(5); del impuesto a las remuneraciones a cargo del empleador y de la revaluación del activo y capitalización del excedente de revaluación en 1983(6), entre otros.

---

2) D.S. 260-68 HC y D.L. 18387.
3) D.S. 260-68 HC, D.S. 269-68 HC, D.L. 18387 y D.L. 19256.
4) D.S. 260-68 HC, D.L. 18387 y D.L. 19256, D.L. 22344, D. Legislativo 17 y D. Legislativo 273.
5) D.L. 18387 y 19256.
6) D. Legislativo 273.

En materia arancelaria, los sindicatos y federaciones han conseguido que los transportistas informales importen vehículos y repuestos liberados de todo tributo en 1955, 1956, 1957, 1958, 1959, 1960, 1961, 1964, 1968 dos veces, 1970, 1971, 1972, 1973, 1976, 1977, 1980 dos veces, 1981, 1982 y 1983(7).

En cuanto al régimen de sanciones, los sindicatos y federaciones han logrado que los transportistas informales sean favorecidos por una reducción en las penas por infracciones de tránsito, hasta en cuatro oportunidades distintas. Así, en 1972 se dispuso que sólo pagaran el 10% de las multas por infracciones leves(8). Ese mismo año, en un principio se definió qué infracciones eran leves(9), pero después se dijo que con excepción de unas pocas(10), todas eran leves. Finalmente en 1981 se estableció que los vehículos de transporte urbano no serían internados en los depósitos oficiales en caso de infracciones, porque de hacerlo se dejaría a Lima sin servicio(11).

En lo que a sistema administrativo se refiere, los sindicatos y federaciones han recibido el privilegio de participar de los organismos encargados del control de precios en 1969 y 1981(12), de participar en los organismos encargados de regular el servicio en 1970 y 1981(13), de solucionar conflictos por rutas en 1979 y de participar en la administración del Fondo Financiero del Transporte Terrestre en 1983(14).

Asimismo, los sindicatos y federaciones han sabido aprovechar las normas de ejecución comercial para que los transportistas informales puedan disfrutar de la inembargabilidad de sus vehículos en caso de incumplimiento de sus deudas, con lo cual han atenuado su responsabilidad comercial(15).

Por último, con la creación del Fondo de Promoción del Transporte Terrestre en 1980(16) y del Fondo Financiero del Transporte Terrestre en 1981 (17), han conseguido que los transportistas informales reciban el privilegio de tener crédito subsidiado y en condiciones ventajosas.

---

7) R.S. 11 de mayo 1955, R.S. 9 febrero 1956, D.S. 20 setiembre 1957, R.S. enero 1958, D.S. 10 junio 1959, D.S. 16 y R.M. del 3 marzo 1961, D.S. 3 enero 1964, D.S. 27 octubre 1964, D.S. 260-68 HC, D.S. 269-68, D.L. 18387, D.L. 19256, D.L. 19282, D.L.19398, D.L. 21413, D.L. 21805, D.L. 22943 y D.L. 23171, D. Legislativo 9, D.S. 017-81 TC, D. Legislativo 18, D.S. 006-82 EFC, D.S. 183-82 EFC, D.S. 380-82 EFC, RM 0084-72 TC/DNT y D.S. 423-83 EFC.

8) D.L. 19282.

9) R.M. 012-72 PC/CSB.

10) R.M. 016-72 PC/CSB.

11) D.S. 055-81 PC.

12) D.L. 17948, D.S. 009-81 TC y D. Legislativo 166.

13) Creación oficiosa y D.S. 009-81 TC, respectivamente.

14) Oficio 0047-TC y D. Legislativo 267.

15) Código de Procedimientos Civiles. Artículo 617, inc. 12. Modificado por el D. Legislativo 329.

16) D.L. 23171.

17) D. Legislativo 155, D.S. 059-81 EFC y D. Legislativo 267.

No obstante haber obtenido todos los privilegios, los transportistas informales no han salido favorecidos por el proceso. Como veremos en el subcapítulo siguiente y en el capítulo V, el Estado les ha impuesto a cambio múltiples exigencias —lo que nosotros denominamos "costos de la formalidad"—, incluso el control de las tarifas y el acceso a un reconocimiento administrativo distinto al que beneficia a los empresarios formales de otras áreas. Esta situación ha hecho que el sistema de transporte entre periódicamente en crisis.

2.0 EVOLUCION HISTORICA

Al igual que en los capítulos anteriores, hemos organizado la narración de la evolución histórica del transporte informal en 17 hitos que expresan los antecedentes del servicio, el desarrollo de la informalidad, sus efectos sobre la sociedad formal y la manera como el Estado ha ido encarando el problema a través de los años.

2.1 Inicio del Transporte Masivo

El nacimiento del transporte masivo durante el siglo pasado fue posible por los avances técnicos de la época, que permitieron aprovechar el ferrocarril y la vía férrea para el traslado de pasajeros. De este modo, estuvo asociado con una concepción restrictiva del mercado, en tanto que los rieles plantean una sola atribución de rutas posible.

En efecto, el primer servicio de transporte masivo en la capital se instauró en 1851, cuando la locomotora "Chalaquito" partió de las inmediaciones de lo que hoy es la Plaza San Martín rumbo al primer puerto, inaugurando el ferrocarril Lima-Callao. Paralelamente al desarrollo de este ferrocarril interurbano, se mantuvo dentro de la ciudad el ancestral servicio de carruajes de alquiler, antecesor del moderno taxi, que bastaba para cubrir las necesidades de una ciudad pequeña y sin mayor apremio demográfico.

Sin embargo, al aumentar la población hacia fines del siglo, estos carruajes empezaron a proliferar, desarrollando rutas más o menos definidas. Semejante transformación estimuló la reacción del Estado, que promulgó en 1874 el primer reglamento republicano sobre la materia y estableció inclusive el control de tarifas por parte de las autoridades(18).

El desarrollo de rutas fijas hizo que el carruaje evolucionara fácilmente hacia el tranvía jalado por tracción animal, que fue, en sentido estricto, el primer medio de transporte masivo de pasajeros dentro de la ciudad. Este desarrollo, a su vez, empezó a plantear un nuevo problema. Hasta ese momento los carruajes aislados no

---

18) Reglamento de Carruajes, Coches Públicos y Particulares del 5 de junio de 1874.

suponían atribución de propiedad diferente a la del coche mismo. Sin embargo, la aparición de rutas y de un tranvía con rieles exigieron del Estado la creación de un mecanismo para establecer derechos de propiedad sobre las rutas. Fue así que se puso en marcha el sistema de concesiones, por el cual el Estado negociaba con cada interesado en instalar un tranvía la definición de la ruta, las características del servicio y el monto del pasaje. Las primeras empresas tuvieron tarifas establecidas de manera convencional que obligaban a las partes como si se tratara de un contrato, y no suceptibles de modificación automática de acuerdo a las variaciones del mercado, sino según el temperamento propio de la voluntad de las partes. Para admitir una modificación, debía existir un acuerdo previo que alterase las condiciones vigentes. Por lo general, una de las partes proponía la modificación y la otra aceptaba o rechazaba la propuesta. Como usualmente era el Estado quien, debido a diversas consideraciones políticas, prefería mantener inalterables las tarifas y eran más bien las empresas las que promovían las alzas, los roles se definieron pronto: las empresas solicitaban y el Estado aceptaba o rechazaba las ofertas.

Las mejoras técnicas precipitaron el desarrollo de este servicio, de tal manera que con el advenimiento del siglo XX se iniciaron las primeras gestiones para reemplazar el tranvía de fuerza animal por el eléctrico. En 1895, el Municipio limeño fue autorizado a contratar la instalación de ese sistema, pero recién en 1903 entregó las primeras concesiones a distintos grupos de empresarios formales: en enero para explotar la ruta entre Lima y Chorrillos(19) y en marzo para explotar la ruta entre Lima y El Callao(20).

Sin embargo, a medida que la administración de este nuevo servicio se hacía compleja, al Estado le resultaba más sencillo tratar con un solo concesionario. Así, ya para 1905 entregó a una sola empresa —la Compañía del Ferrocarril Urbano de Lima Ltda.— la potestad de servir más de una ruta, perfilándose una tendencia hacia el monopolio, que se confirmó en 1913 y en 1920 cuando la Lima Light and Power se hizo cargo de los tranvías urbanos e interurbanos, respectivamente.

De ese modo, se estableció la preferencia del Estado por tener la menor cantidad posible de interlocutores y surgió, recíprocamente, la necesidad de los privados de contar con contactos políticos para poder ingresar y mantenerse en el negocio.

Es en semejante contexto restrictivo que entraron en escena, primero, los empresarios formales, que tratarían de prestar el ser-

19) R.S. del 12 de enero de 1903.
20) R.S. del 13 de marzo de 1903.

vicio en ómnibus, y luego los informales, que intentarían hacerlo en colectivos. Ambos encuentran, así, un Estado dispuesto y preparado para negociar con la menor cantidad de empresarios posible.

2.2 *Irrupción del Transporte Vehicular y Superación del Monopolio del Riel*

La irrupción del transporte vehicular en ómnibus realizado por empresarios formales, así como las primeras adaptaciones de vehículos de carga para el servicio de pasajeros, superaron al riel como única vía de circulación e impidieron que el Estado pudiera restringir el mercado por condiciones físicas.

Así, en mayo de 1921 Luis Tirado recibió autorización para establecer formalmente la primera línea de ómnibus en el trayecto entre Lima, Miraflores, Barranco y Magdalena del Mar(21). Se trataba, al igual que las que siguieron, de una empresa relativamente pequeña, con no más de diez unidades.

Estas pequeñas líneas se asociaron, además, con una industria local de carrocerías y otras pequeñas empresas, a las que encargaron el mantenimiento y las reparaciones de sus vehículos. Surgieron así en el mismo año los primeros talleres de metalmecánica dedicados a adaptar los chasis importados a los reglamentos de transporte en la capital. El primero perteneció a Vito Pavone, un mecánico de origen italiano, apodado "Thomas A. Edison" Pavone, que ese mismo año ensambló los primeros vehículos de transporte nacionales sobre un chasis original de camión Fiat. Tales vehículos, con 22 asientos y puertas para entrada y salidas definidas, combinaban la flexibilidad del automóvil con la capacidad del ómnibus. Conocidos popularmente como "góndolas", seguramente como referencia al origen italiano del fabricante, estos vehículos entraron en el servicio inmediatamente y pueden ser considerados como los antecesores de los actuales microbuses.

Las góndolas operaron, primero, entre La Victoria y el Parque Universitario, luego en todo el centro de la ciudad, y más tarde entre Magdalena y el centro. De acuerdo con la versión de Margarita Petrera(22), Pavone recibió financiamiento del Banco Italiano —hoy Banco de Crédito— para instalar estas primeras líneas.

Para 1926, esta nueva modalidad de transporte en ómnibus se había hecho popular, al punto que aparecieron cuando menos ocho nuevas empresas para servir rutas entre Lima, Miraflores, Barranco y Magdalena del Mar.

---

21) R.S. del 7 de mayo de 1921.

22) Petrera, Margarita: "La Experiencia de la Propiedad Social en el Transporte Terretre". Tesis para optar el título de licenciada en sociología. Pontificia Universidad Católica del Perú. Lima. Julio 1977. Pg. 19.

De alguna manera, esta difusión se vió enormemente favorecida por el programa de construcción de vías públicas llevado a cabo por el gobierno de Augusto B. Leguía. En vista de que las compañías de tranvías tenían que soportar el costo del tendido de sus propias vías, las de ómnibus pudieron sacar ventaja de la inversión estatal en calles y avenidas.

Adicionalmente, este fue el comienzo del proceso de expansión de áreas residenciales fuera de la ciudad y de ocupación gradual de los espacios entre el radio de transporte que conectaba las comunidades satélites con el centro de la capital. Los ómnibus, sin inversión adicional en rieles, pudieron adaptarse con mayor facilidad que los viejos tranvías a los cambios en el uso del espacio urbano, estableciendo un precedente que sería imitado más tarde por la informalidad.

2.3 Aparición del Colectivo Informal

El primer avance de la informalidad comenzó a producirse paralelamente al desarrollo del hito anterior, y consistió en la aparición de los primeros automóviles sedán utilizados como colectivos.

En principio ese modelo era ineficiente para el servicio, porque ocupaba un área de la vía pública muy grande para el número de pasajeros que transportaba(23). Sin embargo, esta deficiencia básica pudo soslayarse por diversos factores.

En primer lugar, el nivel de las tarifas resultante del acuerdo entre los transportitas formales de ómnibus y el Estado fue tan elevado que permitió utilizar rentablemente los sedán, que tenían menores economías de escala que los ómnibus formales.

En segundo lugar, la política de "gasolina barata" —que caracterizó a todos los gobiernos peruanos hasta la segunda mitad de la década del 70— permitió que los sedán pudieran ser rentables en base al bajo costo de operación.

En tercer lugar, la relativamente escasa población y la amplitud de los viajes de la época no hicieron notar inmediatamente el aumento en la congestión que se estaba produciendo, de modo que los informales pudieron introducir los sedán sin preocuparse por hacer economías de escala desde el principio, sino más bien postergando tal incremento para cuando el aumento de la demanda o la complejidad de los viajes así lo requiriesen.

El sedán era el único vehículo al alcance de los informales, porque el monto de inversión no era muy elevado y porque era más fácil evitar ser detectado por las autoridades y perseguido por los formales conduciendo un automóvil que un vehículo de mayor envergadura.

23) Unos 12 m^2 de vía pública por 5 pasajeros, a razón de 2.4 m^2 por persona.

2.4 Surgimiento de las Organizaciones de Transportistas

La primera organización de transportistas informales fue el "comité", cuyo origen histórico data probablemente de finales de la segunda década del siglo. En un principio se trató básicamente de agrupaciones pequeñas que reunían a los colectiveros que habían invadido rutas populosas como La Victoria-Viterbo y Cocharcas-avenida Bolivia, para resistir la hostilidad de las empresas formales de ómnibus que operaban las mismas rutas y que lanzaron en su contra a la policía. Esto acrecentó la necesidad de formar comités fuertes e incrementó los estímulos para negociar con las autoridades y organizar racionalmente la explotación del servicio.

De la misma manera, al surgimiento de los comités correspondió el de su unidad y expresión política en sindicatos y federaciones. Muchos de ellos se agruparon en el Sindicato de Choferes de Colectivos de Lima, que, por su parte, se integró al llamado Centro Unión de Choferes, junto con el Sindicato de Trabajadores Autobuseros, compuesto por los conductores de las empresas de ómnibus tradicionales. El Centro Unión, a su vez, se agremió con otros grupos de choferes para fundar el 16 de abril de 1921 la Federación de Choferes del Perú (FED).

Esta nueva organización, como todo ente cuyo objetivo principal es defenderse del Estado, cayó en manos de políticos. Comenzó dominada por grupos anarquistas que posteriormente pasarían, en su mayor parte, a engrosar las filas del Partido Aprista Peruano. A partir de 1925, la presencia comunista en la FED se acentuó, a tal punto que, años después, se contó entre los grupos que fundaron la Confederación General de Trabajadores del Perú (CGTP)(24). Ello no obstante, la dirigencia anarquista logró recuperar el poder casi de inmediato, desafiliando a la FED por primera vez de la CGTP, con el propósito de emprender por su cuenta la defensa de sus miembros.

Todos estos hechos revelan, sin embargo, un proceso más profundo, consistente en que los transportistas informales encontraron que sus únicos aliados eran organizaciones políticas profesionales especializadas en la defensa de intereses proletarios. Esto les planteó un dilema a lo largo de su historia porque sus intereses no eran siempre coincidentes con los de estas organizaciones. Así, continuamente se afiliaban y desafiliaban de ellas, según existie-

---

24) Según Margarita Petrera (Ob. Cit. Pp. 43-44), "(...) en 1929, dentro de las siete importantes organizaciones que lanzaron el 'Manifiesto a los Trabajadores de la República' criticando los fracasos de la organización anarcosindicalista y proponiendo la formación de la Confederación Nacional, constituida y basada en el principio de la 'Unión Proletaria', se encontraba la Federación de Choferes del Perú".

ran coincidencias, "proletarizando" su conciencia política sin encontrar entre los empresarios formales una actitud que permitiera asimilarlos.

Fue así que los transportistas formales constituyeron en 1926 su propia organización, llamada Asociación de Propietarios de Omnibus Urbanos e Interurbanos (APOUI), que habría de tener una presencia protagónica en los años sucesivos.

2.5 *La Gran Huelga de 1930*

El tercer avance de los informales ocurrió cuando éstos, aliados con los empresarios formales, lograron abrir el mercado y derrotar al monopolio creado por las autoridades del régimen leguiísta. En efecto, en 1930 el gobierno celebró un contrato de monopolio para la explotación de todas las rutas de Lima con la Metropolitan Company, una asociación en participación entre la Lima Light and Power, que ya tenía el monopolio de los tranvías, e inversionistas norteamericanos.

Frente a tal situación, los transportistas formales de ómnibus e informales se unieron, contando inclusive con el concurso de los propietarios de grifos también perjudicados por el monopolio, y declararon una feroz huelga de transportes en Lima que, por lo demás, vino a coincidir con todo un movimiento de protestas que terminaría con la caída del régimen de Leguía después de once años de gobierno.

El conflicto se agudizó en abril de 1931, con la organización de una gigantesca "olla común" a iniciativa de la FED, la CGTP y otras organizaciones reclamantes. Los actos de solidaridad y las manifestaciones callejeras se multiplicaron, ocasionando graves choques con la policía. Esto hizo que los choferes se reafiliaran a la CGTP, en busca de fortalecer su posición.

La huelga continuó hasta instalada la junta que presidió David Samanez Ocampo, que en un principio no dio muestras de querer resolver el acuerdo con la Metropolitan. Esto hizo que se radicalizara la situación, llegándose a apedrear e incendiar los vehículos de la Metropolitan, al punto que el gobierno tuvo que constituir un tribunal arbitral encargado de resolver la disputa. Para conformarlo recurrió a personalidades eminentes como J.A. Encinas, A.E. Pérez Araníbar, C.A. Doig y Lora, A. Wiese, C.A. Ugarte, L. Villacorta del Campo y J.I. Barreda Bustamante, con lo que de alguna manera puso de manifiesto la importancia que le daba al problema. El laudo del tribunal fue concluyente: declaró anulado el contrato de monopolio en favor de la Metropolitan, libre el registro de vehículos y reconocido administrativamente el servicio prestado por los informales a partir de mayo de 1931.

Semejante decisión favoreció a los transportistas privados, porque les concedió un espacio donde actuar, pero también benefició a los informales, toda vez que además de conferirles la seguridad que necesitaban para el desarrollo de sus actividades, les reveló que la acción política les permitía emprender exitosamente una lucha reivindicativa contra el Estado.

2.6 Entendimiento entre los Formales y el Estado

Este hito correspondió a la conversión de los empresarios formales en nuevos interlocutores del Estado y a la progresiva imposición a éstos de una serie de obligaciones legales que terminaron reduciendo su espacio de acción y permitieron la expansión de la informalidad.

Los dueños de las empresas formales agrupados en APOUI parecían haber sido los principales vencedores de la batalla contra el monopolio de la Metropolitan y concentraban a grupos de inversionistas relativamente prósperos y con acceso a los principales mecanismos de poder, de suerte que se erigieron rápidamente en el grupo decisivo en la actividad(25).

Ello le hizo notar al Estado que, si bien no había podido imponer un monopolio para facilitar su control sobre el transporte, por lo menos podía reducir el número de interlocutores tratando con una sola organización oligopólica. Esto también les resultó atractivo a los propios formales, ya que les permitía sustraerse de la competencia. Se sentaron, de esta manera, las bases para el desarrollo de un intercambio de favores entre el Estado y los transportistas formales.

Así, los formales obtuvieron que el Estado en 1931 les confirmara su situación de oligopolio, prohibiendo el libre acceso al transporte acordado por el tribunal arbitral, y que en 1936 les asignara todavía una mayor protección estableciendo el criterio de la superposición de rutas, según el cual se denegaban permisos de operación a los nuevos concesionarios en la medida en que las rutas propuestas se superpusieran con las existentes.

Sin embargo, hubo paralelamente un reforzamiento de la posición del Estado, que el mismo 1931 les exigió a los formales el pago de un impuesto equivalente al 6% de los pasajes vendidos, la entrega de 100 pases libres para los funcionarios públicos y el establecimiento de una tarifa reducida en 50% para los militares, que se encontraban en ese momento en el poder.

Al año siguiente el Estado da un paso mayor, atribuyéndose unilateralmente la potestad de controlar las tarifas del transporte

25) Cf. De Wit, Hans: "El Transporte Público en Lima Metropolitana". Centro de Investigaciones de la Universidad del Pacífico. 1981. Pg. 38.

masivo, hasta ese entonces establecidas convencionalmente según el modelo de las concesiones originales(26). Esto sugiere que ya por entonces el Estado abrigaba la intención de intervenir más activamente en el servicio.

Esa intención se puso de manifiesto durante la Segunda Guerra Mundial, cuando el transporte formal entró en crisis por las limitaciones en el suministro de material rodante, repuestos y demás implementos necesarios. Ante estas dificultades, el Estado, en lugar de fortalecer a sus aliados formales, lo primero que hizo fue intervenir directamente. En 1942 creó la primera empresa pública de transporte urbano llamada Comisión Fiscal de Transporte(27), que se convirtió en la Corporación Municipal del Transporte en 1946(28) y en el Servicio Municipal de Transporte en 1948(29).

Paralelamente, los empresarios formales afrontaron graves problemas. Recién en 1944, se autorizó un alza de pasajes después de 20 años(30), pese a lo cual se les obligó además a cobrar menos del 50% de la tarifa a los escolares de primaria(31). No obstante, el reajuste fue insuficiente: tres empresas de ómnibus quebraron y el Municipio asumió *de facto* sus servicios porque no podía dejar desatendida la ciudad.

De ese modo, el retroceso formal ocasionado por el Estado comenzó a dejar un espacio libre para que la informalidad se expandiera en los años siguientes.

2.7 *Fortalecimiento de los Gremios*

En este avance los transportistas informales lograron obtener reconocimiento político suficiente para el desarrollo de sus actividades, gracias al enfrentamiento de los distintos grupos que trataban de controlar sus organizaciones.

En efecto, mientras que los formales resultaban finalmente perjudicados por su entendimiento con el Estado, los informales fueron fortaleciendo sus organizaciones para aprovechar el espacio libre y obtener un reconocimiento que les permitiera realizar tranquilamente sus actividades.

Tuvieron en ese empeño una conducta sumamente pragmática: elegían a sus dirigencias o cambiaban de afiliación en función de los beneficios que podían obtener de su relación con el Estado, sin

26) R.S. del 28 de enero de 1932 y R.S. del 08 de noviembre de 1932.
27) D.S. del 13 de noviembre de 1942.
28) Ley 10601 y D.S. del 10 de setiembre de 1946.
29) D.S. del 02 de junio de 1948.
30) R.S. del 29 de diciembre de 1944.
31) Diez años más tarde la tarifa rebajada se extendió a los estudiantes de secundaria (R.S. del 10 de agosto de 1954), y en 1960 a los universitarios (Ley 13406 del 4 de Marzo de 1960).

dejarse llevar por las preferencias ideológicas. Fue así que aprovecharon la rivalidad entre comunistas y apristas —que habían venido a reemplazar a los anarquistas en el gremio— para hacerlos competir por la obtención de los máximos beneficios posibles.

En este proceso, los comunistas obtuvieron la primera victoria. En 1939 su partido había apoyado a Manuel Prado, candidato presidencial conservador, llamándolo inclusive el "Stalin peruano", entre otras cosas a cambio de que incorporara en sus listas parlamentarias a Juan P. Luna, dirigente de la FED y, a la vez, Secretario General del Partido Comunista. Al salir elegido diputado, su posición dentro del régimen pradista le permitió mejorar la influencia de los comunistas en el gremio, garantizándoles a los transportistas informales, al menos temporalmente, la seguridad mínima que requerían para el desarrollo de su actividad.

En 1945, con el cambio de régimen político que llevó al poder a José Luis Bustamante y Rivero apoyado por el APRA, fueron esta vez los miembros de ese partido quienes lograron obtener la hegemonía. Consiguientemente, el APRA pudo hacerse del control de la FED, que pasó a integrarse a la Confederación de Trabajadores del Perú (CTP), manejada por sus células sindicales. Por su parte, Luna no sólo perdió el control de la organización, sino que fue expulsado del Partido Comunista en 1947.

Sin embargo, esta nueva hegemonía no duró mucho tiempo. A medida que la posición dol APRA fue debilitándose dentro de la administración de Bustamante y, concretamente, a partir del golpe militar de 1948 que puso en el poder al general Manuel A. Odría, la dirigencia aprista de los choferes fue perdiendo el favor de la autoridad y, por lo tanto, el de los propios transportistas. En ese momento, Juan P. Luna, ahora aliado de Odría, se lanzó a la reconquista de la FED, promoviendo junto con otros dirigentes una organización sindical antiaprista llamada "Comité de Acción Política de los Trabajadores del Perú". De esta forma, en el año 50, la FED abandonó la CTP y, en las manipuladas "elecciones generales" de ese mismo año, Luna postuló en las listas odriístas, obteniendo una curul senatorial, que consolidó su poder de negociación.

Los apristas, por su parte, fundaron una nueva organización llamada "Federación de Choferes y Anexos del Perú" (ANEXOS), en un intento de conservar cierta presencia política para en un futuro disputar otra vez la hegemonía.

De esta manera, a partir de la Segunda Guerra Mundial, las organizaciones de los transportistas informales, en vez de integrarse plenamente al mundo empresarial, adquirieron la presencia política necesaria para la defensa de sus intereses. Pero así como los partidos políticos habían aprendido a utilizarlas, ellas también habían aprendido a utilizar a los partidos políticos.

2.8 *Crisis del Colectivo e Introducción de las Station Wagon*

El siguiente avance de la informalidad se dio a partir de la década del 50, cuando los colectiveros comenzaron a acrecentar la escala de sus vehículos, reemplazando sus automóviles sedán por camionetas station wagon. Empezaron, así, a acercar el tamaño de sus vehículos al de los formales y a plantearles una renovada competencia.

Este proceso se hizo necesario básicamente por problemas de economías de escala: como hemos visto, el colectivo no era muy eficiente, entre otras razones, porque ocupaba un exceso de área por pasajero que no se podía mantener conforme la demanda creciera y las rutas se hicieran más complejas.

En ese contexto, el uso de camionetas station wagon ofreció a los informales la posibilidad de ampliar su capacidad de transporte de 6 a 9 personas por vehículo, sin necesidad de alterar su normatividad extralegal ni la estructura de las organizaciones informales.

Sin embargo, en 1950, a poco de aparecer en el servicio, fueron expresamente prohibidas por las autoridades. Los transportistas privados tradicionales, aún poderosos entonces, vieron con preocupación la nueva competencia y dirigieron contra ella la represión gubernamental, toda vez que el aumento de escala planteaba, de por sí, una amenaza mayor para ellos que el uso de los automóviles sedán como colectivos. No obstante, como los informales estaban llenando así el vacío que los formales agobiados por el Estado y por su propio oligopolio no podían cubrir, el proceso de introducción de la station wagon continuó llevándose a cabo.

2.9 *Primeros Privilegios Redistributivos*

El siguiente avance ocurrió cuando los informales lograron que el Estado aceptara concederles periódicas liberaciones arancelarias para importar vehículos y repuestos como privilegio al que tenían derecho a cambio de brindar al gobierno su respaldo.

La primera liberación fue negociada entre el grupo de Luna y el régimen odriísta en 1955. Básicamente consistió en el permiso para importar, libres de impuestos, automóviles sedán que la FED pondría a disposición de los transportistas informales que acreditaran no haber militado en el Partido Aprista.

Con ello no sólo se inició una larga tradición de conceder liberaciones, sino también se les imprimió a las mismas un carácter netamente político que se mantuvo en los años sucesivos.

En 1956, terminado el gobierno de Odría, ascendió al sillón presidencial por segunda vez Manuel Prado, quien necesitó esta vez de los votos apristas para ganar y, a cambio de ello, les prometió el régimen de "La Convivencia". Así, el APRA recuperó contacto con el poder y pudo recomponer su presencia sindical, fuertemente dañada por las persecuciones odriístas y revitalizar a ANEXOS. En esta oportunidad los informales se comportaron de nuevo racionalmente: abandonaron la FED y se afiliaron a ANEXOS, en espera de obtener privilegios interesantes. Lo primero que hizo esta organización fue continuar por el derrotero abierto durante el régimen anterior, negociando y consiguiendo liberaciones en 1957 y 1959. Para marcar más su nueva hegemonía, ANEXOS logró que el Estado estableciera en la misma norma de 1959 que fuese requisito indispensable recabar un dictamen favorable de la dirigencia aprista para poder aprovechar la liberación. Una clara revancha frente a la actitud de la FED en 1955.

Obviamente, el grupo de Luna no se quedó cruzado de brazos. Acusó a los apristas de múltiples negociados, aunque nada pudo hacer para evitar que las liberaciones terminaran "legitimadas" no sólo como un derecho de los informales a cambio de obedecer al Estado, sino también como un instrumento en manos de sus organizaciones para aumentar su influencia dentro del gremio.

2.10 Crisis de los Formales

El siguiente avance se produjo cuando la crisis y quiebra definitiva de las empresas formales de transporte amplió considerablemente el espacio a ser ocupado por los informales.

Hacia finales de los años 50, el transporte tradicional representado por APOUI había dejado de ser negocio. A partir de 1959, en que cierra sus puertas la Compañía de Transportes El Sol, se produce una sucesión intempestiva de quiebras que deja a Lima casi sin servicio formal, al punto que en 1960, 32 de las 42 compañías privadas de ómnibus existentes habían dejado de ser operadas por sus propietarios.

Por lo menos tres factores provocaron este desenlace. En primer lugar, la disminución de las condiciones de rentabilidad a consecuencia del rígido control de tarifas que las forzó a asumir la depreciación de sus vehículos para mantenerse en el mercado, hasta convertirlos en una flota destartalada y obsoleta.

En segundo lugar, el crecimiento del transporte informal que, al no estar sujeto al control estatal, pudo adaptarse mejor a la expansión de la demanda subsecuente al crecimiento urbano de Lima.

Y, en tercer lugar, el monto creciente de las reservas legales que las empresas formales debían constituir obligatoriamente para cubrir los beneficios sociales de sus trabajadores, y que terminó por plantearles una constante insolvencia.

Ante tal situación, los empresarios formales decidieron salir del mercado. Declararon, así, la quiebra de sus empresas y, al no poder asumir el pago de los beneficios sociales, las pusieron en manos de sus trabajadores.

Algunos autores sugieren que hubo aspectos oscuros en tales quiebras. En concreto, Sanchez León , Calderón y Guerrero dicen, citando otro estudio, que "(...) muchas de las empresas fueron descapitalizadas sistemáticamente por sus propietarios, ocasionando quiebras fraudulentas con la finalidad, en algunos casos, de evitar el pago de beneficios sociales a sus trabajadores y en otros casos como una vía de transferir capitales a otras actividades más rentables por los propietarios"(32).

Para el efecto, se utilizaron dos modalidades: crear cooperativas, donde todos los trabajadores recibieron igual participación, y empresas obreras, donde la participacíon de cada uno se diferenciaba según el monto de lo adeudado por los propietarios. No obstante, la vida de estas nuevas empresas formales fue poco venturosa. En 1970 algunas de ellas trataron de agruparse en la Federación Nacional de Cooperativas de Transporte (FENACOOT), que en 1973 se convirtió en la Cooperativa de Transporte de Lima Metropolitana y en Transportes Lima Metropolitana Empresa de Propiedad Social (TLMPS), a instancias del gobierno militar. A finales de 1982 esta última empresa había recibido subsidios equivalentes a 12.9 millones de dólares, a pesar de lo cual su flota se había reducido de 285 a 189 vehículos.

Consecuentemente, el espacio libre resultante de la quiebra de los formales no iba a ser ocupado por las empresas de sus propios trabajadores, sino por los informales.

2.11 *Reconocimiento de los Microbuses*

Este hito corresponde a la aparición de los microbuses que, al quebrar las empresas formales, fueron reconocidos por el Estado como los principales responsables del transporte masivo.

En efecto, a medida que se producía el colapso de los formales, los transportistas informales comenzaron a reemplazar sus automóviles sedán y camionetas station wagon por camionetas rurales tipo Kombi de Volkswagen, OM o Ford. De esta forma, dejaron de

---

32) Sánchez León, Abelardo, Calderón Cockburn, Julio y Guerrero de los Ríos, Raúl: "¿Paradero Final? El Transporte Público en Lima Metropolitana". DESCO. 1978. Pg. 76.

ser colectiveros para convertirse en microbuseros; con ello, casi duplicaban el número de pasajeros que podían transportar.

El proceso de sustitución fue gradual. En 1963 los microbuseros eran una minoría. Entre el 63 y el 65 su número empezó a crecer. Pero es sólo a partir de este último año que el proceso de sustitución entra en un ritmo acelerado, desplazando a los colectivos hasta de las líneas más pequeñas.

Al parecer, ese proceso de sustitución se precipitó porque paralelamente el gobierno había decidido estimular la formación de una industria nacional de ensamblaje de vehículos, al punto que en el mismo período en que se sustituyen los colectivos, 13 plantas empiezan a fabricar carrocerías para los nuevos microbuses y necesitan mercado.

Por ende, al Estado no le quedó otra cosa que adaptarse a las circunstancias y reconocer a los microbuseros mediante un reglamento en 1965(33). Al año siguiente otorgó una concesión al primer comité de microbuses, formado a partir de un antiguo comité de colectivos.

Sin embargo, esta forma de reconocimiento no les daba a los informales acceso a una legalidad equivalente a la que habían obtenido las antiguas empresas formales de ómnibus. Se trataba de un mero trámite administrativo que no le daba personalidad jurídica al comité, ni una propiedad definitiva sobre la explotación de las rutas. El Estado continuó otorgando este tipo de reconocimiento a los microbuseros en forma más o menos liberal hasta 1968, en que junto con la aprobación de exoneraciones y beneficios tributarios para el transporte decidió suspender la atribución de nuevas concesiones(34).

Ello no obstante, a cambio del reconocimiento conferido, el gobierno impuso a los informales la aceptación del control de las tarifas. Paralelamente, como al parecer los consideraba temporales, el Estado decidió fortalecer su intervención empresarial directa en el transporte. De esta forma, el 26 de octubre de 1965, el Concejo Provincial creó la Administradora Paramunicipal de Transporte de Lima (APTL).

Al igual que las cooperativas y empresas obrero-sindicales que sucedieron a los formales, la APTL no tuvo mayor fortuna, al extremo de que luego de periódicas descapitalizaciones, en 1976, el Estado la sustituyó por la Empresa Nacional de Transporte Urbano del Perú (ENATRU-PERU). Ninguna de las dos logró convertirse en un verdadero reto para los informales. De acuerdo con los cálculos del ILD, desde 1965 hasta 1982 el Estado tuvo que subsidiarlas directa o

33) D.S. 009-65 DGT del 26 de abril de 1965.
34) D.S. 260-69 HC del 26 de junio de 1968.

indirectamente con 87.5 millones de dólares para que pudiesen seguir operando.

Los informales, por su parte, mantuvieron al comité como su unidad empresarial y política básica, de manera que los de colectivos se convirtieron en comités de microbuses. Las organizaciones de grado superior, a su vez, tuvieron que competir para tratar de representar a un sector que estaba adquiriendo una mayor influencia económica. En este proceso, la FED tuvo mejor suerte que ANEXOS, pues al gestar la creación del Sindicato de Choferes en Microbuses de Lima, en enero de 1967, logró atraer al 95% de los comités, dejando que en mayo de ese mismo año ANEXOS reuniera al exiguo porcentaje restante en el Sindicato de Taxis, Colectivos y Microbuses del Servicio Público de Lima.

2.12 *Incorporación de los Informales a la Burocracia*

El siguiente avance de la informalidad se dio con la incorporación de sus representantes gremiales a las oficinas estatales encargadas de controlar las tarifas y aun de regular el transporte. Así, a poco de someter a control las tarifas de los informales, el Estado los incorporó a la oficina gubernamental creada para el efecto, la que adoptó el nombre de Organismo Regulador de Tarifas de Transporte (ORETT)(35).

En realidad, la ORETT fue establecida para prevenir una nueva crisis del servicio mediante una administración concertada de los precios que, además del Estado y los transportistas, incluía a representantes de la mayor parte de los ministerios, Fuerzas Armadas y hasta estudiantes universitarios. De esta manera, los precios se convirtieron en materia de negociación institucionalizada entre los diferentes grupos de la sociedad. El resultado fue que, en lugar de ser indicadores del consenso económico alcanzado en el mercado, pasaron a convertirse en indicadores de la capacidad política de las partes involucradas.

La politización de las tarifas, a la postre, resultó contradictoria con los propios objetivos del Estado, por cuanto la negociación nunca pudo ofrecer condiciones remunerativas para el desarrollo de la actividad. Además, la necesidad de algunas de las partes de fortalecer su posición dentro de la ORETT, las llevó a adoptar una serie de medidas de presión política, como huelgas o marchas de protesta, que terminaron alterando todavía más la paz social.

A la incorporación de los informales al mecanismo gubernamental de control de tarifas siguió, en 1970, su incorporación a las oficinas estatales encargadas de diseñar la política general del servicio, con la creación oficiosa de la Comisión Técnico-Laboral como

35) D.L. 17848 del 14 de octubre de 1969.

organismo consultivo de la Dirección de Circulación y Seguridad Vial. De este modo, la politización pasó a extenderse prácticamente a todas las decisiones vinculadas con el servicio.

Mientras tanto, los informales seguían creciendo. En 1971, seis años después de haber sido reconocidos como microbuseros, dominaban 70 de cada 100 vehículos del transporte masivo, dejando sólo 30 para los formales.

2.13 La Gran Empresa: los D-300

El próximo avance de los informales se produjo cuando, a pesar de las prohibiciones legales, lograron incrementar la escala de operación reemplazando las primeras camionetas rurales por microbuses D-300.

Hacia 1970, los informales estaban imposibilitados de introducir en el servicio vehículos con una capacidad superior a los doce asientos, por una expresa prohibición del reglamento de 1965. No obstante, ya por entonces la demanda creciente —recuérdese que esa década se caracteriza por el mayor crecimiento demográfico de Lima en su historia, así como por la más elevada tasa migratoria de la cual se tenga noticia— y las deficientes economías de escala de las camionetas rurales dificultaban el suministro y exigían la utilización de vehículos de mayor envergadura. Así, la Asociación de Transportistas José Granda y el Comité 37-M, verdaderos pioneros en la historia del transporte informal, decidieron tomar la iniciativa en ese movimiento.

La experiencia política adquirida por los gremios de microbuseros hizo que se percataran muy rápidamente de que para incrementar la escala de su operación no se trataba de combinar los recursos disponibles desde un punto de vista técnico, sino desde un punto de vista político. Como sabían que no podrían ignorar fácilmente la prohibición existente, buscaron una alianza con intereses formales suficientemente fuertes como para superar las barreras legales.

Fue así que interesaron a la Chrysler, ofreciéndole adquirir más de un centenar de chasis de su modelo D-300 para que fueran ensamblados en el Perú. Desde el punto de vista técnico, se trataba de un ya obsoleto camión Dodge de tres toneladas, motor gasolinero y de fabricación brasileña.

Como el diseño original del D-300 era para carga y no para transporte de pasajeros, los informales recurrieron a MORAVECO — una industria nacional— ofreciéndole la fabricación de las carrocerías necesarias para efectuar esa conversión. Para el efecto le proporcionaron, inclusive, un modelo especialmente diseñado a su solicitud por la firma norteamericana Wayne, que les permitía contar con un vehículo para 43 pasajeros con el cual podían casi cuadruplicar la capacidad de transporte autorizada por el reglamento del 65(36). De esta manera, a instancias de los informales, se ensambló el chasis y se fabricó la carrocería del D-300.

Dada la envergadura de la operación, se hizo indispensable, además, la intervención de una institución financiera. Para el efecto, los informales de la Asociación José Granda y el Comité 37-M recurrieron a una entidad extranjera: la Deltec Banking Corporation.

Celebraron un contrato de fideicomiso por el cual la Deltec adquiría los vehículos a nombre de los informales y éstos se comprometían a amortizar la deuda periódicamente. Cabe agregar, a guisa de anécdota, que en los contratos suscritos la Asociación José Granda fijó su domicilio en Condevilla, asentamiento informal que a esa fecha carecía de títulos de propiedad, sin encontrar ningún reparo entre sus socios formales, lo que constituyó un reconocimiento revelador de la normatividad extralegal.

Una vez aliados los informales con Chrysler, MORAVECO y Deltec, faltaba introducir el D-300 en el servicio, teniendo en consideración que por tener más de 12 asientos se encontraba prohibido. Para hacerlo se sirvieron de una artimaña sagaz, consistente en convencer al gobierno de que se trataba de una victoria política suya y no de una violación de la ley. Recurrieron, así, al Ministro de Transportes y Comunicaciones, general Aníbal Meza Cuadra, invitándolo a apadrinar la inauguración de la nueva flota, en el entendido de que, por tratarse de los primeros vehículos de envergadura para servir al pueblo, era una oportunidad histórica de la que no podía estar ausente un representante de la “Revolución Peruana”.

Fue así que, entre bombos y platillos, los informales obtuvieron un reconocimiento político que les permitió hacer caso omiso de las prohibiciones vigentes y operar libremente los nuevos D-300.

Todo este proceso tuvo varios significados. En primer lugar, puso en evidencia la capacidad empresarial de los informales para concertar una operación compleja. En segundo lugar, dejó en claro la tergiversación de los estímulos existentes en nuestra sociedad, al punto de que los informales, en lugar de ensamblar un vehículo con criterios técnicos, se vieron obligados a hacerlo con criterios sobre todo políticos. Y, en tercer lugar, reveló que los informales, al igual que antaño los formales, eran capaces de llegar a un acuerdo con el Estado para hacer caso omiso de la ley.

---

36) Una vez propietario del diseño, MORAVECO lo utilizó repetidamente para otros trabajos, de ahí que la mayor parte de los D-300 de Lima tenga la misma apariencia.

2.14 Privilegios pero no Derechos de Propiedad

Este hito corresponde a un activo período de negociaciones entre el Estado y los informales que terminó en 1976 con un enfrentamiento abierto entre ambos, a resultas del cual los transportistas perdieron el reconocimiento oficial y tuvieron que basarse a partir de entonces sólo en su normatividad extralegal.

La FED, que en 1969 se había afiliado a la CGTP —dominada por el Partido Comunista—, en vista de que gozaba del beneplácito del gobierno militar, se desafilió de ella en 1973 para acercarse aún más al régimen, integrándose a la naciente Confederación de Trabajadores de la Revolución Peruana (CTRP), llamada a ser el brazo sindical de la dictadura. La FED multiplicó así su poder de negociación a tal punto que todo comité que quisiera conseguir algo tenía que afiliarse previamente a ella. Esto le permitió declarar a Juan P. Luna en julio de 1976 que los transportistas "estamos con el gobierno de turno"(37).

Con ello la FED estaba tratando de afianzar los derechos de apropiación de ruta adquiridos extralegalmente por los informales para darle una mayor seguridad y estabilidad al servicio. Sin embargo, no pudo obtener nunca la consagración de este propósito. Antes bien, el acercamiento político de los transportistas informales al gobierno militar estimuló el interés de éste por mantener y ampliar su control sobre la actividad, limitando al máximo el reconocimiento de sus derechos de apropiación de ruta para tenerlos en una relación de dependencia. Así, entre 1970 y 75, en cada año se prohibió reconocer derechos a los transportistas informales que invadieran nuevas rutas, permitiendo por excepción la regularización de las rutas existentes(38).

Ello no fue óbice para que el Estado tratara de compensar esta negativa concediéndoles a los informales, a través de la FED, todo género de privilegios, como exoneraciones y exenciones tributarias, liberaciones arancelarias para vehículos y repuestos y prebendas en materia reglamentaria.

Sin embargo, ninguno de esos privilegios pudo suplir la falta de seguridad y estabilidad, exasperando a los transportistas informales que decidieron irse a la huelga en julio de 1976, en medio de violentos actos de protesta. Como represalia por la supuesta traición de sus antiguos aliados, el gobierno militar reaccionó abruptamente, cancelando las concesiones que había conferido para reconocer los derechos extralegales(39).

---

37) Petrera, Margarita: Loc Cit. Pg. 49.
38) D.L. 18383, D.S. 032-70 TC, D.S. 008-71 TC, D.L. 19282, D.L. 19966 y D.L.21329.
39) R.M. 39-76 TC/TE del 4 de julio de 1976.

A partir de entonces y hasta 1981, el transporte informal careció de todo reconocimiento gubernativo y se movió en la más completa informalidad, sustentándose tan sólo en el poder de su propia normatividad extralegal. Esto lo fortaleció a tal punto que, en 1979, el Estado sin reconocer los derechos de apropiación de rutas, aceptó que las organizaciones de los transportistas informales eran las encargadas de arbitrar cualquier diferencia que se suscitara en el servicio(40).

Simultáneamente la FED cambió de manos y sus protegidos cambiaron de lealtades. Alrededor de 1978 se desafilió de la CTRP para quedar como gremio independiente y Juan P. Luna perdió su condición de dirigente máximo a manos de Hernán Chang Lofock.

Nada de ello fue, sin embargo, obstáculo para que los informales acrecentaran su influencia en el servicio; de tal suerte que en el propio 1976, ya 81 de cada 100 vehículos en el transporte masivo les pertenecían, mientras que sólo 19 eran de los formales.

2.15 Buscando Vehículos Más Grandes

El siguiente avance se produjo cuando los microbuseros se convirtieron nuevamente en interlocutores comerciales internacionales, con el fin de introducir en el servicio vehículos con capacidad para 80 pasajeros y satisfacer así la demanda creciente.

A raíz de la crisis del petróleo en 1973 y de la caída del general Velasco en 1975, el gobierno militar decidió poner término a la política de "gasolina barata". En este nuevo contexto, el derrochador D-300 se tornó en extremo oneroso, especialmente porque el gobierno no estaba dispuesto a elevar las tarifas para compensar las pérdidas.

Ello forzó a los informales a tratar de aumentar la capacidad del servicio, adquiriendo nuevos vehículos. El primero de ellos fue el D-500, también de Chrysler. En lo esencial, este vehículo es un chasis de camión más largo que el D-300, también diseñado para carga y no para transporte. MORAVECO y Thomas le diseñaron una carrocería con una capacidad promedio para 71 pasajeros. Por tener también motor gasolinero, fue poco atractivo para los transportistas, aunque no faltaron quienes lo reemplazaron por motores Diesel Perkins.

La introducción del D-500 precipitó la aparición de otros vehículos de mayor envergadura. Primero los D-800 de Chrysler, cuyo chasis era igualmente de camión, con carrocería nacional y motor gasolinero o petrolero alternativamente. Después, el Volvo BB-57, que se trataba de un ómnibus en el sentido cabal del término, es-

40) Oficio 47-79 TC/TE del 27 de marzo de 1979.

pecíficamente diseñado para transporte de pasajeros, con motor petrolero turbo y capacidad promedio para 60 personas.

Sin embargo, tales adquisiciones no fueron suficientes para satisfacer los requirimientos del servicio, especialmente porque en el contexto de informalidad en que se encontraban, los transportistas hallaban numerosas dificultades para celebrar contratos y ser considerados sujetos de crédito. Esto hizo que los sindicatos y federaciones decidieran involucrarse directamente. Así, la FED promovió la formación de una empresa llamada Transportes S.A. (TRANSA), destinada a realizar las adquisiciones a nombre de los informales. Para el efecto, aprovechó las liberaciones arancelarias dictadas en los últimos años de la dictadura militar y tomó contacto con los representantes de Mercedes Benz en Argentina, que se interesaron por el negocio. Adquirieron de este modo ómnibus específicamente diseñados para el servicio, con carrocería argentina, motor petrolero y capacidad para 80 pasajeros.

Por su parte, Scania Vabis del Perú se interesó también en participar en este proceso y entró en contacto con grupos de microbuseros no afiliados a TRANSA, ofreciéndoles ómnibus "Marco Polo" fabricados en el Brasil. Se trataba en este caso de vehículos con un máximo adelanto técnico, específicos para el servicio, con motor petrolero turbo, capacidad promedio para 80 pasajeros y un precio aproximado de 72,000 dólares por unidad.

Sin embargo, en este caso el principal problema fue el de las operaciones financieras, pues las adquisiciones se iban a celebrar a título individual. Así, Scania recurrió a su casa matriz en el Brasil para gestionar ante el sistema de seguro de créditos de exportación de ese país la aceptación de los microbuseros como los compradores finales de los vehículos, y el seguro aceptó.

Para constituir las garantías se utilizaron hasta cuatro criterios diferentes. En primer lugar, los representantes de Scania en el Perú examinaron el valor de la ruta. Luego, reunieron a los transportistas interesados en grupos de cinco, combinando personas de mayor y menor patrimonio, a fin de que se avalaran entre sí. Posteriormente, se les pidió que constituyeran una garantía hipotecaria hasta por el 50% del valor de los vehículos. Sin embargo, los representantes de Scania descubrieron que la mayor parte de los interesados carecía de títulos de propiedad porque vivían en asentamientos informales. Consiguientemente, procedieron a comprobar si efectivamente poseían una casa y a determinar su valor tasando la edificación y el terreno. Hecha esa valorización, se suscribió un compromiso de prenda a fin de que apenas tuvieran título, los microbuseros procedieran a entregarlo a Scania. Finalmente, se prendó también el nuevo vehículo en su favor.

De esta manera, se comenzó a utilizar la propiedad y las rutas informales como garantías aceptables para operaciones comerciales, reconociéndose implícitamente que la normatividad extralegal era lo suficientemente fuerte para permitir transacciones de esta naturaleza, a pesar de que el Estado había cancelado todas las concesiones a los informales.

2.16 Formalidad que Mata

Este hito corresponde a la incorporación de los informales a un régimen legal *sui generis* que, al formalizarlos, sentó las bases de su posterior decadencia.

En efecto, el cambio de régimen político en 1980 les planteó a los informales la posibilidad de tener mayor contacto con el Estado y presionarlo nuevamente. Así, en enero del año siguiente provocaron una huelga de proporciones que terminó con la suscripción de un acta de conciliación entre los dirigentes y las autoridades, el 19 de ese mismo mes(41). Como consecuencia, el Estado les reconoció nuevamente sus derechos de apropiación de ruta e inclusive incorporó a sus dirigentes a un organismo llamado "Comisión Técnica-Mixta", que habría de regular el desarrollo de la actividad en los cuatro años siguientes(42).

Por su parte, el Estado trató de ganar con ello el respaldo o la neutralidad política de los informales, así como su disposición a seguir aceptando el control político de las tarifas y del servicio en general.

Fueron precisamente esos controles los que, entre 1980 y 1984, hicieron que las tarifas reales se redujeran en un 15% con respecto

---

41) Un memorándum confidencial del 17.01.1981 resume los acuerdos pactados de la siguiente manera:

(1) Racionalización del servicio: normas de carácter general para los microbuseros, estudio del transporte en Lima y reorganización de todas las dependencias ministeriales, entre otras.

(2) Renovación del parque automotor: comprobación de las condiciones y regularidad de los vehículos para determinar el estado y la antigüedad del parque.

(3) Reintegros: mensualmente todos los transportistas llevarán una declaración jurada que servirá de base para calcular los reintegros que el Estado confiere como contraprestación de las tarifas.

(4) Facilidades de importación: el gobierno se obliga a conceder facilidades para comprar en el exterior vehículos nuevos o usados y repuestos, a fin de ser utilizados en el servicio. Además debe procurar exoneraciones sobre los impuestos de alcabala y su adicional, así como el que grava la transferencia de los vehículos usados. También se obliga a gestionar líneas de crédito y facilitar la obtención de pólizas de seguros.

(5) Recomposición del organismo de control de tarifas: se garantiza la participación de los dirigentes en el organismo de control y se acuerda recabar información suficiente sobre los costos de operación antes de fijar las tarifas.

42) D.S. 009-81 TC del 11 de marzo de 1981.

al quinquenio precedente, mientras que las deudas contraídas en dólares para comprar vehículos más grandes se veían afectadas por una devaluación de 1,676.5%. Paralelamente el gobierno creó un impuesto sobre el precio de la gasolina que, sumado a la inflación, hizo que se incrementara en 1,727.3%(43).

Frente a todo ello, el Estado, en lugar de eliminar los múltiples controles y obstáculos que agobiaban a los transportistas —autorizando tarifas realistas, condiciones competitivas para la compra e importación de vehículos y repuestos, la entrada al mercado formal de capitales, etc.— optó más bien por la política tradicional de negociar al detalle alternativas que burocratizaban y complicaban todavía más la situación.

Fue así que en enero de 1984 creó el Fondo Financiero del Transporte Terrestre, encargado de subsidiar a los microbuseros y costear sus adquisiciones, y aprobó el fraccionamiento de la deuda tributaria contraída por ellos, dándoles además exoneraciones de impuestos como alcabala, remuneraciones y capitalización del excedente de revaluación, y cortando todos los procesos coactivos iniciados en su contra(44). Dos meses más tarde llegó a establecer, inclusive, un régimen especial de importaciones en favor de ellos que institucionalizaba las liberaciones de los vehículos a condición de que fueran ensamblados por empresas nacionales(45). Y, en un último intento por salvarlos, promulgó al año siguiente la Ley General y de Promoción del Servicio Público de Transporte Terrestre, con el propósito de "promover un sistema que equilibre el valor de las tarifas con el costo real de la operación del servicio, con la finalidad de permitir la recuperación económica de los transportistas de servicio público" y "sancionar la competencia desleal, especialmente la tarifaria"(46).

Todas estas medidas sirvieron únicamente para prolongar la agonía. Ninguna de ellas pudo compensar la baja de las tarifas, el incremento de los impuestos y el carburante, así como el peso de los controles y el cumplimiento de trámites burocráticos interminables. A partir de entonces, a los microbuseros no les quedó otra alternativa para mantenerse en el servicio que el "canibalismo vehicular", a tal punto que un dirigente exclamó: "nos estamos comiendo nuestros propios vehículos". Sucedió que al mermar su in-

43) Para efectos del control de tarifas, el Estado no trata de aproximarse al mercado, sino que pretende determinar la estructura de costos del servicio, mediante una compleja metodología que considera los gastos fijos como la mano de obra, los gastos generales y administrativos, la depreciación, la financiación; los gastos variables como los combustibles, lubricantes, llantas y repuestos y reparaciones; y finalmente la utilidad "razonable" del conductor.

44) D. Legislativo 267.

45) D. Legislativo 275.

46) D. Legislativo 329.

greso y comenzar a trabajar a pérdida, descuidaron el mantenimiento de sus vehículos, pues como sólo eran utilizables para el transporte de pasajeros, no existía otra manera de obtener algún margen de utilidad. Comenzaron así a descapitalizarse considerablemente.

2.17 *Una Nueva Generación de Informales*

El último hito de esta historia está representado por la invasión de los informales "piratas" que se apoderaron del servicio ante la crisis progresiva de los microbuseros.

Mientras que los microbuseros operaban vehículos obsoletos, estaban agobiados por deudas y dedicaban la mayor parte de su tiempo a tramitar y negociar con el Estado, fueron invadidos por una nueva generación de informales, casi de la misma manera como ellos habían invadido a los formales hasta 1965.

Fácilmente reconocibles por utilizar versiones modernas de las mismas camionetas rurales que los microbuseros habían conducido 20 años atrás, e inclusive por pegar en sus parabrisas calcomanías con la bandera pirata, estos nuevos informales proliferaron rápidamente en el servicio. El ILD estima que para 1984 eran unos 6,800 frente a los 7,969 transportistas informales que estaban siendo invadidos.

Sucedió que , a medida que los microbuseros se fueron acercando al Estado para conseguir la seguridad y estabilidad que necesitaban para el desempeño de su actividad, fueron intercambiando el derecho a operar y los privilegios estatales por el cumplimiento de una compleja maraña de controles y la necesidad de negociar políticamente las condiciones del servicio. Es decir, fueron entrando al típico juego mercantilista que veremos más adelante.

Así, los microbuseros se fueron descapitalizando de la misma manera que los de APOUI y, al igual que ellos, cuando no pudieron satisfacer la demanda creciente fueron invadidos por aquéllos que, por no tener que asumir los costos de tratar con el Estado, podían cobrar más y prestar un servicio de mejor calidad(47). De este modo, un servicio decadente y otro emergente repitieron las condiciones del pasado, pero teniendo esta vez como víctimas a los victimarios.

Lo mismo podría ocurrirles en el futuro a los "piratas". Por lo pronto el Estado ha comenzado ya a absorberlos, dándoles el ansiado reconocimiento administrativo para su labor, a cambio de su sometimiento a los controles gubernamentales(48).

---

47) En promedio la tarifa de los "piratas" es 63 % más alta que la aprobada oficialmente por el Estado.

48) D.S. 026-84 TC.

Ello no obstante, la informalidad en el transporte masivo siguió creciendo. En 1984 los antiguos microbuseros sumados a los modernos "piratas" hicieron que de cada 100 vehículos en el servicio, 91 fueran informales y sólo 9 formales.

3.0 EL MISTERIO DE LAS QUIEBRAS CICLICAS

La lógica de funcionamiento y la evolución del transporte sugieren una conclusión paradójica: cada vez que un grupo de empresarios formales o informales logró establecer un servicio relativamente completo, terminó quebrando al cabo de algunos años.

Los formales de APOUI sacaron del mercado a la Metropolitan pero fueron desplazados, a su vez, por los microbuseros el 65; los mismos que veinte años después han comenzado a perder terreno frente a los nuevos "piratas". Así, la historia del transporte ha venido a convertirse en un círculo vicioso de quiebras que tiene por gran responsable al sistema legal que produce el Estado.

Sin embargo, el sistema nunca ha sido visto como el problema. Como en muchos otros casos, se ha preferido responsabilizar a los informales, a las burocracias y a los gobiernos. De esta manera, en el lapso que media entre 1926 y 1984, se ha cambiado quince veces la repartición encargada del problema: el Poder Ejecutivo desde 1921, la Sección Tráfico del Municipio en 1926, la División de Obras Públicas en 1927, el Departamento Gubernativo de Tráfico y Rodaje en 1929, el Departamento de Tráfico y Rodaje-Sección Omnibus en 1934, la Junta de Coordinación del Transporte en 1942, el Departamento de Tránsito y Rodaje en 1946, la Dirección General de Tránsito en 1963, la Dirección General de Transporte Terrestre y la Dirección General de Tránsito y Transporte Urbano en 1969, la Dirección General de Tránsito en 1972, reorganizada al año siguiente, el Comité Ejecutivo de Transporte Terrestre y la Dirección General de Circulación Terrestre en 1981 y el Municipio Provincial a partir de 1984.

El hecho es que a través del tiempo el sistema legal no ha permitido aprovechar la enorme energía e ingenio empresariales de informales y formales. Por el contrario, parece estar concebido sólo para tratar políticamente con un número muy reducido de grupos de interés y no con un empresariado difundido. El reconocimiento legal del transportista no es un derecho sino un convenio a ser negociado a cambio de aceptar la injerencia política y la imposición de múltiples cargas, incluida la manera en que son controladas las tarifas sin relación alguna con el mercado.

Esta situación ha alterado completamente la conducta de los transportistas y ha trasladado la competencia de los precios y la calidad hacia la seguridad en el tránsito, de modo tal que, en lugar de competir bajando los pasajes o mejorando la calidad, a través de los años los transportistas han sido obligados a competir reduciendo los niveles de seguridad y pagando las "bolsas" solicitadas por las autoridades.

Precisamente, entre el sinnúmero de privilegios que los transportistas han recibido a cambio de aceptar los controles gubernamentales, se encuentra el relajamiento de las exigencias de seguridad por parte de las autoridades. En efecto, cuando el gobierno dispuso que los microbuseros sólo pagaran el diez por ciento de las multas impuestas por la policía o cuando les reconoció el privilegio del no internamiento de vehículos por la mayor parte de infracciones, estaba reduciendo en realidad los incentivos para mantener la seguridad del servicio.

Por añadidura, la acción de los jueces para controlar indirectamente la falta de seguridad a través de la responsabilidad civil se ha visto frustrada por el mismo proceso. Tanto en el caso de la responsabilidad contractual —es decir, aquélla que liga al transportista con sus pasajeros— como en el de la responsabilidad extracontractual —es decir, aquélla que obliga a los transportistas frente al resto de la sociedad— existían y aún existen normas inequívocas. Pero sucede que el procedimiento judicial es excesivamente engorroso y la jurisprudencia ha tendido a imponer reparaciones tan irrisorias, que los costos de iniciar una acción contra los transportistas exceden largamente a sus beneficios. En suma, el sistema ha inducido al Estado a preferir el controlismo detallado de las empresas en lugar de crear una infraestructura adecuada, tanto para los usuarios como para las demás personas que circulan por la vía pública.

Todo ello ha contribuido a que el tránsito en el Perú se cuente entre los más peligrosos del mundo, superando los registros de los principales países europeos. En nuestro país hay once veces más muertos en accidentes de tránsito que en Alemania y diecinueve veces más que en Inglaterra(49).

La proporción es de veras pavorosa y representa un altísimo costo social, generado por las pérdidas materiales que se han estimado en 9.15 millones de dólares para 1984. Este cálculo no incluye ni daños personales ni muertes. De alguna manera, pues, éste es el costo que la sociedad peruana tiene que pagar porque los recursos

---

49) A 1984 se estima que, en Lima, para un parque automotor de 390,487 vehículos hubo un promedio anual de 55,058 accidentes de tránsito con aproximadamente 1,502 muertes. Esto significa que hubo un muerto por cada 260 vehículos. Mientras tanto, en Alemania Federal, para un parque de 25 millones 300 mil vehículos, hubo 11,600 muertos; es decir, un muerto por cada 2,183 vehículos. Y, en Inglaterra, para un parque de 18 millones de carros, hubo 4,800 muertos; o sea, un muerto por cada 3,729 vehículos en circulación.

de las autoridades están sobre todo dedicados a controlar políticamente a los transportistas, en lugar de controlar técnicamente al transporte.

Además, se ha ido creando una enorme frustración y desaliento entre los miles de individuos que con el sólo esfuerzo de su trabajo y ahorro han logrado prestar el 91% del transporte masivo.

Semejantes problemas podrían llevar a algunos a creer que se tiene que eliminar por completo el transporte informal y reemplazarlo por una empresa pública con vocación social que respete cabalmente las normas de seguridad y calidad. Sin embargo, una decisión de este tipo tendría costos enormes.

El ILD calcula que si el Estado decidiera eliminar o prohibir la actividad informal en el transporte masivo, sólo 9 de cada 100 vehículos de servicio público podrían seguir circulando y sólo encontrarían espacio para trasladarse un 21% de los pasajeros que en la actualidad utilizan el servicio cotidianamente. Asimismo, la reducción brusca de la oferta del transporte urbano afectaría especialmente a los más pobres que viven en los asentamientos informales de los Conos Norte, Centro y Sur, los que en la práctica se quedarían sin poder movilizarse.

Ello obligaría al Estado a sustituir la flota informal con una inversión de 620 millones de dólares, equivalente en 1984 al 41.2% del total de la inversión pública en el país. Además, anualmente el Estado tendría que invertir en promedio 49 millones de dólares adicionales para atender el crecimiento de la demanda y, al mantener constante la tarifa vigente, incurriría además en una pérdida anualizada de 93 millones de dólares. En suma, la sustitución de los informales implicaría una inversión de recursos estatales que haría crecer en un 7.2% su ya inmenso déficit presupuestal; sin tomar en consideración la infraestructura conexa (grifos, talleres, etc.), que la FED evalúa en otros 400 millones de dólares.

A la luz de las evidencias expuestas, quedan varias preguntas por resolver: ¿Por qué los informales no han podido acceder o acercarse a la legalidad por otra vía que no implique la desobediencia del Derecho? ¿Por qué sólo se les reconoce *de facto* cuando sirven un objetivo preciso del Estado, pero nunca se les da un reconocimiento permanente que los haga por fin independientes? ¿Por qué cuando logran alguna aceptación formal ésta termina por quebrarlos? ¿Por qué la sociedad peruana no consigue identificar las causas tangibles del caos en el transporte y se ve limitada a acusar a los hoy tan impopulares transportistas? A nuestro juicio, estos problemas derivan fundamentalmente de la institucionalidad legal, a la que dedicaremos los capítulos siguientes.

La Informalidad

en Fotos

Foto: Carlos Domínguez.

Del campo a la ciudad. Llegada a Desamparados, 1969.

Foto: Archivo "El Comercio".

Nace un asentamiento informal. Invasión a "Pamplona", 1971.

Se instalan los "iglús". Invasión sobre terreno agrícola en el Km. 15, Carretera al Norte, 1986.

Foto: Archivo "El Comercio".

Foto: Archivo "El Comercio".

Definición urbana y provisión de servicios en asentamientos informales. Asentamiento "Mi Perú".

Se aprovecha todo el terreno disponible. Asentamiento "El Agustino", 1986

Foto: Carlos Domínguez.

Foto: Archivo "Caretas".

Vivienda y edificio en el asentamiento informal "San Martín de Porres", 30 años después de su formación.

Foto: Archivo "Caretas".

Foto: Carlos Domínguez.

Calles privadas. Las pistas sólo pasan delante de las casas de quienes contribuyen a su construcción. "La Balanza" — Comas, 1986.

Defendiendo la propiedad invadida. Piquetes en el asentamiento "Huaycán", 1984.

Foto: Archivo "La República".

Fotos: Archivo "El Comercio"

Desalojos violentos. Intervención policial en "Garagay", 1985

Foto: Archivo "La República".

Foto: Archivo "La República".

Represión contra los invasores. Herido de perdigones. "Garagay", 1985.

Invasores despojan de sus pertenencias al juez encargado de desalojarlos. "Jicamarca", 1986.

Foto: Archivo "El Comercio".

Foto: Archivo "La República".

Cuando no llega la justicia formal. Linchamiento de Jorge Yanama Quispe, acusado de ladrón en un asentamiento informal al sur de Lima, 1984.

Foto: Archivo "El Comercio".

Ambulantes itinerantes en el jirón de La Unión.

Primeros progresos. Ambulante en carretilla.

Foto: Luis Peirano.

Foto: Archivo "La República".

Derechos especiales de dominio. Ambulante lotizando la vía pública.

Ganando economías de escala. Camión ambulante.

Foto: Archivo "Caretas".

Foto: Archivo "El Comercio".

Emplazamiento de ambulantes. Cinturón alrededor del Mercado Central.

Foto: Archivo "El Comercio".

Foto: Carlos Domínguez.

Desalojo de ambulantes. Operativo "Sombrilla" emprendido por el Alcalde Falconí, 1978.

Mercado informal "Los Inkas". Independencia.

Foto: José Casals.

Foto: José Casals.

Mercado informal "Miguel Grau". Independencia.

Mercado informal APECOLIC. Vista interior. Comas.

Foto: José Casals.

Foto: José Casals.

Mercado informal "Ciudad de Dios". Vista interior, segunda planta. San Juan de Miraflores.

Campo ferial municipal "Polvos Azules". El Cercado.

Foto: José Casals.

Foto: Archivo "Caretas".

Antiguos colectivos informales.

Los primeros microbuses.

Foto: Archivo "Caretas".

Foto: Archivo "Caretas".

Los primeros microbuses.

El clásico D-300.

Foto: Archivo "Caretas".

Foto: Archivo "Caretas".

Los nuevos ómnibus Mercedes Benz.

"Piratas" en vehículos Kombi.

Foto: Archivo "Caretas".

Foto: Carlos Domínguez.

Taller de zapatería clandestino. Rímac.

Comienza el negocio. Sastrería en un asentamiento informal.

Foto: Luis Peirano.

Foto: Archivo "Caretas".

Ernesto Sánchez Silva (a) "Poncho Negro". Famoso organizador de invasiones, 1964.

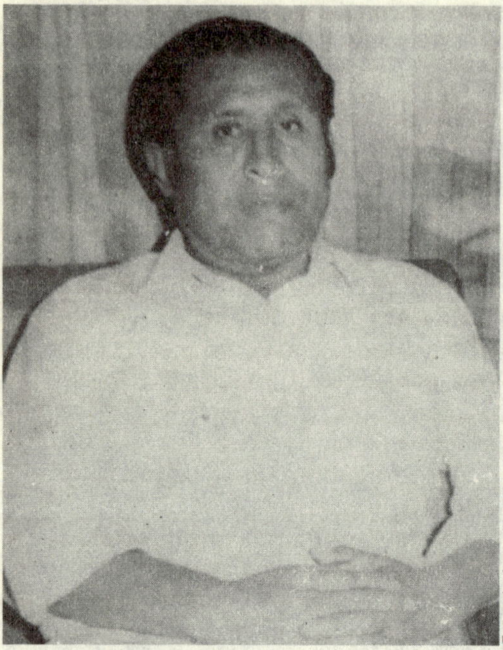

Ananías Balbín Contreras. "El Rey": organizó 50 invasiones, 1986.

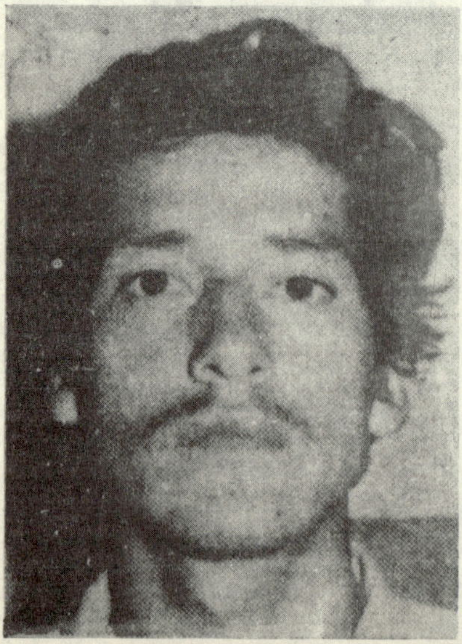

Charles Lastra Domínguez (a) "Tulín". Dirigente del asentamiento informal "Huaycán" detenido por terrorista, 1986.

Foto: Carlos Domínguez.

Roberto Araujo Espinosa. Líder de la Federación de Vendedores Ambulantes del Mercado Central y Calles Adyacentes (FEVACEL).

Guillermo Nolasco Ayasta. Líder marxista de la Federación de Vendedores Ambulantes de Lima (FEDEVAL).

Foto: Archivo "Caretas".

Foto: Carlos Domínguez.

Luis Paredes Pinillos. Conocido como "Guillotín". Dirigente de los ambulantes de la Plaza 2 de Mayo.

Hernán Chang Lofock. Líder de la Federación de Choferes del Perú (FED).

Foto: Archivo "La República".

Foto: Carlos Domínguez.

Juan P. Luna. Líder durante 60 años de la Federación de Choferes del Perú (FED), 1978.

Foto: Carlos Domínguez.

Servicio informal de reparto de agua. Villa El Salvador, 1985.

Simuladores del Instituto Libertad y Democracia (ILD) con una tira de papel de 31 metros de largo: los trámites necesarios para constituir una pequeña industria.

Foto: Archivo "Caretas".

SEGUNDA PARTE

Capítulo V

Los Costos y la Importancia del Derecho

En los capítulos anteriores hemos examinado detenidamente cómo se gestan y desarrollan las actividades informales en tres áreas concretas. Resultado de un trabajo empírico, hasta ahora la exposición ha pretendido describir las características fundamentales de la normatividad extralegal identificada por los investigadores del ILD y relatar la evolución histórica de cada fenómeno con el objeto de establecer, finalmente, su lógica general.

Como fruto de todo ello ha quedado en evidencia que vivimos en una sociedad costosa, en donde tanto los formales como los informales desperdician un gran número de recursos. Así, hemos visto cómo se producen las invasiones, aumenta la congestión vehicular, se multiplican los accidentes de tránsito, existe una permanente inestabilidad jurídica que distrae de la producción una enorme cantidad de recursos, esfuerzo e ingenio para dedicarlos más bien a una acción política que permita evitar las sanciones legales y obtener el reconocimiento de los derechos extralegales adquiridos.

Por lo general, se ha querido ver las causas de tales problemas en múltiples factores, como las migraciones, la distribución del ingreso, el desempleo y aun el clima. Sin embargo, a medida que el ILD profundizaba sus investigaciones, fue quedando en evidencia que ninguno era suficiente para explicar satisfactoriamente la magnitud y complejidad de los problemas. Las migraciones pueden explicar el incremento de gente que vive en la capital. La distribución del ingreso puede explicar por qué ocurren tales migraciones. A su turno, el desempleo puede explicar por qué hay oferta de mano de obra disponible. Y, por su lado, el clima sólo puede justificar por qué cierto tipo de desarrollo urbano es posible en un contexto geográfico determinado. Empero, ninguno de estos factores puede explicar por qué la gente opta por invadir terrenos para edificar sus casas, ocupar calles para comerciar o apropiarse de rutas para prestar el servicio de transporte. En suma, ninguno puede explicar por qué algunos prefieren la formalidad y otros la informalidad ni determinar las consecuencias que resultan de semejante proceso.

Fue así que decidimos conversar al respecto con los informales mismos y descubrimos que sus quejas estaban referidas fundamentalmente a la ley y que sus esfuerzos estaban dirigidos a obtener el reconocimiento del sistema legal. Por eso procedimos a examinar el marco legal con el fin de determinar su influencia sobre las decisiones individuales de escoger la informalidad o la formalidad y sobre los rendimientos resultantes de tales elecciones. De esta manera, el ILD decidió llevar a cabo una serie de trabajos de campo y análisis para identificar y cuantificar esa influencia.

Las páginas que siguen presentan el resultado de tales trabajos. En primer lugar, están los costos de la formalidad, que condicionan las decisiones de incorporarse, mantenerse o colocarse al margen de ella; y en segundo lugar, los costos de la informalidad, que derivan de la falta de protección y facilidades resultantes de ponerse fuera del marco de las instituciones legales.

Este análisis permite determinar, en tercer lugar, las consecuencias que acarrea la existencia de tales costos para la sociedad peruana en su conjunto. Análisis que, en cuarto lugar, nos lleva a considerar la trascendencia del Derecho en todo el proceso y para el desarrollo en general.

Sobre el particular, los trabajos del ILD confirmaron la importancia del Derecho para determinar la eficiencia de las actividades económicas que regula. En ese sentido es que hablaremos de ahora en adelante de leyes "buenas" y leyes "malas": una ley es "buena" si garantiza y facilita esa eficiencia; "mala", si la perturba o impide totalmente. Puede afirmarse, por consiguiente, que los costos innecesarios de la formalidad se derivan fundamentalmente de una mala ley; y que los costos de la informalidad resultan de la falta de una buena ley.

1.0 LOS COSTOS DE LA FORMALIDAD

Desde el punto de vista de una actividad económica, existen fundamentalmente dos momentos en los que las personas evalúan su relación con la formalidad: el del acceso a la actividad y el de la permanencia dentro de ella.

Para denominar esos dos momentos, el ILD acuñó dos conceptos correspondientes: "los costos de acceso" y "los costos de permanencia", con el propósito de examinar el conjunto de requerimientos que deben satisfacer los ciudadanos para obtener el derecho de realizar legalmente determinada actividad económica y posteriormente el conjunto de requerimientos para conservar esa legalidad. En ambos casos, la idea fundamental consistió en averiguar si esos costos influyen en las elecciones de los individuos y, en caso de no poder ser asumidos, si estimulan la opción por la informalidad.

Antes de entrar en materia es preciso indicar que si bien nuestra investigación ha discriminado los diferentes costos de acceso y permanencia, ésta no es necesariamente la manera como procede una persona en la vida diaria. De hecho, se ha comprobado que la gente que enfrenta a la legalidad o se sirve de ella no entra en detalles ni consideraciones profundas, sino que evalúa *grosso modo*, generalmente a través del mecanismo de los precios, lo que puede costarle cumplir con las obligaciones legales, y lo que puede obtener de ellas a cambio de ese cumplimiento. No se trata, pues, de una medida precisa, sino, más bien, de una noción vagamente aprehendida; algo así como un bosque que, visto en su totalidad, atemoriza mucho más que cada uno de sus árboles. Por eso la investigación que expondremos en las páginas siguientes ilustra cómo las decisiones de los peruanos de realizar informalmente sus actividades responden en buena cuenta a una evaluación racional de los costos de la formalidad.

1.1 Costos de Acceso

De las actividades económicas que el ILD ha examinado, ninguna se puede ejercer legalmente si de antemano no se cumple un conjunto de requisitos de diversa naturaleza. Para determinar cuáles eran y qué costos implicaban, el ILD investigó 4 áreas específicas con grandes problemas de informalidad: la industria, la vivienda, el comercio y el transporte.

1.1.1 En la Industria

En el caso de la industria, el ILD llevó a cabo una medición de los costos de acceso a través de una simulación. Fue necesario recurrir a este procedimiento porque cuando se empezó la investigación que dio lugar a este libro, recibíamos continuamente apreciaciones contradictorias sobre la dificultad de los trámites para establecer una industria. Mientras que los empresarios formales entrevistados decían que eran particularmente engorrosos y los informales se espantaban ante su sola mención, los abogados sostenían que se trataba de procedimientos muy sencillos que tomaban poco tiempo. Ante información tan contradictoria decidimos hacer los trámites directamente.

Fue así que en el verano de 1983, un equipo de investigadores del ILD montó un pequeño taller de confecciones de prendas de vestir en una zona industrial de la Carretera Central en el distrito de Ate, en las afueras de Lima, y decidió tramitar ventanilla por ventanilla su constitución regular.

Para el efecto, se alquiló el local de una fábrica ya establecida, se instalaron las máquinas de coser, remalladoras y demás implementos necesarios y se contrató a cuatro estudiantes universitarios para que llevaran a cabo los trámites con la supervisión de un abogado con experiencia en Derecho Administrativo.

Se decidió hacer la simulación como si se tratara de un negocio unipersonal, sin conformar previamente una persona jurídica, por ser ésa una medida exacta de los costos de acceso a la industria propiamente dicha y porque, una vez terminada, esta simulación podría "deshacerse" más fácilmente.

El área en la que se realizó la simulación, además de tener un significado cultural definido, por ser una actividad fuertemente difundida en nuestro país, era altamente representativa, pues le permitió al ILD recabar una muestra con aproximadamente el 60% de los trámites comunes a todas las actividades industriales y el 90% de los correspondientes a las personas naturales.

Se decidió, asimismo, tramitar sin intermediarios, como lo haría una persona de origen modesto, y no pagar coimas sino en aquellos casos donde, pese a contar con todos los requisitos legales exigidos, ésa fuera la única posibilidad de superar el trámite y continuar con el experimento. Durante los meses que duró la simulación, en diez oportunidades se les ofreció a los simuladores del ILD acelerar el expediente a cambio de una coima. En dos de ellas hubo que ceder, ya que no existía otra manera de seguir el procedimiento. En las restantes ocho, pese a que no fue sencillo, se pudo rechazar las invitaciones al soborno.

La simulación se hizo como si los investigadores del ILD partieran todos los días del asentamiento informal Villa El Salvador, en el sur de Lima, para dirigirse a los diferentes centros administrativos donde realizaban los trámites. Iban de oficina en oficina, tomaban notas detalladas de lo ocurrido, cronometraban los diversos procedimientos y coleccionaban la multitud de documentos exigidos.

Los resultados arrojaron que una persona modesta debía tramitar durante 289 días antes de obtener los once requisitos previos a la instalación de una pequeña industria. El gráfico 1 presenta los trámites, su sucesión, los tiempos y los lugares donde fueron realizados.

Después de la simulación, el ILD procedió a calcular el costo monetario implícito en la tramitación. De acuerdo con tales cálculos, se incurre en un costo por trámites equivalente a 194.4 dólares. Además, la espera de casi 10 meses para iniciar las actividades produce una pérdida de utilidades netas equivalente a 1,036.6 dólares; de manera que el costo total de acceso a la pequeña industria formal para una persona natural es de 1,231 dólares, equivalente a 32 veces el sueldo mínimo vital.

Esta primera evidencia, además de acreditar que existen severas restricciones en el acceso a la industria que afectan especialmente a las personas de menores ingresos, sirvió para confirmar cuán equivocados estaban los que decían que el Derecho no ocasionaba ningún problema y reveló, de paso, la perfecta inutilidad de todo el procedimiento porque, a pesar de los 289 días y las 11 licencias necesarias, en ningún momento las autoridades pudieron descubrir que se trataba de una simulación.

1.1.2 En la Vivienda

Animado por los hallazgos en el área industrial, el ILD decidió examinar detenidamente también el problema del acceso al abordar el caso de la vivienda.

En esta oportunidad no era viable recurrir a una simulación, por cuanto hubiera sido necesario crear una asociación o cooperativa y comprometer en el experimento a algunos centenares de personas por un largo período de tiempo. Sí era posible, en cambio, utilizar dos fuentes indirectas. De un lado, el examen de la legislación, para determinar las características de los procedimientos, y, de otro, el estudio de expedientes administrativos reales, para determinar su duración media. Este estudio cubrió los 3 únicos casos que, desde 1981 —en que se promulgó la Ley de Municipalidades, Decreto Legislativo 51— hasta la fecha de las investigaciones del ILD, habían sido resueltos por las autoridades. Cabe advertir que, mientras tanto, se produjeron varios centenares de invasiones.

Los resultados de ese ejercicio son los siguientes. Un grupo de familias humildes que decide acceder legalmente a la propiedad inmobiliaria urbana para vivienda, solicita la adjudicación de un terreno eriazo del Estado, presenta sus proyectos de habilitación para urbanizarlo y recibe su licencia de construcción y certificado de conformidad de obra, debe tramitar, como promedio, 83 meses (6 años y 11 meses) para poder cumplir con todos los requerimientos establecidos. (Ver gráfico 2).

De todos los enormes costos de acceso a la formalidad que describiremos en el presente subcapítulo, éste es el más desmesurado. Por eso es útil examinar brevemente cada una de sus grandes etapas.

Adjudicación de terrenos del Estado

Si los interesados no pueden comprar un lote habilitado por su alto costo y han decidido acceder a la propiedad de una vivienda dentro del marco de la ley, la única alternativa que les queda es solicitar la adjudicación de un terreno del Estado.

Como puede apreciarse en el gráfico 3, el procedimiento tarda 43 meses (3 años y 7 meses) e intervienen hasta 6 reparticiones estatales distintas, incluido el Presidente de la República.

GRAFICO Nº 1

Trámites de acceso a la industria formal

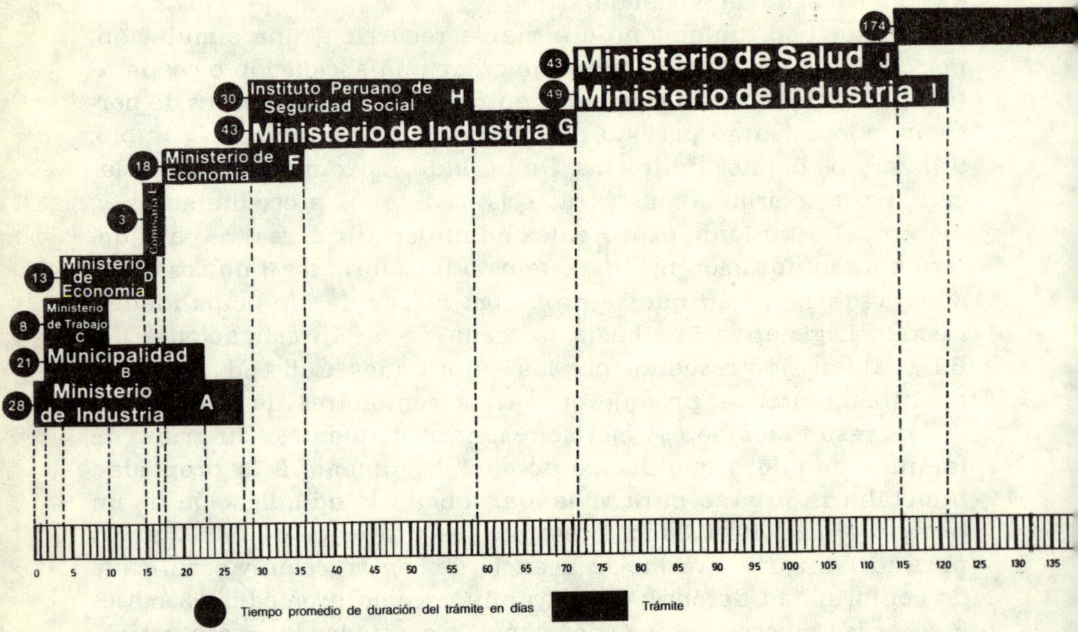

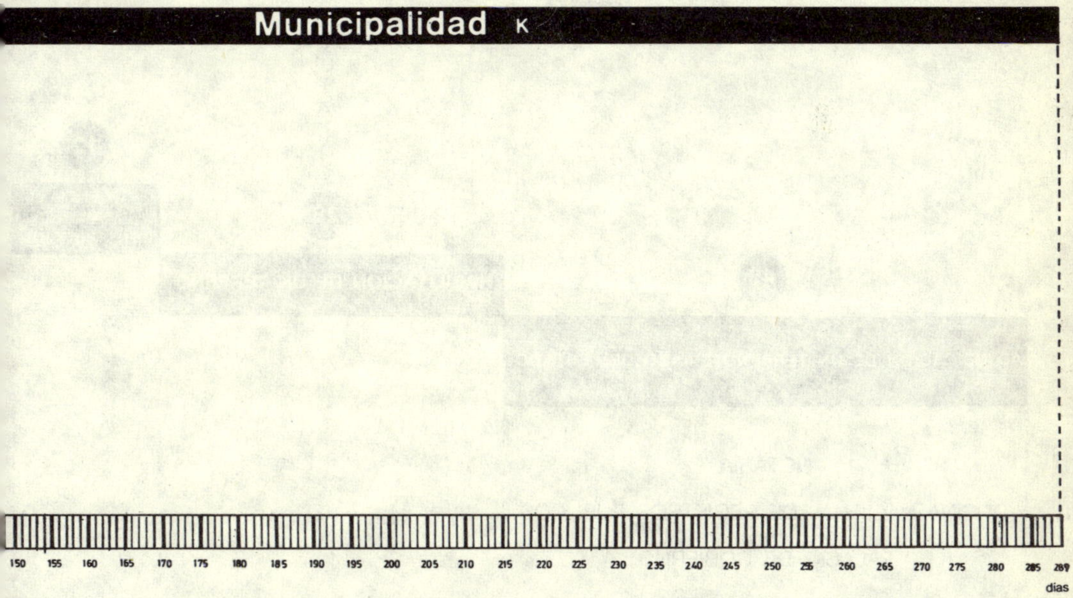

	DENOMINACION DEL TRAMITE	REQUISITO
A	Certificado de Compatibilidad de Uso.	
B	Certificado de Zonificación.	
C	Registro Nacional de Centros de Trabajo.	
D	Libreta Tributaria.	
E	Certificado Domiciliario.	
F	Registro Comercial.	D
G	Registro Industrial.	B
H	Registro del Empleador.	B,C,D,E
I	Registro de Productos Industriales Nacionales.	F
J	Registro de Saneamiento Ambiental.	C,F,G
K	Licencia Municipal.	A,C,F,G,J

GRAFICO Nº 2

Trámites de acceso a la vivienda formal

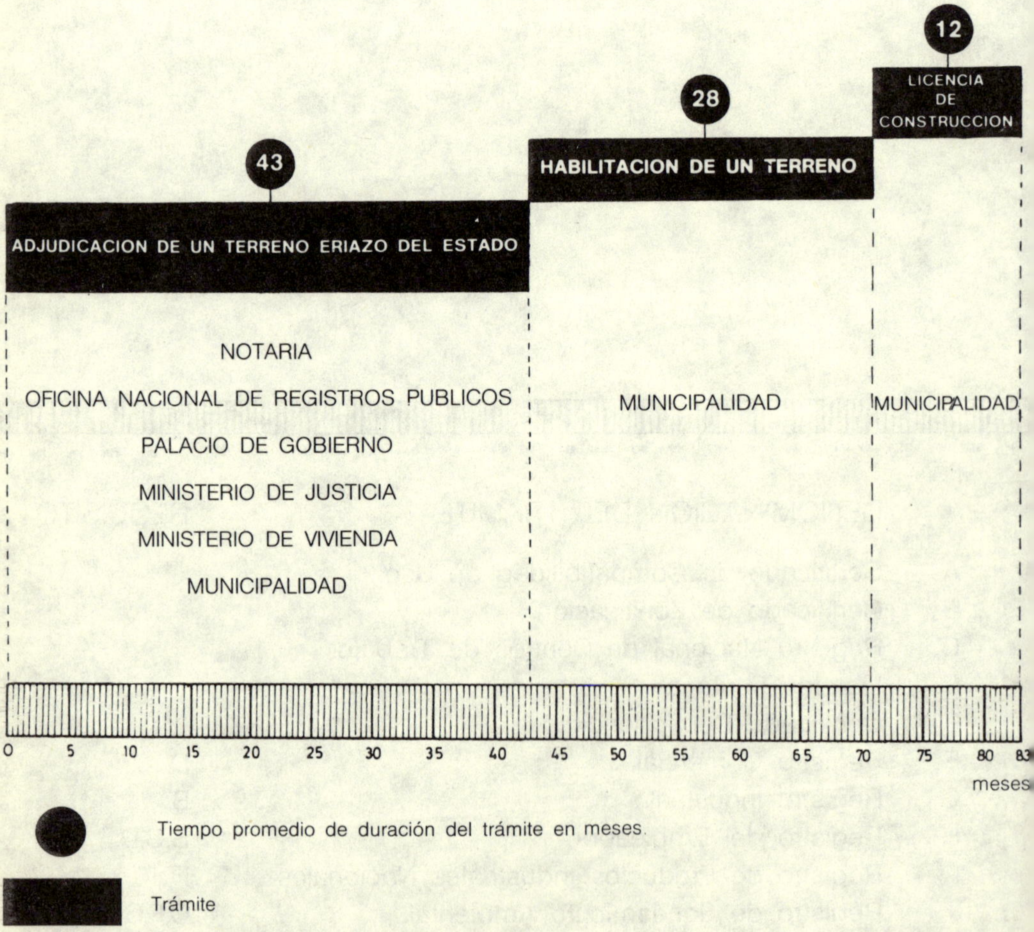

Frente a lo dilatado de este procedimiento, el ILD decidió establecer qué pasos administrativos estaban involucrados, con el objeto de determinar si la demora se debía a la lentitud inherente a la burocracia o a la necesidad de cumplir estrictamente los reglamentos existentes.

Examinando el gráfico 4, el lector se percatará de que los 43 meses que tarda en promedio un trámite de adjudicación son el resultado de 207 pasos administrativos a través de 48 oficinas públicas distintas, a razón de una semana útil por cada paso.

Como elemento de juicio adicional, cabe indicar que los adquirentes de terrenos estatales reciben al término del proceso una propiedad disminuida sobre la que no pueden ejercer la totalidad de los atributos que el ordenamiento civil reconoce a la propiedad privada tradicional. No pueden, por ejemplo, transferir ni gravar el terreno, salvo expreso consentimiento de la Municipalidad Provincial. Se produce, así, una discriminación legal que perjudica, precisamente, a las personas de menores recursos, que son las que más necesitan la adjudicación de terrenos estatales para sus viviendas.

No se crea, tampoco, que este enrevesado proceso de adjudicación es gratuito. Requiere tiempo, información y recursos. Para calcular su cuantía, el ILD practicó un ejercicio singular: puso por caso el de una hipotética asociación pro-vivienda de 244 miembros y procedió a computar todos y cada uno de los costos que deberían asumir sus asociados con el sólo propósito de obtener honrada y formalmente un pedazo de tierra estatal para vivir.

De acuerdo con tales estimaciones, únicamente para completar el trámite de adjudicación, la asociación debe invertir 526,019 dólares. Esto origina un desembolso de 2,156 dólares por miembro; es decir, que una persona que, en ese entonces, ganaba el sueldo mínimo vital tendría que dedicar a este fin el íntegro de sus ingresos durante 4 años y 8 meses.

Aprobación de la habilitación del terreno

Una vez adquirido un terreno por adjudicación del Estado, se debe proceder a su habilitación; es decir, a un "proceso que implica un cambio de uso de tierras rústicas o eriazas y que requiere la ejecución de servicios públicos"(1).

La habilitación no puede hacerse libremente, siguiendo las preferencias de los dueños, sus necesidades o la oportunidad económica. Por el contrario, tiene que considerar previamente los usos de

1) Reglamento Nacional de Construcciones II. 1.

GRAFICO Nº 3

Trámites de adjudicación de un terreno eriazo del Estado

DENOMINACION DEL TRAMITE

- A Solicitud de un terreno por los interesados y solicitud de transferencia del terreno del gobierno central al gobierno local.
- B Resolución Suprema de adjudicación a favor del Municipio.
- C Firma del Presidente.
- D Pronunciamiento sobre el proceso de adjudicación.
- E Resolución Ministerial ordenando inscripción de primera de dominio a favor del Estado.
- F Inscripción a favor del gobierno central.
- G Devolución del expediente al Municipio.
- H Resolución de Alcaldía aprobando inscripción del terreno a favor del gobierno local.
- I Eleva a escritura pública la transferencia entre gobierno central y gobierno local.
- J Inscripción del terreno a favor de la Municipalidad.
- K Entrega de minuta a la Municipalidad.
- L Firma de transferencia del Municipio a terceros.
- M Eleva minuta de transferencia del Municipio a terceros a escritura pública.
- N Inscripción del terreno a favor de terceros.
- O Entrega minuta al interesado.

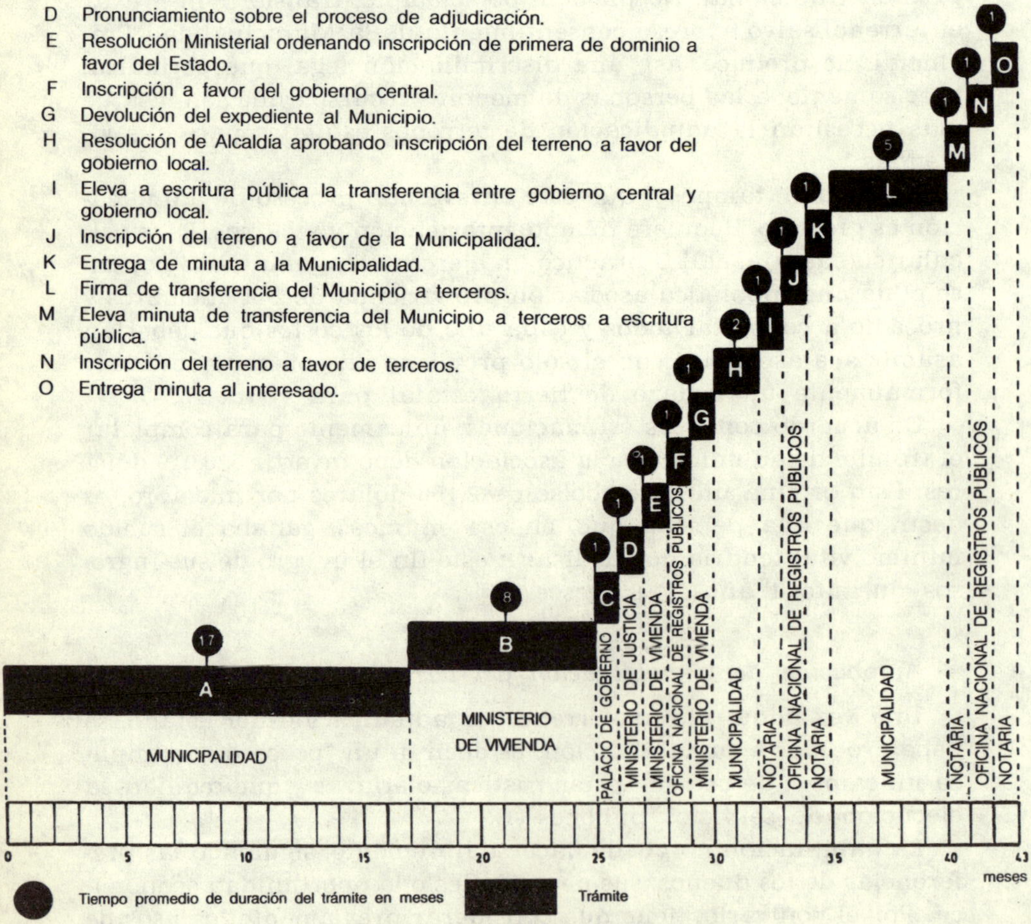

la tierra indicados en el Reglamento de Zonificación, la calidad mínima de las obras y la densidad máxima permisible. Solamente una vez ajustado el programa de habilitación a esos criterios estatales, puede iniciarse el procedimiento. Como se aprecia en el gráfico 5, éste dura un promedio de 28 meses y supone cuando menos tres etapas diferentes, tramitadas todas ante la Municipalidad de Lima: aprobación de estudios preliminares, aprobación de proyectos y recepción de obras.

Licencias de construcción

Finalmente, adquirido y habilitado el terreno, hay que edificar sobre él. Para hacerlo se debe recabar licencias previas que autoricen la construcción y certificados posteriores a la edificación misma que acrediten que la obra ha sido realizada de acuerdo a los planos previamente aprobados. El ILD ha podido determinar que obtener estas dos licencias ante la Municipalidad suele tomar unos 12 meses. El gráfico 6 ilustra el proceso.

De esta manera, las mediciones mencionadas confirman que una causa fundamental de que la gente prefiera invadir y edificar sus viviendas al margen de la ley es que el canal establecido para acceder a la propiedad inmobiliaria para vivienda se encuentra severamente restringido.

La ineficiencia de estas restricciones es particularmente notable si se tiene en cuenta que un máximo del 5% del territorio nacional tiene actualmente uso económico. Por consiguiente el 95% restante sólo puede tener significado económico en función del valor que le agregue la gente. Una forma de hacerlo es la construcción, pero es precisamente esta vía la que resulta restringida por el Derecho.

En conclusión, los 83 meses que deben transcurrir para obtener la adjudicación, el permiso para habilitar, y las licencias de construcción deben tenerse como la principal restricción que encarece la entrada a la formalidad en una medida tal que, para las personas de origen humilde, no queda otro camino que la urbanización informal. Un caso típico de mala ley.

1.1.3 En el Comercio

En tercer lugar, se examinó el acceso al comercio formal, ya que las restricciones que existen son esenciales para entender por qué la gente en Lima ha preferido ejercerlo informalmente en la vía pública o en mercados. Para el efecto, el ILD estudió las dos vías para acceder al comercio formal de las que dispone cualquier persona: abrir una tienda y edificar un mercado o centro comercial. En el primer caso se procedió como en la industria; es decir, a tra-

GRAFICO Nº 4

Secuencia de los trámites administrativos para la adjudicación de un terreno eriazo del Estado

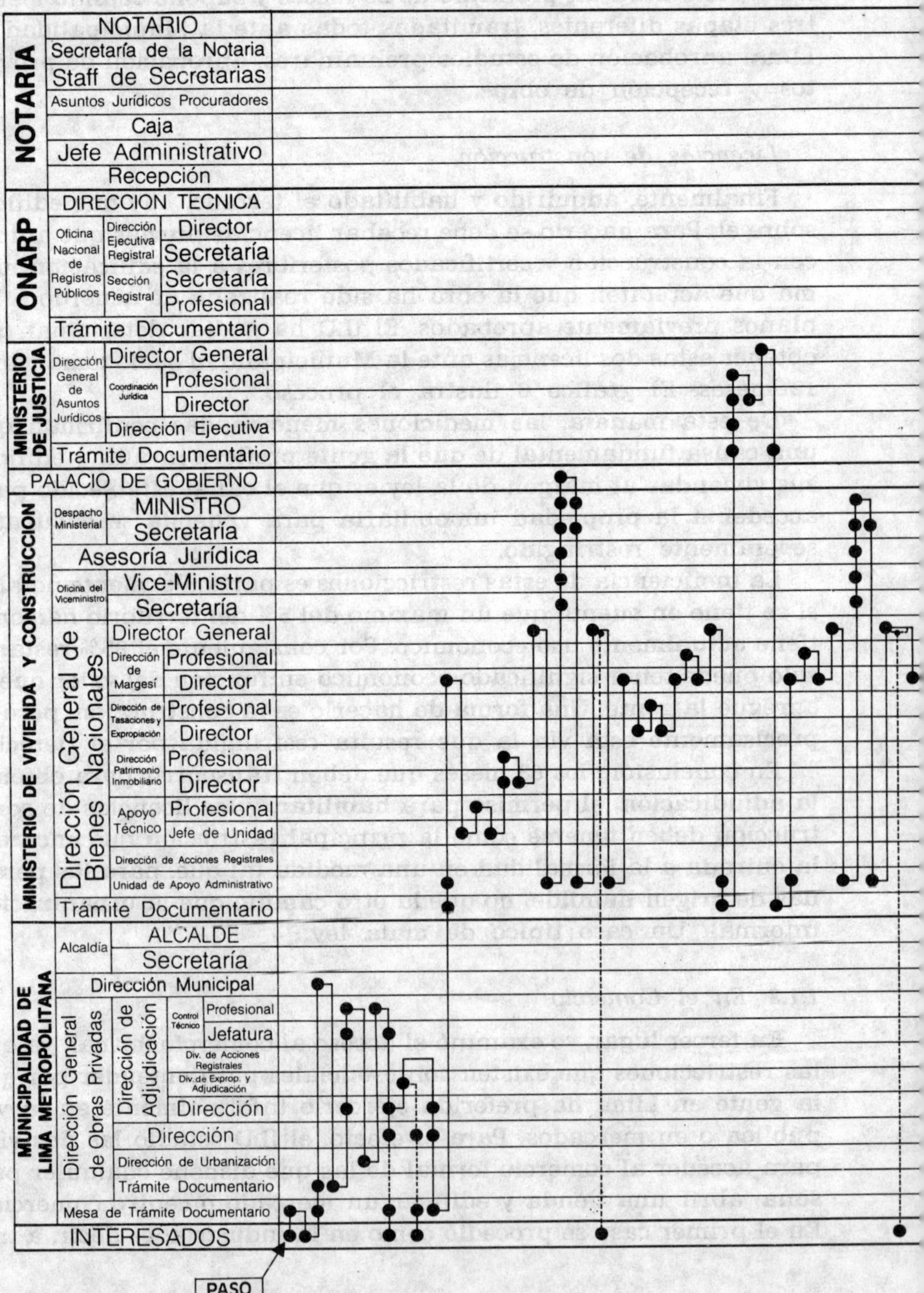

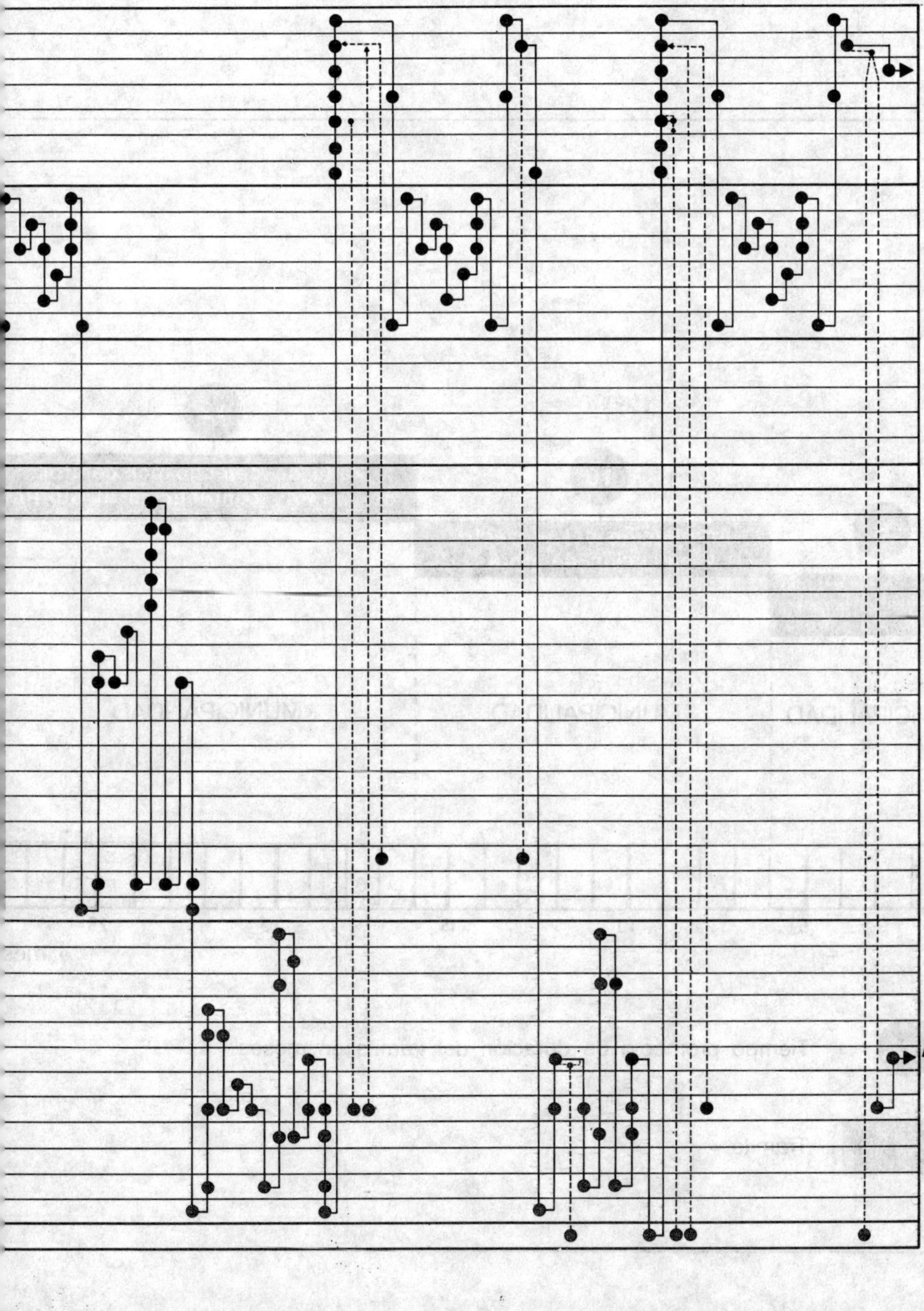

PASO 207

GRAFICO Nº 5

Trámites de aprobación de la habilitación de un terreno

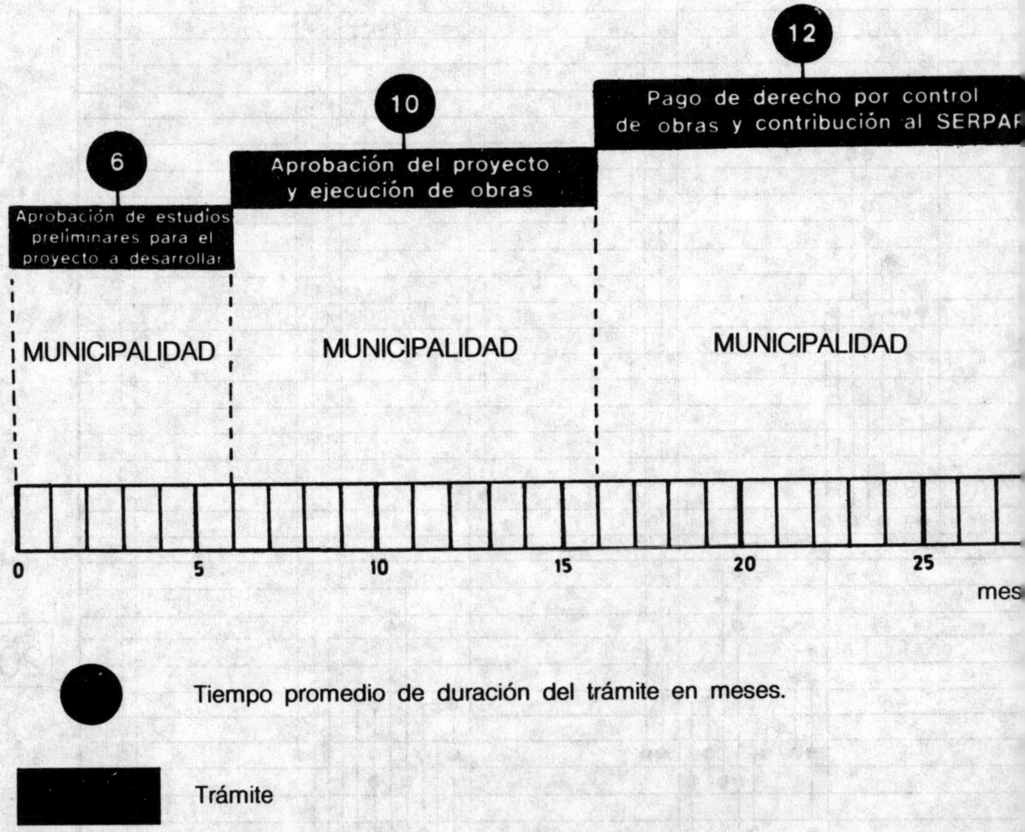

GRAFICO Nº 6

Trámites para obtener licencia de construcción

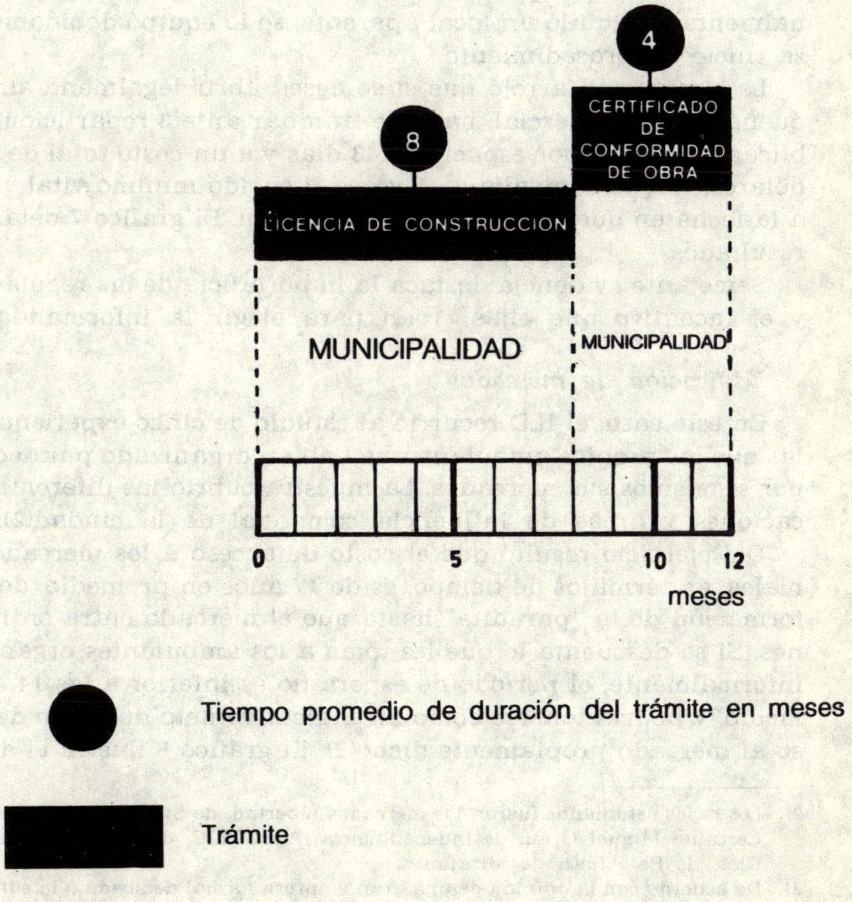

vés de la simulación de la apertura de una tienda comercial, porque el experimento era viable. En el segundo, en cambio, se procedió como en vivienda; es decir, se revisó la legislación aplicable, porque era la única manera de determinar los trámites pertinentes sin hacer una simulación que resultaba impracticable, y se examinó casos reales de mercados o centros comerciales construidos por ambulantes para abandonar la vía pública.

Apertura de una tienda formal

Para este propósito se aplicaron fundamentalmente los mismos criterios que en la simulación industrial. Así, se decidió operar como lo haría cualquier persona modesta, tramitando sin intermediarios, cumpliendo con todo lo exigido y tratando de evitar el soborno. Se escogió el distrito de San Juan de Miraflores por tratarse de una nueva y próspera zona comercial de raigambre popular. Finalmente se alquiló un local aparente, se lo equipó debidamente y se inició el procedimiento.

La simulación arrojó que si se desea abrir legalmente una pequeña tienda comercial, hay que tramitar ante 3 reparticiones públicas diferentes por espacio de 43 días y a un costo total de 590.56 dólares; lo que equivalía a 15 veces el sueldo mínimo vital vigente a la fecha en que se terminó la simulación. El gráfico 7 detalla los resultados.

Semejante evidencia destaca la importancia de las regulaciones y el incentivo que ellas crean para elegir la informalidad.

Edificación de mercados

En este caso, el ILD recurrió al estudio de cinco experiencias en las que los propios ambulantes se habían organizado para edificar por sí mismos sus mercados. La muestra cubrió las diferentes ubicaciones y áreas de influencia comercial de la ciudad(2).

Del ejercicio resultó que el costo de acceso a los mercados formales, en términos de tiempo, es de 17 años en promedio, desde la formación de la "paradita" hasta que el mercado entra en funciones. Si se descuenta lo que les toma a los ambulantes organizarse informalmente, el período de espera no es inferior a los 14 años y medio, y podría tenerse como un indicativo neto del costo de acceso al mercado propiamente dicho(3). El gráfico 8 ilustra el detalle.

---

2) Los casos estudiados fueron los mercados Libertad, de San Miguel; Colonial, del Cercado; Miguel Grau, de Independencia; APECOLIC, de Comas; y Ciudad de Dios, de San Juan de Miraflores.

3) De acuerdo con la opinión de una gran empresa formal dedicada a la edificación de mercados, la realización de los mismos trámites les tarda alrededor de 100 días a los formales.

GRAFICO Nº 7

Trámites de acceso a una tienda formal

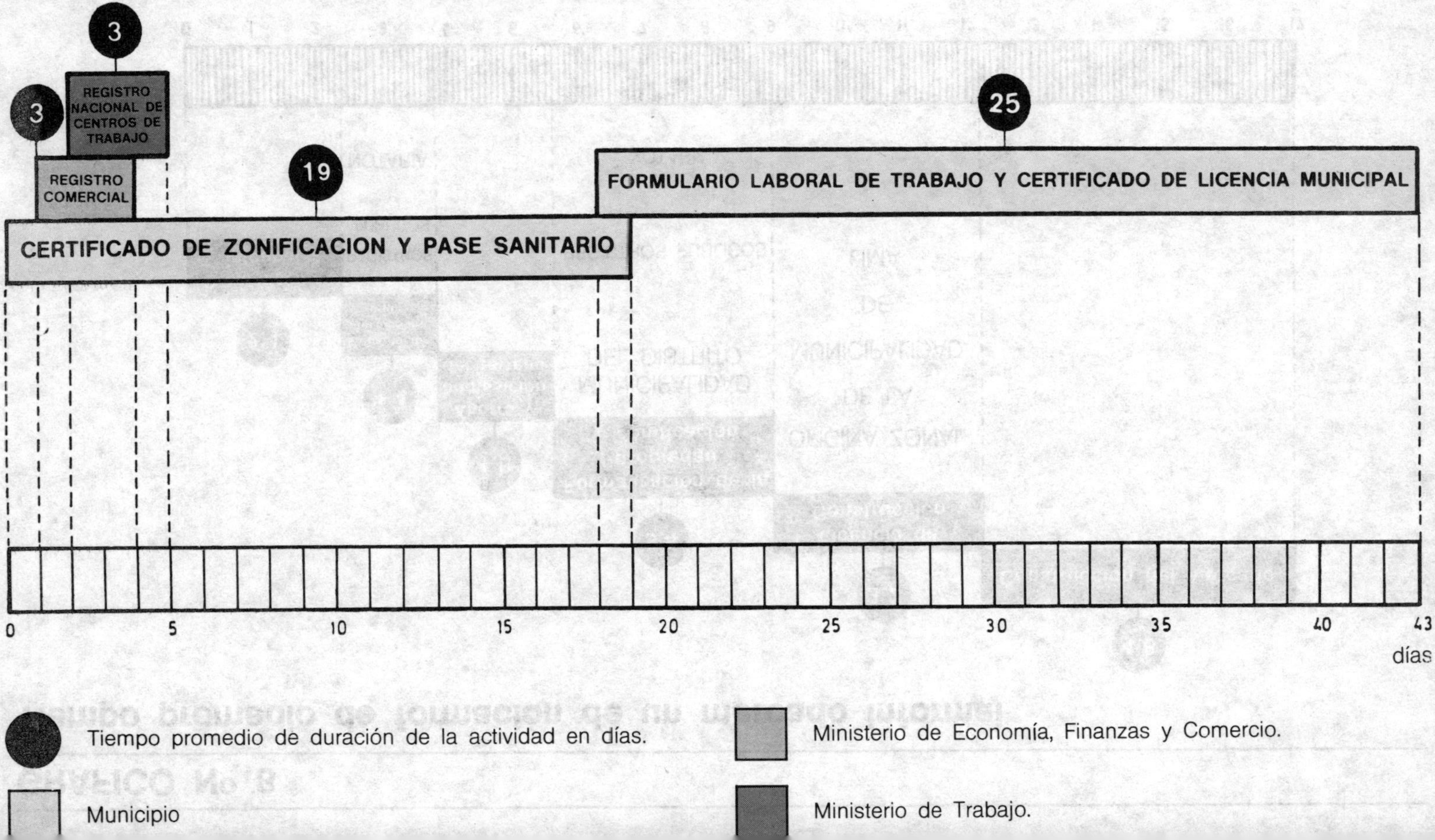

GRAFICO Nº 8

Tiempo promedio de formación de un mercado informal

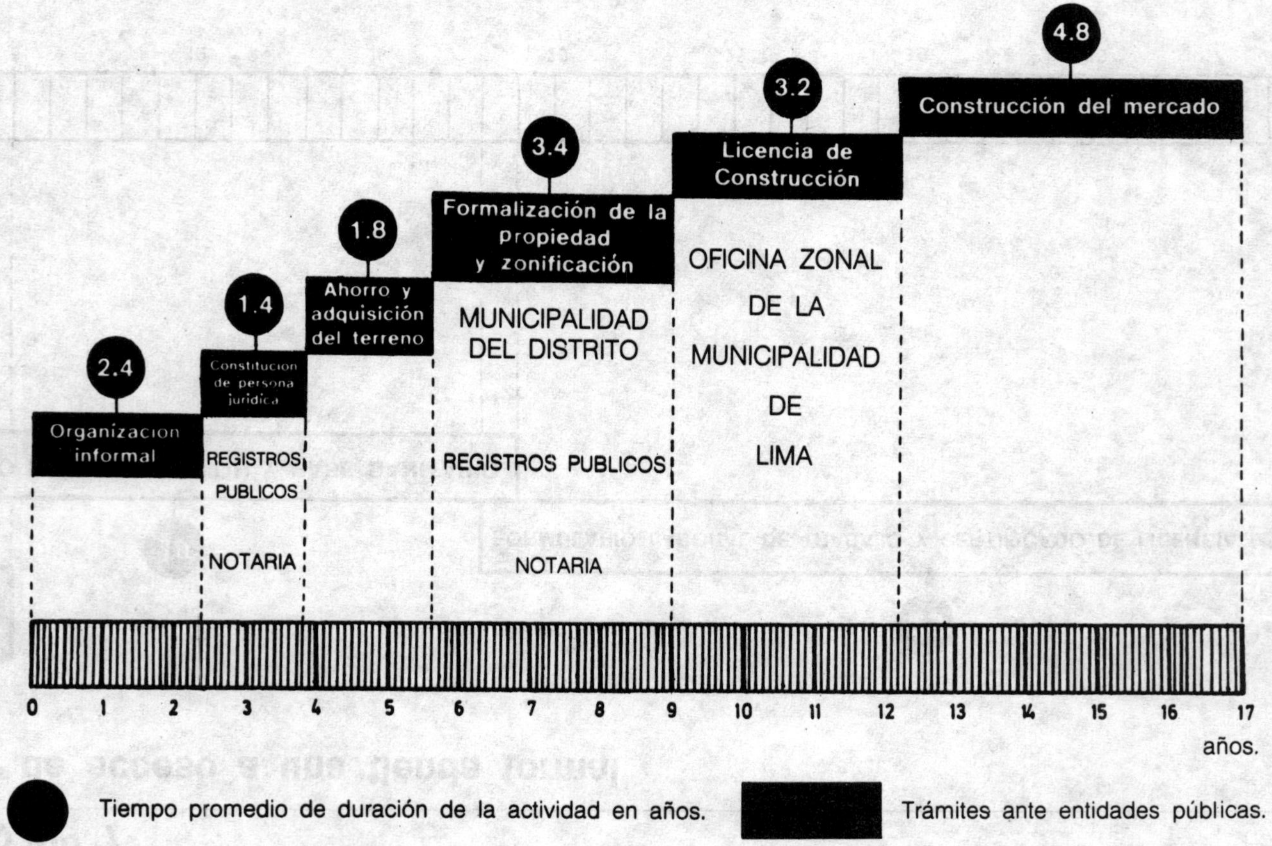

Sin duda las dificultades para edificar sus propios mercados no parecen ser la causa de que muchas personas decidan ser ambulantes, puesto que los mercados aparecen más bien cuando ya hay ambulantes que se han organizado y han comenzado un proceso de acumulación. Sin embargo, sí son la causa de que muchos sigan siéndolo por mucho más tiempo del que sería necesario para establecerse en un mercado.

Recuérdese que, a pesar de todo, en los últimos veinte años los ambulantes han edificado doce mercados por cada uno que ha construido el Estado. Si no existieran estas restricciones, el número de mercados levantados por los propios ambulantes se hubiera multiplicado considerablemente.

1.1.4 En el Transporte

Finalmente están los costos de acceso al transporte. En este caso el asunto es aún más sencillo que en la industria, la vivienda y el comercio, pero también más dramático. Aquí simplemente no existe el acceso legal(4).

Por eso, el ILD no hizo simulación ni procedió al examen de expedientes reales —puesto que no los había— sino que tuvo que recurrir a las normas legales mismas para determinar las trabas existentes. El presente y, por cierto, intransitable procedimiento de acceso al transporte formal es como sigue.

En primer lugar, la iniciativa para la atribución de los derechos sólo la tiene el Estado. Ningún grupo de transportistas puede, *motu proprio*, formarse y solicitar la concesión de una ruta. Esto elimina completamente el libre acceso a la actividad.

En segundo lugar, sólo las autoridades pueden identificar las rutas en las que el servicio es insuficiente y se hace necesario aumentarlo. Determinadas tales necesidades, tampoco hay libertad de petición, por cuanto las autoridades están obligadas a invitar con carácter de preferencia a los comités o empresas existentes más cercanos a la nueva ruta a fin de que la sirvan, en cuyo caso obtienen la atribución de nuevos derechos y el proceso sigue como una mera ampliación de ruta. Unicamente si los transportistas autorizados no están en condiciones de ofrecer su concurso, la autoridad puede atribuir nuevos derechos de explotación a terceros.

Por una cuestión de rigor, el ILD procedió a realizar un ejercicio adicional, consistente en suponer que los obstáculos legales no

---

4) Este trámite era el correspondiente a los reglamento de 1981. Desde que en el 84 la autoridad pasó del Ministerio de Transportes y Comunicaciones al Municipio, se espera un cambio en el mecanismo de atribución que al momento de escribir este libro todavía no se había producido.

existían, pero que permanecían constantes todas las demás condiciones burocráticas, suponiendo que el Ministerio de Transportes y Comunicaciones fuese todavía la repartición competente.

Para el efecto, el ILD encuestó a funcionarios de ese Ministerio con el propósito de obtener el perfil de lo que sería un hipotético procedimiento de acceso a la actividad. Así, resultaron dos posibilidades. La primera, que un grupo de personas decidiera conformar informalmente un comité y solicitar la concesión de una ruta para microbuses. La segunda, que un grupo de personas decidiera constituir formalmente una persona jurídica y solicitar la concesión de una ruta para ómnibus.

El resultado de este ejercicio fue que el trámite para obtener el reconocimiento de una línea de microbuses duraría alrededor de 26 meses, y el trámite para obtener la concesión de la línea de ómnibus bordearía los 27 meses. Los gráficos 9 y 10 precisan el ejercicio.

Hemos resumido los principales resultados de las investigaciones del ILD acerca de los costos de acceso a la industria, la vivienda, el comercio y el transporte. Estos, como hemos visto, son ocasionados por regulaciones gubernamentales de diferente jerarquía y naturaleza, impuestas con el probable afán de corregir los defectos del mercado, planificar mejor o racionalizar la actividad privada, pero sin embargo producen efectos precisamente opuestos a los que esperaban las autoridades. Generan una serie de costos que discriminan a las personas en razón de sus ingresos, haciendo que quienes tienen mayor capacidad económica disfruten más fácilmente de los beneficios de la protección del Derecho y que quienes no la tienen se vean en la necesidad de llevar a cabo actividades con objetivos esencialmente honestos —como la construcción, el comercio, la industria o el transporte— fuera del marco de protección del Derecho. Se trata, pues, de la mala ley.

1.2 Costos de Permanencia

Establecida la relación que existe entre las personas y el Derecho al acceder a las diversas actividades económicas, los investigadores del ILD se percataron de que esa relación no se limitaba al momento de la legalización inicial, sino que se prolongaba durante el desenvolvimiento de las actividades mismas. En ese tiempo, los ciudadanos están obligados también a cumplir un determinado cúmulo de regulaciones, pero esta vez para conservar su legalidad. Para aludir a este fenómeno se acuñó la denominación "costos de permanencia" en la formalidad.

En sentido lato, este término evoca una realidad muy amplia y compleja, pues hace referencia a costos directamente impuestos por la legislación —el cobro de tributos, la realización de trámites,

GRAFICO Nº 9

Trámites hipotéticos de acceso para un comité de microbuses

DENOMINACION DEL TRAMITE

A Constitución y aprobación del estatuto del comité y elaboración del padrón de transportistas.
B Solicitud de concesión de ruta.
C Confección del padrón vehicular.
D Resolución de derecho de ruta.

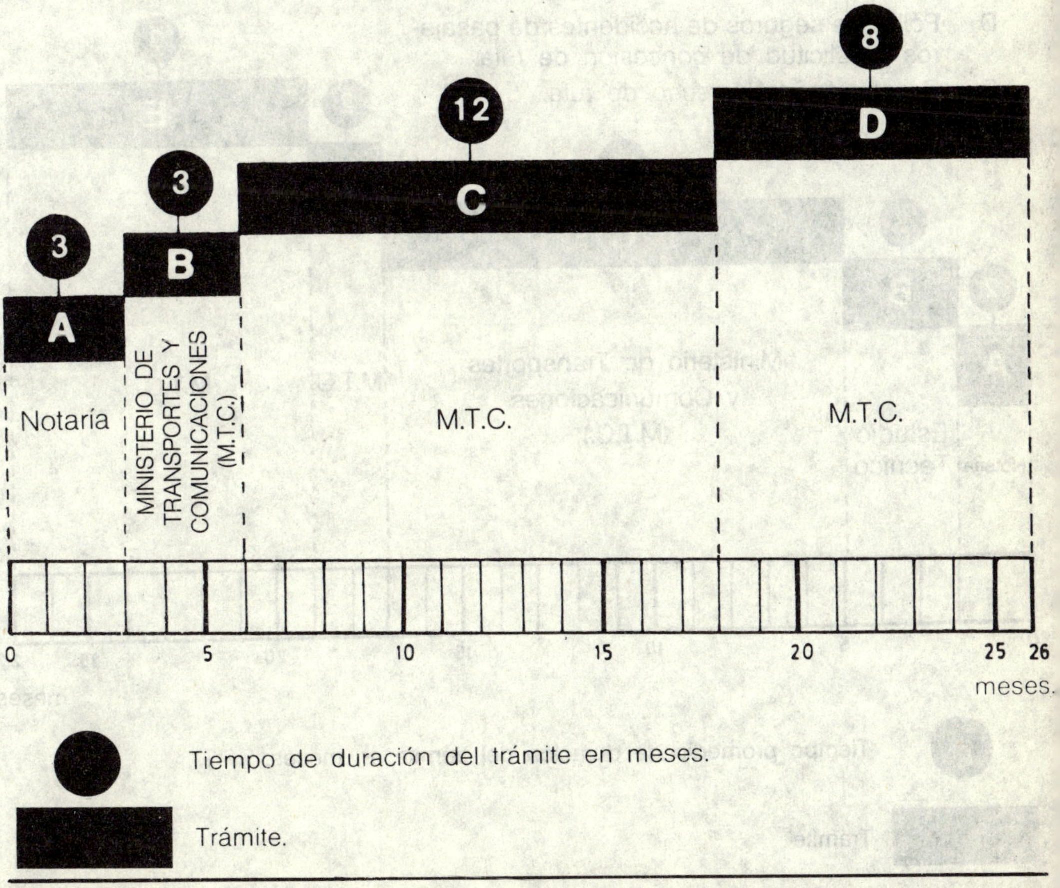

GRAFICO Nº 10

Trámites hipotéticos de acceso para una empresa de ómnibus

DENOMINACION DEL TRAMITE

- A Elaboración e inscripción de la escritura de la empresa.
- B Elaboración del estudio de factibilidad técnico-económico.
- C Presentación de constancia de los vehículos.
- D Póliza de seguros de accidentes de pasajeros y solicitud de concesión de ruta.
- E Resolución de derecho de ruta.

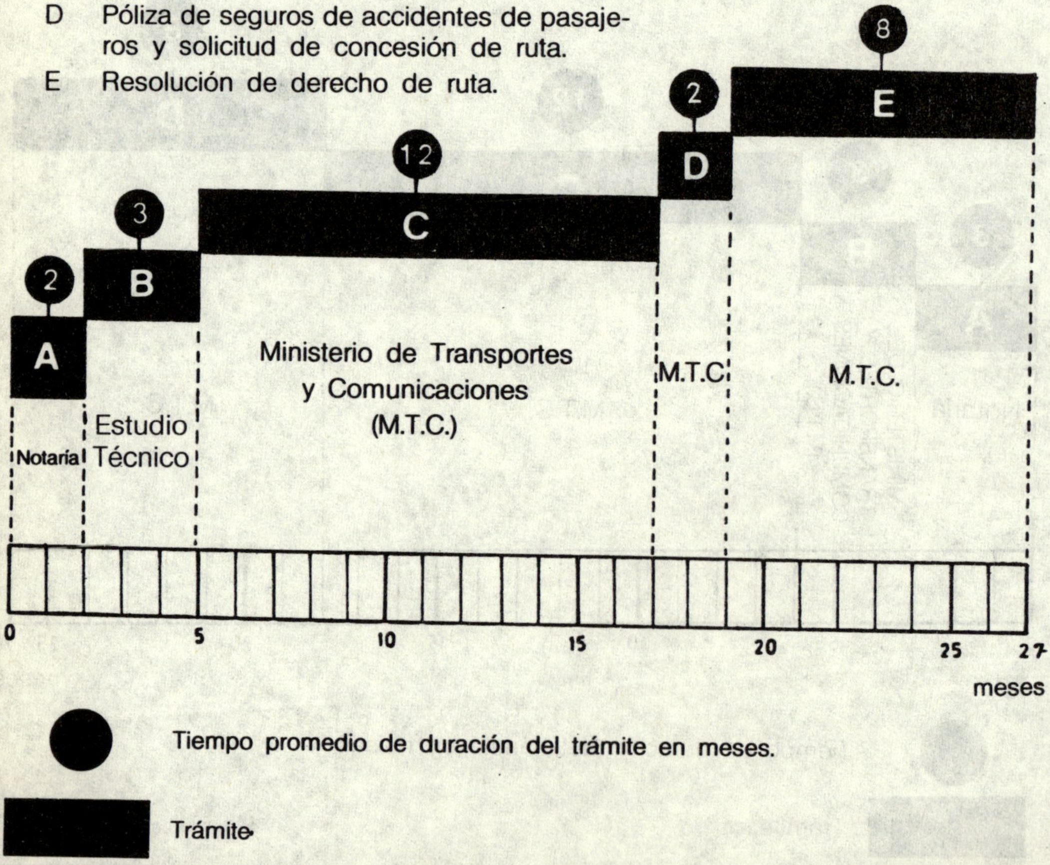

la obligación de administrar de una cierta forma al personal y el pago de tarifas más altas por los servicios públicos, entre otros— y también a costos indirectamente impuestos por las instituciones legales en su conjunto —la inestabilidad del sistema legal, la inseguridad de los derechos de propiedad, la ineficacia del Poder Judicial para resolver conflictos o cobrar deudas, entre otros—. Ya que no era posible abarcar todo este universo en un principio, el ILD se planteó como meta estudiar estos últimos costos en investigaciones futuras y tratar de aproximarse ahora a los primeros, a través de los balances declarados por las propias empresas.

Dado que no se podía proceder al análisis empírico de todas las actividades con problemas significativos de informalidad, los investigadores del ILD decidieron limitar su universo de análisis a la industria.

De esta manera, seleccionaron una muestra de 50 pequeñas empresas industriales, que tenían de 1 a 4 trabajadores, pertenecientes a ramas en las que existe una importante actividad informal: productos de panadería, tejidos de punto, confección de prendas de vestir, fabricación de calzado —excepto de caucho o plástico— y elaboración de muebles y accesorios de madera.

El análisis de esta muestra permitió determinar, en primer lugar, que en el caso de una pequeña empresa industrial los costos de permanencia en la formalidad representan el 347.7% de sus utilidades después de impuestos y el 11.3% de sus costos de producción. Ello quiere decir que si los costos de permanencia no existieran, las utilidades y, por lo tanto, las posibilidades de ahorro e inversión, resultarían más que cuadruplicados.

En segundo lugar, la muestra permitió obtener un indicativo acerca de la importancia relativa de los costos de permanencia seleccionados. Para el efecto, los investigadores del ILD los clasificaron tentativamente en costos tributarios, costos legales no tributarios y costos por uso de servicios públicos, en atención a las cargas que directamente tenía que asumir la empresa industrial para conservar su legalidad. Pues bien, de acuerdo con la muestra, el 21.7%, de los costos de permanencia son tributarios; el 72.7% , costos legales no tributarios; y el 5.6% restante, costos por uso de servicios públicos. Dicho en otras palabras, por cada 100 dólares que una pequeña empresa industrial debe sufragar a fin de conservar su legalidad, 22 dólares se le van en pagar impuestos; 73 dólares, en cumplir costos legales no tributarios; y 5 dólares, por uso de servicios públicos.

Uno de los componentes de los costos legales no tributarios son los costos burocráticos que las empresas industriales tienen que asumir por los trámites administrativos que les exige su formalidad. Para calcular el tiempo que éstos involucran, el ILD llevó a cabo una encuesta entre 37 compañías legalmente establecidas pertenecientes a ramas particularmente sensibles a la informalidad, como alimentos, muebles de madera, textiles y confecciones, químicos y plásticos, imprentas, metálicos básicos, metalmecánica y juguetes. De ella obtuvo como resultado que las empresas dedican aproximadamente el 40% del total del tiempo de todos sus empleados administrativos a satisfacer las tramitaciones impuestas por el Estado. Esto quiere decir que en promedio cada uno de esos empleados tiene que dedicar íntegramente 2 días y medio a la semana a esa labor, produciéndose así un enorme desperdicio de recursos.

En tercer lugar, la muestra permitió determinar cómo los costos de permanencia impiden que los excedentes generados sean libremente distribuidos y afectan, por consiguiente, las utilidades potenciales de las empresas. Por cada 100 dólares de excedentes generados y potencialmente convertibles en utilidades, las empresas sólo disponen de 23.30 dólares y dedican 76.70 a conservar su formalidad. Contrariamente a lo que podría suponerse, de esta última suma sólo 17 dólares con 60 centavos se utilizan para pagar costos tributarios y 59 con 10 centavos, para sufragar costos legales no tributarios.

Al menos dos conclusiones pueden derivarse de estas primeras cuantificaciones, que ilustran claramente la existencia de la mala ley.

En primer lugar, parece que la tributación no es el problema principal y que, por ende, la política fiscal no es el único factor importante para determinar la formalidad o informalidad de las empresas. En cambio, resulta evidente que los costos legales no tributarios son el meollo del asunto. Esto tiene una importancia insoslayable, porque revela que la multiplicación de las leyes que obligan a los empresarios a superar una serie de restricciones —que van desde la tramitación ante las oficinas públicas de un sinnúmero de papeles hasta la administración inflexible de su personal— podría tener un efecto decisivo sobre la formalidad o la informalidad de las empresas y sobre la manera en que la sociedad ha tratado de aprovechar los recursos a su disposición. El análisis del ILD sugiere que el uso intensivo del factor trabajo conlleva un incremento progresivo en los costos de permanencia, de manera tal que induce a quienes disponen de capital a utilizarlo intensivamente prefiriéndolo sobre el trabajo; y a quienes no lo tienen, y previsiblemente tampoco pueden asumir los mayores costos de permanencia, a desertar hacia la informalidad. Dado que es el trabajo y no el capital el recurso abundante en el país, parece producirse una mala asignación de recursos que perjudica a toda la sociedad. De hecho existe una tendencia generalizada en la legislación peruana a favorecer este uso de capital e, inclusive, la sobrecapitalización de las empresas formales a través de mecanismos que encarecen el empleo formal por comparación con el uso del capital.

En segundo lugar, parece que los costos de permanencia tienen una excesiva incidencia en la gestión empresarial, de manera que afectan sus funciones y resultados independientemente del proceso productivo mismo porque, al alterar la asignación de recursos, lo hacen más oneroso, limitan la movilidad de los factores de producción y encarecen las transacciones. Luego, se traducen en mejores o peores resultados para una empresa, independientemente de si ésta es eficaz en términos estrictamente económicos. Esto significa que la prosperidad de una empresa no deriva tanto de que haga bien o mal su trabajo, cuanto de los costos que le impone el Derecho. Entonces, quien mejor los enfrente o manipule su relación con el Estado, tiene más éxito que aquél que presta atención sólo a la materia propia de su trabajo.

2.0 LOS COSTOS DE LA INFORMALIDAD

A medida que se comprobaba la existencia de los costos de la formalidad, comprendíamos no solamente por qué los informales operaban al margen de la ley sino también la verdadera trascendencia de la normatividad extralegal. Si querían establecer un nuevo orden normativo, era porque algo perdían por estar al margen y aún en contra de la ley. Esto nos puso en la necesidad de examinar qué era lo que, en efecto, estaba perdiéndose.

Así, fuimos descubriendo que la informalidad no era el mejor de los mundos, que había enormes costos involucrados, que la gente intentaba compensarlos a través de fórmulas originales pero notablemente insuficientes, que la evasión de las leyes no es una situación de beneficio neto, y que el aparente caos, el derroche de recursos, las invasiones, el coraje de todos los días, no eran otra cosa que el desesperado y emprendedor intento de los informales por construir un sistema alternativo a aquél que les había negado su amparo y protección.

Esta evidencia permitió elaborar un concepto complementario al de los costos de la formalidad: los costos de la informalidad.

Al respecto distinguiremos entre los costos de ser ilegales, basados en las evidencias recogidas durante los trabajos de campo que buscaban encontrar las diferencias sustanciales entre las empresas o actividades formales y las empresas o actividades informales; y los costos de no tener buena ley, fruto de un proceso de conceptualización más profundo en el que se intenta determinar a qué mecanismos e instrumentos legales eficientes renunciaron las personas al preferir la informalidad.

Como advertencia preliminar, tenemos que reconocer que estas páginas se circunscriben a exponer el fruto de observaciones realizadas empíricamente en los lugares de trabajo y residencia de los informales. En esta medida, se trata sencillamente de un inventario general de limitaciones que ilustre, aunque sea de manera parcial, las enormes pérdidas que sufre el país como consecuencia de una estructura jurídica que discrimina entre sus ciudadanos.

Es importante anotar, asimismo, que, para el propósito de este análisis, hemos supuesto que las empresas o entidades económicas son formales o informales de un modo absoluto. Por supuesto, en la realidad esto no es así: muchas empresas formales son en parte informales o realizan actividades que lo son, y viceversa. De hecho, una parte de los casos presenta estas características, puesto que formalidad e informalidad son categorías analíticas relativas. Sin embargo, para beneficiar la claridad de la exposición, consideraremos que los informales no tienen *status* legal alguno y que los formales, en cambio, son totalmente legales.

2.1 *Costos de Ser Ilegales*

Lo primero que se hizo fue aprovechar los trabajos de campo para determinar qué diferencias existían entre las actividades o empresas informales y las formales y establecer cuáles eran los costos de la informalidad más comunes a simple vista.

En primer lugar, es claro que las empresas informales comprometen una enorme cantidad de esfuerzo en evitar la sanción de las autoridades. Esto se produce a través de una serie de prácticas que examinaremos oportunamente.

En segundo lugar, las empresas informales hacen transferencias en favor de la formalidad sin una contrapartida efectiva por parte de ésta, ya que se encuentran excluídas de sus alcances y beneficios.

En tercer lugar, se ven afectadas, paradójicamente, por una serie de consecuencias derivadas de evitar el pago de algunos impuestos y el cumplimiento de las leyes laborales.

Es así que en las páginas sucesivas presentaremos las evidencias recogidas, como costos de evitar la sanción, costos por transferencias netas y costos derivados de evitar impuestos y leyes laborales. En estos casos intentaremos explicar cómo en la práctica se presentan costos que diferencian a los informales de los formales y que, en esa medida, son cargas derivadas de estar fuera de la legalidad.

2.1.1 *Costos de Evitar la Sanción*

La primera diferencia notable entre una empresa informal y una formal es la enorme inversión que aquélla debe hacer para evitar ser detectada por las autoridades. Los informales corren constantemente el riesgo de sufrir las sanciones que el sistema legal podría imponerles por no obtener licencias, pagar impuestos o solicitar autorizaciones requeridas por ley. Este riesgo, de acuerdo con lo recogido por el ILD en sus entrevistas, es el principal motivo de preocupación entre los informales.

Así pues, un empresario informal, que por definición ha dejado de cumplir con algunos o todos los requisitos, se ahorra los costos legales, pero debe asumir los que resultan de intentar eludir las sanciones correspondientes.

Las estrategias que emplean los informales para impedir la detección y la sanción son diversas. Se han podido identificar, entre las principales, la dispersión de sus trabajadores en distintos centros de trabajo más pequeños y menos visibles, la renuncia a publicitar sus productos o servicios, la imposibilidad de acceder a determinados mercados que de hecho les resultan vedados y la corrupción de las autoridades.

Al visitar diferentes talleres clandestinos, se pudo comprobar que la necesidad de evitar la detección obliga a los informales a operar en dimensiones muy reducidas. Para el efecto, se mantienen deliberadamente pequeños o, dada la necesidad de crecer, lo hacen dispersando sus trabajadores en dos o más locales, de manera que en ningún caso haya más de diez en un solo establecimiento. Ciertamente esta disposición aminora las posibilidades de ser detectados por inspectores o policías, pero irroga al costo de impedir que se alcancen escalas de producción óptimas, lo que parece ser una consecuencia bastante difundida de todos los costos de la informalidad.

Ello hace que las empresas informales estén subcapitalizadas, no sólo por la falta de acceso al crédito, sino también porque la utilización de ciertos bienes de capital las hace más fácilmente detectables, y porque sólo vale la pena utilizar algunos de esos bienes si se tiene el número suficiente de obreros para atenderlos. Y, como ya sabemos, mientras mayor sea el número de sus empleados, mayor será el riesgo de detección que corre una fábrica.

Otra diferencia entre las empresas informales y las formales, resultante también de la necesidad de evitar la detección, reside en que aquéllas no pueden publicitar con facilidad los productos o servicios que brindan y están limitadas a formas encubiertas y restringidas de atraer clientela, basadas casi exclusivamente en la reputación.

Lógicamente con ello se logra pasar inadvertido frente a las autoridades, pero también resultan costos que impiden obtener rendimientos comerciales mayores.

Esta es, sin lugar a dudas, una desventaja considerable, si tenemos en cuenta que según la *Small Business Administration*, agencia gubernamental de los Estados Unidos, los letreros delante de las tiendas o talleres atraen a dos terceras partes de la clientela. La publicidad puede servir además para atenuar una ubicación desfavorable, al compensar lo poco aparente de un local por una comunicación efectiva. Sin embargo, los informales tampoco pueden beneficiarse de esto.

Para evitar la detección, la empresa informal generalmente opera al margen de los mercados legalmente establecidos como las bolsas, ferias y concejos de comercialización, ni tiene acceso a los medios de intercambio que ahí utilizan, como acciones, cartas de crédito o *warrants*.

Ello obliga a los interesados en tratar con informales a invertir más tiempo en recabar la información suficiente para conocer a sus interlocutores, encareciendo así sus esfuerzos de búsqueda y, por consiguiente, también las transacciones. Si gozaran de estas facilidades institucionales, los empresarios informales podrían negociar con mayor rapidez y eficiencia y los compradores solamente tendrían que concurrir a centros de abastos especializados para realizar sus operaciones.

Finalmente, otro costo importante derivado de evitar la sanción es que las empresas informales deben invertir una parte considerable de sus recursos en corromper a las autoridades.

Al respecto el ILD obtuvo evidencia esclarecedora. Mientras que los empresarios informales entrevistados decían pagar entre 10 y 15% de sus ingresos brutos por concepto de coimas y comisiones, los pequeños empresarios formales decían pagar nada más que el 1%. La diferencia entre una tasa y otra revela el mayor costo que deben asumir los informales debido a su condición.

Ocurre que como el 61% de las horas-hombre trabajadas en el Perú son informales necesariamente existe una larga frontera de contacto con las autoridades estatales. Si bien algunas empresas informales son totalmente clandestinas, es inimaginable que un 61% del trabajo pueda realizarse ilegalmente sin que las autoridades de alguna manera lo permitan. Por eso la corrupción como recurso sistemático representa una degradación del principio de autoridad para el país en su conjunto.

Al margen de ello, podría argumentarse, en términos estrictamente económicos y con la dosis de cinismo necesaria, que las coimas son de alguna manera sustitutos de los impuestos que los informales no pagan, porque acarrean efectos similares. Sin embargo, ellas tienen también un elemento indeseable de irregularidad, comparado con el que producen los impuestos.

Por consiguiente, podría decirse también que la función de las coimas se parece mucho más a la de los seguros, pues tratan de eliminar la incertidumbre de los informales con relación a las pérdidas que podría ocasionarles ser sancionados por las autoridades. Sucede, entonces, que al pagar una coima el informal no hace otra cosa que intercambiar la seguridad de no ser perseguido por un monto fijo de dinero. En tal sentido, la corrupción aparece como una suerte de seguro contra la sanción oficial. Sin embargo, todo parece indicar que estos pagos de coimas son proporcionalmente mayores que las primas debido al desconocimiento del riesgo efectivo de persecución. Y, en ese sentido, son ineficientes desde una perspectiva estrictamente económica.

2.1.2 *Costos por Transferencias Netas*

Una segunda diferencia entre formales e informales consiste en que, por contraste con lo que sucede en una economía bien integrada, en este caso existen una serie de transferencias de los informales hacia los formales que no tienen contrapartida de éstos, de manera tal que constituyen perjuicios netos para los informales. La existencia de estas transferencias es fundamental para entender por qué el aparente beneficio del que gozan los informales por evadir las leyes no se traduce en un rendimiento mayor que el que obtienen en promedio las empresas formales.

Para efectos expositivos hemos distinguido estas cargas en costos por impuestos y uso de efectivo, y costos por ahorro en bienes tangibles.

Se afirma generalmente que la actividad económica informal no sólo compite deslealmente contra la actividad legalmente establecida, debido a que se ahorra los costos de la formalidad, sino que además se beneficia gratuitamente de los servicios públicos ofrecidos por el Estado, obligando a este último a transferir todo el peso del financiamiento del presupuesto público sobre la actividad formal.

Este razonamiento es, sin embargo, inexacto. La evidencia empírica recogida por el ILD muestra que existen por lo menos tres canales importantes a través de los cuales las actividades informales están continuamente transfiriendo recursos hacia el gobierno y otras instituciones formales: los impuestos indirectos, la inflación y las diferencias de las tasas de interés.

Diariamente se producen innumerables transacciones entre formales e informales. Si bien los informales no pagan impuestos sobre sus transacciones referidas a bienes finales, sí lo hacen cada vez que compran insumos a los formales. En la medida en que éstos facturan sus ventas, el comprador informal está pagando impuestos indirectos. Esto no sucede en todos los casos, porque se dan ventas sin factura, pero hay eventualidades en las que la evasión es muy difícil, como en el impuesto a la gasolina asumido en gran parte por los transportistas informales.

Existe, pues, una gran cantidad de transacciones en las que se producen transferencias forzosas hacia el gobierno a través del impuesto a las ventas y el arancel sobre las importaciones. El ILD estima que, en 1985, la actividad económica informal transfirió al gobierno el equivalente a 813 millones de dólares por este concepto. Esto representó el 5.7% del producto bruto interno de dicho año y el 41.4% del total de impuestos recaudados sobre insumos.

Soportar la inflación es otra forma de tributar. Muchos economistas la han definido como un impuesto al dinero, que el gobierno cobra al sector privado para financiar su exceso de gastos o déficit presupuestario. Cuando los precios suben y la moneda pierde poder adquisitivo, los particulares ceden al Estado parte del valor de su efectivo. En este proceso resultan particularmente afectados quienes tienen en su poder más dinero en efectivo; es decir, los informales, cuyas transacciones se hacen al contado y que, también por temor a la detección, acuden con menor frecuencia al sistema bancario para protegerse del envilecimiento monetario, a diferencia de los que tienen sus ahorros en moneda dura o en cuentas que rinden intereses.

En consecuencia, el poder adquisitivo que pierden los informales por mantener efectivo en sus manos es una transferencia de recursos hacia la actividad formal, parte de la cual es captada por el gobierno. El ILD estima que en 1985 la transferencia por este concepto alcanzó la suma de 554 millones de dólares; es decir, el 3.8% del PBI de ese año.

Sumando las dos transferencias anteriores se obtiene que los informales han transferido por estos conductos recursos por valor de 1,367 millones de dólares al Estado, equivalente a 9.5% del PBI. Esta cifra habría sido suficiente para cubrir el íntegro de la inversión del gobierno central en dicho año, que fue de 465 millones de dólares.

Por último, hay transferencias de los informales a los formales a causa de las diferencias entre las tasas de interés que se pagan por el crédito. Según el ILD, en junio de 1985 las tasas de interés en el mercado crediticio informal llegaban, en Lima, al 22% mensual, frente a la tasa máxima de 4.9% que una empresa formalmente establecida podía conseguir en los bancos. Esta disparidad en el costo del dinero se debe a que los informales no tienen acceso al crédito formal, por lo cual deben aceptar la mediación "informal" de individuos que sí pueden obtener recursos financieros fomales y baratos, que ellos transfieren exageradamente encarecidos a las empresas informales.

El diferencial en las tasas de interés constituye, así, una transferencia de los informales al resto de la actividad formal, que en 1985 fue de 501 millones de dólares; es decir, el 3.5% del producto bruto de ese ejercicio.

La diferencia en las tasas de interés se debe en parte al mayor riesgo percibido en una transacción financiera con una empresa informal; también se debe a que el mercado de transacciones informales de capital es competitivo, donde las tasas de interés establecidas tienden a reflejar mejor el costo de oportunidad por el uso del recurso financiero.

La importancia de esta transferencia resalta especialmente si se tiene en consideración que fue 1.4 veces mayor que la suma pagada de los formales por concepto de impuesto a la renta y al patrimonio.

Si agregamos la transferencia por concepto del diferencial en tasas de interés a las otras dos mencionadas, el total de transferencias de los informales a los formales fue, en el 85, de 1,868 millones de dólares; es decir, alrededor del 13% del producto bruto interno. Este solo hecho sirve para poner en duda aquellas opiniones superficiales que sostienen que los informales no contribuyen con la sociedad formal.

Por su parte, un subproducto del uso de efectivo al cual se ven obligados los informales son los costos por ahorro en bienes tangibles. Significan que, por temor a sufrir la depreciación de sus haberes en efectivo debido a la inflación —que en el período 1983-85 ha excedido largamente el 100% anual—, muchos informales prefieren acumular inventarios reales en lugar de guardar dinero.

Como resultado de ello, muchas adquisiciones de equipos de capital, bienes inmobiliarios y mercadería almacenable son realizadas antes del momento oportuno. Dado que el equipo es indivisible y los costos del capital son altos, estas compras anticipadas dan lugar a que una parte de los informales invierta en escalas no óptimas.

Esto puede ser comprobado a simple vista. La impresión general que dan los asentamientos informales, mercados de ambulantes y talleres industriales es que se encuentran a medio hacer. Las edificaciones están inacabadas, el material de construcción se apila en las aceras y los equipos están incompletos. Una actitud prejuiciosa podría suponer que ello se debe a una innata dejadez de los peruanos; pero no es cierto. Antes bien, significa que la informalidad obliga a ahorrar en materiales en lugar de hacerlo en dinero y que, por cierto, el sistema financiero no funciona.

2.1.3 Costos de Evitar Impuestos y Leyes Laborales

La tercera diferencia entre formales e informales es que estos últimos generalmente no pagan impuestos directos, ni cumplen con las leyes laborales. Sin duda ello puede reportar beneficios económicos que compensan parcialmente los costos de la informalidad e inclusive convienen más que integrar la formalidad. Por ejemplo, si las leyes establecen la remuneración mínima por encima del nivel dictado por el mercado, podemos presumir que las empresas que operan informalmente se benefician por pagar sueldos y salarios más bajos. Por eso los empresarios informales son los principales empleadores de mano de obra no calificada.

La desventaja para las empresas informales es que así sólo tienen acceso a métodos poco tecnificados y de baja productividad. La ventaja, por supuesto, es que cuando el mercado se deprime ellos pueden contratar y despedir empleados, sin otros inconvenientes que las consideraciones morales o la desventaja de perder a buenos dependientes; con ello el trabajo se convierte en un factor variable dentro de la producción. Entre los formales, en cambio, el trabajo es considerado en la práctica como un costo fijo que no permite responder a las variaciones de la demanda con la misma flexibilidad que los informales.

De otro lado, el Impuesto General a las Ventas (IGV), tiene también efectos sobre las actividades que se realizan formal o informalmente. A pesar de que parece ser un impuesto sobre el ingreso bruto, se tributa sólo sobre el valor agregado. Por eso es que el IGV se cobra en cada etapa de producción. De esa manera, la segunda etapa paga un impuesto bruto pero recibe un crédito por los pagos hechos sobre sus insumos en la primera. Esta es una restricción importante para los proveedores informales de bienes intermedios. El cliente del informal paga el impuesto bruto pero le es imposible conseguir un crédito por el bien intermedio comprado a su proveedor informal. Así, éste se encuentra en una desventaja comparativa frente a un proveedor formal.

Por eso podemos deducir que el IGV hace que las actividades de los informales se desarrollen en los extremos del proceso productivo: primero, en actividades en que el valor agregado constituye una gran parte del precio total del producto al nivel de venta al detalle, ya que su ventaja proviene de la evasión del impuesto, precisamente cuando llega a tal punto; y, segundo, en actividades donde la producción total esté ubicada en las primeras etapas del proceso de transformación donde el total del impuesto al valor agregado puede evadirse (cultivo de productos agrícolas, fabricación de ladrillos, prestación de servicios caseros, etc.).

En conclusión, el empresario informal se ve excluido de áreas de producción intermedia relativamente tecnificadas, entre otras razones, porque el sistema impositivo no le permite beneficiarse del crédito tributario. El costo más importante quizás es que en este contexto el sistema tributario también contribuye a impedir mejores niveles de productividad.

2.2 *Costos de No Tener Buena Ley*

Una vez establecido que existen costos de ser ilegales nos preguntamos si bastaría con eliminarlos para que la informalidad se convirtiera desde entonces en el mejor de los mundos.

El siguiente ejercicio de conceptualización nos permitió convencernos, sin embargo, de que ello no era cierto y de que los informales sufren no sólo por ser ilegales sino también porque les falta un Derecho que garantice y facilite la eficiencia de sus actividades económicas; es decir, la buena ley.

Cuando un tallerista clandestino trata por todos los medios de evitar la detección, cuando un poblador de asentamientos informales derrocha esfuerzo y tiempo en defender su posesión y tramitar su legalidad o cuando un ambulante no tiene las garantías aceptables para financiar un mercado o comprar a crédito, significa en último término que no ha tenido derechos de propiedad ni contratos seguros para organizar su actividad económica eficientemente. Si agregamos a ello que la sociedad en su conjunto sufre por los efectos negativos que producen los informales, eso también significa la falta de un derecho extracontractual que funcione.

Estos tres elementos —derechos de propiedad, contratos y derecho extracontractual— son los que esencialmente debe proveer una buena ley. Por consiguiente, su insuficiencia o ausencia ocasiona un onerosísimo conjunto de costos que los informales deben asumir a cambio de no pagar los costos de la formalidad.

2.2.1 *Costos por Falta de Derechos de Propiedad*

Tradicionalmente en el Perú se ha entendido el derecho de propiedad como aquél que proporciona a su titular las facultades de usar, disfrutar, disponer y reivindicar un bien —tangible o intangible— dentro de los marcos de la ley. Una opinión más superficial ha circunscrito, inclusive, esta noción a los bienes muebles o inmuebles. Sin embargo, aquí queremos aludir a un sentido más amplio del concepto, basado principalmente en su importancia económica.

La doctrina jurídica clásica considera que los individuos pueden tener, esencialmente, derechos reales y personales; referidos los primeros a su relación con las cosas a través de la propiedad, la posesión o el usufructo, entre otros; y los segundos, a sus relaciones con otras personas a través de los contratos. Esta división ha fragmentado excesivamente la realidad, pues da la impresión de que no hubiera vinculaciones entre unos y otros derechos. A nuestro entender, la principal vinculación es que los individuos no sólo pueden ser dueños o poseedores de cosas, sino también de sus contratos. Por consiguiente, hay un derecho real implícito en cada derecho personal que lo vincula, precisamente, con el sujeto de ese derecho.

Ello significa que los derechos de propiedad no sólo pueden estar referidos a casas, automóviles, maquinarias o mercaderías, sino también a contratos de arrendamiento, certificados de moneda extranjera, y su atributo de libre convertibilidad, y a toda suerte de acreencias; de manera tal que no sólo se pueden perder derechos de propiedad a través de confiscaciones o expropiaciones comunes y corrientes, sino de regulaciones más sofisticadas y aparentemente inocuas, como las leyes del inquilinato, el congelamiento de los ahorros o el desagio.

Así, entenderemos por derechos de propiedad todos aquéllos, tanto personales como reales, que reconocen a sus titulares la enajenabilidad y la exclusividad sobre los mismos; es decir, la potestad de disponer libremente de ellos y la posibilidad de utilizarlos con exclusión de todos los demás o disfrutarlos libremente.

Hechas estas precisiones, es evidente que el costo más notable de carecer de buena ley es no contar con derechos de propiedad seguros y confiables. Para el efecto explicaremos las tres principales conclusiones a las que hemos podido llegar y que nos permitirán destacar más fácilmente los costos que deben asumir los informales como resultado de la falta de estos derechos.

La primera conclusión es que los informales no aprovechan ni preservan los recursos a su disposición todo lo eficientemente que podrían, si estuvieran seguros de sus derechos. Es claro que sin la posibilidad de hacer valer los derechos de propiedad sobre tierra, viviendas y equipos, entre otros, los estímulos para realizar inversiones en ese tipo de actividades se ven considerablemente afectados. Las personas construyen menos si creen que existe el riesgo de que el Estado u otra persona pueda quitarles u ocupar lo construido, así como nadie invierte en innovaciones costosas si cualquiera puede después apropiarse de su invención sin pagar compensación alguna. De esta manera se produce una disminución en la inversión agregada.

Los derechos de propiedad seguros, por el contrario, estimulan a sus titulares a invertir en sus propiedades, pues les dan la seguridad de que ellas no serán dañadas ni usurpadas. Por eso, desde un punto de vista estrictamente económico, los derechos de propiedad sobre los bienes no tienen como principal objetivo beneficiar al individuo o entidad que es su titular, sino, más bien, proporcionarle los incentivos necesarios para que les agreguen valor, invirtiendo, innovando o combinándolos provechosamente con otros recursos, de lo que se deriva un resultado beneficioso para la sociedad.

Esto fue comprobado por el ILD haciendo trabajos de campo en los asentamientos informales en Lima. Como se vio en el capítulo sobre vivienda informal, al comparar el caso de Mariscal Castilla y Daniel Alcides Carrión —asentamientos de características socioeconómicas similares— se encontró que el valor de la vivienda en el primero equivalía a 41 veces el valor en el segundo, debido a la seguridad legal que tenía. Posteriormente una muestra mayor de 37 asentamientos permitió determinar que la relación es de 9 a 1 entre aquellos que tienen títulos y los que no los tienen. Todo indica, pues, que la existencia o falta de derechos de propiedad tiene una relación directa con el nivel de la inversión.

La segunda conclusión es que los informales no pueden transferir sus propiedades con la facilidad deseable. Por consiguiente, tampoco pueden asignarlas a sus usos de mayor valor, ni aprovecharlas en forma de garantías. Esto los perjudica porque limita la movilidad de sus propiedades como factores de producción y disminuye, por lo tanto, la productividad de sus recursos.

La tercera conclusión es que los informales incurren en costos sustanciales para defender sus posesiones y satisfacer la necesidad de bienes públicos a través de la creación y operación de millares de organizaciones diferentes.

Los inconvenientes de las organizaciones informales tal como están constituidas actualmente son que involucran una enorme inversión de tiempo y otros recursos y que, sobre todo, no tienen capacidad de coerción para cobrar los costos de la gestión a los asociados que incumplen.

En efecto, muchas decisiones que toman dichas organizaciones requieren mayoría. Así, donde cada propietario tiene un solo voto, pueden presentarse serias deficiencias porque no toman en consideración la diferencia de intensidad en las preferencias de cada votante.

Pongamos por caso el de un asentamiento informal donde se proyecta construir una calle que cuesta 3 mil intis. En el asentamiento viven cincuenta familias, diez de las cuales dicen valorizar la construcción de la calle en 200 intis y las cuarenta restantes sólo en 50. Esto quiere decir que la colectividad en su totalidad le da un valor de 4 mil intis, lo que implica que es beneficioso construirla si dicha valoración excede el costo de construir la calle. Pero, si se somete al voto mayoritario, donde cada familia será gravada con una parte porporcional del costo (60 intis), el proyecto de construcción de la calle será dejado de lado, porque 40 de las 50 familias se considerarán perdedoras netas, en la medida en que su valoración del beneficio que les reporta es algo menor. Una mayor presencia del Estado, puede evitar estas dificultades sencillamente obligando a todos a pagar a través de los impuestos.

Esto significa que a la gente que vive en asentamientos informales, relativamente eficiente para la administración de la propiedad individual, le faltan mecanismos de administración y cobranza colectivos para desarrollar y pagar los gastos de proyectos en posesiones o propiedades colectivas.

Existen, por supuesto, otros mecanismos de decisión para solucionar estos problemas. Pero son, en general, más costosos y menos seguros. Por ejemplo, cuando funcionan presiones colectivas que hacen que un socio que no contribuye sea mal visto – especialmente a través de sistemas para construir la vereda y la pista sólo delante de las casas cuyos propietarios han cumplido con los pagos–, la inhabilidad de los informales para lograr acuerdos legalmente obligatorios incrementa sus dificultades.

Si bien en algunas situaciones adversas se forma un espíritu de colaboración tal que los dirigentes comunales pueden exigir de los miembros de las comunidades un altruismo que permite niveles de cooperación sorprendentemente altos, sigue siendo cierto que la falta de mecanismos coercitivos reduce sustancialmente el ámbito y los alcances que puede tener una sociedad informal. Es decir que, a pesar de que existen personas sustancialmente altruistas, entre ellas también hay conflictos de intereses económicos y emocionales que los mecanismos de coordinación informales no pueden resolver.

Teniendo en consideración las tres conclusiones anteriores – que los informales no aprovechan ni preservan sus recursos eficientemente, que no pueden transferir fácilmente su propiedad, asignarla a sus usos de mayor valor ni ofrecerla en garantía, y que sus organizaciones colectivas no logran compensar su extralegalidad–, será ahora más fácil comprender los costos que la falta de derechos de propiedad les ocasiona.

Examinaremos ahora los costos derivados del acceso informal. El primero resulta del acceso a la propiedad inmobiliaria –sea por invasión o compraventa informal– y del largo proceso de consolidación de derechos que va, como vimos en el capítulo de vivienda, desde el expectaticio de propiedad hasta la propiedad legalmente reconocida. Como se recordará, lo que sucede es que el acceso informal a los terrenos se produce sin adquirir simultáneamente un derecho legal estable sobre la tierra o su edificación. Lógicamente pende sobre los informales la amenaza de una erradicación, que los acompañará durante un largo tiempo hasta que puedan adquirir el reconocimietnto cabal de sus derechos.

La verdad es que las probabilidades de que estas tierras sean recuperadas por el Estado o particulares son, en la mayor parte de los casos, bastante remotas. Sin embargo, desde el punto de vista de los poseedores —que ciertamente no han podido realizar un cálculo sofisticado de probabilidades— existe un peligro continuo que reduce sus estímulos para invertir.

En consecuencia, los informales preferirán relativamente inversiones tales como aparatos electrodomésticos y vehículos, que son movibles y que pueden ser fácilmente salvables en caso de erradicación o desahucio, en lugar de inversiones fijas como la cañería, el desagüe, el techo y otras. En ese sentido, no es extraño encontrar en asentamientos informales automóviles, televisores y otro tipo de artefactos que contrastan abiertamente con la calidad de las construcciones.

Esta subvaluación de las inversiones fijas significa que es poco probable que el informal invierta en su vivienda en la misma proporción que el propietario de un terreno y edificio legales. No es de extrañar, entonces, que las casas construidas informalmente estén, en muchos casos, bastante descuidadas, y que, por otro lado, no haya inversiones en salubridad pública, con las graves consecuencias que ello puede acarrear para el bienestar de todos.

Por otra parte, entre los informales la falta de títulos de propiedad seguros y de registros públicos que los contengan hace mucho más difícil establecer la validez de una pretensión. Existen varias razones para ello. En primer lugar, es más difícil ubicar deudas legítimas que estén respaldadas o garantizadas por la propiedad de la cual se trata, ya que no hay un registro central para dichas transacciones; en segundo lugar, por esa misma razón es más difícil defenderse contra la pretensión de un tercero con relación a la propiedad; y en tercer lugar, existen disputas válidas sobre la propiedad actual que ninguna investigación de registros puede descubrir.

Si bien existen registros informales en muchos asentamientos, hay otros en los cuales los registros son precarios. Por consiguiente, la transferencia informal de la propiedad acarrea una serie de dificultades. Por ejemplo, es posible que el derecho expectaticio de propiedad de un sujeto sea respetado por vecinos y terceros, debido a algunas de sus características personales tales como ser bien conocido en su comunidad; sin embargo, su derecho inequívoco a la propiedad no está reconocido. En otras palabras, su pretensión a la propiedad se logra a través de contratos o vínculos informales que son muy difíciles de transferir a un comprador eventual.

En ese caso, un comprador potencial deberá invertir tiempo y dinero para informarse de la influencia que tienen tales factores en la validez de su derecho expectaticio de propiedad y poder deducir si es que puede defender dicha propiedad en el futuro con la misma habilidad y bajos costos que el vendedor. Como vimos en el capítulo de vivienda, una forma difundida de hacerlo consiste en acudir a las asambleas de las organizaciones vecinales y ser presentado por el vendedor como nuevo poseedor del terreno, aceptando los términos del contrato de invasión y sus acuerdos complementarios.

El corolario es, por supuesto, que las mismas razones inhiben el uso de la propiedad como garantía, que es uno de los tantos beneficios que tradicionalmente se le confieren al propietario. Esto se debe a que el prestamista tiene que realizar también las mismas inversiones costosas que el comprador del caso anterior para cerciorarse de que la propiedad esté bajo el control del prestatario y para poder asegurarse de que, en caso de incumplimiento, se podrá obtener dicha propiedad con los mismos derechos que el actual dueño tiene. Todo esto acarrea el alza de las tasas de interés que los prestamistas cobran por los préstamos garantizados mediante un derecho expectaticio de propiedad o su equivalente; o, peor aún, determina que no se realicen transacciones.

La dificultad de transferir un bien resta siempre estímulos a la especialización de los recursos, porque para los informales es indispensable poseer por largo tiempo antes de que su derecho a la propiedad esté legalmente reconocido. A diferencia, para los formales es perfectamente posible agregar valor a un bien sin pretender una posesión a largo plazo, ya que su derecho está desde un principio reconocido. Existen contratistas formales que invierten en la compra inicial de la tierra, no para poseerla y usarla directamente, sino con el propósito de habilitarla, construir sobre ella y venderla lo antes posible.

Ello representa una gran ventaja de la que no gozan los informales pues gracias a la facilidad de transferir propiedad incontrovertiblemente el contratista puede especializarse en la habilitación y edificación masivas y aprovechar, así, las economías de escala derivadas del trabajo en serie.

Los pocos contratistas informales que existen sólo pueden hacer ese tipo de operaciones con grandes riesgos. Por ejemplo, un cliente que se haya comprometido a comprar una construcción puede arrepentirse en cualquier etapa del proyecto y retirarse, sin que exista medio legal alguno para obligarlo a indemnizar. A la inversa, el comprador mismo podría sufrir las consecuencias de pagar cuotas iniciales y no recibir al final la casa cuya construcción contrató. Por estas razones es que, salvo algunas excepciones, la construcción informal no puede especializarse y así aprovechar las economías que resulten de hacer las cosas a gran escala. Esta carencia obliga a los informales a proceder exactamente a la inversa que los formales; es decir, en vez de adquirir legalmente el terreno, habilitarlo, construir sobre él y finalmente instalarse, ellos comienzan instalándose, después construyen, luego habilitan y sólo al final de un largo procedimiento obtienen legalmente la propiedad del terreno. Se trata, pues, de un proceso obviamente antieconómico.

2.2.2 *Costos Derivados de No Aprovechar el Sistema Contractual*

Los contratos son, en términos económicos, medios para organizar y transferir derechos de propiedad, porque permiten a sus partes combinar recursos humanos y materiales con el objeto de producir bienes y/o servicios para que luego sean utilizados en la forma más provechosa posible. En cuanto tales, son también otro de los instrumentos facilitadores que una buena ley debe proporcionar.

Podemos clasificar esquemáticamente los contratos en dos clases: los que relacionan a dos o más partes entre sí mediante obligaciones patrimoniales; y los que, relacionando también a las partes patrimonialmente, crean una persona jurídica distinta de ellas para consolidar y llevar a cabo la relación. Los primeros son los contratos comunes y corrientes, como el de compraventa o depósito; los segundos son los contratos de sociedad que crean organizaciones empresariales como la sociedad anónima, la sociedad comercial de responsabilidad limitada o la cooperativa.

Por ende, es claro que un Estado eficiente puede facilitar las formas en que se transfieren y organizan los derechos de propiedad entre los particulares, ya sea haciendo exigibles ante los poderes del Estado todos los acuerdos consumados por las partes, o proveyéndolos de formas legalmente sancionadas de organización empresarial *standard.*

Estos son precisamente los instrumentos facilitadores del Derecho que no tienen los informales, derivándose para ellos un conjunto considerable de costos. Veamos, en primer lugar, los que resultan de no poder disfrutar plenamente de los contratos comunes y corrientes. Posteriormente veremos aquéllos que resultan de no tener organizaciones empresariales formales.

Del trabajo empírico realizado por los investigadores del ILD, ha quedado en claro que los contratos que utilizan los informales son difícilmente exigibles ante un tribunal, ya sea por falta de elementos probatorios —entre otras cosas porque generalmente son orales— o por la cohibición que produce entre las partes trabajar en actividades relativamente ilegales.

Ello determina que los informales traten de minimizar los daños que pueden sufrir cuando una de las partes incumple, que no puedan constituir empresas de escala mayor que las que actualmente poseen, o que recurran a un mecanismo de presión alternativo que sustituya la falta de coerción legal. Estas tres consecuencias ocasionan un conjunto de costos que los informales deben soportar.

Los contratos perfecta y legalmente exigibles dan credibilidad a las promesas hechas por las personas, y hasta pueden incluir una cláusula penal que condene a la parte que incumple a pagar una compensación determinada. Por tanto, el solo hecho de que los contratos puedan ser exigibles estimula a que las partes hagan compromisos razonables que estén en condiciones de cumplir y desalienta las promesas poco realistas que puedan hacerse con el fin de animar a la otra parte a comprometerse. Así pues, un sistema legal que permite a todos los ciudadanos un acceso fácil a tribunales eficientes ha probado ser una manera conveniente para facilitar las transacciones entre las personas.

Otra ventaja de los contratos legalmente exigibles es que permiten a las partes hacer compromisos beneficiosos a largo plazo. Así, si un empresario tiene la seguridad contractual de que su cliente le comprará una cantidad determinada de productos a través del tiempo, podrá invertir en la adquisición de maquinaria y equipo que le permita cumplir con la producción acordada y, a la vez, amortizar los pagos de las deudas contraídas para financiar dicha maquinaria.

El empresario informal, en cambio, por temor a ser detectado o por haber celebrado un contrato difícilmente exigible, si hace una inversión en maquinaria, tendrá que asumir un riesgo mucho más alto. Según cómo evalúe el riesgo de incumplimiento por parte del cliente, podría posiblemente decidir no hacer la inversión en equipos perjudicándose a sí mismo y al resto de la sociedad.

El cliente, por su parte, tampoco puede asegurarse de que el empresario informal cumpla con los precios de la negociación inicial, porque puede ocurrir que éste al ver que el cliente no tiene una alternativa de suministro, el día mismo en el que se ha comprometido a la entrega de la producción aumente el precio originalmente pactado. Como el cliente teme que esto ocurra, sólo asume los riesgos que conlleva tal compromiso si es que sus márgenes de rentabilidad son lo suficientemente altos. Por estas limitaciones, muchas transacciones se encarecen y, en consecuencia, algunas de ellas no se realizan.

Se ha observado también que los costos de no tener contratos perfectamente exigibles aumentan para las empresas que intentan trabajar a gran escala. Por ejemplo, para que el empresario pueda conseguir el capital necesario a fin de comprar más maquinaria con la cual operar a gran escala es indispensable entregar, primero, ciertas garantías y permitir así que los prestamistas puedan estimar el riesgo real de la operación que se propone. Como es poco probable que un informal tenga tales documentos, los prestamistas no pueden tener la seguridad de estar adecuadamente informados de todas las deudas y compromisos que ha asumido el prestatario. Por eso es que a las empresas informales se les cobra tasas de interés necesariamente más altas que a las formales, debido a que es la manera más expeditiva de cubrir el riesgo que representa para el prestamista la falta de garantías formales.

Ocurre entonces que la informalidad prácticamente prohíbe el aprovechamiento de las economías de escala en casi cualquier circunstancia. Sin embargo, también hemos visto al describir la normatividad extralegal en los tres capítulos anteriores, que los informales han sido capaces de generar espontáneamente un sistema de normas consuetudinarias para ordenar sus actividades. Se trata, ciertamente, de sustitutos ingeniosos que despiertan el entusiasmo de ciertos científicos sociales, pero hay que reconocer que no funcionan tan bien como podría hacerlo un Derecho estatal eficiente.

Así pues, hay una serie de transacciones en el terreno de la informalidad que no se producen por las limitaciones que afectan la exigibilidad de sus contratos y otras que, si bien se realizan, incurren en costos mayores que los necesarios por la falta de seguridad.

Nuestras entrevistas nos han permitido identificar diferentes alternativas usadas por los informales para aumentar la posibilidad de que los contratos se cumplan. Una de ellas es invertir tiempo, esfuerzo y dinero en cultivar amistades a largo plazo. Un empresario informal que se compromete a comprar continuamente de un proveedor, espera inducirlo así a cumplir puntualmente con cada entrega. Este método funciona para ambas partes, porque el comprador tiene el mismo incentivo que el proveedor para honrar su compromiso. Recordemos solamente que para sancionar el incumplimiento, tanto uno como otro puede recurrir al mismo método de divulgarlo entre terceros, a fin de perjudicar su reputación. Esto no es mayor novedad, pues hasta en las empresas formalmente establecidas la publicidad negativa es un importante método coercitivo que funciona mejor cuando se da en un círculo relativamente pequeño y bien definido, donde todos se conocen.

Sin embargo, este método coercitivo informal tiene marcadas limitaciones. En primer lugar, requiere de mucho tiempo y esfuerzo para crear una reputación o relación interpersonal sostenida y, además, ésta se restringe a las partes que desean contratar. En el caso de los que recién se establecen en un mercado, da lugar a que, en principio, los proveedores o compradores no confíen en ellos, precisamente por su falta de reputación. Así, se ha comprobado que a menudo los proveedores no les entregan productos de la misma calidad o incurren en impuntualidad a causa de la preferencia por los clientes ya establecidos.

Solamente después de que los nuevos comerciantes han realizado un número apreciable de transacciones, la posibilidad de una relación a largo plazo se convierte en un aliciente eficaz. Durante el período de las transacciones iniciales el informal incurre en gastos mayores, a consecuencia de los incumplimientos, las elevadas tasas de interés y los altos precios que resultan de su falta de reputación.

Aunque un principiante esté ganándola, hemos visto que, por razones difíciles de prever, una de sus contrapartes puede decidir que le conviene incumplir el contrato. Como este riesgo es conocido por todos, los empresarios informales tienden a diversificar sus fuentes de aprovisionamiento y sus mercados de venta en un grado mayor que lo que sería necesario entre formales. De este modo, en lugar de comprar mil cierres de un solo proveedor, un confeccionista informal compra 200 a 5 proveedores distintos. Esto da lugar a que los proveedores produzcan por debajo de lo óptimo, con lo cual los costos por unidad producida serán más altos que lo que deberían y las oportunidades de emplear mano de obra, proporcionalmente menores.

Suele ocurrir que aun después de establecida una buena relación comercial, una de las parte pierde confianza en la otra. Así, pues, antes de que una relación termine, existen muchas posibilidades de que una de las partes actúe de mala fe. Siguiendo con nuestro ejemplo anterior, si el proveedor de cierres estima que en el futuro el confeccionista no le comprará más, puede decidir no cumplir con el último compromiso, a pesar de haber recibido los pagos iniciales. A su vez, el confeccionista puede no pagar la última entrega, precisamente porque ya no considera necesario mantener su reputación con ese u otro productor de cierres conocido. Si ambas partes están conscientes de la posibilidad de incumplir impunemente, la situación comienza a deteriorarse con relativa facilidad.

Se debe reparar en que estos temores bien pueden resultar suficientes para que la relación comercial no comience o para que produzca para ambas partes menos ganancias de las que se habría logrado con un sistema contractual formal.

Otra de las alternativas usadas por los informales para estimular la posibilidad de que los contratos se cumplan, consiste en invertir mucho tiempo en investigar o supervisar a la contraparte. En nuestro ejemplo, el confeccionista podría probar uno por uno los cierres que se le van a vender, pero aunque en el contexto informal este sistema sea razonable, resulta demasiado caro para alcanzar un objetivo que en la formalidad se lograría con una garantía de calidad. A falta de ella, el empresario informal estará en un continuo estado de alerta que proseguirá háyase o no cometido una falta, con el consecuente derroche de recursos.

Otra alternativa usada para disminuir las posibilidades de incumplimiento de los contratos es la gran preferencia de los informales por contratar o emplear a familiares o paisanos. Así, el empleador que ha sido víctima de un incumplimiento acude a su familia, vecindario u otros amigos con la expectativa justificable de que el grupo para mantener limpia su reputación presione al responsable a fin de que compense el agravio cometido. De igual manera, el que recién llega a la ciudad pronto se da cuenta de que le es difícil encontrar otra parte contratante fuera de su familia o paisanos conocidos. En ese sentido, las entrevistas realizadas hacen pensar que los migrantes de mayor éxito son los que al llegar a Lima tenían ya familiares influyentes radicados.

Se ha notado también una tendencia generalizada a "incorporar" a los amigos a la familia para dar mayor seguridad a las relaciones. En ese sentido, es frecuente que se le llame "tío" a una persona mayor con la que se establece un vínculo cercano, pero respetuoso; y "primo", a un amigo cercano de la misma generación.

Indudablemente, establecer y cultivar asiduamente estas redes amplias de amigos, compadres, "tíos" y "primos", exige bastante tiempo y recursos, y obstaculiza el desarrollo de mercados amplios y eficientes. De ese modo, los mercados de producción, trabajo y capital tienden en muchos casos a consentir a pequeños grupos de recomendados, en lugar de ser vastos y permitir tanto economías de escala como especializaciones cada vez más eficientes. Esto reduce la posibilidad de que los compradores comparen costos y calidades entre más proveedores y reduce también los incentivos para que los productores se vuelvan más eficientes y amplíen su mercado.

Otra alternativa para incrementar las posibilidades de que los contratos entre informales se cumplan es organizar entidades colectivas —como la organización vecinal, la asociación de ambulantes o el comité de microbuses— a fin de poner en ejecución acuerdos o contratos entre los miembros, supliendo así las instituciones legales y el poder coercitivo del Estado para asegurar que los acuerdos sean ejecutados tal como se convinieron.

Ocurre, empero, que su capacidad de coerción es siempre menos efectiva que la de un buen sistema de justicia. Asimismo, resulta evidentemente caro y difícil establecer mecanismos paralelos a los del Poder Judicial que permitan a la colectividad procesar y determinar la validez de una denuncia.

Además, esta suerte de tribunales privados no puede obligar a testigos o partes que no sean miembros de su colectividad a prestar testimonio y, en consecuencia, serán menos competentes para establecer los hechos y resolver una disputa o dirimir problemas entre personas de diferentes agrupaciones. Estas organizaciones tienen que cubrir también los costos de desarrollar sus propias reglas y difundirlas entre los miembros de la colectividad.

No obstante, las inconveniencias de los sistemas informales no significan que la reputación no sea una fuente importante de hacer cumplir contratos, inclusive entre los formales. Es obvio que éstos se encuentran llanos a hacer negocios o dar créditos a personas con las que no sólo tienen vínculos exclusivamente económicos, así como es obvio que los compradores formales también investigan y supervisan la calidad de los materiales comprados a sus proveedores. Por lo tanto, la diferencia entre lo formal y lo informal es de grado: la reputación es más importante y la incertidumbre contractual es significativamente mayor donde está limitado el acceso a tribunales eficientes.

Finalmente, la última alternativa utilizada por los informales para hacer cumplir los contratos es la amenaza y el uso ocasional de la violencia. En el caso del confeccionista, por ejemplo, si suponemos que se ha instalado recientemente y que puede hacer muy poco por arruinar la reputación de un manufacturero de cierres bien establecido en el mercado que ha incumplido un compromiso con él, es probable que no tenga otra alternativa que la de mandarle matones para golpearlo.

En un mercado informal donde hay mucho movimiento existe una demanda bastante alta de coerción contra los que no cumplen contratos. Esto, por supuesto, tiene también otras consecuencias sociales adversas, como la de ejercer la violencia para objetivos diferentes. Así, en lugar de pagar a un grupo de matones para lograr el cumplimiento de un contrato, —lo cual ya es indeseable— el empresario se encuentra muchas veces pagándoles para que la violencia no sea utilizada en su contra. Y como no hay razón para que esta violencia no se vuelva contra los empresarios formalmente establecidos, resulta que también se imponen costos a la sociedad en su conjunto.

En segundo lugar, la condición de informalidad impide que se aprovechen los beneficios que resultan de conformar organizaciones empresariales legalmente a través de contratos de sociedad. De esta manera, los informales pierden una importante vía para combinar recursos e incrementar su valor económico. De hecho, en estas dos funciones reside la trascendencia económica de las organizaciones empresariales legalmente constituidas, sean sociedades anónimas, comerciales de responsabilidad limitada o cooperativas.

La creación de valor económico consiste en transformar insumos en productos; así, por ejemplo, el zapatero toma su trabajo (horas-hombre), su dinero (capital financiero), sus instrumentos de trabajo y el cuero (capital físico) y los transforma en calzado. Pero lo que pueda hacer una persona sola es relativamente poco, de manera que resulta muy importante el trabajo coordinado entre varias, ya que en muchos casos dos o más pueden hacer un trabajo considerablemente más eficiente que el que se obtendría sumando el trabajo de cada una de ellas. Por eso, en la creación del valor, el problema central siempre radica en unir trabajo, capital e ideas,en forma eficiente y duradera. Un ejemplo puede ser útil para comprender la importancia de esto.

Si un empleado vende su trabajo a un empresario por un período largo, lógicamente se especializará en realizar ese tipo de trabajo en particular. Así, a medida que pase el tiempo, corre el riesgo de que su trabajo le sea más útil a este empresario que a cualquier otro; y, por lo mismo, el trabajador tendrá interés en exigirle algún grado de seguridad en el puesto.

El empresario, por su parte, habrá invertido también fuertes sumas en capacitarlo y, consiguientemente, podría convenirle tener con él un acuerdo de empleo a largo plazo para poder así recuperar su inversión.

En lo que se refiere al capital financiero, la situación es aún más complicada, porque un préstamo a muy corto plazo —a ser reembolsado, por ejemplo, en una semana—, no le permite a un empresario desarrollar una idea, ejecutarla y luego recoger los beneficios. Es más, la financiación de un empresario puede requerir decenas o centenares de prestamistas o inversionistas y es obvio que todos ellos estarán conscientes de la posibilidad de que el prestatario posteriormente no pueda reembolsarles; y ninguno de ellos, por supuesto, estará en capacidad de supervisarlo directamente.

Es por eso que existen organizaciones empresariales. Ellas permiten que los compromisos y transacciones a largo plazo entre empleados, clientes, prestamistas, proveedores y capitalistas estén definidos en un contrato de sociedad. En esta medida permiten que sean combinados, ejecutados y supervisados a través de intermediarios responsables, como pueden ser los gerentes y directores de la empresa.

En ese sentido, las organizaciones empresariales son una combinación de contratos *standard* que las instituciones legales ponen a disposición de las personas para que puedan realizar mejor sus transacciones. Podríamos decir que son como trajes fabricados en serie, confeccionados tal como las partes interesadas lo habrían eventualmente acordado, si es que hubiesen tenido el tiempo y la imaginación para hacérselos a la medida. Por consiguiente, la ley al establecer los derechos y obligaciones entre varias partes dentro de un marco operativo que permite combinar insumos productivamente y a largo plazo, proporciona el requisito esencial de cualquier inversión importante.

La dificultad de acceso a las formas legales de organizar insumos y distribuir riesgos, dividir responsabilidades y poder realizar también actividades económicas de larga maduración es, pues, lamentablemente característica de la actividad informal, y limita tremendamente su potencial, porque obliga a que su producción se dé en muy pequeña escala, sea de alcance disminuido y escasa tecnificación. Además, de hecho los informales no pueden reunir la propiedad de varias personas, administrarla colectivamente y lograr que, a pesar de la muerte o retiro de uno de los socios, o del gerente, su negocio continúe. Como consecuencia de todo esto, no debe sorprender que el ILD en sus trabajos de campo no haya podido encontrar empresas informales grandes, bien capitalizadas y tecnificadas.

Entre las numerosas ventajas que otorgan las organizaciones empresariales hay que destacar la responsabilidad limitada, el sistema de acciones y el capital accionario. A continuación veremos someramente lo que significa para los informales estar excluidos de esos beneficios.

En virtud de los contratos de sociedad el empresario formal puede circunscribir los riesgos de sus operaciones comerciales a una empresa cuya responsabilidad está limitada a un monto de capital determinado.

El empresario informal, en cambio, no puede circunscribir los riesgos de sus operaciones a una persona jurídica distinta a él mismo y, en consecuencia, no puede limitar tampoco su responsabilidad al monto de su participación en la propiedad de la empresa. No está, por lo tanto, protegido para evitar que algún negocio infructuoso repercuta en su economía personal.

A diferencia, por gozar de tales beneficios, el empresario formal puede asignar recursos con mayor facilidad, establecer campos de acción definidos y separar sus negocios en organizaciones empresariales distintas, cuyos posibles fracasos no repercuten de una empresa a otra.

Por otra parte, tener responsabilidad limitada facilita el trato de un interlocutor comercial, financiero o industrial, porque permite establecer claramente el ámbito del negocio y los límites de las garantías reales disponibles, sin necesidad de inspeccionar todas las relaciones que puede tener su dueño, ya que basta examinar los libros y las cuentas de la empresa con la que está tratando.

Consiguientemente, los financistas son, por lo general, renuentes a tratar con informales, salvo a tasas de interés muy altas y en contadas ocasiones, porque no tienen cómo limitar el espectro de su relación a un ámbito financiero legalmente definido que les ahorre la necesidad de inspeccionar todos los haberes y deudas que podría tener el informal que les solicita la financiación.

El empresario informal no puede tampoco utilizar el sistema de acciones; al no disponer de acciones, no puede transferir la propiedad de la empresa mediante la sola venta de títulos representativos del capital. Esto implica que tampoco puede utilizar este sistema para repartir los riesgos de la empresa entre diferentes socios.

Finalmente, el empresario informal no se beneficia con derechos inherentes al accionariado. Por ejemplo, no se puede otorgar las acciones en prenda como respaldo de una obligación personal del socio; no hay posibilidad de gravar con un usufructo la acción, cediendo la percepción de los frutos a un tercero pero conservando la propiedad; no se protegen los derechos de los socios minoritarios; no hay derecho a impugnar ante el Poder Judicial las decisiones de la administración social que se reputen violatorias de los intereses individuales, entre otros.

Asimismo, el empresario informal no puede acrecentar su capital en base a nuevos socios porque no dispone de un medio abstracto para repartir la propiedad como la acción. Al no existir este sistema entre los informales, lo que sucede es que no se pueden comprar partes de un negocio, sino máquinas y elementos individuales del mismo.

De la misma manera, el empresario informal no puede convertir sus deudas en acciones, perdiéndose una importante posibilidad de superar malos momentos renunciando a parte de la empresa y no a la empresa completa. En cambio, la ley facilita esta posibilidad a las empresas establecidas formalmente.

Por último, resulta evidente que, por no estar legalmente constituidas, las empresas informales ven disminuidas sus posibilidades de recabar pólizas de seguros que atenúen sus riesgos.

Si bien es cierto que un informal, como cualquier ciudadano, puede recabar a título personal una póliza, en el caso de las empresas se exigen usualmente requisitos adicionales, como llevar contabilidad oficial, tener inventario y estar debidamente registrada. Asimismo, existen exigencias que las empresas de seguros llaman "éticas", por las cuales es menester cumplir adecuadamente con las leyes vigentes.

Cuando un microbusero estrella y arruina su vehículo, cuando a un informal se le incendia la fábrica o se le cae la casa, la pérdida es irremediable. De estar favorecidos con la cobertura de los seguros, a fin de repartir el riesgo de sus actividades entre un vasta capa de la población, los empresarios actualmente informales podrían extender sus actividades.

En fin, si estas facilidades fueran accesibles al empresario actualmente informal, éste podría multiplicar su capacidad de empresa y organización, disponer de mayores recursos financieros para operar y crecer y, por otra parte, los inversionistas particulares tendrían mayores opciones para colocar su capital, aumentar y diversificar su rendimiento. Ciertamente estas facilidades no consiguen perfeccionarse en un país como el nuestro por las restricciones de los mercados de capitales, la deficiente administración de justicia y muchas otras insuficiencias institucionales. Por esta razón, ni siquiera las empresas pueden gozar en el Perú plenamente de estos aspectos facilitadores del Derecho.

2.2.3 *Costos por Ineficiencia del Derecho Extracontractual*

El tercer costo derivado de no tener un Derecho facilitador está relacionado con la ineficiencia del derecho extracontractual. Este tipo de derecho se refiere a los daños y perjuicios no cubiertos por contratos y que, por consiguiente, vela por los intereses de todos.

En el caso de las actividades informales sucede, sencillamente, que los efectos externos que ellas causan son transferidos a toda la comunidad sin que exista un aparato administrativo estatal capaz de corregirlos. Es decir, ocasionan también costos, pero a diferencia de lo que sucede con la falta del derecho de propiedad y los contratos, en este caso quien acaba perjudicado es el público en general y no sólo los propios informales.

El tránsito vehicular puede servirnos para ejemplificar este problema. Como vimos en el capítulo correspondiente, el cuidado con el que un microbusero conduce su vehículo tiene un efecto sobre el bienestar o la seguridad de muchas otras personas, aunque para la mayoría de ellas sólo en una forma marginal.

Teóricamente, él podría negociar con los otros conductores y peatones que circulan diariamente por la ciudad y llegar a un acuerdo óptimo de cuidado y prevención que tome en consideración los intereses de todos ellos . Pero eso es en realidad impracticable, puesto que sólo para un trayecto de 5 kilómetros tendría que negociar quizás con más de un centenar de conductores y, dependiendo del lugar, tal vez miles de peatones, además de haberse asegurado previamente de que en ese trayecto van a ser precisamente ellos, y no otros, los que van a cruzarse con él. Este tipo de dificultades determina que, para prevenir cualquier conflicto o accidente, sea indispensable que alguna autoridad establezca de antemano las reglas del juego (todos los vehículos circulan por la derecha, los peatones caminan por la vereda y sólo cruzan por las vías peatonales, etc.).

Tradicionalmente, pues, es al Estado a quien corresponde cumplir ese papel de reducir el riesgo por daños que pueden resultar de cualquier actividad individual. Empero, pueden darse soluciones privadas especialmente a través del uso de los seguros; y hasta puede haber una combinación de ambas soluciones, cuando la ley obliga a tomar pólizas de seguros para cubrir diferentes efectos externos individuales.

En el caso de los microbuses, por ejemplo, una póliza de seguro obligatorio puede cubrir los riesgos de los pasajeros, los peatones y los conductores de otros vehículos, quienes por enfrentarse a una empresa asegurada tienen un interlocutor legalmente responsable, y así las negligencias pueden estar satisfactoriamente cubiertas por el seguro. Además, la compañía de seguros ejercería automáticamente una presión sobre el conductor al subirle las primas en caso de una elevada frecuencia de accidentes o de manifiesta irresponsabilidad, retirándole, en caso extremo, la póliza.

Otra forma de constatar la importancia del derecho extracontractual es observando las diferencias entre el desarrollo de la vivienda y el del transporte informales. Como hemos visto, en los dos casos, el comportamiento de los informales revela energía, iniciativa y capacidad para la organización, elementos esenciales para el éxito empresarial.

Ambas actividades empiezan con invasiones estimuladas por la percepción de oportunidades y por el deseo de darle solución a las necesidades que surgen en un mercado creciente. Sin embargo, los pobladores de Lima se ven generalmente más perjudicados por el transporte que por la vivienda informal; porque en el caso de ésta, su estructura institucional y sus incentivos son tales que los pobladores informales pueden controlar mucho mejor que los microbuseros los efectos externos que resultan de sus acciones. Esto se debe a que los pobladores de las urbanizaciones populares son, simultáneamente, los empresarios constructores y los ocupantes de sus viviendas. Así, una gran parte de las consecuencias de sus acciones recae sobre ellos mismos, de manera que cualquier elemento perjudicial es percibido de inmediato y puede corregirse. Los pobladores informales, como dirían los economistas, están en capacidad de "internalizar" las consecuencias de sus acciones.

En contraste con este cuadro, los microbuseros constituyen solamente uno de los tantos grupos afectados por el sistema de transporte urbano que ellos mismos han establecido. Los usuarios de ese sistema y los que se desplazan diariamente por la vía pública como peatones o pasajeros de otros vehículos, tienen también un evidente interés en su buen funcionamiento. Pero como no son parte de las organizaciones de microbuseros y constituyen un grupo demasiado heterogéneo como para organizar la defensa de sus intereses, la única forma de lograr que éstos sean tomados en cuenta, sería a través de la protección que puede otorgarles la ley. Al no ser esto así, tenemos como resultado un servicio de microbuses bueno y eficiente para los precios que cobra, pero tremendamente insensible frente a los derechos del resto de los usuarios de la vía pública.

Los microbuseros, pues, no tienen manera de "internalizar" los problemas, como ocurre en el caso de la vivienda. Es, por lo tanto, necesario que medie un sistema de derecho extracontractual en el que esos intereses estén representados.

En otras palabras, cuando no existe derecho extracontractual, o éste es insuficiente o inadecuadamente aplicado para cubrir las actividades informales, la actividad económica puede causar considerables costos al resto de la comunidad, disminuyendo así el valor de su contribución social y aumentando la incertidumbre. Como vimos en el capítulo sobre transportes, el alto índice de heridos y muertos, las graves deficiencias en la seguridad y la solución de conflictos que se suscitan en el tránsito urbano, así como problemas similares en otras áreas económicas informales, son evidencias innegables de la ineficiencia de este derecho.

Por añadidura lo que sucede en tal supuesto es que se abre un forado de incumplimiento tan grande que inclusive los formales empiezan a faltar a la ley, y los niveles de inseguridad aumentan peligrosamente en desmedro de la sociedad.

3.0 CONSECUENCIAS DE LOS COSTOS DE LA FORMALIDAD Y LA INFORMALIDAD PARA LA ECONOMIA PERUANA

Luego de tener una visión de los costos derivados de la existencia de actividades formales e informales, descubrimos que tal división tiene otros efectos negativos sobre la economía en general. Los principales son la baja de la productividad, la disminución de la inversión, la ineficiencia del sistema tributario, el aumento de las tarifas de los servicios públicos, las limitaciones del progreso tecnológico y una serie de dificultades para formular la política macroeconómica.

3.1 Baja Productividad

Como hemos podido ver en lo que respecta a las empresas formales, la excesiva interferencia gubernamental ocasiona un gran derroche de recursos. Por un lado, debe invertirse mucho tiempo para cumplir con las regulaciones gubernamentales y, por otro, las numerosas restricciones afectan la flexibilidad en la toma de decisiones empresariales y generan una mala asignación de recursos. Como resultado de ambos procesos, baja la productividad.

Es difícil ser productivo cuando las restricciones reglamentarias impiden obtener una óptima combinación de recursos, cuando el sistema de impuestos y aranceles distorsiona los precios de insumos y productos; y cuando el control de precios tergiversa los estímulos para producir. Lo mismo sucede cuando los requerimientos burocráticos —incluidas las exigencias de contabilidad y otras reglas de procedimiento— agregan costos y las leyes laborales hacen casi imposible la movilidad del trabajo, tornando en extremo onerosa la contratación de nuevo personal.

Los informales, por su parte, pueden en algunos casos tener la flexibilidad para utilizar recursos de una manera más eficiente que los formales. Sabemos que en la medida en que las empresas informales evitan las trabas reglamentarias, son más productivas que las formales. Pero sabemos, asimismo, que los costos de la informalidad —incluyendo el del capital más caro, así como la falta de instrumentos facilitadores del Derecho— redundan generalmente en una productividad más baja. Además, en la medida en la que estas empresas son más intensivas en trabajo que en capital, su productividad es todavía menor. Esto ha sido comprobado por los investigadores del ILD que han calculado que la productividad de los informales es una tercera parte de la de los formales.

De otro lado, es claro que si la regulación laboral y social encarece el uso de mano de obra, las empresas formales usan menos trabajo y más capital o, en otras palabras, su relación trabajo-capital es menor. Esto obviamente supone que las empresas formales no pueden aprovechar el factor de producción más importante del país, que es el trabajo; y que el país ofrezca a sus ciudadanos menores oportunidades de empleo.

En la informalidad, en cambio, la relación trabajo-capital es demasiado alta. Resulta, entonces, que los informales tienen demasiado trabajo y los formales demasiado capital. Así, se produce una especialización arbitraria e ineficiente de los recursos del país, porque la productividad alcanza su nivel óptimo sólo cuando la toma de decisiones puede encontrar la mejor composición de trabajo y capital.

3.2 *Disminución de la Inversión*

La informalidad tiene dos efectos conocidos que reducen la inversión agregada. En primer lugar, habiéndose determinado que las empresas informales utilizan tecnologías más intensivas en trabajo, habrá una importante reducción en la inversión de capital, en la medida en que los recursos nacionales se trasladan hacia la informalidad. En segundo lugar, dadas las dificultades que los informales enfrentan para exigir sus contratos y la alta tasa de retorno que demanda el capital financiero a los inversionistas informales, habrá poca inversión productiva a largo plazo.

En cuanto a los formales es obvio que los costos de la formalidad también se traducen en niveles de inversión inferiores a los deseables. Por ello, en vista de las dificultades que enfrentan tanto formales como informales para obtener óptimas economías de escala, podemos concluir que en la economía peruana existe un menor nivel de inversión que el que se lograría si el Derecho funcionara con eficiencia.

3.3 Ineficiencia del Sistema Tributario

Al momento de la recaudación, la tributación se concentra en el pequeño grupo de gente que conserva su formalidad; el Estado desperdicia una considerable cantidad de recursos en detectar la evasión; y ocurren distorsiones innecesarias en toda la economía.

Así, las empresas relativamente grandes, y por lo tanto, obligadas a operar formalmente, pagan más impuestos de lo que sería necesario si no existiese informalidad, ya que la totalidad de impuestos grava en este caso a una base más estrecha. Esto hace que muchas empresas prefieran no crecer demasiado y, por lo tanto, no operen con economías de escala óptimas. En el caso de las industrias que por el gran tamaño que requieren para operar no podrían ser desarrolladas informalmente, la consecuencia es que simplemente no se desarrollan en el Perú.

En segundo lugar, la elusión y evasión tributarias son tan masivas que el Estado se ve en la necesidad de invertir en una gran cantidad de estrategias costosas para tratar de detectar a los infractores y éstos, a su vez, gastan recursos para tratar de evitarlo.

En lo que se refiere a las distorsiones innecesarias sobre el sistema tributario y la economía en general, es necesario detenerse un poco. Es un principio económico conocido que, de alguna manera, todo impuesto no correctivo acarrea ineficiencia. Un impuesto sobre los salarios, por ejemplo, hace menos atractivas las horas dedicadas al trabajo y, consiguientemente, puede estimular el ocio. Un impuesto sobre el valor predial convierte la propiedad en algo menos deseable e incita a algunas empresas a usar menos tierra y edificaciones propias y más trabajo u otros insumos. Así, resulta inevitable que los impuestos distorsionen las elecciones económicas. Es por eso que una meta del sistema tributario debería consistir en minimizar esas distorsiones, tomando en consideración especialmente los costos de recaudación y administración de los impuestos.

Una forma de hacerlo es mantener bajas las tasas impositivas. Por ejemplo, un 90% de impuestos sobre las utilidades o sobre los sueldos inducirá obviamente a mucha gente, que podría estar dispuesta a invertir en alguna actividad productiva, a optar por el ocio y comportarse menos eficientemente que si tales impuestos no existieran. En cambio, un nivel de impuestos de sólo 10% puede reducir significativamente la distorsión.

En el Perú, sin embargo, donde el gobierno está tan comprometido en satisfacer necesidades interviniendo directamente, y por otro lado, donde hay pocos formales que el sistema puede gravar para cubrir dichos gastos, las tasas impositivas tienden a subir. Lo que ocurre entonces es que la formalidad es cada vez menos atractiva que la informalidad. Como consecuencia, la informalidad continúa creciendo. A pesar de ello, como el gobierno persiste en obtener más ingresos, incrementando los impuestos a la formalidad, se produce de ese modo una espiral: más informalidad, reducción de la formalidad, mantenimiento del nivel de gastos fiscales, necesidad de incrementar las tasas que gravan a la formalidad, mayores estímulos para ser informal, y así sucesivamente.

Lo mismo sucede con el nivel de las tarifas de los servicios públicos. Se estima que casi la mitad del agua y de la electricidad de Lima se pierde, deduciéndose que si bien hay fugas, estas pérdidas se deben en su mayoría a las conexiones ilícitas de los informales. Como sabemos, la mayoría de los informales no contribuye directamente a pagar las tarifas que financian dichos servicios públicos. De esa manera, la informalidad sube el nivel de las tarifas para los que cumplen con la ley.

Por otro lado, una gran parte de la formalidad está compuesta por empresas que solamente están en ella porque son demasiado grandes o públicas para desertar hacia la informalidad. Cargadas por enormes requerimientos gubernamentales, reclaman más y más privilegios a fin de compensarlos. Es evidente que su pobre rendimiento y los requerimientos de privilegios estatales son otras consecuencias retroalimentadoras del círculo vicioso.

Esto puede verse inclusive en las firmas exportadoras formales que son gravadas en una proporción bastante alta. Esta desventaja solamente puede compensarse en la medida en que el gobierno peruano reembolse —ya sea en forma de subvenciones o de intereses subsidiados— la parte de tributación que resulte de un más alto nivel de informalidad. Esto por supuesto eleva el nivel efectivo de imposición sobre la parte de formalidad que no exporta y que, consiguientemente, se reducirá. Algo que complica aún más las cosas es que estos privilegios resultan violatorios de los acuerdos internacionales del GATT contra la subvención de exportaciones y provocan represalias por parte de los países importadores en forma de derechos *antidumping* o compensatorios.

Nótese, pues, que la distorsión crece a través de la espiral. A medida que las tasas impositivas para la formalidad se incrementan, las ineficiencias del sistema tributario comienzan a ser más pronunciadas: distorsionan la forma en que los inversionistas toman sus decisiones y asignan sus recursos. De esa manera, los impuestos sobre el empleo desalientan la contratación de trabajadores; los impuestos sobre el valor agregado, cualquier deseo de invertir en empresas productivas formales en general, y así en cada caso.

Según los cálculos del ILD, de continuar esta espiral perniciosa y permanecer constantes las demás condiciones, para el año 2000 la producción informal equivaldrá al 61.3% del PBI registrado en Cuentas Nacionales.

3.4 *Progreso Tecnológico*

La existencia de actividades informales perjudica el progreso tecnológico de diferentes maneras. Entre las principales están el tamaño reducido de las empresas, su menor interacción productiva y las pérdidas que resultan de no poder proteger las innovaciones.

Hemos visto que el temor a la detección, así como la falta de derechos de propiedad y la difícil exigibilidad de los contratos, dan lugar a que las empresas informales sean de tamaño reducido. Si bien entre los economistas no hay consenso sobre el tamaño óptimo de una empresa para producir innovaciones, es indudable que la dimensión de una empresa relativamente innovadora es mayor que la que permite la informalidad. Dado que la actividad innovadora tiene consecuencias positivas para toda la comunidad, es obvio que las pérdidas que arroja una menor innovación no las sufren solamente las empresas involucradas sino todo el país que, de otro modo, hubiese podido beneficiarse del progreso tecnológico.

Sabemos, por otro lado, que una de las maneras más usuales de beneficiarse de una innovación consiste en incrementar el volumen de las ventas. Consiguientemente, otro efecto será que para las empresas que deben evitar la detección, no tiene sentido incrementar su escala porque las pondría al descubierto.

3.5 *Dificultades Para Formular Políticas Macroeconómicas*

Las decisiones que toma un gobierno a nivel macroeconómico, como por ejemplo las referidas al tamaño del déficit o a la tasa de crecimiento de la oferta monetaria, son determinadas en gran parte por los resultados que se obtienen después de medir el rendimiento de la economía. Ocurre que la existencia de actividades informales dificulta sustancialmente la obtención de información precisa sobre el rendimiento económico nacional y hace que las decisiones políticas sean excesivamente especulativas.

Si la informalidad abarcara una proporción constante del total de la actividad económica, el margen de error no sería quizás tan alto. Pero es obvio que las actividades informales, por lo menos en algunas áreas, han crecido más rápido que las formales. Esto lleva a subestimar la tasa de crecimiento. El ILD ha determinado que en 1985 el Perú fue 28.7% más rico de los que registraron las Cuentas Nacionales. Es probable también que el subempleo, la desocupación y la inflación sean sobreestimados, ya que algunos puestos de trabajo no están registrados y los precios relativamente bajos de las transacciones informales no se toman en cuenta.

Si bien los responsables de la política macroeconómica seguramente conocen el fenómeno, el hecho es que su tamaño y crecimiento hacen más difícil obtener un grado aceptable de precisión respecto del nivel de la actividad económica y convierte la tarea de hacer una política macroeconómica en un ejercicio más incierto.

4.0 EL DERECHO COMO CONDICIONANTE DEL DESARROLLO

Hemos visto hasta el momento cómo los peruanos están obligados a afrontar costos excesivamente elevados para operar legalmente o, ante la imposibilidad de hacerlo, cómo han quedado al margen del sistema. Estos últimos no pueden, por consiguiente, aprovechar la buena ley; es decir, aquellos instrumentos facilitadores del Derecho que hacen más eficientes las actividades económicas y sociales. A saber, los derechos de propiedad, los contratos y el derecho extracontractual.

4.1 Los Instrumentos Facilitadores del Derecho

La importancia de los derechos de propiedad para el desarrollo ha sido subrayada por diferentes historiadores económicos que estiman que el auge de las innovaciones en Occidente y las grandes inversiones que las hicieron posibles comenzaron solamente a partir de finales del siglo XVIII, cuando los derechos de propiedad fueron perfeccionados e independizados de la política.

Douglass North(5), por ejemplo, aporta cuantiosa evidencia de que la aparición de los grandes inventos comienza en Europa con la creación de un sistema de patentes que protegen el derecho de propiedad intelectual. La importancia de estas patentes estriba en que, salvo algunos accidentes, la innovación tiene altos costos de investigación y educación que solamente vale la pena asumir si es que, de una u otra forma, puede obtenerse luego una compensación por ellos.

Lo que ocurría en Occidente antes de la revolución industrial era que esos costos eran mayores que los beneficios que se obte-

5) North, Douglass: "Estructura y Cambio en la Historia Económica". Alianza Editorial. Madrid 1985.

nían posteriormente. Fue sólo con la aparición de un instrumento legal ingenioso – los derechos de patente exclusivos—que surgió una base legal para la definición de la propiedad intelectual. De ese modo, no sólo comenzó a estimularse la investigación para la innovación, sino que se creó un poderoso aliciente para que se invirtieran mayores recursos en la educación, la investigación y la búsqueda de soluciones innovadoras para los problemas técnicos de la época.

Entonces, a diferencia de lo que comúnmente se cree en América Latina, la importancia económica de los derechos de propiedad no reside en proveer medios egoístas para beneficio exclusivo de sus titulares, sino en proporcionarles incentivos suficientes para que le agreguen valor a los recursos, invirtiendo, innovando o combinándolos productivamente para la prosperidad y progreso de toda la comunidad.

Existe un conocido ejemplo sobre un lago que contiene una cuantiosa reserva de peces, que puede servir para ilustrar esta idea: si nadie es propietario del lago, sólo se aprovechará su valor de proveedor de comida y no el de criadero de peces, porque a los eventuales pescadores sólo les sería provechoso limitarse en su pesca si es que pudieran estar seguros de que lo que dejan de pescar en ese momento no será pescado por otros, y que, a largo plazo, una vez que los peces se hayan reproducido, ellos mismos podrán beneficiarse en compensación por su sacrificio. Lo más probable en ese caso es que la reserva desaparezca en poco tiempo. Por el contrario, si alguien tuviese derechos de propiedad sobre el lago, estaría en capacidad de calcular tanto su valor de comida como el de la crianza, pues sabría que los peces que deja de pescar hoy, se reproducirán; de manera que mañana podrá pescar mucho más. Es, pues, su propia y particular motivación para cosechar utilidades, lo que incentiva al propietario a practicar la conservación y, así, maximizar el valor de las reservas de pescado. Los beneficios comerciales potenciales que el propietario puede esperar para el futuro constituyen el principal incentivo que lo inducirá a realizar las inversiones necesarias y tratar de prever correctamente las tendencias económicas que determinarán el valor relativo de sus recursos. Lógicamente, también para el resto de la sociedad es de interés que este proceso de previsión y de inversión sea seriamente realizado, de modo que mañana no falte pescado.

Esta reflexión es perfectamente aplicable, *mutatis mutandis*, a la situación de cualquier recurso al que no se le haya asignado un derecho de propiedad, como, por ejemplo, los terrenos eriazos del Estado en los alrededores de las ciudades, que pueden ser utilizados tanto con fines sociales (vivienda), como productivos (talleres, fábricas, comercios y otros).

En ese sentido podemos decir que de alguna manera las invasiones de terrenos, calles y rutas han sido los medios espontáneos empleados por los informales para crear derechos extralegales de propiedad, en vista de la falta de buena ley. Si no hubiera sido por la tendencia natural de la normatividad extralegal para generar esos derechos, no habrían existido los incentivos necesarios para desarrollar y darles valor social y económico a los recursos que hoy de alguna manera han comenzado a aprovechar los informales.

De otro lado, al reseñar la historia de los contratos, Douglass North y Robert Paul Thomas(6) señalan acertadamente que el surgimiento industrial en Europa fue posible gracias a que los Estados mejoraron sustancialmente el cumplimiento de los contratos y redujeron de manera notable sus costos privados de ejecución.

Sin embargo, el sistema de contratos no fue creado por el Estado; lo que ocurrió fue sencillamente que las autoridades, a través del tiempo, fueron gradualmente reconociendo el arraigo y la eficiencia de las prácticas comerciales consuetudinarias del sector privado —muchas de ellas informales— y les dieron fuerza de ley, de manera tal que cualquier violación de las condiciones de un contrato podía ser sometida a los tribunales y sancionada. Como veremos en la conclusión, este procedimiento tiene una eficacia considerable toda vez que el Estado, en lugar de pretender sujetar la realidad a sus designios, convierte en norma las prácticas que efectivamente han probado funcionar.

Otro elemento que ayudó en este mismo sentido fue el paulatino surgimiento en las principales ciudades europeas de notarios públicos que se especializaron en ser testigos y registradores de contratos, así como en mediar en disputas comerciales, dándole mayor eficiencia a la ejecución de los pactos establecidos entre productores y comerciantes. Contribuyeron también a facilitar las negociaciones, al establecer reglas fijas o patrones que permitieron la elaboración de contratos modulares de sencilla adaptación a una variedad de transacciones.

El resultado es que hoy, entre los formales y sobre todo en los países desarrollados de Occidente, como no hay que evitar la detección de las autoridades, la confianza que brindan los contratos exigibles permite que las personas estén dispuestas a tomar más riesgos, convirtiéndose así estos contratos en un requisito esencial para la inversión a largo plazo. Por ser la innovación la inversión que mayor riesgo conlleva, si un gobierno no puede proveer a sus ciudadanos derechos de propiedad seguros y medios eficientes para organizarlos y transferirlos —es decir, contratos— estará ne-

---

6) North, Douglass y Thomas, Robert Paul: "El Nacimiento del Mundo Occidental". Siglo XXI. Madrid, 1980.

gándoles uno de los incentivos más importantes para modernizarse y desarrollarse. Esto es precisamente lo que ocurre con los informales.

Tampoco los mercados de capitales de los países desarrollados hubiesen podido funcionar con la eficiencia que hoy se les reconoce, si el Estado no hubiese dispuesto exigir ante la ley el cumplimiento de los documentos utilizados para otorgar créditos. Así pues, con el tiempo, los tribunales comenzaron a reconocer las letras de cambio, los pagarés y las cartas de crédito. Cuando la ley aceptó que dichos instrumentos pudieran estar al portador y no necesariamente a nombre de una persona determinada, se dio una innovación que agilizó las operaciones financieras, porque gracias a eso un prestamista o acreedor podía ceder su cuenta a nombre de un tercero y darle así a los agentes económicos un mecanismo más para hacer pagos y otorgar créditos.

De esa manera, se abrió la posibilidad de hacer transacciones que tuvieran lugar en dos fechas: la de la entrega de la mercadería o la suma prestada y, posteriormente, la del pago o reembolso. Así, mientras mayor seguridad jurídica se les dio a las transacciones, mayor fue el grado de intercambio realizado, el incremento de las posibilidades de financiar producción e innovación, y el ingreso de nuevas personas a la actividad productiva.

Es decir, la modernización de los países de economías de mercado —que exigía que la producción y el trabajo se volvieran más especializados y las transacciones más sofisticadas— fue posible porque el Derecho permitió reducir los costos de transacción. Estos costos vienen a ser todo aquéllo que, independientemente de la transacción misma, es necesario para realizarla. Nos referimos a negociar o ejecutar contratos, proveer y traspasar propiedad, transferir capital, contratar trabajo, distribuir o cubrirse contra riesgos. Pero especialmente a los costos que resultan de acceder, permanecer o quedar fuera de la legalidad.

La evidencia recogida a lo largo de este capítulo revela que en el Perú los costos de transacción para formales e informales son excesiva y absurdamente altos. Esta situación provoca un enorme derroche de recursos que sólo podrá corregirse en la medida en que el Derecho comience a abaratar las transacciones eficazmente.

Finalmente, resulta perfectamente claro que la falta de un derecho extracontractual adecuadamente entendido y aplicado, aunado a la insuficiencia de los derechos de propiedad y los contratos, contribuye a que los daños producidos por las actividades de los peruanos no sean asumidos por los responsables sino por terceros. Este desajuste, que disminuye el valor social de las actividades que se realizan, puede corregirse eficazmente poniendo en vigor la responsabilidad extracontractual que es el tercer pilar de toda buena ley.

En el fondo, lo que se logra con el derecho de propiedad, los contratos y la responsabilidad extracontractual es reducir la incertidumbre de las personas que desean invertir su trabajo o capital para desarrollar los recursos existentes. Es difícil pensar en algo que desaliente la inversión tanto como la incertidumbre. Ningún habitante de asentamientos informales invertirá en su vivienda si carece por completo de seguridad legal; ningún ambulante va a mejorar el ambiente en el que trabaja si es que teme ser desalojado; ni tampoco un microbusero respetará el orden en su ruta si su derecho no está reconocido.

Según se pudo comprobar a lo largo de nuestras investigaciones, la gravitación de la incertidumbre es patente. Las personas entrevistadas sienten que existe el riesgo continuo de que la ley les sea aplicada con todo su rigor y que, por consiguiente, se interrumpan abruptamente sus actividades.

Cabe señalar, de paso, que la existencia de costos de la formalidad repercute también sobre los formales y, en especial en el caso de los costos de permanencia, acrecienta la incertidumbre toda vez que no hay derecho de propiedad, contrato o responsabilidad extracontractual que se considere firme en un contexto en el que el Estado puede servirse arbitrariamente del Derecho.

Quizás la incertidumbre que resulta de carecer de instrumentos facilitadores del Derecho bien definidos pueda ser mejor comprendida si la relacionamos con la función de los seguros.

Supongamos que cada año hay una posibilidad en mil de que un automóvil valorado en cuarenta mil intis sea robado. Esto significa que el costo anual de que se produzca un robo, en términos puramente probabilísticos, es de cuarenta intis o, dicho en otras palabras, una milésima parte de los cuarenta mil. Si al dueño de ese auto no le importara el riesgo, le daría lo mismo comprar una póliza de seguros por cuarenta intis al año o aceptar que exista una posibilidad en mil de perder cuarenta mil intis. El hecho, sin embargo, es que pocas personas permanecen indiferentes ante este riesgo. La mayor parte de gente, si tiene los medios, está dispuesta a pagar mucho más de cuarenta intis de prima anual para obtener un seguro que fije, sin lugar a dudas, el monto exacto de la pérdida que ese robo significaría y, de esa manera, no tener que vivir preocupada por esa posibilidad.

La compra generalizada de seguros en todo el mundo demuestra que a las personas les disgusta la incertidumbre y que están dispuestas a pagar altos costos para evitarla. La incertidumbre que la ley no se encarga de despejar tiene a la larga el mismo efecto: desalienta el esfuerzo y estimula a la gente a encontrar maneras alternativas de reducir los riesgos.

Los formales reducen sus riesgos de diferentes modos, como la repartición de acciones y responsabilidades entre los socios; la diversificación de su cartera comercial; el establecimiento de límites precisos a su responsabilidad; la compra de pólizas de seguro. En ciertos casos, pueden también reducir los riesgos a través de la connivencia y la utilización constante de "contactos" para exigir al Estado que los proteja contra lo inesperado.

En general, ninguno de estos métodos para reducir la incertidumbre es asequible a los informales con la excepción de la diversificación en pequeña escala y cierta capacidad de negociación política obtenida por algunos de sus gremios. Por ello tratan de reducirla, más bien, a través de otro mecanismos. Entre ellos, hemos visto el pago continuo de coimas, la minimización de sus inversiones de capital, la excesiva inversión en bienes raíces, la diversificación o descentralización del proceso productivo, o el hecho de que sus interlocutores comerciales y laborales sean mayormente familiares, paisanos conocidos o compadres. Recordemos, en especial, que el pago de coimas, que llegan a equivaler entre el 10 y 15% de los ingresos brutos de los informales entrevistados, es una medida indicativa del temor que engendra la incertidumbre.

Al otorgárseles derechos de propiedad, asegurárseles la exigibilidad de los contratos y aplicarse con eficiencia la responsabilidad extracontractual se reduciría esa incertidumbre y el valor de la actividad económica aumentaría sistemáticamente porque se habría inducido un incremento en el valor de la inversión de trabajo y capital de la economía nacional.

En cualquier país del mundo, la incertidumbre o la inestabilidad legal dará lugar a que sean menores las inversiones en equipos o instalaciones productivas y las de duración a largo plazo. Obviamente, se ahorrará menos y lo poco que se ahorre será sobre todo en bienes socialmente improductivos, como joyas, oro o propiedades inmobiliarias. De hecho, la "fuga de capitales" de países como el Perú es también el resultado de un deseo explicable de evitar la incertidumbre y atesorar e invertir en países con derechos de propiedad y mecanismos de transferencia más seguros.

Esto, por supuesto, no quiere decir que toda incertidumbre pueda ser eliminada. Pero es obvio que existen ciertos tipos de incertidumbre totalmente innecesarios, como los que soportan los informales por la falta de instrumentos facilitadores del Derecho. Un cambio adecuado en las exigencias de la ley que los pusiera al alcance de todos permitiría disipar de inmediato esa incertidumbre.

4.2 Incentivos, Especialización e Interdependencia

La descripción precedente nos ha permitido ver cuán importantes son las leyes para determinar la eficiencia de las actividades económicas y sociales que regulan. En ese sentido, hemos estado hablando de leyes buenas y leyes malas; entendiendo a una ley como buena si garantiza y facilita esa eficiencia, y como mala, si la perturba o impide totalmente.

Desde esta particular acepción del término que hemos venido utilizando a lo largo del capítulo, podemos afirmar que las leyes peruanas son predominantemente malas, porque quienes las elaboraron no tuvieron en cuenta los costos que ellas entrañaban y la manera en que sofocaban la actividad económica.

La prueba más palpable de la inconveniencia de estas leyes consiste en que una gran mayoría de la población económicamente activa ha optado por la informalidad y una minoría por la fuga de talentos y capitales; es decir, por operar al margen de estas malas leyes que imponen costos muy altos y requisitos injustificadamente complicados.

Ahora bien, no basta que una buena ley sea neutra y no induzca a la gente a ser informal, sino que debe hacer, por lo menos, dos cosas. En primer lugar, proporcionar incentivos para tomar las decisiones que permitan aprovechar las oportunidades económicas y sociales que el país ofrece; y en segundo lugar, facilitar la especialización y la interdependencia de hombres y recursos.

Señalemos primero por qué son importantes los incentivos. Como hemos visto anteriormente, la economía urbana multiplica las posibilidades de incrementar los ingresos, pero para ello es indispensable aumentar el valor de las oportunidades que se perciben. Ocurre, sin embargo, que el valor que pueden alcanzar estas oportunidades está condicionado por el sistema legal existente. En el caso de la construcción, por ejemplo, para que los terrenos eriazos puedan ser legalmente aprovechados, es menester realizar una enorme cantidad de trámites. Por ello, el valor de la oportunidad económica que representa un terreno es el resultado directo de cuán costoso resulta realizarlos. Del mismo modo, si asumimos que sobre el terreno se construye una vivienda, su valor responderá a cuán segura o protegida esté contra la usurpación de terceros; ya sea ésta en forma violenta, por invasión o vandalismo, o a través de intrusiones más sutiles, como las restricciones que puede imponer el Estado sobre el uso o traspaso de la propiedad. En otras palabras, el terreno puede ser la base de una casa, pero este recurso tendrá menos valor y será menos aprovechable para el desarrollo en la medida en que sea más difícil recibirlo en adjudicación, darle seguridad a la propiedad, confirmar su titulación y venderlo o alquilarlo.

Por ende, el valor actual de una oportunidad económica no es aquél al que ascendería si su realización pudiera efectuarse sin costo alguno sino, más bien, el que puede ser calculado tomando en consideración los costos de los trámites necesarios, la protección que se puede otorgar a la propiedad contra su apropiación por terceros y la facilidad con la que puede enajenarse. Mientras menos costosas sean las transacciones y más seguro sea el derecho de gozar de los frutos de la inversión, mayor será el valor real de una actividad económica. Entonces, si el Derecho es eficiente con respecto a estos elementos, incentivará el descubrimiento y aprochamiento de las oportunidades existentes e incrementará sistemáticamente el valor de la actividad económica.

En segundo lugar, una buena ley debe favorecer también la especialización y la interdependencia de hombres y recursos. En cualquier sociedad, determinados individuos están relativamente mejor dotados que otros para realizar determinadas tareas productivas; del mismo modo, ciertos recursos materiales son más productivos si son utilizados para unos propósitos que para otros. Por lo tanto, es un axioma económico comprobado que si los miembros de una sociedad, en lugar de tratar de satisfacer sus necesidades directamente, se especializan en las tareas que mejor saben realizar y luego intercambian entre sí los productos de su trabajo, todos pueden alcanzar un nivel más alto de bienestar.

Al especializar los recursos materiales se obtiene también un bienestar adicional, ya que su beneficio social se maximiza si es que son utilizados para fines que incrementan su valor desde la perspectiva de todos los interesados, y no sólo desde la de quien lo posee.

Pero para que los miembros y los recursos de la sociedad puedan especializarse, quienes poseen los recursos necesitan asegurarse de que podrán intercambiarlos. Esto sólo se producirá si es que cada uno está seguro de que la transacción le será beneficiosa; es decir, que lo que recibirá a cambio de su recurso o producto le reportará un beneficio mayor al que él mismo habría podido conseguir. Es por eso que los economistas dicen que facilitar el intercambio de los recursos aumenta su valor y, consiguientemente, el bienestar general.

Sin embargo, esta especialización de hombres y recursos en la actividad productiva no puede darse si dentro de una sociedad los individuos están aislados y no confían los unos en los otros. El aislamiento y la desconfianza no permiten la especialización porque, por definición, una persona especializada requiere de otros para satisfacer sus requerimientos. Por consiguiente, uno de sus requisitos esenciales es que todos los productores tengan confianza en el sistema de intercambio, para lo cual éste debe estar ordenado de tal forma que otorgue seguridad a todos. Y es incontrovertible que el Derecho —y las instituciones que lo garantizan— son la fuente principal de esta confianza.

Esto quiere decir que el Derecho permite la especialización de los ciudadanos porque hace exigibles los derechos de propiedad, da confiabilidad a los contratos que permiten organizarlos y transferirlos y, por fin, atribuye responsabilidades por los actos de las personas que no han sido establecidas por contratos. Estos tres elementos son esenciales para que la sociedad pueda aprovechar de manera óptima la iniciativa y el trabajo de sus ciudadanos, así como el potencial de sus recursos materiales.

La idea central que subyace a este planteamiento es que si el Estado proporciona buenas leyes, facilita enormemente la especialización y el intercambio permitiendo que los recursos humanos y materiales sean puestos a su más alto valor de utilización. Es decir, un sistema adecuado de derechos de propiedad, contratos y responsabilidad extracontractual puede generar espontáneamente el uso eficiente de los recursos sin que una burocracia tenga que estar decidiendo o autorizando la manera como cada uno de ellos deberá ser empleado. Así, los ciudadanos que dependen de él tendrán estímulos suficientes para producir —a través de innumerables esfuerzos y transacciones privadas— un sistema económico con una sensibilidad extraordinaria para detectar las oportunidades de desarrollo.

Este es un planteamiento crucial, pues en los círculos académicos tradicionales todavía se piensa que las causas del desarrollo son entelequias puramente económicas, como el progreso tecnológico, la acumulación de ahorro, la inversión en capital humano, la reducción en los costos del transporte o las economías de escala; cuando en realidad estas supuestas fuentes del crecimiento no nos dicen cuál ha sido la causa primera. Dicho de otra manera, ninguna de estas supuestas causas explica por qué en algunos países la gente realiza innovaciones, ahorra más, es más productiva y está dispuesta a correr mayores riesgos empresariales que en otros. ¿Será que los habitantes de los países subdesarrollados somos genética o culturalmente incapaces para el ahorro, la innovación, el riesgo y la industria; o será más bien que dichos elementos no son la causa del desarrollo sino el desarrollo mismo y que, en cambio, la verdadera causa es una institucionalidad legal y administrativa eficiente que incentiva el progreso tecnológico, la especialización, el intercambio y la inversión? La evidencia recogida en este libro parece confirmar decididamente este último aserto.

Es entonces, a consecuencia de las malas leyes que, por ahora, tanto formales como informales constituyen solamente un sistema incipiente de especialistas interdependientes que seguirá limitado en su potencial hasta que el Estado le otorgue a través del Derecho los incentivos esenciales para que progrese; es decir, buenas leyes.

4.3 ¿Es el Derecho el Unico Condicionante?

Hasta el momento, hemos venido analizando el problema de la informalidad sobre todo a partir de la existencia de una mala ley; es decir, de una institucionalidad legal inadecuada. Sin embargo, es perfectamente lógico preguntarse si no existen otros elementos que concurren en la formación del problema.

De hecho, los peruanos en general y los informales en particular, tienen preferencias, capacidades y modos de comportamiento característicos que podrían ser considerados factores sociales, culturales o étnicos decisivos para la existencia de informalidad; así como también preferencias por determinados bienes y servicios que podrían tenerse como factores económicos. De seguro todos estos elementos concurren con el legal en la definición del perfil de la informalidad, e inclusive, en algunos casos, llegan a influir considerablemente sobre este último. Para una persona proveniente de una sociedad rural, por ejemplo, puede resultar más complicado — y, por lo tanto, más costoso— cumplir con determinados requisitos legales, que para una persona acostumbrada a desenvolverse en una sociedad urbana.

De la misma manera, algunos de estos elementos pueden ser aún más gravitantes que el factor legal para hacer que una persona prefiera la formalidad o la informalidad. Tal es el caso de las personas a las que les disgustan especialmente las características sociales, étnicas o culturales propias de los informales y que, evidentemente, harán un mayor esfuerzo por integrar y mantenerse en la formalidad que aquéllas a las que tales características les agradan o les resultan indiferentes.

En realidad, el problema radica en determinar en qué medida todos estos elementos son causas del fenómeno, o si se trata fundamentalmente de rasgos complementarios.

Para dilucidar esto pensemos en un ejemplo concreto, como las invasiones de los terrenos eriazos del Estado. ¿Qué explicación podríamos proporcionarle a este hecho, partiendo de criterios culturales o sociales?, ¿que se trata acaso de una práctica folklórica y milenaria que refleja el gusto de los peruanos por congregarse e invadir la propiedad ajena? Ciertamente, no.

En cambio, de ubicarnos en la perspectiva legal, la explicación aparece con claridad meridiana. Si tener acceso a la propiedad inmobiliaria para vivienda tarda alrededor de 7 años y cuesta varios miles de dólares, es evidente que la mayoría de los interesados —cualquiera sean sus habilidades, educación y actitudes— preferirá la invasión; es decir, acceder a la propiedad informalmente. Lo que tal vez no sería así si todos esos trámites fueran menos costosos y largos.

Eso, por supuesto, no quiere decir que, de reducirse los trámites, deje de haber gente que prefiera invadir, con todas las consecuencias negativas que ello acarrea. Pero es obvio que la mayoría preferirá obtener propiedades seguras por la vía formal, para evitar así los riesgos que resultan de la informalidad.

Abordemos ahora el problema desde otro punto de vista. Si las diferencias culturales entre formales e informales fueran realmente tan sustanciales, ¿cómo podríamos explicarnos que tantos informales estén dispuestos a buscar la manera de formalizar sus actividades, y que —por otro lado— tanta gente funcione de manera simultánea formal e informalmente?

El modo ingenioso, productivo e innovador en que los informales peruanos trabajan, su afán de ser legalmente reconocidos, la existencia de una normatividad extralegal y lo que producen y consumen, parecen indicar que, desde un punto de vista económico y social, las aspiraciones de los informales son muy similares a las de los formales.

Entonces, si bien nadie niega la importancia relativa de los factores sociales, culturales o étnicos, sucede sencillamente que no hemos encontrado ninguna evidencia que sustente la hipótesis de que ellos pudieran ser la causa por la que un grueso sector de la población prefiere desenvolverse fuera de la ley.

El Derecho resulta ser hasta el momento la mejor explicación de la existencia de la informalidad. Desde esta perspectiva, la elección entre trabajar formal o informalmente es, antes que un designio inexorable derivado de las características de las personas, un ejercicio racional para determinar los costos y beneficios relativos que resultan de integrar los sistemas de Derecho existentes y realizar sus actividades económicas dentro de ellos.

Inclusive, toda la evidencia recogida parece sugerir que el Derecho podría tenerse como la principal explicación de la diferencia de desarrollo que existe entre los países industrializados y los que, como el nuestro, no lo son.

En efecto, algunas veces pareciera que los estudiosos de los países desarrollados tomaran sus instituciones legales como algo dado en todas partes. Sin embargo, esto no es cierto. EL ILD ha podido comprobar que existen considerables costos que impiden que se aprovechen tales instituciones en el Perú.

Por consiguiente, hay que replantear la discusión sobre el desarrollo para considerar efectivamente la importancia del Derecho. No se puede seguir ignorando que no todas las decisiones que se producen en las sociedades se derivan de sus características culturales o de las circunstancias económicas.

¿Cuánta inversión habrían podido realizar los norteamericanos o europeos occidentales sin tener derechos de propiedad bien definidos y seguros, así como un sistema de responsabilidad civil extracontractual y una administración de justicia que proteja sus bienes?, ¿cuántas innovaciones habrían hecho si no hubieran creado patentes o regalías?, ¿cuántos bienes y proyectos de largo plazo e incentivos en capital habrían logrado si no hubieran tenido contratos confiables?, ¿cuántos riesgos habrían corrido si no hubieran tenido sistemas de responsabilidad limitada y pólizas de seguro?, ¿cuánto capital habrían acumulado si no hubieran tenido garantías ejecutables?, ¿cuántos recursos habrían podido combinar si no hubieran tenido organizaciones empresariales legalmente reconocidas?, ¿cuántas veces habrían quebrado y vuelto a empezar si no hubieran podido convertir sus deudas en acciones?, ¿cuántos negocios e instituciones privadas habrían sobrevivido por generaciones si no hubieran contado con sistemas de sucesión hereditaria?, ¿habrían podido industrializarse acaso sin utilizar economías de escala? Sinceramente no creemos que el desarrollo sea posible sin instituciones legales eficientes al alcance de todos los ciudadanos. Esta convicción es tanto más dramática por cuanto, a pesar de su pujanza y sacrificio, la informalidad se caracteriza esencialmente por esa carencia.

Sin embargo, queremos dejar en claro que este análisis no pretende subestimar la importancia de la identidad cultural del país porque es evidente que la manera como los peruanos aprovechan las oportunidades económicas y manifiestan sus preferencias por producir ciertos bienes y servicios en lugar de otros, refleja la cultura y la ideología del país. Los japoneses, por citar un caso, siguen siendo culturalmente identificables aún después de un cambio tecnológico y económico tan profundo como el que ha experimentado en el último siglo. Como hemos visto, las costumbres peruanas tradicionales relacionadas con la reputación, los vínculos familiares, las actividades comunales, y los conceptos de jerarquía y *status* son imaginativamente aprovechados por los informales. Luego, no hay ninguna razón por la cual, después de un reordenamiento legal adecuado, el resto de mecanismos sociales del país no siga estando influido por la herencia cultural peruana.

Esta herencia, a su vez, definirá siempre la calidad y el espectro de posibilidades creativas que tendrá nuestro desarrollo. Sin embargo, el conjunto de estas posibilidades que efectivamente puedan ser realizadas y el número de peruanos que puedan tomar parte en ellas, dependerán primordialmente de la institucionalidad legal del país.

Por añadiduria, el cambio legal es definitivamente una forma más sencilla y barata de lograr la integración de formales e informales que intentar cambiar la idiosincrasia de estos últimos para demostrarles cómo opera la ley existente y, procurando lograr un cambio profundo en su cultura, convencerlos —por ejemplo— de que aceptando nuestra herencia mercantilista española se incrementará su prestigio social. Tiene más sentido adecuar la ley a la realidad que tratar de imponer un cambio en las actitudes de todos, pues es esa ley el más útil instrumento deliberado de cambio a disposición de los hombres.

Capítulo VI
La Tradición Redistributiva

Hemos comprobado la importancia que reviste el Derecho como determinante de la eficiencia de las actividades económicas y sociales que regula. Ahora debemos preguntarnos por qué en el Perú predominan las malas leyes y cuáles son sus consecuencias. ¿Por qué el Derecho perturba la eficiencia y limita —o impide— la producción, en lugar de facilitarlas y abaratarlas? ¿Por qué obliga a buena parte del país a trabajar en la informalidad e impone a la formalidad costos muy altos y requisitos absurdamente complicados? ¿Por qué no proporciona la confianza debida en el sistema de intercambio social? ¿Por qué carece de un criterio económico que incentive a los ciudadanos a tomar decisiones que permitan aprovechar las oportunidades económicas y que facilite la especialización e interdependencia de hombres y recursos? En suma, ¿por qué nuestro Derecho nos empobrece?

Al parecer, entre quienes formulan la ley en nuestro país existe una tradición de utilizar el Derecho como un instrumento para redistribuir la riqueza y no para facilitar su creación. En ese sentido, la ley es vista esencialmente como un mecanismo que permite repartir un *stock* fijo de prosperidad entre los distintos grupos de interés que así lo demandan.

Para un Estado que no entiende que la riqueza y los recursos pueden crecer y ser facilitados por un adecuado sistema institucional y que inclusive los pobladores de condición más humilde pueden generar riqueza, la redistribución por vía directa aparece como la única ética aceptable.

Ocurre, sin embargo, que al producir la ley desde un enfoque exclusivamente redistributivo se deja de ver que, además de su impacto distributivo inmediato, cualquier norma afectará el funcionamiento del sistema productivo en su conjunto. En otras palabras, un enfoque de ese tipo no considera la manera en que la norma dictada alterará las decisiones y oportunidades de los particulares en lo referente a la producción y prestación de bienes y servicios.

En las investigaciones del ILD sobre la elaboración de las normas, se ha podido comprobar que las autoridades rara vez consideran las consecuencias facilitadoras o perjudiciales de sus decisiones. El énfasis está puesto, más bien, en dirimir entre distintos intereses, favoreciendo a aquéllos que se consideran los adecuados y reorientando recursos por vías legales. Cada vez que el gobierno otorga un privilegio, reduce precios, le condona tributos a alguien, le confiere un *status* de inamovilidad a un cierto tipo de trabajador, o le da una concesión exclusiva a una categoría de empresas, automáticamente crea costos y beneficios que restan estímulos y oportunidades a otros.

Por ejemplo, si el Estado controla el precio del pan y decide fijarlo a un nivel que sólo permita una utilidad menor que la que podría lograrse en otras actividades, podrá conseguir que de inmediato se abarate este producto —y así habrá redistribuido de los productores hacia los consumidores— pero, por otro lado, habrá desincentivando su producción, ocasionando que muchos recursos dejen esa industria y se vayan a otra más atractiva.

Pero más allá de sus efectos económicos generales, la tradición redistributiva ha creado en el Perú una sociedad en la cual casi todas las fuerzas vivas del país se han organizado en grupos políticos y económicos, uno de cuyos principales objetivos es influenciar al poder para aprovechar la redistribución en favor suyo o de sus afiliados. Esta competencia por obtener privilegios a través de la producción del Derecho ha llevado a una politización general de nuestra sociedad y es directamente responsable de la existencia de las malas leyes que, a su vez, producen los costos de la formalidad y de la informalidad.

Lo cierto es que esta tendencia ha llegado a un extremo tal que, aunque no seamos absolutamente conscientes de ello, el hecho de organizarse para obtener las rentas(1) que el Estado puede dispensar o transferir a través del Derecho, o al menos para protegerse de aquél —es decir, de formar lo que nosotros denominamos "coaliciones redistributivas"— no sólo se da en ámbitos tradicionalmente relacionados con la actividad política, como los partidos, los medios de difusión o las organizaciones informales, sino también en las sociedades empresariales y hasta dentro de las familias. Es evidente, por ejemplo, que los cambios en la composición y la presidencia de los directorios muchas veces responden a la llegada de un nuevo gobierno. No es extraño tampoco encontrar familias en las que padre e hijo, los diversos hermanos e incluso marido y mujer se adhieren o vinculan a distintos partidos políticos o a las Fuerzas Armadas, para entrar en escena oportunamente. Otro claro síntoma de esta necesidad de formar coaliciones redistributivas es, por supuesto, la proliferación de diarios y revistas de corte

1) Para los efectos de esta exposición entenderemos "renta" como un favor o ingreso que se obtiene del Estado y que no corresponde a un aporte productivo, sino que surge de algún privilegio quizás temporal pero que no es pago a una contraparte productiva. (Cf. Webb, Richard en "Democracia y Economía de Mercado". Ponencias y Debates de un Simposio. Instituto Libertad y Democracia. Lima 1981).

político que existe actualmente en Lima. Muchos medios de expresión se han creado específicamente para salvaguardar los intereses de sus accionistas.

Estas coaliciones luchan constantemente por asegurarse de que la formulación del Derecho no perjudique sus intereses y que más bien, si es posible, los favorezca directamente. La consecuencia es que el Estado peruano norma casi exclusivamente con fines rentistas y que, por lo tanto, en lugar de hacer de nosotros una "democracia de Derecho" nos ha convertido en una "democracia de grupos de presión". Así, por ejemplo, en el caso de las empresas, éstas enfilan su natural afán de competencia hacia el acercamiento al poder político y burocrático, y no hacia una contienda por servir mejor a los consumidores.

De esta manera, un Derecho formulado con fines exclusivamente redistributivos no favorece ni a los ricos ni a los pobres, sino a los que están mejor organizados para acercarse al poder. Además, no garantiza que las empresas que quedan en el mercado sean las más eficientes económicamente, sino políticamente hablando.

Esta politización de la sociedad peruana determina que todos los problemas sean tratados sobre todo de acuerdo con los procedimientos que ofrece el poder y no tanto con otros valores, como la eficiencia económica, la moral o la justicia. Se hace necesario, entonces, recurrir al Estado para todas las actividades, con la inevitable burocratización y centralización de la sociedad. De esta manera politización, centralización y burocratización resultan hijos del mismo padre: el Derecho redistributivo.

Los empresarios ya establecidos luchan entonces por mantener el estado de privilegio al cual han logrado acceder a lo largo de los años; mientras los nuevos empresarios, que desean también una tajada del pastel, luchan por obtener ventajas parciales a través de la participación política.

Consiguientemente el Derecho va cambiando en la medida en que se transforma la posición relativa de aquéllos que logran influenciar el poder. Por eso es que se escucha frecuentemente que a nuestro Derecho le falta uniformidad y estabilidad, que nuestras normas son "negociables", que existe una anarquía legal, que no importa qué es lo que se hace o se quiere hacer sino más bien a qué político o burócrata se conoce. Tampoco debería sorprender que el soborno y la corrupción sean características resultantes de un sistema de Derecho en el cual la competencia por las rentas se ha convertido en la forma predominante de producir la ley. Tanto la historia tradicional de nuestra sociedad, como la historia de las actividades informales que esbozamos páginas atrás, están llenas de ejemplos ilustrativos.

Sin embargo, cada vez que hay un proceso electoral existe entre los votantes la presunción de que, si es honesto, el candidato que acceda al poder va a cumplir su tarea en forma aséptica, y que los tecnócratas encargados de aplicar las normas que él proponga serán algo así como un grupo de sujetos de mirada desinteresada y pulcros mandiles blancos, dispuestos a lograr mediante algún misterioso *modus operandi* resultados perfectamente óptimos e imparciales. Sin embargo, todo ello es pura ilusión. No existe ni método ni teoría establecida que permita al político decidir asépticamente si lo que más se necesita son viviendas para la clase media o carreteras para vincular la capital con las provincias; o cuánto mayor énfasis debe dársele a las hidroeléctricas que a las refinerías; o si se debería subsidiar más a quienes trabajan e invierten en Puno o a los que exportan valor agregado. En el fondo cada decisión de este tipo no es otra cosa que un juicio valorativo de orden político.

Además, como veremos más adelante, ninguno de estos juicios políticos tiene, por lo menos para justificarse, un origen plural que sea fruto de un debate transparente. En el Perú el 99% de las normas y decisiones del gobierno central —que son el medio a través del cual se redistribuye— provienen del Poder Ejecutivo que decide sobre ellas sin consulta ni control público, y es a través de su capacidad de normar la redistribución sin necesidad de debate alguno en el Parlamento u otro escenario, que las coaliciones redistributivas intervienen en la producción del Derecho. Esto explica, dicho sea de paso, por qué en países como el nuestro, los derechos de propiedad no están protegidos contra el poder político.

De esa manera, el Derecho redistributivo termina por politizar a todos los sectores de la población que buscan organizarse para tratar de vivir a expensas de los demás: los consumidores presionan para que los precios se establezcan por debajo de los niveles competitivos, los asalariados presionan para que sus remuneraciones se establezcan por encima de ellos, los empresarios establecidos lo hacen para impedir o retardar cualquier innovación que perjudique su posición en el mercado, los empleados, para preservar sus puestos y evitar ser reemplazados por otros más eficientes. En suma, el sistema nos ha obligado a todos a convertirnos en expertos en buscar protecciones o ventajas del Estado.

Así pues, ocurre que normas dictadas con la finalidad de redistribuir hacia los consumidores no cumplen con su cometido sino todo lo contrario. En muchos casos, cuando se quiere reducir el precio de bienes esenciales, a la larga se termina incrementándolo. Una investigación del ILD ha podido determinar que entre diciembre de 1980 y junio de 1985 los precios de los alimentos controlados han tenido un crecimiento acumulado 31.4% mayor que el de los alimentos no controlados, y eso es porque en todo control de precios por imposición estatal necesariamente intervienen la política y la burocracia, abriéndose entonces la posibilidad de que, aislados de las fuerzas del mercado, sean más bien las coaliciones redistributivas las que controlen el precio.

Todo esto supone un gran desperdicio de recursos. De un lado, las coaliciones redistributivas y el Estado tienen que mantener todo un sistema para negociar, crear, aplicar y administrar la redistribución. De otro, toda la sociedad debe soportar la situación que resulta de las negociaciones, una mayor burocratización del poder y un sistema institucional rígido y renuente al cambio.

Las coaliciones redistributivas dedican buena parte de su esfuerzo a dirigir a sus intermediarios y tramitadores, ofrecer recepciones sociales y utilizar estudios de abogados para ganar privilegios en lugar de mejorar sus transacciones. Esto supone también que por estar dedicados a las guerras redistributivas, algunos de los mejores talentos del país o las mejores horas de nuestra clase empresarial no son aprovechados para el progreso real.

Inclusive las elites empresariales provincianas tienen que acercarse al poder redistributivo capitalino. Basta notar que una parte importante de las gerencias generales de las empresas provincianas formales del país tienen sus oficinas y a sus ejecutivos principales en la capital y no en la planta misma. Esto ocurre sencillamente porque visitando a los políticos y burócratas encargados del proceso redistributivo que le interesa, el empresario puede ganar más que concentrándose en conseguir la mayor productividad de su empresa. El Derecho redistributivo ha contribuido así a la centralización de la actividad económica en Lima.

Por todo ello, en relación a los empresarios de los países en desarrollo, los empresarios del Perú tienen que invertir más esfuerzo en conseguir información política que información técnica; lo cual supone conseguir los contactos especiales dentro de los medios políticos y burócraticos para tener los datos necesarios para tomar decisiones precisas. Sólo gana quien obtiene la información. Esto contrasta con la competencia por conseguir información técnica que no sólo beneficia a quien la obtiene, sino que permite a cualquiera mejorar la calidad de su producto y/o abaratarlo(2).

Esta guerra política entre coaliciones redistributivas que ocupa el lugar de una sana competencia económica le acarrea al país, en primer lugar, una terrible pérdida cada vez que los empresarios desvían sus escasos y esenciales recursos hacia la improductiva actividad de perseguir mayores favores del Estado y, por cierto, de impedir que los reciban sus rivales. La noción de sociedad "oligárquica" evoca precisamente la idea de una sociedad que incita a la

---

2) Cf. Congdon, T.G. Trade Policy Research Centre. Londres. 1985.

creación de coaliciones redistributivas que se turnan el control del funcionamiento del Estado o lo comparten, pero que por hacerlo, administran mal los recursos del país porque en lugar de concentrarse en la producción, se dedican a competir por las rentas que éste otorga.

En segundo lugar, la sociedad peruana debe soportar los resultados de un sistema legal que nace de transacciones redistributivas originadas por la intervención de coaliciones y que gradualmente van institucionalizando derechos adquiridos a favor de grupos específicos. En consecuencia los sujetos del Derecho ya no son principalmente los individuos sino las coaliciones exitosas. Este rasgo, como veremos en el capítulo siguiente, fue característico de los Estados mercantilistas de antaño, donde eran los grupos — gremios, familias nobles o grandes asociaciones comerciales—, y no los individuos, los que tenían derechos. Esto es precisamente lo que nos diferencia de los países de economía de mercado contemporáneos.

En tercer lugar, la sociedad encuentra que el poder de decisión efectivo sobre muchas materias no reside ya ni siquiera en los políticos que eligieron. A medida que el reglamentarismo y los controles proliferan y se complican, su manejo y el poder efectivo de decisión sobre los mecanismos redistributivos va descendiendo gradualmente dentro del laberinto de la administración pública, hasta llegar a niveles burocráticos inferiores. Como por un lado éstos son los que actúan directamente con las coaliciones en la aplicación rutinaria de las normas acordadas y, por otro, son algunos de los sectores peor pagados del país, casi inevitablemente se ponen a disposición del mejor postor.

Como consecuencia de esto, y en cuarto lugar, el Derecho puede ser utilizado para defender o apropiarse de lo que a uno se le antoje; y como todo lo que es redistributivo es también negociable, el Estado necesariamente se extiende a normar en detalle prácticamente todas las actividades en el país.

En quinto lugar, la sociedad enfrenta un sistema institucional particularmente rígido y difícil de cambiar. Las normas que se dictan como consecuencia de un pacto redistributivo entre el Estado y una coalición establecen un derecho que gradualmente se convertirá en intocable, porque la coalición exigirá su mantenimiento y contará con el apoyo de la burocracia que lo administra.

Esto contrasta con las normas que no han sido creadas como transacciones redistributivas y que con facilidad el Estado puede continuamente pulir e inclusive sustituir, hasta que se logren los objetivos para los cuales fueron creadas. Pero para un Estado redistributivo cuya reglamentación y política responden a transacciones vigiladas por las coaliciones es sumamente difícil deshacer lo pactado, así no haya dado resultados provechosos, porque ya es un derecho adquirido. De esta manera, las coaliciones hacen que el sistema legal vaya reuniendo, una por una, un cúmulo de normas que luego impedirán el acceso a la formalidad, incrementarán los costos de permanecer en ella y harán prácticamente imposible la simplificación reglamentaria y la desburocratización.

Por último, la presión contínua para distribuir y redistribuir los recursos de la sociedad a través de la producción del Derecho ha ocasionado que la normatividad legal del país se haya vuelto cada vez más engorrosa y compleja, convirtiéndose en la causa fundamental de la informalidad.

Según Mancur Olson(3), un sistema legal costoso definitivamente conviene a las coaliciones redistributivas porque les permite obtener ventajas escondidas por una normatividad enmarañada que ni la prensa especializada ni los políticos de oposición pueden percibir con claridad. Inclusive cuando se identifica un privilegio y se da una norma para anularlo, se complica aún más el panorama regulatorio. El ingenio humano es inagotable y siempre podrá "darle la vuelta" a la nueva norma dentro del incontenible torrente de reglamentos. Por su parte, los funcionarios, políticos y competidores encontrarán la manera de eliminarla de nuevo y se producirá así un círculo interminable de competencia regulatoria.

El propio Olson puso por ejemplo el caso de los impuestos progresivos sobre la renta, que siempre incluyen mecanismos para atenuar la incidencia de las tasas pero que son accesibles únicamente a las personas que pueden contar con los recursos necesarios para penetrar en el laberinto de la legislación tributaria.

Algo similar ocurre con la protección arancelaria. Un arancel alto encarece el producto para los que lo usan como insumo y hace que los desprotegidos paguen la renta de los protegidos. Sin embargo, puede estimular a aquéllos para que, a su vez, soliciten protección para resacirse de los costos que les irroga la otra protección. A la larga esto produce tres efectos negativos: el primero, niveles arancelarios arbitrarios e ineficientes; el segundo, la politización abierta de los incentivos económicos; y el tercero, una reglamentación sobre comercio exterior tan compleja que impide la participación de ciudadanos técnica mas no administrativamente preparados, como los informales.

En efecto, en países con un Derecho esencialmente redistributivo la actividad económica internacional es un caldo de cultivo para las coaliciones redistributivas, porque en el comercio exterior de países como el nuestro predominan todos esos instrumentos lega-

3) Cf. Olson, Mancur: "The Rise and Decline of Nations; Economic Growth, Stagflation and Social Rigidities". Yale University Press. New Haven. 1982.

les que permiten favorecer a los diestros en el contacto político y organizados para la tramitación. Nos referimos a instrumentos legales nada sencillos, como son los controles o tasas de cambio diferenciales, una variedad de impuestos indirectos y sobretasas sobre las importaciones, impuestos directos sobre los productos de importación, licencias, cuotas, listas de productos permitidos y prohibidos, depósitos previos sobre importaciones, subsidios explícitos e implícitos, reintegros tributarios, acuerdos bilaterales y compensatorios y regulaciones sobre la inversión directa.

Entre dichos instrumentos legales hay que reparar especialmente en los controles de cambio. Ellos son un incentivo para que el público compre monedas fuertes a través del mercado negro. En estas condiciones los importadores tenderán a sobrevaluar sus mercancías con el objeto de remitir mayores divisas al extranjero. Por su parte, el gobierno responderá con mayores controles a fin de cerrar las puertas por donde los recursos se escapan(4). El resultado final será que esos nuevos reglamentos y controles producirán más tramitación, más burocracia, más corrupción y, por fin, más informalidad.

Lo mismo ocurre cuando, con el afán de redistribuir recursos hacia los usuarios del crédito formal, se fijan las tasas de interés bancario por debajo de la tasa de inflación (interés negativo), y se produce un exceso de demanda para dicho crédito y una disponibilidad de dinero relativamente baja para préstamos. En estas condiciones, en lugar de que el capital vaya automáticamente a las empresas más productivas —que serían las únicas capaces de pagar las tasas de interés reales y ofrecer las mejores garantías de éxito—, el Estado y las circunstancias imponen otros criterios para la distribución del crédito. El Estado tiende a favorecer a los vencedores de las guerras redistributivas, los cuales terminarán beneficiándose con los ahorros escasos pero relativamente baratos que resultan de tasas de interés negativas. El criterio redistributivo aplicado al precio del dinero significa que el crédito también se politiza, abre la posibilidad de discriminar y está sujeto a trámites excesivos.

De esta manera, no es cierto que en el Perú todos seamos iguales ante la ley, pues dos personas no pagan el mismo impuesto, dos importaciones no están gravadas de la misma manera, dos exportaciones no están subsidiadas del mismo modo, y dos individuos no tienen el mismo derecho al crédito.

En el Perú, el proceso de redistribución por influencia política ha sido facilitado por el hecho de que el Poder Ejecutivo es la primera fuente normativa de la nación, y desde 1947 el Estado ha pro-

---

4) Cf. Congdon, T.G.: Ob. Cit. Pg. 11.

ducido cerca de 27 mil normas y decisiones administrativas al año. Así el Poder Ejecutivo se ha convertido en el canal principal para la competencia por las rentas. Una vez elegido o establecido, no existe manera efectiva de fiscalizar la producción del Derecho que realiza, ni los privilegios que por esa vía redistribuye. La importancia de esto se puede ver en base al cuadro siguiente, donde se listan todas las normas y decisiones que han sido emitidas desde 1947 hasta 1985 por el Poder Legislativo y el Poder Ejecutivo. Este cuadro indica que el Poder Ejecutivo dicta inconsultamente más del 98% de todas las decisiones adoptadas por los dos poderes. Lo cual quiere decir que el Parlamento —cuya pluralidad y fiscalización por parte de la prensa y el público puede atenuar la posibilidad de legislar en forma arbitraria— emite algo más de una de cada cien de las normas que afectan a los peruanos. El resultado es que la mayor parte de las decisiones se adoptan con prescindencia de la consulta democrática y el agravante es que en su gran mayoría dichas decisiones constituyen resoluciones específicas que casi nunca se publican y, por lo tanto, son todavía menos fiscalizables.

En un trabajo exploratorio realizado por el ILD y destinado a recoger elementos de juicio acerca del proceso de la gestación de normas vigentes en el Perú se constató que, tratándose de normas de cualquier nivel, las formas de iniciativa, preparación y expedición no estaban sujetas a trámites establecidos. Según un entrevistado, "dependen de cada Ministro". Esto significa que en cada sector son distintas y que, al cambiarse de Ministro, se introducen nuevas prácticas.

Una abogada entrevistada en el mismo sondeo afirmó que "hoy en día no hay normas que se den por razones generales". Ella y otros entrevistados señalaron una injerencia excesiva de los intereses particulares en el contenido de las normas. Estaríamos entonces frente a un sistema de gestación de normas altamente susceptible a la influencia del poder económico o político que funcionaría mediante dos instancias complementarias. De una parte, la cúpula de cada despacho ministerial, donde se concentraría de modo excluyente la iniciativa, la redacción y el dictamen de propuestas normativas. De otra, los asesores, los Viceministros y el Ministro, que recurren frecuentemente a la asesoría externa constituida básicamente por abogados de su confianza, que, como es natural, representan paralelamente a intereses privados.

En el mismo trabajo del ILD, los entrevistados del Poder Ejecutivo reconocieron consultar continuamente a las coaliciones redistributivas cuando tenían intención de normar una materia que las afectaba. En muchos de estos casos, el propósito de la consulta obedecía a que el aparato estatal no tenía los cuadros profesionales

NORMAS Y DECISIONES DEL GOBIERNO CENTRAL

Año	*Legislación*	*Normas y Decisiones del Poder Ejecutivo*	%
1947	132	8,759	(98.52)
1948	58	19,583	(99.70)
1949	309	37,639	(99.19)
1950	308	21,531	(98.59)
1951	113	35,471	(99.68)
1952	241	42,515	(99.44)
1953	147	32,323	(99.55)
1954	118	29,353	(99.60)
1955	343	40,753	(99.17)
1956	164	30,864	(99.47)
1957	184	31,190	(99.41)
1958	185	22,792	(99.19)
1959	230	30,314	(99.25)
1960	188	36,932	(99.49)
1961	341	46,810	(99.28)
1962	541	38,242	(98.61)
1963	415	27,072	(98.49)
1964	579	38.375	(98.51)
1965	507	23,598	(97.90)
1966	504	26,030	(98.10)
1967	407	17,515	(97.63)
1968	590	19,286	(97.03)
1969	728	20,950	(96.64)
1970	625	25,976	(97.65)
1971	540	27,679	(98.09)
1972	621	34,127	(98.21)
1973	609	35,623	(98.32)
1974	566	39,623	(98.59)
1975	315	32,552	(99.04)
1976	391	28,978	(98.67)
1977	294	20,704	(98.60)
1978	351	20,096	(98.29)
1979	435	14,170	(97.02)
1980	397	15,789	(97.55)
1981	381	13,700	(97.29)
1982	191	13,186	(98.57)
1983	210	13,653	(98.49)
1984	302	15,230	(98.06)
1985	420	17,078	(97.60)
Promedio anual	358	26,822	(98.68)

Fuente: ILD

suficientes para establecer una norma consistente. Un funcionario mencionó el siguiente ejemplo: "Si el Ministro de Industria se propone preparar una norma sobre la industria automotriz, no tiene en el ministerio un solo especialista en la materia; por consiguiente, de buen grado o no, termina aceptando la propuesta que venga de las ensambladoras que, obviamente, traduce sus propios intereses del mejor modo".

Un abogado que trabajó para el Estado durante el "Gobierno Revolucionario de las Fuerzas Armadas" (1968-1980), y hoy ejerce privadamente, afirmó que la burocracia que permanece en el Estado tiene un bajo nivel de calificación y que, además, pasa por una crisis económica y moral que la hace proclive a la coima. Según él, la coima requerida para obtener una norma que beneficie a un particular no debe ser "conversada" en los bajos niveles de la administración sino con los personajes del despacho ministerial. La coima a los subalternos obtiene el necesario informe favorable en un expediente individual y permite, ulteriormente, mantener el diálogo para la aplicación de los privilegios.

Un abogado del despacho ministerial de economía durante la administración democrática que gobernó al país de 1980 a 1985 indicó que la producción de normas es tal que "...no hay tiempo para pensar". Tan cierto es esto que, con sorpresa, la investigación del ILD constató que las resoluciones y decretos que llegan para la firma del Ministro y, en su oportunidad, del Presidente, no vienen con un expediente que incluya los informes técnicos y otras opiniones, sino que llegan con el solo texto de la norma. Y, como se ve en el mismo cuadro, desde 1948 el total de esas normas nunca ha bajado de 13,000 al año.

Nuestro Derecho no busca, entonces, fijar la reglamentación necesaria para asegurar y delimitar derechos y obligaciones que protejan la propiedad y alienten las transacciones de todos, porque no responde a una preocupación por crear instituciones que produzcan riqueza, sino más bien obedece a una obsesión por administrar directamente los acontecimientos diarios. Nuestro Derecho es, por lo tanto, el resultado de la continua competencia por rentas y de las prioridades y conceptos personales de los gobernantes, y está constituido por las malas leyes que imponen los costos de la formalidad e informalidad. De esta manera, resulta un sistema poco propicio para abrir las instituciones legales hacia las poblaciones marginales.

Todo esto produce desaliento, incertidumbre y corrupción, y acarrea malestar social.

En el Estado redistributivo, el desaliento comienza cuando desde temprana edad los peruanos se dan cuenta de que la prosperidad no nace tanto del trabajo sino más bien de la componenda política. A medida que crecen, los jóvenes peruanos comprueban que quienes comienzan a enriquecerse muchas veces no son los que invirtieron trabajo o capital en empresas productivas, sino más bien los que consiguieron alguna influencia política. Los más maduros —los que han escuchado promesas de gobiernos de derecha e izquierda— sufren el desaliento porque saben por experiencia propia que , para llegar "arriba", el mejor esfuerzo es el que se dirige a obtener un favor del Estado, y no el que se dedica al trabajo productivo.

En el Estado redistributivo la incertidumbre es constante, pues los peruanos se dan cuenta de que el Poder Ejecutivo, que emite unas 110 normas y decisiones por cada día laborable, puede en cualquier momento cambiar las reglas del juego sin consulta ni debate previo. El Derecho peruano es inestable e impredecible porque varía según quién gane las guerras redistributivas. La enorme importancia de ésto se hace evidente si nos percatamos de que la fuga de recursos hacia la informalidad y de talentos o capitales peruanos al exterior no son otra cosa que el rechazo al sistema y el deseo de trabajar o ahorrar e invertir en países con sistemas legales que ofrecen menos incertidumbre; es decir, menos posibilidades de redistribuciones arbitrarias a través del Derecho. Sean estas expropiaciones abiertas —afectando un terreno privado para un proyecto de vivienda— o expropiaciones veladas —congelando depósitos bancarios o creando tipos de cambio discriminatorios—, lo cierto es que nadie puede estar seguro de la cuantía de sus activos y pasivos. Nadie puede disfrutar cabalmente de los frutos de su trabajo. Nadie está en posición de anticipar si una norma con propósito redistributivo puede sacarlo del mercado.

En el Estado redistributivo la capacidad envidiable de hacer filantropía con el dinero ajeno invita también a la corrupción. La lucha por recibir rentas desarrolla un mercado en el que no se escatiman medios para lograr una redistribución favorable.

De esta manera, a medida que crece la corrupción, crece la anarquía. En un país donde el Derecho se puede comprar, donde tanto los partidos de izquierda como los de la derecha aceptan que es prerrogativa del Estado reglamentar y legislar al detalle y donde la falsa ética de la justicia distributiva ha soslayado y ha hecho olvidar la ética de la justicia productiva, no hay derechos de propiedad firmes, no existen incentivos legales para crear prosperidad y el régimen resultante es necesariamente inestable y anárquico.

Capítulo VII
El Paralelo Mercantilista

A medida que hemos visto cómo la tradición redistributiva caracteriza a nuestra sociedad, ha ido quedando en evidencia todo lo que nos separa de una economía de mercado. Ante esta evidencia es lícito preguntarnos entonces dentro de qué sistema vivimos. ¿Será acaso uno que se deriva de nuestra idiosincrasia peruana o latinoamericana? ¿Corresponderá a nuestro perfil cultural? ¿O será más bien un fenómeno excepcional en la historia?

En realidad, la tradición redistributiva no es privativa de peruanos y latinoamericanos, no resulta únicamente de las características culturales de determinados pueblos, ni tampoco es única en la historia. Antes bien, es la característica principal de un sistema de organización social en el que actualmente parecen estar inmersos el Perú, América Latina y quizá buena parte del Tercer Mundo, como antes lo estuvieron los países desarrollados. Nos referimos concretamente al mercantilismo.

1.0 CARACTERISTICAS DEL MERCANTILISMO

Como se sabe, "mercantilismo" es el nombre que se les da a las políticas económicas que se llevaron adelante en Europa entre los siglos XV y XIX. Para el "Diccionario de las Ciencias Sociales" de la UNESCO: "(...) mercantilismo es (...) la creencia de que el bienestar económico del Estado solamente puede ser asegurado por reglamentación gubernamental de carácter nacionalista", o, según otros que enfatizan el papel del sector privado dentro del mercantilismo, es la "(...) oferta y demanda de privilegios monopólicos utilizando la maquinaria del Estado (...)" (1). Las sociedades europeas de ese entonces se caracterizaban por ser politizadas, burocratizadas, dominadas por coaliciones redistributivas y empobrecidas. No es arbitrario, por lo tanto, plantear un paralelo entre el Perú de este siglo y el mercantilismo europeo de antaño.

Por ser un sistema que consistía en el gobierno de un Estado reglamentarista dependiente de elites privadas que se sustentaban en el privilegio estatal, el mercantilismo fue enérgicamente combatido tanto por Karl Marx, padre del comunismo, como por Adam

---

1) Ekelund, Robert B. Jr. y Robert Tollison: "Mercantilism as a Rent Seeking Society". Texas A. and M. University Press. 1981. Capítulo I.

Smith, padre del liberalismo económico. Para Smith el mercantilismo era equivalente a la demanda de reglamentación y renta particulares de los comerciantes e industriales y su satisfacción por el Estado.

Esencialmente el mercantilismo significaba una economía políticamente administrada, cuyos agentes económicos estaban sometidos a una reglamentación específica y detallada. El Estado mercantilista no permitía que los consumidores decidieran lo que se debía producir. Se reservaba, más bien, el derecho exclusivo de indicar y promover las actividades económicas que consideraba deseables y proscribir o desalentar las que no creía convenientes. Para Charles Wilson "(...)el sistema mercantilista estaba compuesto por todos los recursos legislativos, administrativos y reglamentarios, por los cuales sociedades predominantemente agrarias buscaban transformarse en sociedades comerciales e industriales(...)"(2). Para lograr sus objetivos, el Estado mercantilista concedía privilegios a productores y consumidores favorecidos por medio de reglamentaciones, subsidios, impuestos y licencias.

Desde el punto de vista de los gobernantes mercantilistas, sus intervenciones a favor de intereses particulares se justificaban porque en ese entonces no era concebible que una nación prosperara en base a los esfuerzos espontáneos de sus ciudadanos. La Europa moderna heredó del medioevo la convicción de que todo hombre nacía pecador y que, por lo tanto, era deber de quien detentaba el poder guiar los destinos y las acciones de sus gobernados para salvarlos de sí mismos. En ese sentido, el bienestar y el orden sólo eran concebibles si los individuos y sus organizaciones eran reglamentados por el Estado y subordinados a sus más altos intereses. Se suponía que la actividad comercial e industrial no vigilada produciría inevitablemente pobreza, hambruna, enfermedad y muerte.

El deber del gobernante medieval era intervenir directamente en la actividad económica de sus súbditos, asignando y redistribuyendo sus recursos mediante reglamentaciones estrictas que determinaban, entre otras cosas, los pesos y medidas utilizados en el comercio, precios "justos" para productores y consumidores, remuneraciones mínimas para proteger a los empleados y máximas para no perjudicar a sus empleadores, así como la prohibición absoluta de anticiparse a necesidades futuras, pues eso era considerado "especulación".

Cuando la industria y el comercio internacional europeos comenzaron a surgir y algunos gastos de guerra a disminuir, se inició la era mercantilista. Con ella comenzó a desaparecer mucha de

---

2) Wilson, Charles: "Mercantilism". Routledge and Kegan Paul. Londres. 1963. Pg. 26.

la escasez económica del medioevo y se le empezó a dar importancia a la actividad empresarial de los particulares. Pero como el único sistema de gobierno que conocían los europeos era el medieval, aplicaron a las nuevas formas de la cada vez más importante actividad económica privada, los anticuados métodos políticos del medioevo. De esa manera, las revoluciones comerciales e industriales de Occidente nacieron dentro del contexto de una extensa intervención del Estado en la economía y de la reglamentación detallada de la producción.

Al principio de la era mercantilista, el incremento de la producción privada, la fuerte tributación impuesta y la intervención reglamentaria le proporcionaron al Estado una considerable cantidad de recursos. Si bien para los gobernantes mercantilistas la nueva prosperidad debía engrandecer a la nación, para ellos el factor decisivo era en realidad el poder del Estado. Pero como los que producían la riqueza no eran los gobernantes sino más bien los empresarios autorizados para operar, ocurrió que estos últimos ejercieron también una gran parte de ese poder. De esta manera, una porción importante de la literatura mercantilista de la época consiste en una colección de argumentos a favor de intereses creados o particulares. La influencia de los mercaderes fue la que terminó dándole el nombre de "mercantilismo" a la política llevada a cabo por los gobernantes de entonces. Así pues, el mercantilismo europeo se caracterizó por las amarras tendidas entre un Estado ubicuo y un poder empresarial privilegiado y excluyente. Veamos ahora en detalle algunas características de este fenómeno que lo hacen pasmosamente semejante a nuestra realidad actual.

1.1 El Acceso a la Empresa

Al igual que en el Perú de hoy, en tiempos del mercantilismo europeo la posibilidad de ingresar a la empresa formal era sólo privilegio de unos cuantos. Al principio, el empresario necesitaba siempre una autorización expresa del rey o del gobierno que, para los grandes empresarios, tomaba la forma de una carta de privilegio (el *charter* en Inglaterra). Sin embargo, "(...) cualquiera fuera la figura financiera que se empleara, ella formalizaba el acuerdo -los derechos y privilegios- entre el Estado y los empresarios. Estos recibían un respaldo oficial del gobierno para poder hacer negocios en un nuevo sector comercial; un monopolio para el trato con este sector; el control del acceso comercial a ese sector y, por lo tanto, el poder de preservar su nivel de utilidades mediante el derecho a marginar a otros comerciantes; y, por fin, la creación de una organización empresarial que le permitiría al grupo promocionar sus intereses. A cambio de ello, estos empresarios le proporcionaban al

Estado lo que requería para financiar la guerra y protegerse de la inflación: una fuente de dinero y de préstamos en efectivo"(3).

Consiguientemente, el acceso a la empresa estaba limitado a aquellas personas o grupos que tenían vínculos políticos y que podían retribuir al rey o a su gobierno el privilegio de operar una empresa legal. Para el gobierno las empresas eran como vacas lecheras que lo proveían de los fondos necesarios para lograr sus objetivos de poder. En muchos casos el Estado no solamente cobraba los impuestos convenidos en las cartas de privilegio, sino que exigía una participación en el accionariado de las empresas (compañías mixtas) y el otorgamiento de préstamos y donaciones. De esta manera el Estado mercantilista hacía contribuir a los consumidores por vía indirecta.

A veces el Estado creaba también sus propias empresas para satisfacer sus necesidades o las del grupo social que ostentaba el poder. Un caso típico es el establecimiento de "manufacturas reales" que, siguiendo el modelo colbertista francés, tuvo lugar en la España del siglo XVIII. Estas fábricas reales constituyen un claro precedente de las modernas empresas públicas, y pueden clasificarse en dos grupos: las que eran destinadas a la producción de bienes para la defensa nacional, como piezas de artillería; y las destinadas a la producción de bienes suntuarios, como tapices, cristales, porcelanas y otros. En la mayor parte de los casos fueron ineficientes, sufrieron pérdidas y desaparecieron a finales del siglo XVIII o principios del XIX.

Con el tiempo se fueron desarrollando otras formas legales de constituir empresas y favorecer a sus dueños. A partir del siglo XVII, por ejemplo, el Estado inglés otorgó a ciertos ciudadanos el privilegio de formar "personas jurídicas" que pudieran sobrevivir a la desaparición de sus socios, o que les permitieran litigar impersonalmente, o separar los intereses individuales de los dueños del de las empresas mismas, para así poder reunir recursos en forma más eficiente de lo que cualquier individuo por su propia cuenta y sin amparo legal podía hacerlo.

A tal grado era un privilegio la asociación entre privados, que en Inglaterra se perseguía legalmente a los súbditos que se asociaban sin haber recibido una autorización expresa del Rey o de su gobierno para hacerlo. Cuando los súbditos ingleses comprendieron las ventajas de agruparse para reunir y administrar recursos, —aunque fuera sin privilegios—, el Estado inglés lo interpretó como un atentado contra su autoridad y el orden establecido. Así, en 1720 puso en vigor el "Bubble Act" que limitó para todo efecto práctico el acceso a nuevas formas de empresa. Si bien el deseo mani-

3) Coleman, D.C.: "The Economy of England 1450-1750". Oxford University Press. 1977. Pp. 58-59.

fiesto era "disciplinar la iniciativa privada", es comúnmente admitido que el objetivo real era ayudar a las empresas más grandes, limitando la competencia que le hacían las pequeñas para obtener capital.

En España también se utilizaban continuamente las Cortes y la policía para evitar por la ley y por la fuerza la "competencia desleal". Inclusive se llegaba al extremo de que los beneficiarios de un privilegio tomaran la ley en sus manos y por la fuerza castigaran a los que deseaban romper su monopolio. Cuenta, por ejemplo, Larruga que en 1684 los vecinos de Pastrana abrieron una fábrica de cintas, a imitación de las extranjeras. Todo fue bien hasta que los vecinos del cercano pueblo de Fuente de la Encina decidieron hacer lo mismo en 1690, lo que indignó a los de Pastrana que tenían un privilegio de exclusividad en un radio de 12 leguas. Tras un largo pleito, los vecinos de Pastrana tomaron las armas, asaltaron el pueblo de Fuente de la Encina, se apoderaron de los tornos y utensilios de la fábrica, y condujeron por la fuerza a los operarios de un pueblo al otro, tratándolos como a prisioneros de guerra(4).

La mayor parte de los historiadores coincide en que si bien se producía para satisfacer los intereses de las clases mercantiles influyentes, ello también le convenía al Estado mismo: los vínculos con algunos mercaderes bien establecidos, selectos y fácilmente identificables le permitían obtener y controlar con relativa facilidad los ingresos que precisaba para mantener las arcas fiscales llenas y poder desarrollar las políticas que creía necesarias. Por eso, si bien los reglamentos, los subsidios y las intervenciones estatales para favorecer a mercaderes o industrias particulares se justificaban con pretextos bien argumentados —como por ejemplo, que determinada actividad era indispensable para la defensa nacional, o que tal protección era requerida para hacer crecer una industria—, el hecho es que respondían fundamentalmente a la necesidad de asegurarle al Estado ingresos de fuentes identificables a las que se les pudiera imponer tributos sin mayor dificultad. Una industria en manos de una multiplicidad de pequeños empresarios o productores agrarios era difícil de controlar, y cobrarle impuestos lo era aún más. Al Estado le faltaban el conocimiento y las fórmulas típicas de una economía de mercado para tratar con un empresariado difundido. Por ello el mercantilismo se caracteriza por la conciliación de los objetivos de las clases privilegiadas con las necesidades fiscales de los gobernantes.

1.2 Normatividad Legal Excesiva

También como en el Perú de hoy, durante el mercantilismo la normatividad legal era excesiva. Según Gregory King, demógrafo y

4) Cabrillo, Francisco: "Notas para el ILD". Meca. Madrid. 1985.

estadígrafo inglés del siglo XVII, la necesidad de lidiar con las normas era tal que en 1688 aproximadamente un 3% de la población inglesa se dedicaba a la abogacía(5). A medida que los reglamentos que privilegiaban a ciertas actividades fueron haciéndose más detallados, incluyendo mayores especificaciones técnicas para proteger ciertas industrias, los reglamentos de los países mercantilistas aumentaron desmesuradamente. En la antigüedad, el reglamento detallado y minucioso con el objetivo de redistribuir y discriminar fue siempre la manera de gobernar, pero esta tendencia se desbocó incontrolablemente con el advenimiento del mercantilismo y sus manifestaciones: el crecimiento de las ciudades, la expansión del comercio internacional, el descubrimiento de nuevos países y la sofisticación de las técnicas de producción.

Para proteger sus monopolios, así como para asegurar la estabilidad laboral, los ingleses llegaron a restringir la introduccíon de nuevas técnicas que podían cambiar la forma de producir. El Consejo Privado de la Corona, por ejemplo, prohibió el uso y posesión de las primeras máquinas de coser, y ordenó la destrucción de todas sus agujas en 1623.

Inclusive se aprobaron leyes para estimular el consumo de los productos provenientes de los monopolios. Eli Heckscher refiere que en 1571 la ley obligaba a todos los ciudadanos a usar un gorro de lana de manufactura inglesa los domingos. Asimismo, en 1662 se ordenó que los cadáveres fueran envueltos en tejidos de lana inglesa, lo cual fue reconfirmado en reglamentaciones todavía más detalladas en 1666, 1678 y 1680(6).

En Francia, la redacción de reglamentos fue codificada por Colbert, Ministro de Finanzas de Luis XIV, desde 1666 hasta 1730, fecha en la cual todos los reglamentos sobre producción se encontraban impresos en cuatro volúmenes que sumaban 2,200 páginas, además de tres volúmenes suplementarios que cubrían prácticamente todas las actividades económicas de la época. Por ejemplo, los que se referían a la producción de textiles contenían 51 artículos mientras que los relativos al teñido de los mismos estaban contenidos en tres reglamentos principales de 317, 62 y 98 artículos respectivamente. En 1737 las instrucciones para la industria de seda de Lyon totalizaban más de 208 artículos.

Si bien la reglamentación minuciosa y detallada venía desde la antigüedad, la de la era mercantilista se diferenciaba de las anteriores porque ya no era el resultado de la voluntad del Rey sino que era dictada a partir de consultas con los grupos económicos o

---

5) King, Gregory: "Natural and Political Observation". G.E. Barnett Ed. 1936.

6) Heckscher, Eli: "Mercantilism". E.F. Soderlund Ed. George Allen and Unwin Limited London. 1934. Volumen I. Pg. 265.

mercaderes que gozaban de privilegios especiales. Se hace difícil imaginar que el Rey de Francia supiera cuántos tipos de hilo o aguja había que utilizar para manufacturar textiles en Lyon, París o Semur. Quienes le proporcionaban esa información eran los manufactureros vinculados al Estado. Así, los reglamentos eran esencialmente mecanismos para impedir la entrada al mercado de nuevos competidores.

Un caso de sobre-reglamentación con efectos especialmente negativos ocurrió durante los siglos XVII y XVIII cuando los ingleses, que ya habían comenzado un proceso de liberalización reglamentaria, desarrollaron una industria sumamente competitiva de telas de algodón estampadas, que eran mucho más baratas de producir que las tradicionales: los calicós. Para proteger su industria textil, los franceses expidieron desde 1686 a 1759 varias normas que prohibían el uso y la manufactura de las telas inglesas. Al final de la época, esas normas estaban contenidas en dos estatutos, unas ochenta ordenanzas y un número inclusive mayor de normas administrativas.

Otra causa de la sobre-reglamentación, según el historiador Joseph Reid(7), fue el empeño del Estado mercantilista por lograr que la población rural no migre a las ciudades y mantener así una producción alimentaria suficiente para nutrir a toda la población. Si bien esto parecía responder a una auténtica preocupación por el pueblo, Reid y otros historiadores piensan que el objetivo de los gobernantes mercantilistas al controlar los precios y mantener la población rural en el campo era más bien tener a los campesinos pobres moderadamente contentos y geográficamente dispersos, para consolidar así su poder.

Otra de las motivaciones de la sobre-reglamentación era el deseo de redistribuir adecuadamente la riqueza nacional. Para tal efecto, los reyes establecían precios máximos durante tiempos de escasez y precios mínimos en tiempos de abundancia, para mantener así los productos escasos accesibles y los abundantes, remunerativos. Era tradicional, por ejemplo, establecer un precio máximo para el pan cuando las cosechas de trigo no habían sido buenas y el precio tendía a subir. Si bien parecía razonable mantener el precio de un bien necesario para los pobres a niveles bajos, ya desde esa época fue comprobándose que los precios tope a la larga no ayudaban a los desfavorecidos, sino que elevaban continuamente el precio real del pan, en la medida en que inducían a que se produjera menos y que, por lo tanto, sólo se consiguiera a precios muy altos en el mercado negro. La alternativa era conseguirlo al precio oficial perdiendo una gran cantidad de tiempo haciendo colas.

---

7) Reid, Joseph: "Respuestas al 1er. Cuestionario del ILD". Meca. Lima. 1985.

1.3 *Burocracias Públicas y Privadas*

Al igual que en el Perú actual, las burocracias mercantilistas incrementaban los costos de transacción, en lugar de reducirlos. El gobierno de Luis XIV (1661-1715) creó los "inspectores de manufactura", cuya única tarea era controlar los reglamentos de la industria. Durante el siglo XVI, las ciudades de Europa iniciaron un importante proceso de crecimiento y las que más crecieron fueron las que eran centros administrativos públicos. Reid y otros historiadores atribuyen este hecho a que era ahí donde se otorgaban y se negociaban los privilegios y donde residía, por supuesto, la burocracia.

La burocracia crecía porque la razón de ser del Estado mercantilista era redistribuir la riqueza de acuerdo con sus intereses fiscales y políticos y, en ese sentido, favorecer, desalentar o prohibir distintos tipos de actividades y agentes económicos. La tarea de decidir quiénes prevalecían y quiénes no, era ardua, inclusive para los reyes. Requería del análisis y la documentación hábil de abogados y contadores que debían probar que sus propuestas eran las que más convenían al Estado y a sus objetivos. Si para un banquero escoger las empresas que pueden ser sujetos de crédito es una tarea difícil, cabe imaginar lo que debió significar para los gobiernos mercantilistas de entonces decidir a quiénes debía fomentar y a quiénes debía prohibir a escala nacional.

Al principio las burocracias eran pequeñas; sin embargo, la primera asignación de recursos, y los reglamentos, impuestos y subvenciones correspondientes fueron solamente el comienzo de las tareas de la burocracia mercantilista, porque luego los que no fueron beneficiados con la redistribución comenzaron a buscar maneras de hacer que el gobierno también les prestara atención. Esto requirió la organización de todo un aparato privado dedicado a buscar los favores gubernamentales, lo cual exigía mayor reglamentación para corregir las primeras decisiones y más burocracia para administrar la mecánica y el cumplimiento de las decisiones tomadas.

Consiguientemente, los aparatos administrativos de los Estados mercantilistas dejaron de tener objetivos autónomos y se convirtieron más bien en administradores de las relaciones y continuas negociaciones entre los gremios, las coaliciones redistributivas y el Estado.

1.4 *Coaliciones Redistributivas y Gremios*

De manera similar a lo que ocurre hoy en el Perú, durante el mercantilismo europeo los empresarios privados más poderosos se organizaron en coaliciones redistributivas que fueron creando una seudo-burocracia de intermediarios privados, compuesta por abogados, contadores, y otros individuos dedicados a lo que hoy llamamos "relaciones públicas", cuyas tareas principales consistían en dirigir peticiones a los gobernantes para poder recibir los favores normativos que requerían. Un tipo de coalición redistributiva estaba conformada por los gremios, que eran asociaciones de productores que hoy podrían ser considerados como "carteles". Sus objetivos, no eran organizar el desarrollo técnico de su industria sino cultivar "(...)el poder monopólico y frecuentemente el poder político para servir sus propios intereses"(8). Su propósito era controlar la entrada al ejercicio legal de su profesión o actividad, limitar la competencia hasta donde les fuera posible, fijar precios, reglamentar el mercado, controlar y uniformizar las condiciones de empleo y, donde les fuera posible, controlar junto con sus burocracias de interlocutores la política efectiva ejercida en su medio.

2.0 EL PERU: ¿PAIS MERCANTILISTA?

Como estos ejemplos nos han permitido constatar, el sistema de la Europa mercantilista y el sistema de Derecho redistributivo del Estado peruano tienen una gran semejanza. Ambos comparten, en mayor o menor grado, características como la producción autoritaria de la legislación, un sistema económico directamente intervenido por el Estado, una reglamentación engorrosa, detallada y "dirigista" de la economía, acceso difícil o imposible a la empresa por parte de los que no tienen vínculos estrechos con los gobernantes, burocracias abigarradas y una ciudadanía obligada en muchos casos a organizarse en coaliciones redistributivas y gremios poderosos.

Se podría decir, entonces, que el Perú de hoy vive dentro de un sistema predominantemente mercantilista que poco tiene que ver con uno de economía de mercado moderna. Sin embargo, los portavoces de la derecha tradicional confunden continuamente un sistema con otro, en su intento de darle sustento racional a las actividades comerciales y empresariales de sus representados y de granjearse también las simpatías de los abanderados del sector privado en Occidente. Estos últimos rara vez se dan cuenta de que sus contrapartes latinoamericanas no funcionan en economías regidas por el mercado sino por la política. Por su parte, portavoces de la izquierda tradicional confunden también los dos conceptos, pero con el objeto de concluir que, a pesar del predominio de la propiedad privada de los medios de producción, no se ha logrado el desarrollo que el país requiere. Por lo tanto, argumentan que es obvio

8) Olson, Mancur: Ob. Cit. Pg. 125.

que el capitalismo ha fracasado y que se hace necesario pasar a un modelo colectivista.

Así pues, tanto la derecha como la izquierda tradicionales han logrado, por distintos motivos, desacreditar la causa del desarrollo por vía de un sector privado formal, simplemente porque al aludir a él, en realidad ambos se están refiriendo a un sistema mercantilista anacrónico. Ni una ni otra se han puesto a pensar que tanto los particulares como el Estado producen resultados distintos según cómo sean las instituciones legales dentro de las cuales operan, y que los incentivos dentro de una economía de mercado o dentro de un sistema mercantilista tienen consecuencias radicalmente diferentes.

Cada uno de estos sistemas alienta capacidades distintas en los empresarios: en una economía de mercado, la habilidad para producir, porque lo que prevalece es la competencia; mientras que en una economía mercantilista, la habilidad de ganar privilegios y usar la ley en provecho propio, porque el factor determinante lo constituyen las decisiones estatales. Donde prevalece la primera, los consumidores son servidos en forma eficiente y económica; pero donde prevalece la segunda, son las burocracias públicas y privadas las que están bien servidas, generalmente a costa del resto de la sociedad.

En una economía competitiva, el empresario tiene que satisfacer a un consumidor al que sólo le interesan las cualidades del producto, su precio y su accesibilidad, y no los atributos del empresario que lo elabora. En cambio, para ganarse los favores del Estado en un medio mercantilista, la maña, y la sociabilidad del empresario son cruciales, pues le permiten obtener normas y políticas estatales que lo favorezcan. Su influencia aumentará en la medida en que logre organizar sus argumentos con convicción, coherencia, buena publicidad o discreción, según convenga en cada caso. Pero también puede lograr sus objetivos a través de atenciones sociales y/o corrupción.

En la economía mercantilista los empresarios y trabajadores cada vez pasan más tiempo haciendo política, quejándose, adulando y negociando. Cada cual dentro de su contexto social, debe hacer colas frente a la burocracia. Se contratan más abogados, y más tramitadores, y se busca la complicidad de más medios de comunicación y periodistas, mientras que el gobierno debe contratar más burócratas y conducir más estudios para tratar con ellos y justificar la forma como redistribuye recursos. Por eso, en una economía mercantilista muchas personas que hubiesen podido ser comerciantes o empresarios trabajan en los ejércitos de burócratas públicos y privados, lo que es una desgracia económica porque a diferencia de lo que sucede con los verdaderos trabajadores, los esfuerzos de los burócratas y seudo-burócratas no incrementan la producción ni la inversión.

Pero quizás lo que más marca la diferencia entre ambos sistemas es la facilidad de acceso al mercado. En los países de economía de mercado cualquiera puede entrar al mercado, producir, distribuir o tramitar por cuenta propia y sin recurrir a terceros. En cambio, las economías mercantilistas se caracterizan, más bien, por tener restringido el acceso al mercado. Se requiere de licencias o permisos especiales para casi todo y, por lo tanto, existe la necesidad contínua de recurrir a un grupo privado privilegiado o a autoridades estatales que controlan las garitas administrativas. Tener que tramitar 289 días antes de operar una industria o esperar casi 7 años antes de poder construir no son otra cosa que los obstáculos de ingreso al mercado que caracterizan al sistema mercantilista.

Como veremos más adelante, las instituciones del mercantilismo tuvieron que ser liquidadas o superadas para que pudieran funcionar las economías de mercado que hoy predominan en Occidente. Y ésto principalmente porque el sistema mercantilista traba y desaprovecha los recursos de los particulares sometidos a su sistema y, por otro lado, divide de manera improductiva y conflictiva los intereses de sus ciudadanos.

La economía mercantilista europea fue costosa porque tuvo que sustentar un gran número de burócratas y abogados improductivos que sólo sirvieron para empapelar, desempapelar y volver a empapelar a sus súbditos con las normas que controlaban, distribuían, redistribuían y asignaban los privilegios que fortalecían al Estado y a los empresarios favorecidos.

Las economías mercantilistas de Europa Occidental fueron mucho menos prósperas que las economías de mercado que las sucedieron, porque las actividades de los burócratas, los abogados y los empresarios para obtener una redistribución que los favoreciera fueron, económicamente hablando, esfuerzos desperdiciados. Aunque algunas industrias favorecidas crecieron más con los favores mercantilistas que dentro del posterior sistema de economía de mercado, ese crecimiento afectó negativamente al desarrollo, porque la producción de esas industrias fue lograda por medios antieconómicos, y porque sus éxitos aparentes alentaron a otros para tratar de obtener las mismas ventajas a través de la captura del poder o la obtención de favores, en lugar de preocuparse por la creación de riqueza.

3.0 DECLINACION DEL MERCANTILISMO Y LA APARICION DE LOS INFORMALES

El mercantilismo gradualmente desapareció de Europa por su ineficiencia, porque las ganancias resultantes de la redistribución y la utilización de recursos para tal efecto —y no para mejorar la producción— redujeron el valor de los ingresos nacionales totales. Los países mercantilistas, aparte de empobrecerse, incitaron a sus ciudadanos a enfrentarse entre sí e hicieron que sus estructuras sociales se deteriorasen hasta el punto en que los mercantilismos europeos, por evolución o revolución, fueron desapareciendo.

A nuestro juicio el "mercantilismo peruano" atraviesa por una etapa de descomposición similar a la que caracterizó la declinación de los mercantilismos europeos, entre finales del siglo XVIII y principios del siglo XX, pues comparte muchos de sus rasgos. En ese sentido, es de particular importancia revisar aquí de qué manera se produjo esa declinación y cuáles fueron los caminos que luego —voluntaria o forzosamente— los distintos países europeos tomaron, porque este ejercicio nos permitirá reflexionar sobre el futuro del Perú.

De lo escrito hasta la fecha puede concluirse que la declinación del mercantilismo europeo comenzó con las migraciones masivas de los campesinos hacia las ciudades. Estas migraciones se debieron principalmente a la pobreza rural y a que los migrantes comenzaron a comprender que era en la ciudad donde se podía tomar contacto con el poder redistributivo de la riqueza nacional y donde ocurría la mayor parte de la industrialización privilegiada.

Entonces como ahora, la rigidez de las instituciones y el exceso de trabas y confusión administrativas impidieron que el sector privado formal o el sector público radicado en las ciudades pudiera crear puestos de trabajo a la velocidad requerida para absorber a los campesinos que llegaban del campo. Vertiginosamente empezaron a surgir los informales en Europa: ejércitos de ambulantes invadieron las calles, el contrabando y las producciones clandestinas irrumpieron en los mercados y los suburbios ilegales florecieron en las afueras de las ciudades. Las autoridades persiguieron a los informales produciendo tal grado de marginación e insatisfacción entre ellos que se desataron brotes de violencia.

Al igual que hoy, a medida que la economía informal crecía, el peso de la tributación comenzó a caer sobre una base cada vez más estrecha de la población y, así, no le quedó al sector formal más alternativa que reducir sus costos y tributos, comprándole una buena parte de sus insumos a los informales(9) y causando déficit presupuestales públicos cada vez más grandes. En consecuencia, tanto informales como formales comenzaron a desobedecer la ley, ocasionando la inestabilidad política que resulta del desacato

---

9) Esta práctica era tan frecuente que se acuñó en la Gran Bretaña el término "*putting out system*" para designarla.

permanente, así como la consecuente pérdida de autoridad y legitimidad del Estado mercantilista.

A medida que las industrias formales de los países europeos comenzaron a estancarse y que la ilegalidad estuvo cada vez más generalizada, el sistema mercantilista declinó. Donde fue factible, los europeos emigraron hacia las colonias, o ex-colonias, o hacia los países que habían emprendido las reformas más exitosas. Muchos de los que no podían o no querían migrar entraban en la industria informal o se enrolaban en las filas de los movimientos violentos y subversivos. En consecuencia, los empresarios formales se volvieron cada día más vulnerables y el poder de los gremios y las coaliciones redistributivas se fue desvaneciendo.

Por su parte las autoridades políticas sólo supieron responder a la crisis haciendo llamados a la moralización, persiguiendo a los infractores de la ley y dictando más normas contra las infracciones, empapelando aún más a toda la sociedad con sus reglamentos.

Aumentaron las oportunidades de corrupción para los funcionarios públicos mientras que los confundidos gobernantes, ignorando la causa de sus problemas, trataban de aliviar los resultados de la crisis haciendo dádivas, repartiendo alimentos, organizando comedores públicos y otorgando incentivos para que los campesinos se quedasen en el campo o regresaran a él. Pero estos esfuerzos no bastaron y el malestar, la literatura fatalista, los contrastes entre pobres y ricos en las áreas urbanas, la delincuencia, la violencia y la consiguiente pérdida de vigencia social del Estado terminaron sepultando a la mayoría de los sistemas mercantilistas europeos, sustituyéndolos ya sea por regímenes de economía de mercado o de colectivismo comunista.

Los factores que causaron o caracterizaron la declinación del mercantilismo en los países europeos presentan similitudes con la situación del Perú actual; por eso es interesante considerarlos a continuación.

3.1 Las Migraciones hacia la Ciudad

De Vries(10), Coleman(11), Clapham(12), Heckscher(13) y en general la mayor parte de los autores que tratan el tema, relacionan el final del mercantilismo en Europa con las grandes migraciones

---

10) De Vries, Jan: "Economy of Europe in an Age of Crisis: 1600-1750". Cambridge University Press. Cambridge. 1976.

11) Coleman, D.C.: "Revisions in Mercantilism". Nethuen and Co. Ltd. 1969.

12) Clapham, J.H.: "The Economic Development of France and Germany: 1815-1914". Cambridge University Press. Cambridge. 1963.

13) Heckscher, Eli: Ob. Cit.

hacia sus ciudades al crecimiento de la población, debido a una reducción de plagas, así como a una reducción relativa de los ingresos rurales comparados con los urbanos.

En los siglos XVII y XVIII los estrictos controles ejercidos sobre la industria le permitieron al Estado francés cobrar altos impuestos para sufragar la construcción de obras públicas. De esa manera, los trabajadores urbanos comenzaron a tener ingresos relativamente altos por ejecutar las tareas asignadas por los Luises. La construcción de palacios y edificios públicos empleaba pues a pocas personas pero que estaban bien pagadas. Sin embargo, como estos salarios urbanos eran relativamente altos y los impuestos directos o indirectos cobrados en el sector rural eran tan fuertes, los campesinos más ambiciosos migraron hacia las ciudades, especialmente hacia París.

Por fin, durante la última parte del siglo XIX, la pobreza rural y el subsidio hicieron crecer la industria en las ciudades y provocaron migraciones masivas hacia ellas.

En el caso de Inglaterra, la primera oleada de migraciones comenzó relativamente temprano, en el siglo XVII, y fue de tal magnitud que el Settlement Act de 1662 trató de contrarrestarla otorgándoles a los jueces de paz citadinos la competencia para ordenar que los migrantes retornaran a sus parroquias campesinas. En vista de que en 1697 las migraciones continuaban, sólo se permitió el traslado dentro del país si el migrante obtenía antes el certificado correspondiente de las autoridades. Además se trató de desalentar a las migraciones ayudando a los pobres y jubilados sólo si retornaban a sus parroquias de origen. Sin embargo, ninguna de estas medidas tuvo mucho éxito.

3.2 *Surgimiento de la Actividad Informal*

Al llegar a las ciudades los migrantes del campo europeo encontraron que no había suficientes puestos para ellos. Esto se debía a que las reglamentaciones restrictivas -entre las cuales prevalecía la dificultad de conseguir permisos para ampliar empresas o entrar en nuevos negocios-limitaban la capacidad de expansión de las empresas formales que no pudieron responder a los nuevos recursos en mano de obra. Así, la mayor parte de los migrantes se encontró inicialmente desocupada y algunos entraron al servicio doméstico, o realizaron sólo trabajos ocasionales y pequeños(14). De hecho existen grandes similitudes entre los habitantes de las barriadas que rodean las siderúrgicas o plantas industriales del Perú y los pordioseros que también se instalaban en condiciones

14) Reid, Joseph: Ob. Cit.

precarias alrededor de las ciudades mercantilistas, esperando ser admitidos a un gremio o al plantel de un empresario legal para obtener el ingreso estable que el trato con el Estado pretendía garantizar.

Gradualmente los migrantes que no obtenían puestos legales y sus descendientes comenzaron a abrir talleres en sus propias casas. Para los obreros muchos de estos trabajos industriales no eran a tiempo completo y como señala Coleman "(...)mucho del trabajo industrial consistía en procesamiento directo, con muy poco equipo de capital, y sólo con algunas herramientas sencillas(...)"(15). Al principio los citadinos despreciaban los trabajos que hacían estas personas al margen de los gremios y del sistema. En ese sentido, es interesante comprobar que en lenguaje coloquial en España, por ejemplo, se utiliza aún la expresión despectiva "eres un puñetero" o "vete a hacer puñetas", cuyo origen está en el carácter supuestamente innoble del oficio de fabricar puños para camisas en pequeños talleres informales.

La actividad informal, sin embargo, por ser la única alternativa viable, se propagó con facilidad. Heckscher cita un pronunciamiento hecho en 1762 por Oliver Goldsmith: "Hay pocos ingleses que casi todos los días de su vida no ofenden impunemente alguna ley particular, (...)y nadie más que los venales y los mercenarios tratan de aplicar dichas leyes"(16). Dos decretos que cita el mismo Heckscher (uno de 1687 y otro de 1693) reconocen que una de las razones por las cuales no se respeta en lo más mínimo la reglamentación sobre la producción, es porque los nuevos "maestritos" y trabajadores eran analfabetos; consiguientemente no podían ni siquiera cumplir con el más sencillo requisito legal de la industria textil, que obligaba al manufacturero de cualquier tela a escribir su nombre en el borde. Pero, a pesar de que muchos de ellos no sabían leer ni escribir, estos "maestritos" eran eficientes. El mismo Adam Smith comentaba que: "(...)si usted requiere que su trabajo sea aceptablemente ejecutado, debe ser hecho en los suburbios (*asentamientos informales*) donde los maestros no teniendo ningún privilegio exclusivo, dependen solamente de su carácter (*reputación*), y luego debe usted encontrar la manera de (*sin ser visto por las autoridades*) introducirlo (*el producto comprado al informal*) a la ciudad de la mejor manera posible"(17).

Los enfrentamientos entre la autoridad y estos empresarios eran constantes. Los considerandos de las leyes y las ordenanzas de esa época frecuentemente se refieren al incumplimiento de los

15) Coleman, D.C.: Ob. Cit. 1977.
16) Ibídem. Volumen I. Pg. 323.
17) Loc. Cit. Los paréntesis en *cursiva* son nuestros.

reglamentos y al abuso de la ley. Heckscher cuenta cómo en Inglaterra en el año 1700 se prohibió la importación de estampados de algodón de la India para proteger las utilidades de los manufactureros de lana del país. A pesar de la veda, los empresarios innovadores siempre podían seguir produciendo, pues lograban encontrar excepciones o resquicios en las normas. Por ejemplo, para burlar los reglamentos que prohibían artículos hechos en base a algodón, los calicós ingleses fueron tejidos con urdimbres de lino. También, durante un tiempo para impedir que se les aplicara la ley llamaron a los calicós producidos en Inglaterra: "*fustians*". Así los nuevos empresarios lograron poco a poco ganarles la mano a las industrias ya establecidas, que como resultado de eso cambiaron o se empobrecieron.

En España también se perseguía y se castigaba a los informales. Un ejemplo ilustrativo son las ordenanzas promulgadas en 1549 por el Emperador Carlos I. Una de las sanciones establecidas en sus 25 leyes se denominaba "desorejar" los paños, operación que consistía en cortar con tijeras las puntas del cabo de la muestra. De esta manera los informales no podían vender los paños sin informar al comprador de las causas por las que los veedores habían castigado sus paños con la mutilación y la infamia.

Pero los conflictos entre el Estado y los informales no quedaron en la simple desobediencia. La represión estatal fue fuerte, y cuando menos en Francia llegó a extremos bastante sangrientos. Las restricciones para la entrada de nuevos empresarios y nuevos productos al campo textil a mediados del siglo XVIII eran numerosas y severas. Estas normas prohibían que el público francés pudiera manufacturar, importar o vender los estampados de algodón. Y las penas por violar dichos dispositivos iban desde la esclavitud y el encarcelamiento hasta la pena de muerte.

Sin embargo, los informales no cejaron. Heckscher cuenta que entre contrabandistas y fabricantes clandestinos murieron más de 16,000, ejecutados sumariamente por las autoridades en las playas o las mazmorras en cumplimiento de las leyes contra la fabricación clandestina y la importación dc los estampados, sin tomar en cuenta un número ciertamente mucho mayor de individuos que fueron encarcelados o castigados de otras formas. El mismo Heckscher refiere que en una ocasión en Valence, 77 informales fueron sentenciados a ser ahorcados, 58 fueron muertos en el potro, 631 encarcelados, uno fue liberado y ninguno perdonado.

Según Ekelund y Tollison(18) la razón por la cual las autoridades persiguieron tan cruelmente a los informales no fue solamente para proteger a las industrias establecidas sino porque los estam-

18) Ekelund, Robert B. y Tollison, Robert: Ob. Cit.

pados multicolores dificultaban los procedimientos fiscales, pues con textiles de un solo color era fácil identificar su manufacturero y por lo tanto cerciorarse de que estuviera pagando todos sus impuestos. Mientras que con los calicós que, debido al nuevo sistema de estampados, podían ser hechos de variados colores era mucho más difícil identificar la proveniencia y por lo tanto controlar. El afán fiscalista era pues una de las características más importantes del mercantilismo.

Para hacer respetar la ley el Estado contaba mucho con los gremios formales ya establecidos, que lo ayudaban a detectar a los infractores. Pero, como las autoridades en lugar de ajustar las normas para integrar a los informales, las hicieron más rígidas, incitaron a que muchos que deseaban mantenerse o entrar a la industria informal migraran a los suburbios; es decir, los asentamientos informales de la época.

Por ejemplo, cuando la ley inglesa de 1563, el Statute of Artificers and Apprentices, estableció ingresos máximos para los trabajadores -ajustados anualmente y basados sobre una canasta básica de bienes de consumo a cambio de un compromiso de estabilidad laboral por un mínimo de un año-, muchos empresarios informales trasladaron sus residencias a los pueblos vecinos de las ciudades o fundaron nuevos suburbios (asentamientos informales) donde el control estatal era menos riguroso y donde los reglamentos eran más blandos o sencillamente inaplicables. Al ubicarse fuera de las ciudades, los informales lograron escapar del control de los gremios, cuya jurisdicción solamente se extendía hasta sus límites.

Después de un cierto tiempo, acrecentada la competencia informal, no le quedó a los formales otra cosa que subcontratar una parte de su producción a los talleres suburbanos. Esto a su vez hizo que la base impositiva se volviera cada vez más estrecha y que, por consiguiente, el nivel de los impuestos se elevara. A su vez, esto produjo no solamente mayor desempleo y malestar, sino sobre todo, mayores migraciones hacia los suburbios y más subcontratación de informales.

A medida que los productores escapaban de las ciudades y la cantidad de informales crecía, las asociaciones gremiales comenzaron a debilitarse. Algunos informales prosperaron tanto que a través de la presión política y el soborno fueron gradualmente conquistando el derecho de acceder a la empresa formalmente constituida.

Esto no quiere decir que los gremios no se defendieron. Heckscher(19) revela que bajo los Tudor se aprobaron innumerables leyes que prohibían el establecimiento de talleres y servicios infor-

19) Loc. Cit. Pp. 239-244.

males en los suburbios. Pero la cantidad de informales y su habilidad para evitar la detección frustraron todos esos esfuerzos. Algunos de los fracasos más notables registrados por los historiadores fueron los de los gremios de sombrereros formales y los manufactureros de cubrecamas de Norwich, Inglaterra, que después de una larga campaña muy publicitada no pudieron hacer respetar la exclusividad que les otorgaba la ley para manufacturar dichos bienes.

Lo que sí ocurrió es que el Estado, al igual que en el Perú de hoy, se fue rindiendo frente al avance informal. En Inglaterra, donde hubo una transición más o menos pacífica de una economía mercantilista hacia una economía de mercado, las nuevas leyes terminaron paulatinamente por autorizar a la industria rural y suburbana. Después de un tiempo tuvo que reconocerse que muchos suburbios y pueblos fueron fundados con el objetivo explícito de evitar el control del Estado y el dominio de los gremios. Por ejemplo, en Suecia, el Rey Gustavo Adolfo fundó él mismo varias ciudades y pueblos para adelantarse a los informales e incorporarlos, aunque fuera en esa forma, al sistema legal.

Mientras se mantuvo el régimen mercantilista, fracasaron la mayor parte de esfuerzos de los Estados europeos por controlar la proliferación de la informalidad. En Inglaterra, el Estado tuvo que rendirse ante la evidencia de que el nuevo desarrollo industrial surgía sobre todo donde no había gremios ni restricciones legales mercantilistas. Era generalmente admitido, por ejemplo, que el auge de los textiles de algodón se debió a que su reglamentación resultaba relativamente más libre que la de los de lana. Inclusive se distinguía entre las cualidades empresariales de los habitantes de los suburbios y de las ciudades gobernadas por el mercantilismo. Así, un informe de 1588 a Cecil, Ministro de la Reina Isabel describía a los ciudadanos de Halifax, uno de estos nuevos asentamientos informales, como: "mejores que el resto tanto en política como en industria, por la forma como desempeñan su comercio y desarrollan su territorio y, a pesar de las maneras descorteses y arrogantes de su país salvaje, tienen más sabiduría y prosperidad que los otros. No respetan modalidades viejas si es que se enteran de que existen otras formas más eficientes y novedosas que aquéllas ligadas a viejas ceremonias (...). Existe el deseo natural de nuevas invenciones y una industria pujante"(20).

Los informales de entonces no solamente iban levantando nuevos pueblos vecinos a las ciudades, sino que construían dentro de las ciudades mismas. Se sabe, por ejemplo, que en Alemania, para edificar, era necesario pasar un examen y tener una aprobación le-

---

20) Loc. Cit. Volumen I. Pg. 244.

gal. A pesar de ello, Clapham nos informa que: "(...)existían distritos enteros en los cuales se había construido una enorme cantidad de casas, aunque no había en los distritos nadie que estuviera legalmente autorizado para construir dichas casas"(21).

Las migraciones trajeron también consigo el comercio informal. Así pues, Coleman relata que en Inglaterra durante las décadas posteriores a la restauración, algunos tradicionalistas comenzaron a quejarse de la creciente profusión de buhoneros y vendedores ambulantes, de los desórdenes que se producían delante de las tiendas y de la aparición de tenderos en muchas pequeñas ciudades. Los comerciantes formales se empeñaron en erradicar a los recién llegados, pero sus esfuerzos fueron infructuosos. Así lo demuestra el litigio entre los sastres de París y los vendedores de ropa de segunda mano, que duró más de 300 años y que ni siquiera estaba próximo a una solución cuando se produjo la Revolución Francesa.

Consiguientemente los informales comenzaron a socavar las bases mismas del orden mercantilista, porque eran competitivos, y agresivos, y consideraban enemigas a las autoridades. Donde el Estado en lugar de absorberlos los prohibió y los persiguió, se entorpeció el progreso y se intensificó el malestar, dando lugar a una violencia cuyas manifestaciones más notorias fueron las revoluciones francesa y rusa.

3.3 La Caída de los Gremios y las Coaliciones Redistributivas

El incremento de la informalidad inevitablemente debilitó a los gremios mercantilistas, ya que su función principal era controlar el acceso a la empresa. Según Coleman, la decadencia de los gremios se debió a "el incremento de la fuerza trabajadora, los cambios en la estructura del consumo y un comercio en expansión; el crecimiento de nuevas industrias y la considerable extensión de la industria rural organizada y el sistema de subcontratación a los informales(...)"(22). Además, en los países que hicieron la transición pacífica del mercantilismo a la economía de mercado, el Estado mismo dejó de apoyar con privilegios excluyentes a los gremios, porque se comenzó a aceptar que emplear a los inmigrantes informales en las ciudades era definitivamente una mejor alternativa que la desocupación, aunque el empleador no hubiera sido "calificado" por el gremio correspondiente.

En Inglaterra, la inestabilidad política que acompañó a la decadencia del mercantilismo hizo que cada vez menos personas solici-

---

21) Clapham, J.H.: Ob. Cit. Pp. 323-325.
22) Coleman, D.C.: Ibídem. 1977. Pg. 74.

taran ser miembros de los gremios, creándose así las condiciones para que el Estado realizara un cambio radical en la forma de hacer empresas y negocios.

3.4 La Corrupción

Al igual que los gremios, la burocracia también degeneró. Si bien al principio el mercantilismo trajo consigo una larga era de expansión económica para Europa, su controlismo hizo que siempre estuviera acompañado de corrupción y que a finales del siglo XVIII el aparato mercantilista perdiera su fuerza y en ciertos lugares estuviera completamente corrupto. Heckscher cita una ordenanza de 1692 que abiertamente afirma que en muchos lugares los inspectores visitaban los talleres, fábricas y lugares de producción sólo para recibir las coimas acordadas con los gremios, y no inspeccionaban ni la producción ni las instalaciones. De hecho, casi todos los supervisores de la producción, pertenecientes a los gremios o al Estado, eran continuamente acusados de descuidar sus deberes y de ser corrompidos. Esta situación era atribuida a la falta de respeto cívico por la ley.

Según Reid(23), inclusive el Parlamento inglés, que desde finales del siglo XVII podía también autorizar la formación de empresas, era conocido por recibir coimas para hacerlo. Como hemos dicho, a mediados del siglo XVIII, Oliver Goldsmith decía que sólo los venales y los mercenarios se ocupaban de hacer cumplir la ley. Por su lado, los jueces de paz instalados en los "suburbios", y a quienes se les había encargado tareas administrativas, tenían pocos incentivos para aplicar leyes y reglamentos que habían sido creados en las ciudades y que resultaban inaceptables para sus vecinos. Una opinión vertida en el Parlamento inglés en 1601 definía a un juez de paz como "(...)una criatura viviente que por media docena de pollos sacrificaba toda una docena de normas penales"(24).

Ya entonces, como en el Perú de hoy, los funcionarios públicos aseguraban para explicar el fracaso de su legislación que no era que sus normas no fueran buenas, sino que el problema residía en la forma como eran ejecutadas. Un folleto anónimo de 1577, escrito probablemente por un funcionario público o un legislador, dice: "Concluyo que mejores leyes con referencia a estos asuntos no pueden ser hechas, el problema es uno de tipo operacional"(25).

Refiriéndose a la descomposición del sistema mercantilista, Joseph Reid afirma que el mercantilismo se volvió infeccioso por la extensiva corrupción que permeaba a todas sus instituciones y

---

23) Reid, Joseph: "Respuestas al 2do. Cuestionario del ILD". Meca. Lima. 1985.
24) Heckscher: Loc. Cit. Volumen I. Pg. 247.
25) Heckscher: Loc. Cit. Volumen I. Pg. 251.

convertía a los ciudadanos ya sea en "vivos" o "tontos". Según él, era inevitable que un sistema de instituciones legales que incitaba a unos a abusar de las leyes y a otros a ser perjudicados por ellas, perdiera prestigio entre unos y otros.

3.5 *El Malestar y la Violencia*

El sistema mercantilista terminó causando gran malestar en Europa debido sobre todo a esa institucionalidad legal descrita, que no respondía ya a una realidad urbana, más compleja y cambiante.

La rigidez institucional, en efecto, no permitía que los migrantes participasen del potencial económico del cual ahora, al llegar a la ciudad, tenían versión propia. Pero había también otros motivos para el malestar. Las migraciones, la difícil tarea de adaptación a la vida urbana, el hacinamiento y las enfermedades —a veces desconocidas en las ciudades— que trajeron consigo hicieron también que el malestar se acentuara.

Coleman subraya que ya desde el siglo XVI en el Parlamento inglés se quejaban de la "multitud de mendigos" y del gran incremento de "rufianes, vagabundos y ladrones" en las ciudades(26).

El malestar tenía orígenes también en la sobreproducción de reglamentos: mientras más reglamentos se producían, más reglamentos eran violados, y más reglamentos aparecían para perseguir a los violadores de los anteriores reglamentos. Los litigios eran innumerables, el contrabando y la falsificación omnipresentes y —como vimos en el caso de la persecución de los informales franceses de la industria y el comercio de calicós— el gobierno era capaz de reprimir con violencia. "El hecho es que era una época de violencia porque para lograr objetivos económicos era constantemente necesario recurrir al apoyo de la fuerza"(27). La violencia callejera y las revueltas eran contínuas. Se trataba de una época en la cual fácilmente se podía inducir a la violencia por motivos ideológicos o partidarios, porque no se vislumbraban esperanzas y solamente unos pocos progresaban por medios no aparentes ni visibles.

Como el gobierno controlaba todo, era natural también que todas las expectativas estuvieran puestas en él. Así surgió un patrón típico en la vida mercantilista: cuando los salarios subían más rápido que los precios de los comestibles, los comerciantes pedían que se le pusiera un tope máximo a las remuneraciones; cuando los precios de los comestibles subían más rápido que los salarios, los trabajadores pedían que se les concediera una compensación

---

26) Loc. Cit. 1977. Pp. 18-19.
27) Wilson, Charles: Ob. Cit. Pg. 27.

mínima y se estableciera un precio máximo para los comestibles El nivel de precios, ingresos y remuneraciones se fijaba por presión y acción políticas. El resultado era que se desalentaba la producción y la contratación de mano de obra, tanto industrial como agraria. Ni los niveles de precios mínimos ni los máximos pudieron resolver el problema de la escasez, el desabastecimiento y la desocupación.

Frente a la crisis y al malestar, los que tenían mayor energía y confianza en sí mismos optaron por emigrar o por unirse a movimientos revolucionarios. En el curso de los siglos en que el mercantilismo tuvo preponderancia, gran número de italianos, españoles, franceses y gente de otros países de Europa emigraron buscando un porvenir en otras tierras. En Francia, con la persecución de los hugonotes y de los informales del sector textil, una cantidad importante de empresarios y trabajadores calificados emigró, principalmente hacia Inglaterra y Holanda, donde ellos y sus anfitriones lograron prosperar.

Ya hacia 1680 se hacían comentarios sobre el fatalismo que resultaba de la imposibilidad de lograr progreso económico sustancial: "(...)la generalidad de los manufactureros pobres cree que nunca logrará ganar 10 libras(...); consiguientemente, si puede lograr los ingresos suficientes trabajando sólo tres días a la semana, nunca trabajará cuatro"(28).

3.6 *Las Limosnas Estatales*

Desconcertados por la creciente cantidad de migrantes en las ciudades y el malestar imperante, las autoridades trataron de mantener la paz distribuyendo alimentos entre los pobres —sobre todo leche, granos y sopas— e induciéndolos a que retornasen al campo. Una serie de leyes sobre el particular, promulgadas por el gobierno inglés en 1662, 1685 y 1693, puso como condición *sine qua non* para recibir esas limosnas, que el ciudadano radicara en donde había nacido o en donde hubiese residido previamente por una buena cantidad de tiempo. Se esperaba evitar así que las familias y los trabajadores migraran a las ciudades para buscar trabajo. Pero como el sistema no funcionó y los migrantes continuaron viniendo, una nueva ley sobre la pobreza (*poor law*) estipuló en 1834 que los pobres urbanos podían y debían ser transferidos a su lugar de nacimiento rural, donde se les proveería de asistencia.

Sin embargo, este sistema tampoco funcionó, entre otras razones porque la desocupación creció y la burocracia que administraba la asistencia social se corrompió y dejó de ser operativa. Ade-

---

28) Coleman, D.C.: Loc. Cit. 1977. Pg. 105.

más, por cierto, los migrantes siempre encontraron algún modo de regresar a las ciudades. Lo que sí logró el sistema de ayuda a los que se quedaban en las áreas rurales fue inducir a que menos familias e inválidos viajaran a las ciudades y fueran más bien los jóvenes solteros quienes emprendieran el viaje. Así, las ciudades fueron llenándose de gentes vigorosas, que podían convertirse en empresarios de empuje o en violentos activistas revolucionarios.

4.0 EL COLAPSO

El mercantilismo de la mayor parte de los países de Europa Occidental se derrumbó entre fines del siglo XIX y principios del siglo XX, cuando las contradicciones de un sistema incapaz de gobernar una sociedad más compleja y más urbanizada llegaron a sus límites.

Las economías mercantilistas terminaron estancándose porque sus elites empresariales se especializaron en explotar la reglamentación favorable y no las nuevas oportunidades de producción, y porque los que hubiesen podido hacerlo fueron legalmente desincentivados o incapacitados para producir. A medida que las empresas formales eran sofocadas con impuestos y reglamentos y que los informales desacataban abiertamente la ley y manifestaban descontento por su marginación, fueron creándose las condiciones para el colapso mercantilista. Las estructuras productivas se fueron osificando más o menos a la misma velocidad en que las ciudades eran rodeadas por las precarias construcciones de migrantes, las calles invadidas por vendedores ambulantes, mendigos y ladrones, los mercados infestados de productos informales de fabricación clandestina y de contrabando, y la vida civil perturbada por la violencia.

Ahora, si bien la sociedad mercantilista y las condiciones de su declive tienen algunos rasgos similares en todos los países estudiados, no siempre culminaron de la misma manera. En líneas generales, se puede afirmar que los países mercantilistas de Europa que fueron cambiando de la mala a la buena ley se pacificaron y comenzaron a prosperar en condiciones mucho mejores que los que se resistieron al cambio.

En efecto, los países que redujeron sus costos de transacción y adoptaron reglas que permitieron usar las energías creativas de sus ciudadanos —facilitando la interdependencia y especialización entre ellos, abriendo el acceso a la propiedad y a la iniciativa empresarial, reduciendo las trabas producidas por una normatividad legal excesiva, y permitiendo una participación continua y más directa en el gobierno y la formulación del Derecho— lograron transitar hacia distintos sistemas de economía de mercado con un mínimo de violencia y un máximo de bienestar.

La buena ley otorgó y articuló las libertades políticas, económicas y sociales; las que, a su vez, acrecentaron la competencia y la posibilidad de comparar alternativas y controlar los abusos de toda índole. Se redujo así la discrecionalidad de las burocracias y se despolitizó el Derecho y la vida económica, disminuyéndose, en consecuencia, el poder de las coaliciones redistributivas, la corrupción y el desaliento. El tiempo perdido antes en cultivar contactos y tramitar pudo ser dedicado ahora a la producción. Al adaptarse el Derecho a la realidad de una sociedad heterogénea y pluralista, de un empresariado difundido y popular, de una economía en rápida evolución tecnológica, éste y el Estado recuperaron vigencia social. Con ello se pudo aminorar la informalidad, controlar la violencia y atenuar sensible y gradualmente la incertidumbre.

Por su parte los países que se resistieron al cambio e insistieron en preservar sus instituciones mercantilistas no pudieron ajustar su Derecho a la realidad y, por lo tanto, lo mantuvieron encaminado en una dirección inversa a las necesidades y aspiraciones de su población. Casi todos esos países tuvieron que sufrir revoluciones violentas, algunas de las cuales terminaron por producir los cambios institucionales requeridos, otras acabaron imponiendo un sistema totalitario, y otras permitieron mantener algunos elementos mercantilistas, pero sólo a costa de aplicar una represión institucionalizada sobre sus ciudadanos durante un tiempo prolongado.

La historia abunda en ejemplos de cada una de estas posibilidades, y, a pesar de lo arbitrario y peligroso que es intentar encasillar experiencias históricas dentro de modelos abstractos, nos parece útil distinguir entre los diferentes modos en que han desembocado los fracasos mercantilistas, porque brindan una base para aprovechar y debatir las lecciones del pasado.

Dividiremos estas maneras de desembocar en dos categorías: la pacífica y la violenta. Para ilustrar la primera nos referiremos al caso de Inglaterra y para ilustrar la segunda describiremos brevemente tres experiencias: la francesa, que terminó en un régimen de democracia y de empresa difundida; la española que, alternando entre represión institucional y ensayos liberalizadores, se mantuvo largo tiempo en un mercantilismo matizado; y, por fin, la rusa, donde la represión y las confrontaciones acabaron imponiendo un sistema totalitario. En todos los casos, un rasgo común parece haber sido la generalizada desadaptación de las instituciones legales a la vida económica y social que se desarrollaba en esos países. Sin embargo, nada de lo que sigue pretende determinar hasta qué punto esa desadaptación o el surgimiento de la actividad informal son decisivos para explicar el colapso mercantilista.

4.1 Inglaterra: Una Solución Pacífica

La transición de Inglaterra hacia una economía de mercado no estuvo exenta de sufrimientos ni de violencia porque, evidentemente, no es fácil desprenderse sin resistencia de tradiciones y privilegios. Sin embargo, fue una evolución mucho más pacífica que las otras tres que luego estudiaremos.

A pesar de la espontaneidad de la transformación inglesa, el proceso transcurrió con una regularidad casi sistemática entre los años 1640 y 1914. En lugar de sufrir una revolución política que diera lugar a un repentino cambio, se sucedieron con el correr del tiempo una serie de medidas que gradualmente transfirieron el poder de decisión del Estado hacia los ciudadanos mismos. El país se fue deshaciendo paulatinamente de los poderes autoritarios de redistribución abusiva, de los reglamentos absurdos, de los privilegios y los excesos de control, mientras que, simultáneamente, fueron integrándose a la legalidad los brotes informales de producción y se fue extendiendo el acceso de todos los ciudadanos a los instrumentos facilitadores del Derecho.

Dicha evolución no fue planeada; resultó de una serie de eventos fortuitos y condiciones *sui generis* de Inglaterra. Una de ellas fue la fuerte rivalidad que enfrentaba a la Corona con el Parlamento. Este último pugnaba ya desde el siglo XVII con el Rey por la conducción de la economía. Lo que restringía uno, lo otorgaba el otro.

Inclusive la competencia que existía entre los tres tipos de tribunales hacía que lo que una parte perdía en un tribunal lo pudiera recuperar en el otro. Así, reglamentos injustificadamente restrictivos perdieron fuerza, ya que el solo hecho de tener que sustentar ante tribunales diferentes, hacía más difícil aplicarlos y aprovechar los privilegios que otorgaban.

En Inglaterra las restricciones que limitaban el acceso a la empresa sólo comenzaron a relajarse cuando el Parlamento inglés, deseando competir con el Rey por las mismas fuentes de ingreso, decidió otorgar también el privilegio de hacer empresa a cambio de créditos y coimas.

Fue a principios del siglo XIX que comenzó una evolución sostenida hacia formas más prácticas de otorgar derechos para acceder a la empresa. En 1825 el Parlamento inglés abrogó el Bubble Act y en 1833 permitió que todos, y no sólo los súbditos con derechos plenos (*freemen*), pudieran tener tiendas y comerciar en la ciudad de Londres. La constitución de empresas sin requerir un permiso expreso y por vía de registro automático fue autorizada recién en 1832 y 1844, respectivamente. Pero fue únicamente en 1862 que Inglaterra abrió la era del empresariado difundido en Europa, cuando el Parlamento permitió que cualquier empresa registrada pudiera convertirse en sociedad por acciones con responsabilidad limitada. A partir de ese momento la estadística registra que los jornales y salarios ingleses suben sensiblemente y que los precios de los bienes y servicios bajan de manera gradual, duplicándose el nivel de vida de las clases trabajadoras en la segunda mitad del siglo XIX(29).

De ese modo, entre los continuos ataques del Parlamento a los privilegios que otorgaba el Ejecutivo, la competencia entre los tribunales y la desobediencia abierta de la normatividad económica por una masa creciente de informales, los monopolios fueron poco a poco perdiendo la protección reglamentaria que los sostenía y se hicieron cada vez más vulnerables. A finales del siglo XIX había libre acceso a la actividad empresarial y a la propiedad para prácticamente toda la población.

A medida que la ley mercantilista fue perdiendo aceptación, ganaron fuerza aquellas normas que por costumbre y popularidad eran aceptadas por todos. Desde el punto de vista que nos interesa éstas eran las que les daban libertad a los ciudadanos para hacer cosas que no hicieran daño a otros, y las que garantizaban el acceso a la propiedad privada y el derecho a protegerla frente a terceros. La primera de estas libertades dio lugar a que cualquiera tuviera acceso a la actividad empresarial y pudiera poner sus talentos al servicio de su propio beneficio, y la segunda, a que los que generaban prosperidad pudieran beneficiarse de los resultados de su trabajo e inversión, sin temer ser directa o indirectamente expropiados por un reglamento arbitrario.

El Derecho consuetudinario fue ganando terreno al mismo tiempo que los contratos, porque a medida que la reglamentación mercantilista perdía vigencia y la competencia entre los tribunales hacía difícil su aplicación, fue creciendo el valor de los contratos y, a falta de otros recursos, los tribunales decidieron hacerlos respetar. Paso a paso, los ingleses obtuvieron los medios para poder cooperar en forma voluntaria: la propiedad privada, los contratos y las organizaciones empresariales.

La geografía inglesa fue también un enemigo importante del mercantilismo. Por un lado, el hecho de que fuera una isla hacía difícil combatir el contrabando por mar, obligando así a su industria a trabajar en condiciones competitivas; por otro, las rivalidades geográficas con los irlandeses y los escoceses hacían que éstos simplemente no aplicaran las normas inglesas que los ponían en desventaja. Tampoco pudo imponerse por mucho tiempo el sistema

29) Fay, C.R.: "Great Britan from Adam Smith to the Present Day: An Economic and Social Survey". New York. Longmans, Green. 1928. Pg. 397.

mercantilista en las áreas rurales donde los residentes tenían poco estímulo para cumplir con reglamentos que sólo favorecían a los gremios y monopolios de las ciudades. Además, como las autoridades del ámbito local competían entre sí para lograr un mayor afincamiento de nuevas industrias en sus circunscripciones, no se daban las condiciones que favorecieran la vigencia de sistemas reglamentaristas y excluyentes.

Por otra parte, la corriente contra el poder redistributivo del Estado creció cuando tirios y troyanos vieron que el malestar desaparecía a medida que se despolitizaba la economía, se hacía más sencilla la reglamentación, se intervenía menos contra los particulares, y las energías y expectativas de la población se dirigían al esfuerzo privado en lugar de apuntar hacia el Estado.

4.2 Francia: Primera Solución Violenta

Por su violencia desbordada, la transición francesa hacia una economía de mercado contrasta fuertemente con la evolución relativamente pacífica de los ingleses. Si bien la Revolución Francesa abrió la puerta del cambio, la liberalización de la economía francesa no vino con la revolución misma: tuvieron que pasar muchas décadas y darse algunas marchas y contramarchas hasta que Francia lograra una relativa igualdad de oportunidades económicas y sociales. Napoleón, sin vencer por completo al sistema mercantilista, logró por lo menos democratizar en algo el acceso a la empresa al dar a todos los franceses igualdad frente a la ley. En el curso del resto del siglo XIX, Francia fue saliendo gradualmente del mercantilismo hacia un sistema de mercado.

Reid postula que la violencia de la Revolución Francesa es directamente proporcional a la represión mercantilista que la precedió. En ese sentido, quizás con la excepción de Rusia, ningún país europeo ilustra mejor los extremos a los que pudo llegar el mercantilismo de los siglos XVI, XVII y XVIII. Porque, en efecto, el sistema de controles monárquicos y los reglamentos que gobernaban a Francia eran tan obstaculizadores, la represión de la informalidad tan cruel, y la falta de instituciones representativas tan clamorosa, que quizás la violencia hubiera sido difícilmente evitable.

Otros autores creen que no es que la reglamentación francesa fuera más restrictiva que la inglesa, sino que los franceses, a diferencia de los ingleses y otros países europeos, tenían instrumentos policiales y administrativos lo suficientemente eficaces como para hacer pagar caro cualquier incumplimiento de la ley mercantilista.

Ya a finales del siglo XVIII era patente que el mercantilismo francés había empobrecido al país, estrangulando su laboriosidad con una maraña de normas excesivas, y que crecía el resentimiento contra el pequeño pero demasiado visible grupo de nobles y burgueses prósperos. Cuando las persecuciones de los informales fueron más severas, el estancamiento económico se volvió crítico y la policía combatió a espada desenvainada todo incumplimiento de las normas legales. El mercantilismo fue una de las razones de fondo de la Revolución Francesa de 1789: "El principio revolucionario tomó una forma práctica con una fuerza y velocidad excepcionales, en la revolución francesa. (...) la revolución consistió (...) en un repudio del orden legal tradicional. Se les quitó autoridad a las instituciones estatales existentes y se les negó cualquier validez *a priori*"(30).

Después de triunfar, una de las primeras cosas que hizo la Revolución fue erradicar todos los tipos de privilegios y atacar la normatividad mercantilista: los impuestos "(...) la inspección y reglamentación de las manufacturas naturalmente pasaron bajo el martillo(...)" (31).

La Revolución Francesa tuvo un efecto casi inmediato sobre el resto de Europa, cuyos gobiernos trataron de adelantarse a la violencia que habían podido observar en Francia. Como dice Heckscher, el resto de Europa Occidental "se prestó" a la Revolución Francesa para no tener que caer en sus excesos y emprendió, así, las reformas que la fueron dirigiendo progresivamente hacia sistemas de economía de mercado e instituciones políticas democráticas.

4.3 España: Segunda Solución Violenta

Al igual que en otros países de Europa, España emprendió en el siglo XIX las reformas necesarias para convertirse en una economía de mercado. Pero, a diferencia de la mayoría de ellos, su progreso fue más lento, porque sus éxitos fueron demasiadas veces apabullados por sus fracasos.

Desde la Constitución liberal de 1812 hasta 1898 hubo conflictos continuos entre los que lucharon por modernizar la economía y las fuerzas absolutistas que deseaban preservar la tradición mercantilista. Sin embargo, se puede decir que ganaron los primeros, puesto que durante esa época se echaron las bases de la parte moderna de la economía española.

Al poco tiempo de la proclamación de Isabel II, en 1834 y en 1835, fueron abolidos los gremios y la Mesta, respectivamente. Luego se permitió la creación de bancos privados, se facilitó la crea-

30) Heckscher: Loc. Cit. Vol. I. Pg. 456.
31) Loc. Cit. Volumen I. Pg. 459.

ción de sociedades anónimas mediante la extensión del principio de la responsabilidad limitada, y se puso orden en el caótico sistema fiscal. Poco a poco, hasta finales del siglo XIX, se hicieron los más importantes intentos para abrir la economía española a la participación de todos.

Pero, con la pérdida de las colonias de Filipinas, Cuba y Puerto Rico a fines del siglo pasado y hasta 1959, se estanca la liberalización de la economía y, entre violencias, represiones y dictaduras, se restablecen políticas dentro de las cuales regresa con fuerza el signo mercantilista.

Este relanzamiento político comenzó a tomar cuerpo sobre todo después del final de la Primera Guerra Mundial y cobró mayor ímpetu durante los años del gobierno dictatorial de Miguel Primo de Rivera (1923-1929), cuando se puso fin a la monarquía constitucional. Así, en esa época se refuerzan los aranceles proteccionistas, se fomenta el desarrollo industrial apoyado en el sector público, se controla el mercado en forma monopolista y se crean importantes empresas estatales. Durante este tiempo resurgen importantes coaliciones redistributivas que se alían con el poder político y por medio de los privilegios disfrutan de múltiples ventajas.

Frente al resurgimiento mercantilista y ayudados por la recesión y la protesta socialista, la opción de un régimen de extrema izquierda era considerada como una seria amenaza por las clases influyentes de la sociedad española. Pero éstas, en lugar de abrir más su sociedad, la reprimen con la ayuda de las fuerzas más radicales de la derecha. Se produce así la Guerra Civil Española, que dura de 1936 a 1939.

Terminada la guerra, los grupos privilegiados económicos y tradicionalistas se aliaron con funcionarios públicos, militares y con la Falange para crear un régimen estatal que a través de regulaciones y controles extensivos trató de ordenar en forma opresiva a la sociedad española. Así pues, de 1940 a 1959 predomina en España un neomercantilismo corporativista, que mezcla principios del mercantilismo tradicional con otros del corporativismo fascista, tan en boga por ese entonces. Todos ellos coinciden en su oposición a la economía de mercado y a una sociedad liberal y en la necesidad de políticas de corte mercantilista. Así, en lo económico, se siguió una orientación autárquica y se persiguió una industrialización forzada a través de políticas intervencionistas con controles de precio, de la producción y del comercio exterior.

Con esta intervención se volvió a crear un sistema de licencias y autorizaciones necesarias para desarrollar casi todas las actividades económicas. Y, como dichos permisos se concedían con un elevado grado de discrecionalidad, se crearon los incentivos para los sobornos y los lazos fuertes entre la administración pública, sus funcionarios y las empresas privadas privilegiadas.

Con todos esos controles, cartillas de racionamiento y alta intervención burocrática se produjeron los estrangulamientos que dieron lugar al vigoroso resurgimiento de mercados informales, a tal extremo, que un testigo privilegiado de la época, Dionisio Ridruejo, escribió que el sistema convertía a la mayor parte de los ciudadanos españoles en delincuentes, al obligarlos a vivir fuera de la ley(32).

Una indicación de ello fueron las normas puestas en vigencia desde finales de la Guerra Civil para controlar la informalidad. Con la ley del 16 de octubre de 1941, se llegó a establecer la pena de muerte para ciertos delitos cometidos por los informales, pese a que ya se había condenado a más de 5,000 personas a batallones de trabajo y se había castigado con multas a otros miles.

La represión fue especialmente dura en lo que se refería a la aplicación de la Ley Penal y Proceso por Delitos Monetarios del 24 de noviembre de 1938 y toda su legislación complementaria. Los dispositivos que regían el control de cambios fueron tan repetidamente violados que debieron ser juzgados por jueces especiales, en procesos que ofrecían pocas garantías para los acusados. Lo mismo ocurrió con la Ley de Contrabando y Defraudación del 20 de diciembre de 1952 que fue ampliamente violada. En la vivienda, los controles sobre los alquileres y el traspaso de propiedad fueron continuamente burlados y severamente castigados cuando eran detectados.

Pero en 1959 España comenzó de nuevo a moverse hacia una economía de mercado. Rompió entonces su aislamiento con el resto del mundo occidental e inició un programa que reducía las actividades reglamentarias del gobierno, liberalizaba los precios, disminuía los controles que obstaculizaban el aumento de la producción y eliminaba diversas rigideces de la legislación laboral y del comercio exterior.

Son varias las causas que pueden explicar este cambio. En primer lugar, la realidad y experiencia de muchos años indicaban que el sistema en uso estrangulaba el crecimiento económico: los españoles tenían un ingreso *per cápita* equivalente a una tercera parte del que gozaban otros europeos. Esto fue percibido claramente por los trabajadores españoles que migraron hacia países de economía de mercado y por grupos de tecnócratas y economistas jóvenes que convencieron al gobierno de que si no se producía un cambio que los equiparara en algo con el fuerte crecimiento de las economías occidentales de entonces, España iba a quedar aún más rezagada.

---

32) Cabrillo, Francisco: "Notas para el ILD". Meca. Madrid. 1985.

Esta posición fue reforzada por los éxitos del Mercado Común Europeo y del plan de estabilización y liberalización que realizaba entonces el economista Jacques Rueff en Francia, así como por la influencia creciente sobre la política española de organismos internacionales como el Fondo Monetario Internacional (FMI) y la Organización Europea de Cooperación Económica (OECE).

Y si bien este proceso de liberalización volvió a estancarse de nuevo en 1964, parecería que ahora la economía española ha emprendido un camino gradual hacia una economía de mercado que ya no abandonará. El nivel de vida de los españoles ha subido sustancialmente y es obvio para cualquier visitante que en general ese país está encaminado a parecerse cada vez más a Europa Occidental que a los regímenes mercantilistas de América Latina que España misma sembró.

4.4 Rusia: Tercera Solución Violenta

En Rusia la salida del mercantilismo se produjo vía una revolución violenta que dio lugar a matanzas inmensas, a un sistema totalitario y a una economía colectivista. El caso ruso parecería indicar que mientras más reprimidas sean las fuerzas del cambio y mayor sea el malestar, más probable es que sean "revolucionarios profesionales" los que tomen el mando y lleven el país hacia un control totalitario.

Rusia es un buen ejemplo de ello porque, a diferencia de otros países europeos que emprendieron las reformas necesarias después de las guerras napoleónicas, allí el autoritarismo persistió y también el malestar económico y social. Por lo menos hasta 1905 la falta de representatividad del gobierno, un sistema judicial severo y una policía represiva y cruel no facilitaron el desarrollo económico ni la búsqueda de alternativas diferentes. El acceso al mercado era difícil y se necesitaban permisos expresos del Zar para hacer empresa y ser empleado.

Durante el último tercio del siglo XIX, la pobreza rural y el subsidio a la industria permitió una cierta industrialización citadina, que a su vez causó grandes migraciones de los campesinos hacia las ciudades. Al igual que en el resto de Europa, las autoridades rusas y los empresarios formales no pudieron hacer crecer su industria mercantilista a un paso suficientemente rápido como para absorber a los empresarios y trabajadores formales potenciales. Se produjeron, pues, todas las características de la declinación del mercantilismo hasta que en 1905 hubo enfrentamientos violentos con las autoridades, y recién entonces se ejecutaron algunas reformas para permitir mayor acceso a la empresa y a las decisiones políticas. Sin embargo, fueron ineficientes y la expansión de empleo industrial en Rusia fue insuficiente porque, en su mayor parte, seguía ahogado por reglamentación y burocracia.

Cuando el sistema productivo falló y no pudo suministrar los bienes que necesitaba el país durante la Primera Guerra Mundial, estuvieron dadas las condiciones para que fuerzas revolucionarias con apoyo popular le quitaran el poder al Zar (febrero de 1917), y para que los bolcheviques asumieran el mando (octubre del mismo año). Poco antes, cuando los mencheviques señalaron la necesidad de fomentar la empresa privada, los bolcheviques retrucaron que el "capitalismo" ya había sido ensayado en Rusia y había fracasado. Por supuesto los bolcheviques —seguramente sin saberlo— se estaban refiriendo a una economía mercantilista, pues Rusia nunca tuvo economía de mercado.

Si alguna conclusión simple se puede extraer de las experiencias europeas referidas es que después de las grandes migraciones las contradicciones de los sistemas mercantilistas se agudizaron, sus economías se estancaron, su Derecho perdió vigencia social y, por lo tanto, sus Estados ya no pudieron gobernar.

Los países que modificaron sus instituciones a tiempo lograron ajustar su Derecho a la realidad y transitar más o menos pacíficamente hacia sistemas de economía de mercado y prosperaron. Los que se resistieron fueron azotados por grandes violencias, guerras civiles, aventuras políticas, seudo-revoluciones y continuo malestar. La inoperancia del mercantilismo y el desorden que producía fueron caldo de cultivo para caudillos represores y dictadores arbitrarios, ya fuera gente como Robespierre, Fouché y Napoleón en Francia, o Primo de Rivera en España. Lo tremendo de la violencia y el caos institucional como medio de transición es, por supuesto, que se pierde la posibilidad de un control democrático y pacífico de su desenlace. Así puede ocurrir, como un hecho prácticamente fortuito -el resultado de una batalla campal o acaso de una intriga burocrática- que del desbarajuste salga victorioso un Franco o un Stalin. En casi todos los casos, el resultado inmediato ha sido la represión y las consecuencias a largo plazo han dependido ya no de un consenso popular y democrático, sino de las convicciones o conveniencias de un líder y de las conspiraciones de los que, en el desorden o la represión, son los más hábiles para acercarse al poder.

La lección europea es que un mercantilismo decadente que se resiste a un cambio institucional apropiado es el umbral de la violencia y el desorden. Con medidas represivas y mucho sufrimiento podrá postergarse el desenlace final, pero tarde o temprano las contradicciones probablemente serán resueltas por la dictadura comunista o la convivencia dentro de un sistema democrático y una economía de mercado.

Capítulo VIII
Conclusión

"Las revoluciones, las verdaderas revoluciones, las que no se limitan a cambiar las formas políticas y el personal del gobierno sino que transforman las instituciones y cambian las relaciones de propiedad, avanzan sin ser vistas por mucho tiempo antes de explotar a la luz del sol bajo el impulso de cualquier circunstancia fortuita".

Albert Mathiez: "La Revolución Francesa".

1.0 VIGENCIA SOCIAL DE LAS INSTITUCIONES LEGALES

El mercantilismo peruano está en decadencia. Es prácticamente imposible que recupere vigencia social y que la situación no siga empeorando.

Inclusive al momento de escribir estas líneas, y a pesar de que las instituciones legales han sido momentáneamente revigorizadas con las expectativas que suele despertar la elección de un nuevo Presidente, el sistema mercantilista sigue declinando: el 8 de octubre de 1985, a 2 meses de haberse instalado el gobierno actual, el Ministro del Interior reportó al Parlamento que en lo que iba del año se habían producido 282 invasiones de terrenos en el Perú, de las cuales 153 ocurrieron durante su gestión. Paralelamente ese mismo año el gobierno sólo había aprobado 3 adjudicaciones legales de terrenos.

En parte las instituciones legales están en crisis como resultado de la pérdida gradual de vigencia social frente a las incursiones de la informalidad en todos los ámbitos de la vida diaria. En el caso de la vivienda, por ejemplo, las autoridades han tenido que idear diferentes salidas legales para la adjudicación de propiedad por vía de invasión y se han visto en la necesidad de conceder un régimen legal —aunque sea discriminatorio— a los asentamientos informales. Más recientemente han recurrido inclusive a la propia invasión para levantar sus proyectos de vivienda. Con relación al transporte urbano, el Estado ha debido aceptar también el resultado de las invasiones de rutas por "piratas" y microbuses. De la misma manera, hoy en día prácticamente todos los municipios del Perú tienen que negociar con los ambulantes y aceptar que por cada mercado construido por el Estado, los ambulantes levantan doce.

La suma de todos estos retrocesos revela que las instituciones legales han dejado de proveer los medios para gobernar y vivir en sociedad, lo que equivale a decir que hoy en día el mercantilismo como forma de gobierno ha dejado de expresar a la sociedad peruana. Además, pareciera que la falta de acceso a la protección y a las oportunidades que las instituciones legales deberían proveer produce en la mayoría de los peruanos la sensación de que el sistema no es equitativo y de que las instituciones discriminan en lugar de unir a la población.

Antes de la gran ola migratoria de las últimas décadas, el Estado se aprovechaba de la lejanía de la población andina, dispersa y aislada en comunidades o haciendas, para hacer respetar el orden que él mismo había establecido. No existía ninguna necesidad de atender a la conducta de esos grupos humanos para determinar si el Estado tenía vigencia social. Esta era la herencia de la Conquista y el Virreynato, durante los cuales también se recurrió al espacio geográfico como parte integral de un sistema de control social coercitivo. De esta manera, se pudo asegurar a los favorecidos una fuerza de trabajo agrícola cuantiosa, además de evitar el acceso de poblaciones rurales a los asentamientos urbanos. Esta dispersión de la población dificultaba también que se organizaran levantamientos populares exitosos y que se formaran turbas revoltosas en las ciudades.

Pero en las últimas cuatro décadas, con las migraciones y la quintuplicación de la población urbana del país, esta situación ha variado radicalmente. La Reforma Agraria del general Velasco Alvarado en los años 70 culminó el proceso de desmantelamiento del sistema socio-económico que dominaba y aislaba a los pobladores rurales y permitía utilizar la fuerza coercitiva contra ellos en forma selectiva. Ahora la mayor parte de los peruanos se ha concentrado en las ciudades y no le conviene regresar, porque las razones económicas y sociales que los empujaron hacia las ciudades son demasiado poderosas: ya no pueden ser manejados aisladamente.

Ellos quieren realizar las mismas actividades que los formales, pero como la legalidad se los impide han tenido que inventar nuevas formas institucionales para sobrevivir al margen de ella. A medida que aumentan su número y los obstáculos que enfrentan, sus instituciones y su normatividad extralegal también lo hacen. Así se ha creado un gran forado a través del cual inclusive una porción cada vez mayor de la población tradicionalmente formal ha ido escapándose del mundo opresivo de la legalidad. Es un hecho que las instituciones informales y el espacio protegido que han creado, le permiten ahora a cualquiera enfrentar al Estado mercantilista, en lugar de sucumbir ante su yugo.

La incursión de la informalidad en los últimos 40 años ha sido tan sostenida que sus efectos han ido manifestándose muy lentamente. El sistema mercantilista no ha perdido su vigencia social de golpe, sino de un modo paulatino y casi imperceptible. En ese sentido, cuando en julio de 1980 los militares devolvieron el gobierno a los civiles, lo hicieron porque ya no tenían la suficiente vigencia social para seguir en el poder; y no hay que olvidar que el 28 de julio de 1985, cuando el ex-Presidente Fernando Belaunde Terry entregó el cargo a su sucesor, el Presidente Alan García Pérez, lo hizo casi en las mismas condiciones: el candidato de su partido había obtenido apenas el 6.24% de la votación.

No es de sorprender, entonces, que los gobiernos peruanos sean "intransitivos"; es decir, gobiernos que se suceden sin mantener una continuidad en los objetivos de interés social. Esto ocurre porque los políticos, dentro de la consabida tradición mercantilista, comienzan sus gobiernos creando expectativas redistributivas que, en vista de las limitaciones del sistema, al final del período sólo quedarán satisfechas en una reducida proporción. Como el mandato de un Presidente termina tan impopularmente, sus sucesores se ven obligados a presentar programas renovadores y son incapaces de mantener lo que algunos denominan un "proyecto nacional". La sucesión de gobiernos "intransitivos" desgasta el sistema y hace cada vez más atractiva la idea de una solución extremista, socavando así la vigencia social del Estado.

Esto reduce inclusive los "plazos de gracia" que la población concede a los nuevos gobiernos, de manera que si bien un mandatario puede despertar nuevas ilusiones, ello no significa necesariamente una renovada fe en el sistema de gobierno.

2.0 LA VIOLENCIA

Es claro ahora que el problema central no es si las instituciones formales deberían o no incorporar a las informales por razones humanitarias, sino si lograrán hacerlo a tiempo para evitar que la democracia representativa sea violentamente destruida.

Por ello es un tema obligado de investigación para politólogos y científicos sociales averiguar si la falta de acceso a las oportunidades y la inexistencia de facilidades y protección legal para la mayoría de los peruanos es también causa importante de la violencia en el país. Si la hipótesis resulta confirmada, se estarían produciendo en estos momentos dos insurrecciones que cuestionan la vigencia social del Estado mercantilista: una, masiva pero pacífica, iniciada por los informales; otra, aislada pero cruenta, iniciada por grupos subversivos, particularmente por el Partido Comunista del Perú, "Sendero Luminoso".

Los más pobres y descontentos no están dispuestos a aceptar una sociedad en la cual las oportunidades, la propiedad y el poder son distribuidos arbitrariamente. De una manera u otra, las personas perciben que las instituciones legales del país no les permiten realizar expectativas racionales, ni les otorgan límites mínimos de facilidades y protección. Todo lo cual les produce una frustración tal que puede desembocar fácilmente en violencia, en su encubrimiento, o en una relativa indiferencia frente a ella. Después de todo, si la razón principal de que existan instituciones legales es proteger los derechos individuales y la propiedad frente a terceros, permitir un acceso ordenado a la actividad productiva y facilitar la interacción en forma armoniosa con otros individuos, es explicable que al no obtener estos derechos, muchas personas se rebelen contra la institucionalidad que las discrimina.

Hasta para el más formal y pacífico de los ciudadanos resulta obvio que las disposiciones legales existentes -el papeleo, el maltrato generalizado en las colas, las coimas, las malas maneras, etc.- constituyen una trampa kafkiana que impide el uso eficiente de sus recursos y los del país. Esto es insostenible para los que inicialmente son los más pobres, si pensamos que las leyes e instituciones que más impacto discriminatorio tienen son las que gobiernan las actividades económicas, principal canal para la movilidad vertical.

Todo esto se traduce en una masiva frustración que se desborda —en el mejor de los casos— en la actividad informal o —en el peor— en la criminalidad y la subversión. Después de todo, la agresión es una respuesta humana a la frustración, la cual a veces depende más de la diferencia entre lo que se tiene y lo que se cree tener derecho a poseer, que de los padecimientos o la pobreza en sí.

Algo parecido ocurrió también al final de los regímenes mercantilistas europeos: la limitación de las oportunidades en favor de los que tenían contactos políticos adecuados hizo cundir el fatalismo y la desesperación. Los que no se dejaron abatir, los que tuvieron energía y confianza en sí mismos, encontraron dos salidas a su malestar: la emigración o la revolución. Donde la emigración fue masiva —como por ejemplo en el caso del sur de Italia— con los emigrantes se fueron los catalizadores del cambio. Pero, donde la emigración no fue posible o se optó por no realizarla, el Estado y la policía tuvieron que combatir por mucho tiempo contra una retórica violenta y contra el terrorismo, en batallas que hacían improductivas sus economías y destruían los estímulos para la inversión.

Si no existen posibilidades para la emigración masiva —como sí las hay en el caso de México— ni se producen las reformas institucionales necesarias, el desenlace más probable de un mercantilismo fracasado es la violencia en alguna de sus manifestaciones: la revolución o la represión reaccionaria.

Después de todo, es sabido que son principalmente los jóvenes del área rural los que se sienten atraídos por viajar a la ciudad, porque no tienen el problema de transportar una familia y son los que menos sufrirán al dejar parientes y amigos en sus villorrios y comunidades. Y como los que migran son necesariamente los más emprendedores, hay que tener en cuenta que eventualmente podrían ser también los elementos más agresivos y beligerantes. Tanto su edad como la dificultad de poder desarrollar una vida afectiva y hogareña lejos de su tierra los convierte en la presa más fácil de la retórica violentista. Los "cachuelos" sin porvenir van erosionando su tolerencia y sepultando sus esperanzas.

Sabemos que el mercantilismo ha terminado casi siempre violentamente y no hay razones para pensar que en el Perú no pueda ser así, sobre todo si es que las autoridades se empecinan en tratar de mantener sus instituciones y formas de gobierno. Ahora, se podría argüir que si bien países como Rusia abandonaron el mercantilismo con violencia, hay países como España que parecen marchar hacia un sistema de economía de mercado después de una tutela autoritaria de varias décadas. Pero el hecho es que tampoco esas naciones se libraron en algún momento de la violencia y fue en gran parte la influencia de sus vecinos lo que las ayudó a recorrer pacíficamente el resto del camino.

En el caso del Perú, esas válvulas de escape no existen. Hoy en día las posibilidades de la subversión son mayores de lo que fueron entonces. La tecnología ha permitido que las armas sean más fácilmente portables y eficaces. Por otro lado, nuestras enormes aglomeraciones urbanas, con su infinidad de recovecos y pobladores descontentos, permiten que los responsables de la violencia clandestina puedan movilizarse y esconderse con gran facilidad. Con todo lo duro que resulta afirmarlo, no encontramos razones consistentes para suponer que, de continuar, el mercantilismo no seguirá provocando violencia en el Perú.

3.0 SUBSISTENCIA DEL MERCANTILISMO

Se ha reiniciado ya una revolución contra el mercantilismo, que ha estado en gestación por décadas pero que sólo en los últimos años ha empezado a mellarlo fuertemente: la informalidad.

Sea por la herencia colonial o por la ausencia de una auténtica experiencia feudal descentralizadora (1), el hecho es que el mercantilismo viene perdurando aquí por lo menos un siglo más que en los países europeos. Sin embargo, ya se están dando algunos de los fenómenos que asociamos con su derrocamiento: la actividad informal, las frecuentes invasiones, la desobediencia masiva a la normatividad legal, el surgimiento de los primeros pilares de una economía de mercado, la anarquía que resulta de negociar el Derecho y los favores burocráticos y, en fin, muchos de los factores que precedieron y condicionaron la revolución industrial europea.

Por otra parte, si bien no hay una gran industria informal, no debe olvidarse que tampoco la hubo en los inicios de la revolución industrial de los países desarrollados. Esta no se dio realmente hasta que comenzaron a eliminarse los obstáculos a la participación popular en la empresa y apareció un Derecho facilitador que hiciera posible la producción moderna.

Por lo tanto, si bien en el Perú los elementos básicos de la revolución económica y social están ya en pie, es evidente que las instituciones legales siguen siendo mercantilistas: el acceso a la empresa privada es difícil o imposible para las clases populares, la normatividad legal es excesiva y engorrosa, las burocracias públicas y privadas son enormes, las coaliciones redistributivas influyen poderosamente en la formulación del Derecho y la intervención del Estado es patente en todas las actividades.

Sin caer en un historicismo simplista, no debemos olvidar que nuestro presente es también el resultado de una larga tradición mercantilista que nos viene de España. La idea de los políticos de que el principio de gobierno en nuestro país tiene que ser una autoridad centralizada y monopólica no parece haber variado mucho desde entonces. Al respecto, Donald M. Dozer señala que "(...) la aceptación del poder supremo y englobador del Estado, entonces, es la herencia de América Latina. El Derecho Romano y su derivado, el Código Napoleónico, que forman la base del sistema legal de América Latina, exaltan la autoridad del Estado. A pesar de la reasistencia exitosa de los latinoamericanos contra España, Portugal, y Francia durante las guerras de la independencia, la tradición del absolutismo gubernamental y autoridad central del Estado como el factor decisivo en la vida humana —que Felipe II, Pombal, y Napoleón ejemplificaron— ensombrecen la vida moderna en América Latina, no solamente como una idea sino como una base para la acción" (2).

---

1) Cf. Véliz, Claudio: "La Tradición Centralista de América Latina". Ariel. Barcelona. 1984.

2) Dozer, Donald M.: "Are we good neighbors?". University of Florida Press. Gainesville. 1959. Pp. 275-276.

De hecho los poderes que la tradición y el sistema legal otorgan a nuestros gobernantes, aunque sean democráticamente elegidos, les dan autoridad absoluta sobre todas las actividades económicas y sociales, y hacen ilusorio pensar que pueda existir algún derecho de propiedad o transacción que no pueda ser arbitrariamente vulnerado por el Estado. Este tiene prácticamente todos los instrumentos legales para interferir en las instituciones que pretenden darle estabilidad a la acción empresarial: maneja un aparato administrativo que expropia o congela recursos privados, tiene derechos irrestrictos sobre toda propiedad no asignada a particulares, un control centralizado sobre aranceles y licencias de importación y exportación, controles de cambio, controles de precios, control de la mayor parte de los ahorros y del crédito, y control sobre los exportadores por vía de acuerdos compensatorios y la asignación de subsidios. Tiene también control sobre las compras y ventas de los monopolios estatales y, en resumen, prácticamente todos los medios imaginables y aparentemente inofensivos de discriminar y redistribuir los recursos del país con criterios políticos y arbitrarios. Generalmente todos estos poderes se esconden detrás de las palabras mágicas "planificar", "fomentar", "reglamentar" y "participar". Para todo efecto práctico, la mayoría de la población no tiene derechos que puedan ser efectivamente defendidos frente al Estado.

Por ello, si bien los actores de nuestra vida económica —el Estado, la empresa privada y los consumidores— son los mismos que en una economía de mercado, la relación entre ellos es, por virtud del enorme poder del Estado y su vinculación con ciertos privados, esencialmente mercantilista. En lo que al Estado se refiere, su autoridad legal sobre la propiedad y las actividades económicas es prácticamente ilimitada, a tal punto que, en el sentido cabal de los términos, el Perú nunca ha sido un país de propietarios sino a lo sumo de usufructuarios. Y en lo referente al empresariado, esto hace que le sea más útil dedicar una parte importante de sus recursos a infiltrar la burocracia para lograr las resoluciones requeridas a fin de proteger o promover sus intereses, que dedicarse a mejorar su producción. De esta manera, dentro de la buena tradición mercantilista, las instituciones lo incentivan a servir relativamente más a los políticos que a sus consumidores.

4.0 EL VOLUNTARISMO CENTRALISTA

Con todos esos poderes en las manos, no es de extrañar que nuestros gobernantes crean que basta su voluntad para que las cosas se hagan. Nosotros llamamos a este fenómeno, tan típico de los regímenes mercantilistas, "voluntarismo centralista". Este tipo de ideas encuentran sustento ideológico en aquella escuela legal que considera que las instituciones sociales son el resultado de las acciones deliberadas de los gobernantes.

Esto, por supuesto, es una ilusión. Ningún ser humano o gobernante puede comprehender todo el proceso de evolución social; menos aún en una sociedad en pleno cambio, como la nuestra. Las autoridades que emprendieron grandes programas públicos de vivienda en la capital no se imaginaron que, a pesar de toda su capacidad de endeudamiento y su aparato empresarial, el Estado sólo iba a poder invertir el equivalente a uno de cada sesenta dólares en las casas que existen en los asentamientos informales. Nunca imaginaron los alcaldes limeños que en los últimos 20 años sólo iban a poder edificar un mercado por cada doce levantados informalmente. Jamás soñaron los encargados del transporte urbano de esta ciudad, cuando intentaban planificarlo hace más de 20 años, que hoy día los informales suministrarían el 95% del servicio.

Lo que estas cifras demuestran es que el progreso no resulta exclusivamente de la acción del Estado. Esta es una de las conclusiones centrales de este libro, que tal vez resulte un tanto sorprendente por cuanto reta la difundida pretensión de que nuestros gobernantes están en capacidad de conocer y hacerlo todo. Se trata de una típica consecuencia del voluntarismo centralista que hace difícil comprender cómo pueden suceder cosas que resultan de voluntades humanas distintas a la de quien detenta el poder político.

Por eso, los que esperan que las cosas cambien con la simple elección de gobernantes con mayor voluntad y dotes ejecutivas cometen un inmenso error conceptual: creer que en una sociedad urbana y recargada por las migraciones, un gobernante puede conocer todo lo que pasa en el país y que es posible edificar sobre este presunto conocimiento un nuevo orden social. En una sociedad así, con millones de personas cuya especialización los hace interdependientes, con sistemas de comunicación complejos entre productores y compradores, entre acreedores y deudores, entre empleadores y empleados, con tecnología en continua evolución, con la competencia y el flujo de información diario proveniente de otros países, no existe la posibilidad física de conocer y manejar directamente ni siquiera una pequeña fracción de las actividades nacionales.

Existe pues un límite a la posibilidad de intervenir en cada cosa desde el gobierno. Aunque haya grandes posibilidades de hacer el bien, no significa que exista la manera de hacerlo directamente desde el poder. Los gobernantes son seres finitos y limitados que se enfrentan a vastos e innumerables problemas. Desde el momento en que le prestan atención a uno, le están dando automáticamente la espalda a otro millón de ellos. Tienen necesariamente que escoger entre lo vasto y lo reducido, entre lo general y lo específico, entre lo comprehensivo y lo diverso. Si escogen lo segundo, no podrán gobernar el país y necesariamente terminarán fracasando. Ningún entusiasmo podrá multiplicar sus poderes. De hecho, sólo podrán lograr lo que voluntariamente, por convicción o interés, decida hacer la mayor parte de peruanos. Los gobernantes mismos no producen riqueza; se sientan detrás de un escritorio, pronuncian discursos, redactan resoluciones y decretos supremos, tramitan papeles, inspeccionan, vigilan y cobran; pero no producen. El que produce es el pueblo.

Es por eso que las buenas leyes son importantes. Con instituciones legales eficientes, los gobernantes pueden lograr grandes beneficios a través de pequeñas acciones. Para eso hay que abandonar las malas leyes del mercantilismo con las que se pretende gobernar cada cosa, cada transacción, cada propiedad; y sustituirlas, mas bien, por instituciones legales eficientes que incentiven los fines deseados. Sólo por medio de buenas leyes se puede reducir la realidad a una dimensión abarcable y manejable. Sólo a través de instituciones legales de comprobada efectividad puede disminuirse la inmensa desproporción que existe entre la simplicidad de la mente de un gobernante y la enorme complejidad de la sociedad peruana.

Tal vez el voluntarismo centralista haya funcionado en economías pequeñas y primitivas, pero fracasa en sociedades modernas y urbanizadas. En una economía de millones de personas, dinámica e imprevisible, el ingenio humano para crear invenciones y técnicas nuevas, o burlarse del control, es tan grande que resulta imposible que un gobierno pueda adoptar medidas específicas a la misma velocidad que funciona la sociedad.

Es por eso que los gobiernos voluntaristas de Europa Occidental desaparecieron con el desmoronamiento del mercantilismo. No era posible tener una revolución industrial si no se abandonaban los sistemas de una economía casi exclusivamente administrada por políticos.

5.0 IZQUIERDAS Y DERECHAS MERCANTILISTAS

El peso de la tradición redistributiva es tal que, a nuestro modo de ver, las llamadas derechas e izquierdas democráticas del Perú, son ante todo mercantilistas y tienen por lo tanto más características en común de lo que ellas mismas suponen.

Ningún dirigente de izquierda o derecha cuando asumió una responsabilidad de poder ya sea nacional o municipal, aprovechó la oportunidad para cambiar los obstáculos que impiden el acceso de la gente humilde a la sociedad formal. Ambos, en cambio, creyeron ayudarla con instrumentos mercantilistas. Ambos han intervenido la economía directamente y han promovido una expansión de las actividades del Estado. Ambos han fortalecido el papel de nuestra administración pública al punto de haberla convertido en el primer obstáculo —en lugar del primer facilitador— del progreso y han producido inconsultamente casi el 99% de la normatividad que nos gobierna.

Ninguno ha sabido delegar responsabilidades mal llevadas por la administración pública hacia los particulares, ya sea porque no han tenido suficiente confianza en su propio pueblo o porque no han sabido cómo entregársela.

Sin embargo, entre el mercantilismo de derecha y el de izquierda existen, por supuesto, diferencias: unos gobernarán para servir a la inversión extranjera o ayudar a los empresarios nacionales, y otros para redistribuir el bienestar hacia los más necesitados. Pero en todos los casos lo harán con malas leyes, favoreciendo explícitamente a algunos y desfavoreciendo a otros. Entonces, aunque sus objetivos parezcan distintos, lo que resulta es que en el Perú se pierde o se gana por vía de la decisión política. Existen seguramente muchas diferencias entre un zorro y un lobo, pero desde el punto de vista de un conejo son más relevantes sus similitudes.

Al gobernar con sistemas mercantilistas tanto la izquierda como la derecha tradicionales se ocupan más de la transferencia de la riqueza, que de sentar las bases institucionales para su creación. Al no haber podido crear las condiciones para que millones de migrantes intervengan en forma masiva en el proceso productivo formal, "izquierdistas" y "derechistas" se desconciertan por la pobreza que invade sus ciudades y recurren al antiguo artificio mercantilista de repartir formas disfrazadas de limosna en cantidades que a la larga resultan ridículamente insuficientes.

Hoy en día, izquierda y derecha coinciden en ver la informalidad como problema. Ninguna parece haberse dado cuenta de las soluciones que ese mismo problema ofrece; es decir, la forma de utilizar la energía inherente al fenómeno para crear riqueza y un orden distinto. Quizás sea porque, como buenos mercantilistas, la posibilidad de convertir un problema en solución les huele a alquimia, o tal vez porque se oponen a la iniciativa privada de origen popular. Como buenos mercantilistas, coinciden en sentirse seguros sólo si las respuestas son dictadas por una autoridad superior dentro del orden centralista.

Un ejemplo particularmente ilustrativo de esta tendencia es la regulación del comercio ambulatorio que el gobierno municipal de Lima —controlado por la izquierda marxista— puso en vigor en 1985 a través de la Ordenanza 002, y que ya hemos descrito en el capítulo sobre comercio informal.

Si en lugar de reglamentar excesivamente a los ambulantes, les hubieran quitado las trabas, facilitado el acceso a la organización empresarial y al crédito formal, permitiéndoles construir más mercados, se habría logrado que ninguno de los actuales ambulantes esté en las calles en el año 1991.

Lo paradójico de todo esto es que mientras el Alcalde trató de esta manera discriminatoria a la iniciativa popular, ha favorecido abiertamente la construcción de mercados por contratistas privados en pleno centro de Lima. Por eso, más que socialista, la política de la izquierda en el Municipio resultó esencialmente mercantilista y no difirió sustancialmente de lo que habría hecho la derecha en esas mismas circunstancias.

Izquierda y derecha tradicionales coinciden también en abogar por un ordenamiento que protege y excluye. Ninguna ha planteado medidas que integren y permitan competir a los recién llegados. En lugar de ver de qué manera el hombre puede dominar las fuerzas del mercado y procurar que sirvan a los intereses sociales del país, tratan de sustituirlas por el sistema de gobierno que precedió a la Revolución Industrial europea.

Al enfrentar el problema de la informalidad, raras veces se ha estudiado cómo reformar el orden legal para intentar adaptarlo a la nueva realidad productiva. Nadie ha pensado que la mayoría de los peruanos pobres se adelantó a los revolucionarios y está cambiando las estructuras del país y que lo que les corresponde a los políticos es, más bien, ordenar el cambio, darle el marco institucional adecuado para que pueda ser aprovechado y gobernado.

El resultado es que las principales opciones políticas del Perú le han planteado a los electores una disyuntiva dramática: se les pide elegir un Estado cada vez más poderoso, ya sea a través de la acción de una derecha que muchas veces favorece abiertamente a ciertos grupos privados, o de una izquierda que avanza decididamente hacia un capitalismo de Estado que quizás sería inclusive más opresivo que el sistema mercantilista.

Por su lado, es obvio que muchos empresarios mercantilistas, agobiados por todos los costos de la formalidad, se sientan más seguros colaborando con un poder intervencionista con el cual puedan pactar, que abogando por un sistema de economía de mercado impersonal donde no tienen un gobernante omnipotente que pueda intervenir a su favor. Entienden por "sector privado" un capitalismo sin competencia, una combinación de apoyo estatal y control privado; es decir, mercantilismo.

A pesar de ello, las retóricas de nuestra izquierda y derecha tradicionales son muy similares a la de sus simpatizantes extranjeros. Quizás ellos mismos se confunden, pero en todo caso con ello han logrado crear en el exterior la ilusión de que en el Perú se está llevando a cabo la confrontación pluralista política que caracteriza la contienda partidaria en las democracias de Occidente: que la derecha quiere fortalecer a la empresa privada y defender las libertades públicas, y que la izquierda quiere ayudar a los pobres y su mayor aspiración es corregir la injusticia social en el Perú.

Sin embargo, se equivocan. La derecha tradicional no representa los principios que animaron la Revolución Industrial, ni inspira su gestión en una filosofía social aceptable dentro del contexto liberal.

En el Perú el discurso liberal ha sido adaptado para darle una coherencia superficial a políticas mercantilistas conservadoras, en lugar de ser, como fue en Europa, el espolón que embistió contra el mercantilismo. Cuando se necesita aparentar regímenes favorables a Occidente, nuestros gobiernos ponen en posiciones estratégicas a liberales puros que aplican sus recetas a nivel macroeconómico, sin afectar el funcionamiento de las instituciones legales con efectos discriminatorios internos, y los despiden en cuanto comienzan a ser demasiado criticados por el *establishment* mercantilista.

Al igual que los conservadores, los llamados liberales peruanos aceptan que la intervención estatal discriminadora es indispensable en razón del supuesto "subdesarrollo cultural" de nuestro pueblo. De esta manera, en lo macroeconómico están al día con la jerga y con el juego de la economía liberal ortodoxa, pero cuando se trata de los aspectos sociales y económicos internos, sus dispositivos legales son excluyentes y por tanto muy poco liberales. Esto genera una especie de *apartheid* legal interno que se caracteriza, en lo esencial, por establecer una legalidad plena en favor de cierto grupo de la población y una legalidad relativa para los demás. Así, además de las leyes sobre desarrollo urbano, existen disposiciones sobre asentamientos informales; o una normatividad para el transporte formal y un reglamento excepcional para los microbuses; o normas comerciales para los establecimientos formales y ordenanzas para los ambulantes. La derecha tradicional nunca ha pensado en la posibilidad de tener una ley igual para todos. Creyendo que el *status quo* mercantilista era ya una sociedad liberal avanzada que sólo requería del capital extranjero y quizás de un cultura y una raza mejores, dedicaron la mayor parte de sus energías a una defensa complaciente de la clase dominante, su cultura y su tradición. Su imaginación nunca se esforźo por encontrar las reformas e instituciones indispensables para el desarrollo de una economía moderna y abierta a todos los sectores de la población.

Algo parecido sucede con la extrema izquierda, porque si bien ha logrado atraer la simpatía de los pobres, sus proyectos económicos concretos conducen inequívocamente hacia el capitalismo de Estado y no toman en consideración el esfuerzo, la iniciativa y el potencial popular; son, por lo tanto, bastante reaccionarios. A nuestro parecer, esa conducta desprestigiará a la larga la posibilidad de una opción de izquierda que acceda al poder por vías democráticas y no violentas.

Llegamos así a una extraña paradoja: la mayoría de los izquierdistas y derechistas tradicionales creen que lo que hoy existe en el Perú es un *status quo* liberal. Bajo ese supuesto, los hombres de empresa mercantilistas acuden a los gobiernos occidentales y a sus aliados en la empresa privada extranjera para que los ayuden a preservar un sistema que supuestamente es reflejo del que existe en Occidente. Por otro lado, la izquierda pide ayuda a sus aliados ideológicos en el exterior para abolir un sistema "liberal" que según ellos ha fracasado y es, por lo tanto, inaplicable en nuestro medio. Ambos están en un error: el Perú no es una sociedad liberal; es una sociedad mercantilista.

Así pues, cuando los conservadores y liberales estadounidenses toman posiciones en el conflicto peruano, los primeros apoyando a los "derechistas" y los segundos a los "izquierdistas", no se dan cuenta de que ninguno está verdaderamente apoyando otra cosa que el mercantilismo en una de sus distintas expresiones. Ambos pierden, porque le dejan el monopolio del cambio a los extremistas; pero los que respaldan a la derecha tradicional pierden en mayor medida, porque se convierten en los defensores del *status quo* y, por lo tanto, se identifican con las injusticias y el malestar. Prueba de ello es que el neo-liberalismo ("*neo-conservatism*") ni siquiera está representado en el espectro político local y que su influencia en la *intelligentzia* peruana resulta prácticamente nula.

6.0 LA PROMESA DEL CAPITAL HUMANO

Quizás la mas grave distorsión que ha producido el enfoque mercantilista de la realidad es haber impedido ver el enorme capital humano y el potencial de desarrollo que han traído consigo los migrantes.

En realidad, lo que ha sucedido es que tanto la derecha como la izquierda han tenido un prejuicio antiempresarial cuando se trataba de personas de origen popular.

En lo que se refiere a la izquierda parece prevalecer un romanticismo que hace que generalmente elogie y hasta venere al hombre del pueblo, a condición de que se atenga a un rol estrictamente dependiente y sea un trabajador sin ideas ni capacidad de organizarse con otros. Lo ven como un sujeto que requiere programas de asistencia similares a los que necesitan los minusválidos y los desempleados. Es como si solamente se apreciara al trabajador en la medida en la que está desprovisto de las cualidades necesarias para abrirse camino por su cuenta. Esta actitud no es muy distinta del paternalismo de los de derecha, que también simpatizan con la persona de extracción popular cuando se limita a la leal servidumbre, a la artesanía o al folklore, pero que la rechazan cuando abre su propio negocio y cobra, negociando sus precios según los dictados del mercado. Ante esa situación reaccionan considerando los precios "exhorbitantes" y al trabajador empresarial un "ladrón" o un "sinvergüenza". Ambas, izquierda y derecha, le reconocen al "cholito" venido de la puna un derecho a vivir entre nosotros sólo a condición de que nos necesite para organizarlo o emplearlo, en una ubicación claramente dependiente y circunscrita a un ámbito acorde con la visión mercantilista de las cosas.

En verdad los empresarios competitivos, formales o informales, son una nueva cultura. Han rechazado la dependencia tal como se la proponen los políticos. No son en muchos casos necesariamente simpáticos, ni corteses —recuérdese la opinión de muchos sobre los microbuseros o los ambulantes— pero son una mejor base para emprender una política de desarrollo que los negociantes de privilegios y las burocracias escépticas. Han demostrado su iniciativa al migrar, rompiendo con el pasado sin vislumbrar un futuro cierto, saben identificar y satisfacer las necesidades de los otros, y tienen más confianza en sus habilidades que temor a la competencia. Saben, al comenzar cualquier cosa, que existe siempre el riesgo del fracaso. Todos los días enfrentan dilemas: ¿qué y cómo van a producir?, ¿con qué van a fabricar?, ¿a qué precios comprarán y venderán?, ¿conseguirán clientes a largo plazo?. Así pues, detrás de cada producto ofrecido o fabricado, detrás del aparente desorden o relativa ilegalidad, se han hecho cálculos sofisticados y se han tomado duras decisiones.

Esta capacidad de arriesgar y calcular es importante porque significa que el país ya está creando una base empresarial amplia. En el Perú la informalidad ha convertido a una gran cantidad de gente en empresarios. Es decir, individuos que saben aprovechar oportunidades administrando con relativa eficiencia los recursos disponibles, incluyendo su propio trabajo.

Este es el fundamento de cualquier proceso de desarrollo, porque la prosperidad no es otra cosa que la posibilidad de combinar recursos intercambiables en base al trabajo productivo. La prosperidad se alcanza fundamentalmente gracias a un esfuerzo propio. Se gana poco a poco dentro de un mercado activo donde se intercambien bienes, servicios, ideas y donde la gente esté contínuamente aprendiendo y dispuesta a ajustarse a las necesidades de los otros. La prosperidad viene de saber aprovechar recursos, no de de tenerlos.

Esta nueva clase empresarial es un recurso muy valioso: constituye el capital humano indispensable para el despegue económico. Hoy mismo no sólo ha permitido sobrevivir a los que no tenían nada, sino que ha sido una válvula de escape para las tensiones sociales. Ha dado movilidad y elasticidad productiva al torrente migratorio; y, de hecho, está logrando lo que el Estado nunca pudo hacer: la incorporación de un gran número de marginados a la economía monetaria del país.

El beneficio que esta nueva clase empresarial representa para el Perú es mucho más significativo que los perjuicios que le ocasionan terroristas y mercantilistas. La inmensa mayoría de la población comparte una actitud, un deseo de vencer la pobreza y tener éxito.

Entonces los dos desafíos son: ¿cómo podemos hacer para que la energía informal no siga frustrada por un sistema legal que la reprime?, y ¿cómo podemos trasladar al resto del país la vitalidad, el tezón y la esperanza del empresariado emergente?

La respuesta es cambiar las instituciones legales para abaratar los costos de producir y alcanzar la prosperidad. Dar acceso a todos para que integren la actividad económica y social, y compitan en igualdad de condiciones. El objetivo sería una economía de mercado moderna, que hasta ahora es la única receta conocida para lograr el desarrollo en base a un empresariado difundido.

En efecto, la reserva empresarial de un país no funciona adecuadamente de modo automático. Sólo lo hace en la medida en que el marco institucional se lo permite. La prueba son todos esos peruanos empobrecidos y mediocrizados en su país, que luego de emigrar al extranjero cosechan triunfos cuando por fin pueden operar al amparo de instituciones adecuadas.

Así, lo que determina el régimen económico de una sociedad es la forma cómo se articula su institucionalidad legal. Si la actividad empresarial está principalmente reservada a un grupo selecto de gente, será un régimen económico mercantilista; si está reservada a una tecnocracia estatal, será un capitalismo de Estado; es decir, un régimen colectivista. Pero si cada ciudadano puede en la práctica ser empresario, cualquiera sea su origen, color, sexo, profesión u orientación política, entonces tendremos una economía auténticamente democrática; es decir, una economía de mercado.

El lugar donde se coloque la iniciativa empresarial de nuestra sociedad es, por lo tanto, importantísimo. Si se coloca a disposición de todos los peruanos, podremos aprovechar la amplia capacidad empresarial que se está desarrollando en todo el país. Mientras más personas puedan intervenir en la economía y detectar oportunidades, mayor será el potencial y las acciones para el desarrollo que se puedan emprender.

La gran fuerza de un sistema de economía de mercado es que confía en la capacidad de trabajo y el ingenio del pueblo, en lugar de basarse en el aporte restringido de una elite arbitrariamente designada. Se trata de pasar de un régimen de subordinación de los individuos a los objetivos del Estado, a uno en el que el Estado esté al servicio de los individuos y de la comunidad.

7.0 AGENDA PARA EL CAMBIO

Por lo que hemos visto, en el caso peruano, salir del mercantilismo evitando la represión requeriría fundamentalmente un acercamiento del Derecho a la realidad. El divorcio entre ambos resulta evidente a la luz de la informalidad. La historia que relata este libro es básicamente una prueba de cómo el sistema actual de producir el Derecho no ha podido seguir el paso de los acontecimientos. Esto no sólo ha originado una creciente discriminación en perjuicio de los peruanos de origen humilde, sino que ha ocasionado también que la ley, en sí, se desacredite.

Luego, buscar un camino pacífico para salir del mercantilismo significa reajustar nuestras primitivas instituciones legales para que permitan la interdependencia pacífica y el desarrollo de los individuos dentro de una sociedad cada vez más compleja y heterogénea.

Desde la conquista española, el Perú no ha sufrido ningún cambio tan impactante y profundo como el actual. Ya no estamos compuestos esencialmente por comunidades autárquicas sino que progresivamente nos volvemos más interdependientes. Este cambio, además, va a continuar y, por lo tanto, necesitamos elaborar una institucionalidad legal y medios de gobierno que nos permitan cooperar pacíficamente dentro del largo y tal vez inagotable proceso de transformación que seguirá afectando nuestras vidas.

Para ello es menester inspirarse en lo que sí funciona. Concretamente hay que beber de la normatividad extralegal que, como hemos visto, es acatada por la mayor parte de la población. Esta normatividad que regula derechos de propiedad y contratos, y se aplica a través de organizaciones informales descentralizadas, se ha originado mediante un proceso de reestructuración y adaptación voluntaria a nuevas circunstancias.

Las principales normas extralegales son necesariamente más generales y abstractas que las del sistema mercantilista, porque nacen como respuesta al surgimiento de un sociedad urbanizada, más grande y fluida que la tradicional. Son el resultado de un proceso de adaptación espontánea a una vida que exige mayor interdependencia y coordinación.

Ahora bien, esta normatividad no es perfecta. Carece de efectividad *erga omnes* y, por ende, de coacción para ser aplicada. No está codificada y le faltan tecnicismos que podrían mejorarla. Sin embargo, es obvio que tiene vigencia social, ya que un número considerable de personas la acata voluntariamente. La teoría económica indica que esta obediencia voluntaria sólo ocurre si la normatividad extralegal es relativamente más eficiente que la formal. Dado que a ninguna sociedad le agrada obedecer reglas que no le convienen, lo obvio es que esas reglas predominantes son eficientes y de mayor aceptación.

Por añadidura, es también obvio que la normatividad extralegal es por completo peruana. Nace de la experiencia nacional. Por lo tanto, con la generación espontánea de la normatividad extralegal, los informales han iniciado la reforma del *status quo*, indicando el derrotero que deberían seguir las instituciones legales, si es que han de adaptarse a las nuevas circunstancias y recobrar su vigencia social.

El reto consiste, entonces, en llegar a un sistema legal e institucional que refleje la nueva realidad, que deje funcionar ordenadamente la economía espontáneamente surgida del pueblo, que les permita producir con seguridad a los empresarios y comerciantes formales competitivos en lugar de obstaculizarlos, y que transfiera a los particulares aquellas responsabilidades e iniciativas que el Estado ha monopolizado sin éxito. La consecuencia de todo esto sería que el Derecho cobraría vigencia social.

Un criterio importante en este sentido es aceptar que con nuestras instituciones legales actuales no hay manera de saber lo que los peruanos, en su extensión y diversidad, entienden como bienestar o soluciones adecuadas para sus problemas. Prueba de ello es que durante los últimos 40 años no han hecho nada más que sorprender a sus gobernantes con sus aspiraciones y sus logros.

Entre otras cosas, ello se debe a que los distintos peruanos tienen objetivos diferentes y, como es natural, se reservan el derecho de cambiarlos continuamente dentro del rápido proceso de evolución, diversificación e individualización en el que estamos inmersos. Por tanto, no hay necesidad de tratar por enésima vez que el país se ponga de acuerdo en objetivos comunes, porque un "proyecto nacional" que trate de lograr un consenso explícito sobre objetivos precisos es imposible en un país tan heterogéneo y populoso. Antes bien, se trataría de que la institucionalidad legal provea los medios necesarios para que los particulares puedan decidir por sí solos qué objetivos desean perseguir y —a condición de que no perjudiquen a terceros— hacer que las leyes les permitan conseguir sus fines.

Los peruanos en muchos casos valen más por lo que los diferencia que por lo que los asemeja. Por ello, en lugar de embarcarnos en la tarea imposible de ponernos de acuerdo en los objetivos, deberíamos ponernos de acuerdo en los medios que permitan lograr cualquier objetivo legítimo.

A nuestro entender esos medios son fundamentalmente dos. Uno primero para enfrentar los problemas institucionales presentes, a fin de eliminar los obstáculos que impiden la integración y progreso de formales e informales; y uno segundo para enfrentar los problemas institucionales futuros, que consistiría en reformar la producción del Derecho. A continuación examinaremos ambos.

7.1 Los Problemas Institucionales Presentes

Para comenzar se debería integrar a los formales e informales en un sistema económico-legal único y que no permita discriminaciones para que la totalidad de la población pueda usar plenamente sus energías creativas.

Cuando se habla de integración formal-informal, algunos entienden "informalizar" a los formales para desencadenarlos de las restricciones legales, y otros, "formalizar" a los informales para disminuir las consecuencias negativas de la informalidad. En verdad, tal integración significaría hacer ambas cosas: quitarle las restricciones improductivas al sistema legal e incorporar a todos bajo una nueva formalidad.

La historia enseña que ahí donde se integró a los migrantes y se crearon las instituciones que le dieron a toda la población la oportunidad de participar e iniciar la producción, surgió una sociedad desarrollada. Ahí donde el éxito comenzó a ser el resultado de poder producir los bienes y servicios que el país necesitaba, y no la consecuencia de recibir una prerrogativa del Estado, hubo progreso, prosperidad y, por supuesto, integración.

Por el contrario, donde después de las migraciones no se cambiaron las instituciones legales, no se alcanzó mayor prosperidad, se alentó el malestar y, en muchos casos, estalló la violencia.

Ahora bien, cambiar las instituciones legales no es cosa fácil. Para ello es indispensable determinar dónde están los problemas más urgentes y cruciales del país, ver qué instituciones legales abren el acceso a las oportunidades para todos en la forma más efectiva, cuáles inspiran las cualidades empresariales necesarias para crear riqueza, y cuáles otras permiten la óptima coordinación de los individuos y el aprovechamiento de los recursos.

Al respecto, la normatividad extralegal nos indica que lo que buscan los peruanos es, en primer lugar, afirmar derechos de propiedad, darle fiabilidad a sus transacciones y seguridad a sus actividades; es decir, los instrumentos facilitadores del Derecho de los que hoy no disfrutan. En segundo lugar, procuran evitar la normatividad legal engorrosa en la medida de lo posible y, en tercer lugar, intentan sustituir al Estado por organizaciones informales y privadas en muchas áreas. Consiguientemente, un programa mínimo para integrar el país requeriría necesariamente simplificar y descentralizar la función pública y, por fin, desregular —o despolitizar, si se quiere— la vida productiva nacional. Veamos estos puntos seguidamente.

7.1.1 La Simplificación

Entendemos por "simplificar", adoptar medidas que optimicen el funcionamiento de instituciones legales para que las partes obviamente duplicadas e inútiles de las normas sean reducidas o eliminadas. Con simplificar, sin embargo, no se afecta las causas del sistema mercantilista; sólo algunos de sus efectos.

La simplificación requiere que previamente se identifique el tipo de legislación que está causando daño. Desde la perspectiva que nos ocupa, este daño se traduce en costos de acceso, costos de permanencia y costos de la informalidad que conducen a un desperdicio de recursos, limitan el ajuste de los formales al cambio de condiciones económicas e impiden a los informales desarrollar el máximo de sus capacidades.

Estas tres ineficiencias afectan no sólo a las empresas directamente involucradas sino también a los consumidores, que deben pagar precios más altos a consecuencia de los costos que la maraña regulatoria ocasiona, y sufrir una reducción en la calidad de los bienes, como resultado del entorpecido funcionamiento de las empresas. Asimismo, daña a los empleados y a los proveedores de insumos de las empresas formales que obtienen menos por su contribución, debido a que no se opera con eficacia.

La simplificación implica utilizar técnicas ya harto conocidas por "desburocratizadores" en países avanzados. Por ejemplo, la de sustituir reglas que contienen una especificación de cómo cumplir con determinados requisitos, por reglas que contengan una disposición acerca de los objetivos finales a cumplir. Esto aliviaría la tarea de los que deben obedecer las normas, porque en lugar de cumplir con requisitos previos (*ex ante*) para realizar una acción, serán más bien controlados después (*ex post*), para saber si están cumpliendo con las exigencias de la ley. Estos procedimientos que ponen el énfasis en el control a través de resultados y no del papeleo previo, no sólo reducen la tramitación burocrática sin que se abandone el propósito de los controles deseados, sino que además son más eficientes para hacer cumplir la ley.

Aparte del énfasis en medidas *ex post*, se puede simplificar también controlando en forma automática la vigencia de normas aprobadas pero cuya eficiencia y necesidad todavía debe ser comprobada. Esto se hace mediante la técnica de emitir "normas de ocaso" (*sunset laws*), que consiste en establecer que los requisitos de la norma sólo serán exigidos por un lapso determinado. Una vez terminado el lapso, la norma desaparece automáticamente, salvo que en base a la experiencia obtenida durante ese lapso se justifique darle vigencia indefinida.

Igualmente se puede reducir la cantidad de papeleo emitido por la administración pública, vinculando los programas de reducción de papeleo a las dotaciones presupuestales: menos trámite significará más presupuesto. O también haciendo accesible al público la información que tiene la burocracia, para que se entere de las bases legales o consuetudinarias de sus prácticas y pueda presionarla con conocimiento de causa, obligándola a reducir prácticas administrativas que son perjudiciales e inútiles.

En buena cuenta, la simplificación intenta reducir los costos de ser productivo, sin cambiar el sistema político. Cuando los gobernantes peruanos proponen "desburocratizar" generalmente se están refiriendo —aunque seguramente sin saberlo— a la "simplificación". Lógicamente, están dispuestos a modificar la ley pero sólo a condición de que el cambio no afecte su poder político.

7.1.2 *La Descentralización*

Entendemos por "descentralizar", el traspaso de responsabilidades legislativas y administrativas del gobierno central a los gobiernos e instancias locales y regionales, con el objeto de poner a las autoridades en contacto más inmediato con la realidad y los problemas a ser resueltos.

Ello implica ceder a los gobiernos locales la autoridad de producir Derecho —sin ningún control *ex ante* por parte del gobierno central— para todas aquellas materias que son manejables a nivel regional; es decir, para aquellos asuntos en los cuales las consecuencias de normas adoptadas localmente no afectarán en forma negativa al resto del país.

Aunque no lo parezca, la descentralización podría producir un cambio importante en el Perú, porque generalmente al mencionarla nuestros gobernantes la confunden con la "desconcentración". En efecto, existe la absurda tendencia a creer que cuando se abre una sucursal del Banco Agrario en Piura o se sitúa el Tribunal de

Garantías Constitucionales en Arequipa, se está descentralizando, cuando en realidad se está desconcentrando. Por descentralizar se debe entender, más bien, la transferencia efectiva de competencias normativas y decisorias para así garantizar la autonomía de las instancias locales del poder. Mientras que la desconcentración es el mero traslado de algunas funciones del centro a las provincias, la descentralización implica, necesariamente, la cesión de una o varias cuotas del poder de decisión hacia ellas.

Al igual que la simplificación, la descentralización no cambia, en esencia, las características del sistema mercantilista, porque la colusión discriminatoria entre gobernantes y sectores privados privilegiados se puede dar tanto a nivel local como nacional. La desregulación y la democratización de la producción del Derecho, que veremos luego, pueden afectar sustancialmente al mercantilismo.

Sin embargo, la descentralización puede desempeñar un papel complementario muy importante en una agenda de cambio, porque permite a la ciudadanía hacer competir a sus gobernantes locales y apreciar la diferencia de resultados entre los que facilitan la vida productiva y los que no lo hacen. En efecto, una vez descentralizada la capacidad de decisión y controlados los gobiernos regionales y locales por la participación popular, las distintas *performances* de dichos gobiernos permitirán a los ciudadanos comparar unos gobiernos con otros en un mismo tiempo histórico, lo que debe constituirse en un estímulo para su eficiencia. Así, la jurisdicción que oferte un mejor sistema de Derecho se verá premiada por la gente que se afinque o haga sus negocios dentro de ella y las demás tratarán de emularla, haciendo que mejore la calidad de regulación en todo el país.

Además, si la informalidad resulta de una falta de comunicación entre gobernantes y gobernados, es obvio que las cosas deberían mejorar si una mayor cantidad de decisiones se adopta a nivel de las jurisdicciones locales, donde existe mayor cercanía entre los interesados, que desde un lejano ministerio. Por añadidura, muchos de los problemas que implica una informalidad de dimensiones considerables se originan en cosas tan disímiles que, aparte de concebir lineamientos y políticas generales a nivel nacional, es imposible darles una solución global. Si bien las normas pueden comenzar por ser generales para resolver los problemas comunes a una buena parte de la población, existe una serie de asuntos que se pueden manejar o resolver con eficiencia solamente a un nivel más reducido. La descentralización permite ensayar con mayor facilidad soluciones experimentales en un sector, o sub-sector, para poder entender la naturaleza de los problemas y aproximarse a sus soluciones globales.

De hecho, aunque sólo ha sido una cesión parcial y limitada, la delegación de poderes sobre la vivienda popular a los gobiernos municipales en 1980 ha permitido, por ejemplo, que para la provincia de Lima el reconocimiento y la titulación de vivienda sea ahora un proceso cinco veces más rápido de lo que era cuando estaba en manos del gobierno central. De lo que se trataría, entonces, es de consolidar esta tendencia para mejorar los procedimientos que se ofertan a los ciudadanos y para hacer más efectivos los programas de desregulación y democratización de la producción del Derecho que se describen en los siguientes apartados.

7.1.3 La Desregulación

Por "desregular" entendemos el incremento de las responsabilidades y oportunidades de los particulares en ciertas áreas y la reducción de las del Estado en las mismas. Al igual que con la producción democrática del Derecho, con la desregulación se afecta las causas mismas del mercantilismo.

Un proceso de este tipo supone esencialmente despolitizar la economía tanto para proteger al Estado de la manipulación por parte de las coaliciones redistributivas, como para proteger a la economía de los políticos, de la misma manera como se separó a la Iglesia del Estado. Porque si bien todos los sistemas económicos, religiosos y políticos dependen entre sí y forman el orden social, es necesario un grado importante de autonomía para cada uno, a fin de que ninguno viva a expensas del otro.

En lo que al campo económico se refiere, se trata de emanciparlo de la tutela de quienes tienen poder político y sacarlo del ámbito de la arbitrariedad y del parasitismo. En lo que al campo político concierne, se trata de darle independencia del poder económico, así como eficiencia y fuerza circunscribiéndolo a un número manejable de problemas que administrar, con independencia de injerencias privadas y egoístas.

Hay que tener un Estado capaz y fuerte, lo que sólo será posible en la medida en que abandone la pretensión de manejar todo al detalle para abocarse, más bien, a crear las condiciones institucionales básicas para el desarrollo.

En la práctica, la desregulación significaría cuatro cosas: sustituir el control regulatorio del Estado sobre la economía por el control expresado en las decisiones judiciales, dar acceso al mercado y extender los instrumentos facilitadores del Derecho a todos los ciudadanos, aumentar la proporción de recursos disponibles para que el Estado pueda realizar lo que los particulares no pueden hacer bien y, por fin, delegar hacia las organizaciones informales lo que ellas saben hacer mejor.

En cuanto a lo primero, la idea es retirar de manos del Estado el poder que tiene para restringir a los más humildes y favorecer a los poderosos en el acceso a la producción. Por lo tanto, implica reducir sustancialmente su capacidad de discriminar quién puede producir y quién no, qué productos y servicios serán autorizados, cómo serán producidos, a qué precios y en qué cantidad. La idea es reducir la causa misma de los costos que hemos examinado y proteger a todos del poder de las coaliciones redistributivas, de las preferencias de los gobernantes de turno y de la arbitrariedad de la burocracia.

Esto no quiere decir crear el caos, sino todo lo contrario. En primer lugar, la desregulación significará liberar recursos públicos para que el Estado los emplee en asegurarse de que se impongan reglas de juego severas y eficientes para que las libertades que ahora tendrían los particulares no tengan efectos negativos. La congestión, la insalubridad, la suciedad, el desorden y la descoordinación que resultan de muchas actividades informales prueban cuán ineficiente es tratar de controlar la producción directamente y cuán importante es concentrar, más bien, el esfuerzo del Estado en hacer efectivo un sistema de responsabilidad extracontractual para poder compensar, corregir y castigar lo negativo que pueda resultar de las acciones dañinas de cualquier particular.

Para ello, el Estado debe hacer el enorme esfuerzo que significaría poner un sistema de justicia expeditivo y eficiente al alcance de toda la población. La idea es que en lugar de ejercer el control de la economía sobre todo por medios regulatorios y directos, el Estado lo haga preponderantemente —*ex post*, si se quiere— a través de un control expresado en decisiones judiciales. Así el Estado no se empeñará tanto en administrar recursos, sino justicia entre los particulares, para asegurarse de que la ley se cumpla y que los abusos no ocurran o dejen de ser castigados.

La experiencia de los países desarrollados indica que es mucho más eficiente concentrar la inversión y el esfuerzo público en crear un cuerpo judicial eficiente y honesto para administrar justicia entre los particulares que gerencian la producción del país, que tratar de convertir al Estado en buen empresario. Un Estado intervencionista requiere de burocracia, inspectores, tramitadores, economistas, contadores y otros funcionarios que no son tan necesarios en un sistema de administración de justicia donde la aplicación de la ley es más sencilla, porque la justicia funciona sólo cuando hay litigantes, que son proporcionalmente pocos, y no para masas inmanejables de ciudadanos.

Por ello es imprescindible la drástica reforma y ampliación del Poder Judicial, el arbitraje, el sistema de jueces de paz y en general de todas las instituciones que permiten el orden sin el inmovilismo, corrupción e ineficiencia que conlleva la intervención excesivamente directa del Estado en la vida económica.

Además, el Estado debe proporcionar a todos los instrumentos facilitadores del Derecho que son indispensables para el desarrollo. Para los humildes y los informales, eso significa un cambio en las instituciones legales que asegure una difusión masiva de la propiedad y otorgue la seguridad de que cualquier peruano podrá tener título incontrovertible sobre ella y aprovechar los beneficios legítimos que resulten de invertir trabajo o capital en su desarrollo.

En lo que se refiere a medios de intercambio, hemos visto que éstos no eran siempre seguros ni accesibles a todos. Por consiguiente, el Estado debe alentar y proveer las formas contractuales que permitan a todos combinar trabajo, ideas, capital y recursos. Se trata de hacer del negocio y del acuerdo un asunto sencillo que facilite poner los recursos a su más alto valor de utilización y de hacer predecible el resultado de las transacciones, para hacer posible así, espontáneamente, un mercado eficiente.

Para nosotros, desregular implicaría también delegar funciones y dar fuerza de coerción a aquellas instituciones privadas, informales o formales, que, como ya vimos, están funcionando hoy mejor que el Estado. Si se les otorga un marco legal adecuado, no existe razón para suponer que no estén en mejor situación que éste para emprender ciertas tareas.

Encargados así los particulares, el Poder Judicial y las organizaciones informales de estas nuevas tareas, el Estado debería poder dedicar más recursos a realizar aquellas cosas que los particulares no pueden hacer o no hacen bien. Por ejemplo, la conservación de recursos naturales y bienes públicos, la protección del patrimonio nacional, la seguridad personal, el control de monopolios y prácticas restrictivas, el tránsito y la educación donde los privados no se den abasto. Pero, de manera muy especial, es responsabilidad del Estado la redistribución de recursos hacia los pobres y desventurados. Sin embargo, es muy importante que esto no se use como pretexto para privilegiar a unos pocos y frustre el trabajo de todos, incluyendo el de los más pobres.

Con ello queremos aclarar que es una opción válida desear un Estado que entre sus múltiples funciones, redistribuya. La clave está en que la redistribución hacia los necesitados se realice por medios que no desalienten la producción, el trabajo y el ahorro. Porque si con ese subterfugio se sigue vulnerando los derechos de propiedad o imponiendo requisitos excesivos para su asignación y aprovechamiento económicos, o afectando la seguridad de sus contratos, seguiremos subdesarrollados. Al pretender remediar así los efectos de la pobreza sólo habremos contribuido a empeorar sus causas más profundas. Por ello, la redistribución debería asumir formas que no distorsionen los estímulos a la producción -como por ejemplo, transferencias monetarias a través de los impuestos- para que el comprensible afán de hacer una justicia redistributiva no impida realizar una justicia productiva.

Como el lector se habrá dado cuenta, los objetivos de la desregulación son los mismos que afirman perseguir los mercantilistas: entre otros, tierra, trabajo, crédito, educación, transporte, seguridad y asistencia a los que tienen menos. La diferencia está en que un Estado desregulado realiza esos objetivos facilitando y controlando el funcionamiento del mercado, no sustituyéndolo.

En otras palabras, no se trata de abolir la actividad informal sino más bien de integrarla, legalizarla y promoverla. Se trata de combatir los monopolios y oligopolios privados permitiendo el acceso de todos al mercado y no reemplazándolos por monopolios estatales. Se trata de democratizar el crédito alentando la competencia entre financistas privados y no nacionalizándolo ni poniéndolo a merced de políticos y burócratas.

Se trata, en suma, de que todos, formales y actuales informales, estemos bajo una ley justa y eficiente en lugar de, como es hoy, bajo la autoridad arbitraria del aparato estatal.

7.2 Los Problemas Institucionales Futuros

El segundo medio para reconciliar el Derecho con la realidad es atender a las normas que se crearán en el futuro, a fin de no volver a incurrir en los errores históricos.

Para ello es imprescindible que la manera de producir el Derecho obligue a los gobernantes a justificar los dispositivos que pretendan dictar, cerciorarse de que sean efectivamente necesarios, y que sus beneficios excedan a sus costos potenciales; es decir, que las instituciones futuras no necesiten ser mayormente simplificadas, desreguladas y descentralizadas más tarde.

Para lograr estos objetivos el proceso de producción del Derecho debe ser transparente y debidamente controlado, para lo cual habría que someterlo al control del electorado a través de la consulta popular. A juicio del ILD, dicho mecanismo funcionaría en base a dos técnicas fundamentales: que las autoridades publiquen sus proyectos de dispositivos y, segundo, que en base a ellos recojan las opiniones, sugerencias y objeciones de la opinión pública.

A diferencia de nosotros, casi todas las democracias desarrolladas controlan, de una manera u otra, la forma en que sus gobernantes producen el Derecho. Para nosotros, en cambio, la democracia se limita a elegir nuevas autoridades cada cinco años, entregarles un "cheque en blanco" por la duración de su mandato y abstenernos de toda comunicación con ellos hasta ser nuevamente convocados a una consulta electoral. En ese contexto, la creación de las malas leyes por decisiones inconsultas es un desfile de sorpresas que apenas podemos observar como espectadores lejanos.

En efecto, en un país donde el Poder Ejecutivo produce casi el 99% de las normas y el Parlamento sólo decide sobre el 1% restante no es de extrañar que, en el mejor estilo mercantilista, el Derecho esté divorciado de la realidad y las necesidades del mercado, y que favorezca el juego de las coaliciones redistributivas y el voluntarismo centralista.

Por el contrario, un sistema de producción democrática del Derecho puede respetar, integrar e inspirarse en las reglas y las buenas prácticas que espontáneamente generan formales e informales. Como este sistema permite absorber constantemente un orden que no es estático, asegura que el Derecho esté siempre al servicio de la realidad. En efecto, a través de este mecanismo no se busca generar un orden a partir de conceptos preestablecidos centralmente, sino a partir de las necesidades e ideales de los peruanos.

Otra ventaja de la consulta popular es que aprovecha mucho mejor los conocimientos dispersos por todo el país para la producción de normas. En una sociedad con millones de personas, en la que se realizan billones de interacciones, se ejecutan miles de contratos, se entremezclan varias culturas, formas de vivir y opiniones, es imposible que todos los datos necesarios para formular reglas o normas que funcionen, sean asequibles a una autoridad.

Se podría inclusive decir que, así como existe una división del trabajo en el país, existe también una división del conocimiento. De ese modo, producir el Derecho utilizando el conocimiento disperso entre todos los ciudadanos es un proceso mucho más eficiente y rico que formularlo a través de grupos reducidos de funcionarios públicos y sus consultores. Ello se debe, en lo fundamental, a que las reglas que producen los hombres espontáneamente nacen de la experiencia, de la constatación del éxito y del perfeccionamiento de la práctica, y no del razonamiento en un cenáculo cerrado.

Otra ventaja de la producción democrática del Derecho es que permite fortalecer a los grupos menos organizados o más débiles de la sociedad, frente a las coaliciones redistributivas. Evita que dicho proceso sea opaco y, por lo tanto, dificulta la posibilidad de sorprender con un dispositivo que redistribuya en favor de las coaliciones y esté amparado por el desconocimiento de los ciudadanos. A diferencia de la gente que integra las coaliciones redistributivas, la abrumadora mayoría nacional es heterogénea, está dispersa y resulta, por ende, más vulnerable. La ventaja del sistema es, pues, que obliga a los gobernantes a justificar ante el pueblo la necesidad de tal o cual dispositivo y cerciorarse de que no contribuya a beneficiar artificialmente a ningún grupo en particular a costa de todos nosotros. De esa manera se incrementa la influencia política del público en general, que es el que soporta las pérdidas más grandes que resultan de la reglamentación mercantilista, y se logra que los gobernantes responsables estén contínuamente frente a la opinión popular y no sólo cada 5 años.

Para que la democratización del Derecho se produzca eficientemente, hay que cumplir por lo menos con los dos requisitos esenciales que constituyen la infraestructura del sistema: la publicación de los proyectos de normas y el análisis de costo y beneficio. Ambos están dirigidos a mejorar la calidad y a reducir la cantidad de la legislación y regulación mercantilistas.

7.2.1 *Publicación de los Proyectos de Normas*

Esta técnica consiste en la obligatoriedad de que las normas del Poder Ejecutivo con impacto económico y social sean publicadas antes de su promulgación, para que las personas potencialmente afectadas puedan dar a conocer su opinión, oponerse o formular comentarios y sugerencias. Así, se da la oportunidad de movilizar a la opinión pública contra un reglamento que traba innecesariamente la actividad económica o crea rentas artificiales para un grupo específico.

La prepublicación proporciona al Estado un aparato de retroalimentación que le permite recoger la opinión del público sobre cada propuesta normativa. De este modo, si los responsables se equivocan, las reacciones contra los proyectos publicados les darán acceso a la información que necesitan para emitir normas conformes a la realidad y en beneficio del país.

La retroalimentación asegura que las virtudes de la democracia no se apliquen sólo al momento de elección de autoridades, sino que se extiendan, en cuanto sea posible, a toda la gestión pública; porque cuando ella no existe, como en el caso actual, es natural que el gobierno se fosilice, ya que la burocracia es casi el único canal a través del cual los mandatarios gobiernan y reciben información sobre las normas que se dan.

7.2.2 *Análisis de Costo y Beneficio*

Esta segunda técnica hace que los proyectos de normas sean publicados conjuntamente con un análisis costo-beneficio de sus probables efectos sociales y económicos. Es decir, exige a los funcionarios públicos una fundamentación de las razones por las cuales sus propuestas constituyen una mejor alternativa que cualquier otra. La idea es que las discusiones sobre la pertinencia de los proyectos no se agoten en una reflexión meramente jurídica y tomen en consideración los efectos que podrían tener, inclusive para terceras personas.

debido a condiciones raciales o culturales, nuestro pueblo es "distinto" y no está en capacidad de aprovechar las libertades y los sistemas de los países de economía de mercado. Esos prejuicios han servido históricamente para justificar una discriminatoria redistribución de lo poco que tenemos de acuerdo a los criterios de pequeños grupos de interés.

Estamos seguros de que un conocimiento profundo de las consecuencias negativas de nuestra institucionalidad legal ayudará a perder nuestros complejos frente a los países desarrollados. Esas instituciones desfasadas son la causa principal de tantas frustraciones.

Creemos que si volvemos a estudiar nuestra historia desde esta perspectiva, ella dejará de ser una trampa conservadora que nos obliga a veneraciones fáciles y a buscar soluciones en caudillos elocuentes, y podremos, por fin, convertirla en un instrumento de progreso que nos permita encontrar las instituciones y sistemas eficientes dignos del esfuerzo y sacrificio de nuestros pueblos.

Esperamos que estas investigaciones permitan ver a los izquierdistas de auténtico valor que la angustia por la miseria y el hambre no es monopolio de ninguna facción política, que la sufrimos todos los hombres conscientes; que es necesario, por consiguiente, conciliar los sentimientos nobles con una *praxis* efectiva que permita combatir la pobreza; que convertir la lucha de clases en una lucha a favor de un empresariado y una iniciativa populares es una aventura intelectual digna de los mejores hombres.

Tal vez los líderes de la derecha peruana puedan cumplir un papel significativo en el futuro si, como resultado de volver los ojos hacia la informalidad, se dan cuenta de que sus prejuicios les han impedido sensibilizarse ante los problemas de los pobres y adecuar su pensamiento para atraer y ayudar a las clases más necesitadas.

Las concepciones de izquierda y derecha en el Perú a veces confunden más de lo que esclarecen. Estamos convencidos de que, más importante que la retórica que las distingue, es el hecho de que ambas premian a los que usan sus talentos para obtener favores, en lugar de alentar a los que crean prosperidad y bienestar. La contraposición entre mercantilismo y economía de mercado permite explicar la aparente paradoja de que una buena parte de nuestra burguesía sea estatista y muchas veces tienda al socialismo, mientras que los sectores populares se abocan a la empresa privada y cooperan usando organizaciones libres y descentralizadas.

Estamos seguros de que si derechistas e izquierdistas de los países desarrollados evaluasen correctamente las evidencias, coincidirían por igual en condenar nuestro sistema. Tal vez los primeros reprobarían su ineficiencia y los segundos, su injusticia.

Es evidente que una de las más perniciosas confusiones de nuestros gobernantes ha sido ocuparse de los costos de producción y no de los de transacción. Estamos convencidos de que deberían dedicar su mayor esfuerzo a estos últimos, utilizando su poder sobre el Derecho para eliminar trabas y proporcionar más elementos facilitadores para que todos, y no sólo una elite, puedan prosperar. De la misma manera deberían dejar los costos de producción a los particulares, para que a través de las instituciones legales utilicen la competencia y el mercado para reducirlos.

Para nosotros es obvio que la única manera de que el Perú salga de su crisis, solucione los problemas de la deuda externa y la inflación es a través de un crecimiento económico que no aumente el déficit en la balanza de pagos. Si bien políticas macroeconómicas adecuadas y la inversión consiguiente son necesarias para lograr este objetivo, falta lo más importante; es decir, medidas microeconómicas que promuevan y protejan los derechos de propiedad, faciliten el acceso a la empresa y las transacciones entre particulares, y otorguen la confianza necesaria para que la gente ahorre, invierta y produzca. Si los problemas microeconómicos que hemos tratado a través de todo el libro no reciben solución, cualquier política macroeconómica o financiación externa equivaldrá a echarle gasolina a un automóvil con las llantas bajas.

Si algunas de nuestras tesis se confirman, habremos comenzado a transitar por otro sendero. Uno que nos irá alojando de la violencia como solución al desorden, la pobreza y la exasperación que produce el mantenimiento del mercantilismo. Uno en el que la institucionalidad legal se adecúe a nuestra realidad y que aproveche las fuerzas sociales y económicas que están surgiendo. Uno que nos integre a esa enorme masa de peruanos que en la actualidad no cree en la lucha de clases sino en el intercambio y la cooperación voluntaria.

Dentro de las fronteras del Perú existe más de un país. Hay un país mercantilista al que hasta el día de hoy se le trata de reanimar con distintas fórmulas y técnicas políticas, pero que ya tiene todos los síntomas del cuerpo que no da más; hay también un segundo país, el de quienes se angustian buscando salidas, pero que se pierde entre los objetivos de destrucción de la violencia terrorista y las exhortaciones carentes de soluciones prácticas de muchos progresistas; y finalmente, existe un tercer país, que constituye lo que nosotros llamamos "el otro sendero": el país que trabaja duro, es innovador y ferozmente competitivo, y cuya provincia más resaltante es, por supuesto, la informalidad.

Este último país es la alternativa directa a cualquier violencia subversiva o criminal, porque sustituye la energía desperdiciada en el resentimiento y la destrucción, por la energía bien invertida en el progreso económico y social. Los informales nos lo prueban todos los días. Están siempre dispuestos al diálogo, a la prudencia y a la adaptación social. Las personas motivadas por sus ansias de progreso y superación están siempre muy bien dotadas para vivir en un Estado de Derecho. El odio y la rabia de los subversivos sólo encuentra terreno fértil ahí donde la informalidad no ha podido establecerse y donde la formalidad mercantilista ya fracasó.

El verdadero remedio contra la violencia y la pobreza es reconocer la propiedad y el trabajo a quienes la formalidad hoy excluye, de tal manera que donde existía rebelión nazca el sentido de pertenencia y de responsabilidad. Así, donde ya surgió el gusto por la independencia y la fe en las fuerzas propias, se difundirá una esperanza justificada en el pueblo y la libertad.

Epílogo

Los 40 investigadores y trabajadores que tiene el ILD hoy están dedicados a realizar los estudios y diseñar los medios que son necesarios para transformar en forma decidida y deliberada una sociedad mercantilista y elitista en una nación moderna y democrática.

La evolución de las naciones del Occidente desarrollado, desde el mercantilismo hasta sus sistemas actuales, fue un proceso espontáneo y no deliberado. A tal punto que la mayoría de los mismos juristas y economistas de esos países no son conscientes de la importancia del papel que han jugado sus instituciones en esa evolución. Fue sólo a través del estudio de la economía informal peruana —donde, a pesar de carecer de esas instituciones, existe una relativa libertad económica— que nos fuimos dando cuenta de la inmensa importancia que éstas tienen. Si alguien desea ofrecerle a su país un cambio hacia la modernidad, su esfuerzo no sólo debe dirigirse a "quitar cosas" —eliminar barreras de acceso a la formalidad, reducir los costos de permanencia en la legalidad, acabar con la segmentación de los mercados de capitales o vender empresas estatales—; hay también que crear aquellas instituciones básicas sobre las cuales reposan la eficiencia, la paz social y la cooperación espontánea en las naciones más avanzadas.

Por eso el ILD, además de los proyectos de simplificación, desregulación, descentralización y producción democrática del Derecho, elabora otros mecanismos institucionales que son requeridos para que pueda funcionar una economía de mercado, sin privilegios, y para que la democracia sea un proceso que trascienda las elecciones y continúe durante el ejercicio de funciones de los mandatarios. Mencionemos algunos. Actualmente, por ejemplo, se está encontrando formas eficientes de controlar el ejercicio del poder para así limitar los abusos del gobierno y las coaliciones redistributivas. Es decir, lograr el establecimiento de un sistema que permita a cualquiera proteger sus derechos de propiedad y los intereses que cautelan sus contratos.

Para ello, naturalmente, es necesario un contexto institucional que le dé una transparencia a las acciones del gobierno. Nadie puede defenderse, ni menos fiscalizar al Estado, si es que no tiene acceso a la información controlada por éste. Ni tampoco puede funcionar una economía de mercado en tales condiciones, pues el modelo básico para su funcionamiento presume que la información no tiene costo o que por lo menos es universalmente accesible. Al respecto, no sólo estamos elaborando las bases legales para lograr acceso a la información pública, sino también viendo cómo se puede crear mecanismos de revisión eficaces y fortalecer a la prensa y al Poder Judicial para que fiscalicen intensamente las acciones del gobierno y de las coaliciones. Porque actualmente la influencia del Estado sobre los medios de información —a través de los créditos de una banca mayormente estatal, el suministro de insumos, la distribución de publicidad y, en general, beneficios y exenciones revocables— conspira gravemente contra su independencia total. Asimismo, el muy reducido número de litigios contra el Estado en el Perú es altamente demostrativo de la escasa credibilidad y viabilidad de la solución judicial ante los atropellos administrativos.

Para fortalecer los derechos de propiedad inmobiliaria y suplir las deficiencias del sistema de titulación en asentamientos informales, estamos produciendo instrumentos privados de seguros y mutuales, para así contribuir a brindar la seguridad y los créditos que requiere la inversión en vivienda y en otras actividades. Nuestros proyectos inmediatos incluyen también alternativas realistas para incorporar soluciones arbitrales *ad hoc* y permitir la participación de los pobladores en la solución de litigios, que por el momento no pueden ser resueltos satisfactoriamente por el sistema judicial.

En cuanto al transporte urbano, se está diseñando una legislación y reglamentación que permitan el funcionamiento adecuado de un sistema de transporte descentralizado y competitivo, con una multiplicidad de dueños de vehículos. En efecto, el análisis del ILD determina que los problemas del transporte urbano que existen se deben en gran parte a que la normatividad legal existente no está adaptada a un sistema de propiedad difundida. El proyecto debería permitir el funcionamiento ordenado de una participación empresarial extendida en base a un sistema legal que proporcione los medios necesarios para lograrlo, tales como la administración del tráfico y la coerción requerida para solucionar la congestión y la agresividad en el tránsito; los dispositivos para la seguridad vehicular; los sistemas de sanción y la información de tarifas para proteger a los usuarios; un mecanismo de incentivos articulados sobre seguros privados; tribunales de tránsito y mecanismos de control para resolver conflictos y compensar daños a las personas y a la propiedad; así como un sistema de tarifas y tributos que financie lo anterior y permita a los transportistas ofrecer una calidad de transporte aceptable.

Como puede verse, los proyectos del ILD van desde lo genérico hasta lo específico y llegan, literalmente, hasta donde alcanza nuestro presupuesto. Si bien nos esforzamos por inscribir nuestros proyectos dentro de un esquema integral y tratamos de buscar una solución comprehensiva a los problemas, nuestra estrategia es más bien diseñar proyectos específicos que tengan dimensiones manejables y comprensibles. En la medida en que están listos, los damos a conocer al público a través de los medios de comunicación y sirviéndonos de un sistema de audiencias públicas, que hemos bautizado "El Balcón de Todos", donde, para comprobar y enriquecer nuestras propuestas, las sometemos a un debate plural y recogemos iniciativas.

La idea es abrir el debate, ahora. No creemos que sea necesario esperar que un largo proceso, que podría ser doloroso y sangriento, nos lleve, como en el caso de las naciones europeas en el pasado, por el camino de la revolución industrial y las guerras sociales, a un destino desconocido. Respecto del Perú conocemos las instituciones que funcionan, aunque sea incipientemente y, en lo que toca a las experiencias internacionales, hay amplia información sobre lo que tiene éxito y es adaptable. El ILD considera que no hay razón por la cual los peruanos, en competencia entre quienes piensan distinto, no seamos capaces de trazar deliberadamente un sendero que nos permita escapar del atraso y avanzar hacia la modernidad.